En couverture :

Dessin de Corinne VENOT, d'après une figurine yoruba du Nigéria représentant un couple d'Edan (Musée des Arts Africains et Océaniens, n M.N.A.N. 69.8.1).

ÉCONOMIE D'UN SYSTEME

Unités et relations syntaxiques en zarma (Niger)

SOCIÉTÉ D'ÉTUDES LINGUISTIQUES ET ANTHROPOLOGIQUES DE FRANCE
87-88

Nicole TERSIS-SURUGUE

ÉCONOMIE D'UN SYSTÈME

Unités et relations syntaxiques en zarma (Niger)

Préface de Jacqueline M.C. THOMAS

Publié avec le concours du
CENTRE NATIONAL DE LA RECHERCHE SCIENTIFIQUE
et de
l'AGENCE DE COOPÉRATION CULTURELLE ET TECHNIQUE

1981

Agence de Coopération Culturelle et Technique
(A.C.C.T.)

EGALITÉ, COMPLÉMENTARITÉ, SOLIDARITÉ

L'Agence de Coopération Culturelle et Technique, organisation internationale créée à Niamey en 1970, rassemble des pays liés par l'usage commun de la langue française à des fins de coopération dans les domaines de l'éducation, des sciences et des techniques et, plus généralement, dans tout ce qui concourt au développement des Etats Membres et au rapprochement des peuples.

PAYS MEMBRES

Belgique, Bénin, Burundi, Canada, République Centrafricaine, Comores, Côte-d'Ivoire, Djibouti, Dominique, France, Gabon, Haïti, Haute-Volta, Liban, Luxembourg, Mali, Ile Maurice, Monaco, Niger, Rwanda, Sénégal, Seychelles, Tchad, Togo, Tunisie, Vanuatu, Viêt-nam, Zaïre.

ETATS ASSOCIES

Cameroun, Guinée-Bissau, Laos, Mauritanie.

GOUVERNEMENTS PARTICIPANTS

Nouveau-Brunswick, Québec.

ISSN : 0249-7050
ISBN : 2-85297-125 - 9

RÉSUMÉS

Nicole TERSIS-SURUGUE - Economie d'un système : Unités et relations syntaxiques en Zarma (Niger).
1981, Paris, SELAF (Bibliothèque, 87-88)

Le zarma est une langue parlée à l'ouest du Niger par environ 500.000 personnes Cette langue appartient au groupe songhay-zarma, classé par J. Greenberg dans la famille nilo-saharienne.

L'ouvrage présente une description grammaticale complète de la langue (étude des phonèmes, des unités syntaxiques, des synthèmes, des syntagmes, des fonctions, des énoncés). L'auteur s'attache à mettre en évidence et en relief l'intérêt que présente la langue en raison du principe d'économie réalisée au niveau des lexèmes et des grammèmes dans leur combinatoire et au niveau des relations entre les unités syntaxiques qui se soumettent à une relation prédominante d'ordre déterminant-déterminé.

On ajoutera à cela que l'originalité du zarma se manifeste également d'une part par la présence d'unités syntaxiques peu différenciées, d'autre part par l'absence d'une opposition verbo-nominale caractérisée, ce qui amène l'auteur à utiliser une terminologie spécifique pour désigner les syntaxèmes de la langue et rendre compte d'une réalité différente par rapport à la tradition indo-européenne.

Ces caractéristiques suffisent à montrer l'importance de cette langue sur le plan de la linguistique générale.

Nicole TERSIS-SURUGUE - Economy in a linguistic system : syntactic units and relations in zarma (Niger).
1981, Paris, SELAF (Bibliothèque, 87-88).

Zarma is spoken by some 500,000 people in western Niger. It belongs to the Songhay-Zarma group in Greenberg's Nilo-Saharan family.

This work is a complete grammar containing a study of the language's phonology, syntactic units, composition and derivation, phrase structures, fonctions, and utterances. The author attaches herself to showing the importance of the principle of economy in the combining possibilities of lexemes and grammemes, and in the relations among syntactic units which are submitted to a predominant relation of order : modifier-modified.

Zarma is furthermore characterized by the low degree of differentiation of its syntactic units and by the absence of a clear-cut noun/verb contrast. This leads the author to adopt a special terminology to denote the syntaxemes of the language so as to stress the difference between this system and the traditional Indo-European type.

The foregoing features determine the importance of this language as an example for general linguistics.

Nicole TERSIS-SURUGUE - La economía de un sistema : unidades y relaciones syntácticas en zarma.
1981, Paris, SELAF (Bibliothèque, 87-88).

El zarma es un idioma hablado en el oeste del Niger por alrededor de 500.000 personas. Pertenece al grupo songhay-zarma, que J. Greenberg clasifica como miembro de la familia nilo-sahariana.

Esta obra es una descripción gramatical completa de la lengua (estudios de los fonemas, las unidades sintácticas, las funciones y las oraciones). La autora se dedicada a poner de manifiesto, a diversos niveles de la descripción, el interés que

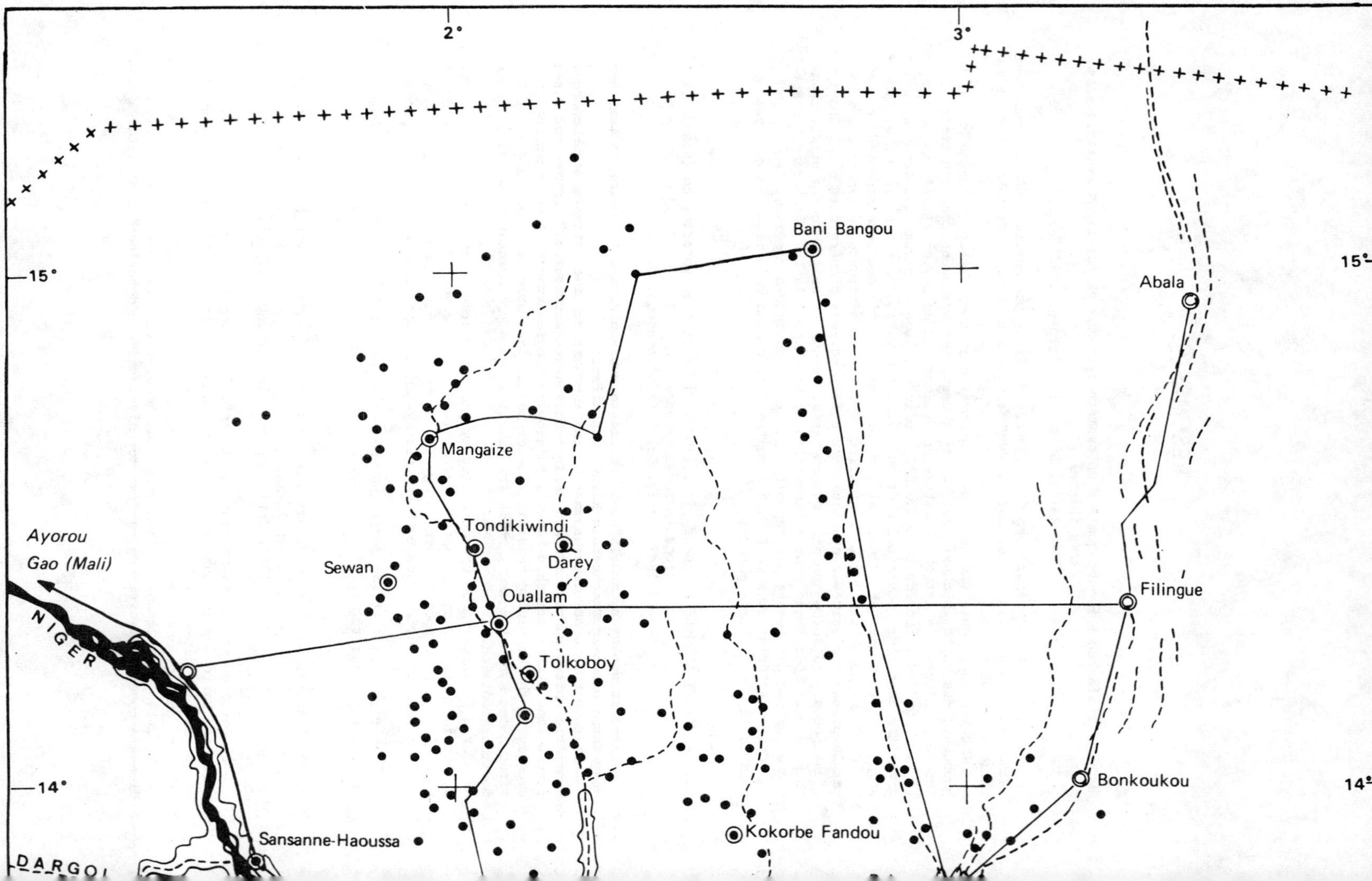
2°
3°
15°
14°
Bani Bangou
Abala
Mangaize
Tondikiwindi
Darey
Sewan
Ouallam
Filingue
Tolkoboy
Bonkoukou
Kokorbe Fandou
Sansanne-Haoussa
Ayorou
Gao (Mali)
NIGER
DARGOL

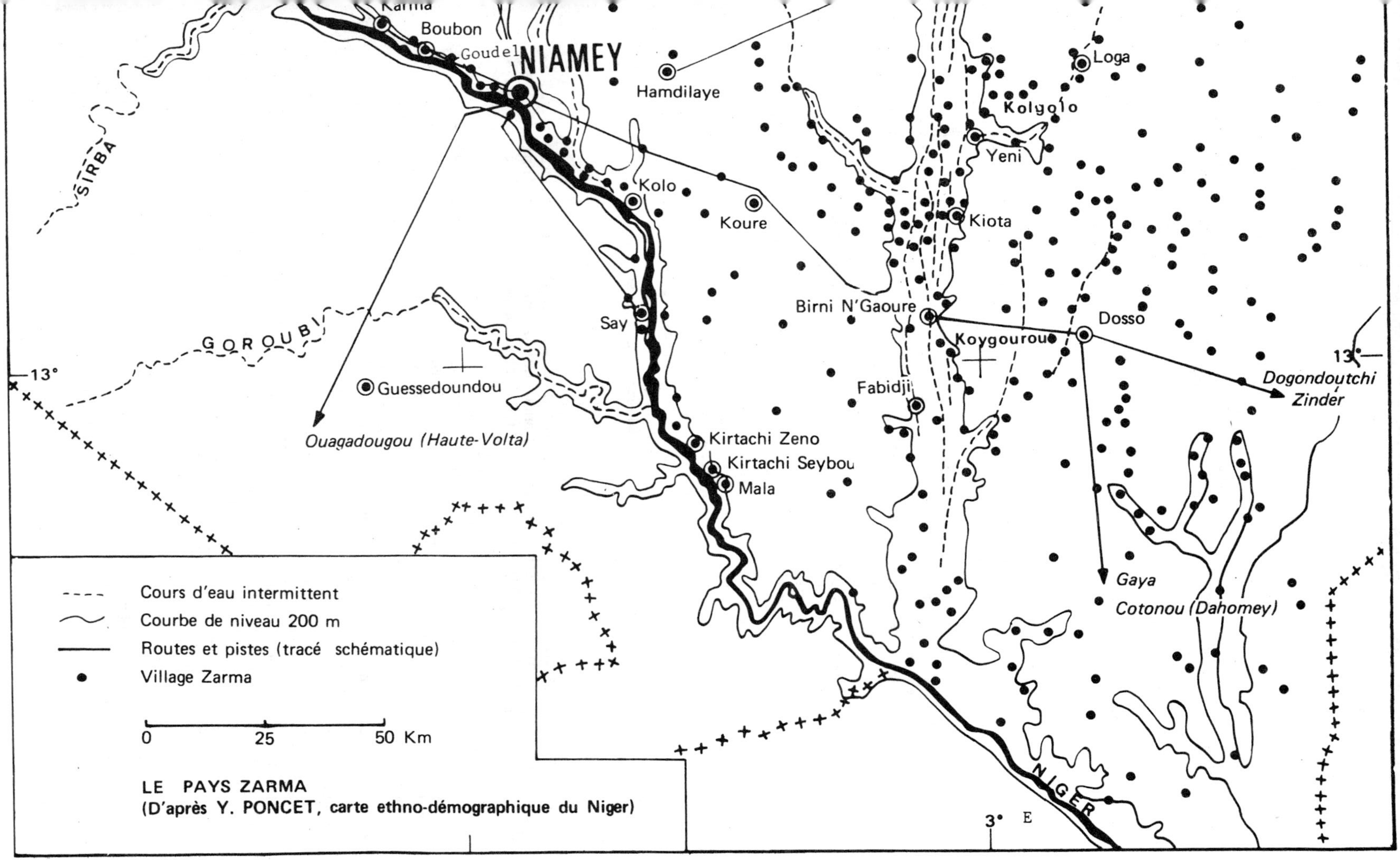

LE PAYS ZARMA
(D'après Y. PONCET, carte ethno-démographique du Niger)

presenta este idioma como consecuencia del principio de economía que se realiza en la combinatoria de los lexemas y gramemas y en las relaciones entre las unidades sintácticas que se ven sometidas a una relación de orden predominante : determinante-determinado.

La originalidad del zarma se manifiesta además, por una parte, mediante la existencia de unidades sintácticas poco diferenciadas, y por otra, mediante la ausencia de una oposicion verbo-nominal caracterizada, todo lo cual conduce a la autora a utilizar una terminología específica para designar los sintaxemas de la lengua y dejar constancia de una realidad diferente con relación a la tradición indoeuropea.

Estas características bastan para mostrar la importancia de esta lengua a nivel de la lingüística general.

Nicole TERSIS-SURUGUE - Wirtschaftlichkeit eines Systems : Einheiten und syntaktische Beziehungen im Zarma (Niger).

Das Zarma ist eine Sprache im Westen von Niger, die von ungefähr 500.000 Menschen gesprochen wird. Sie gehört zur Songhay-Zarma Gruppe, die von J. Greenberg der Nilo-Saharanischen Sprachfamilie zugeordnet wurde.

Das vorliegende Werk stellt eine vollständige grammatikalische Beschreibung der Sprache dar (Untersuchung der Phoneme, der syntaktischen Einheiten, der Synthemen, der Syntagmen, der Funktionen, der Aussagen. Die Autorin versucht, auf verschiedenen Beschreibungsebenen das Interesse herauszuheben und zu unterstreichen, das die Sprache aufgrund des Ökonomieprinzips biete, welches sich auf der Ebene der Verbindungen von Lexemen und Grammamen und der Beziehungen syntaktischer Einheiten, die sich einer übergeordneten Beziehung determinant-determinierter Zuordnung unterwerfen, zeigt.

Es bleibt hinzuzufügen, daβ die Originalität des Zarma in gleicher Weise sowohl durch das Vorhandensein wenig differenzierter syntaktischer Einheiten zeigt, als auch durch das Fehlen einer charakteristischen Opposition von Verb und Nomen, was die Autorin bewogen hat, eine zur Bezeichnung der Syntaxemen dieser Sprache spezifische Terminologie zu verwenden und der Tatsache Rechnung zu tragen, daβ hier eine von der indo-europäischen Tradition verschiedene Realität vorliegt.

Diese Eigenschaften reichen aus, um die Bedeutung dieser Sprache für die allgemeine Sprachwissenschaft zu zeigen.

Николь ТЕРСИС-СЮРЮГ - Экономия и система : синтаксические единицы и синтаксические отношения в языке зарма (Нигер) 1981, Paris, SELAF (Bibliothèque 87-88)

На языке зарма говорят около 500 000 человек в западной части Нигера. Этот язык принадлежит группе сонхай-зарма которую Ж. ГРИНБЭРГ относит к Нило-Сахарской семье. Данная работа представляет собою грамматическое описание языка (фонология, синтаксис, словосложение, синтагматика, анализ функций и фраз).

Автор старается выявить и подчеркнуть интерес принципа экономии в комбинаторке лексем и граммем и в взаимосвязи между синтаксическими единицами при которой преобладают отношения определенности в порядке : определяющее - определенное.

Кроме того язык зарма характеризуется с одной стороны фактом недифференцированности синтаксических единиц а с другой стороны - отсутствием специфических рядов глагола и имени. Этот факт принуждает автора у употреблению специфической терминологии расходящейся с терминологией индоевропейской традиции.

Вышеприведенные черты данного языка достаточно показывают весь его интерес с точки зрения общего языкознания.

ÉCONOMIE D'UN SYSTEME

Unités et relations syntaxiques en zarma (Niger)

SOMMAIRE

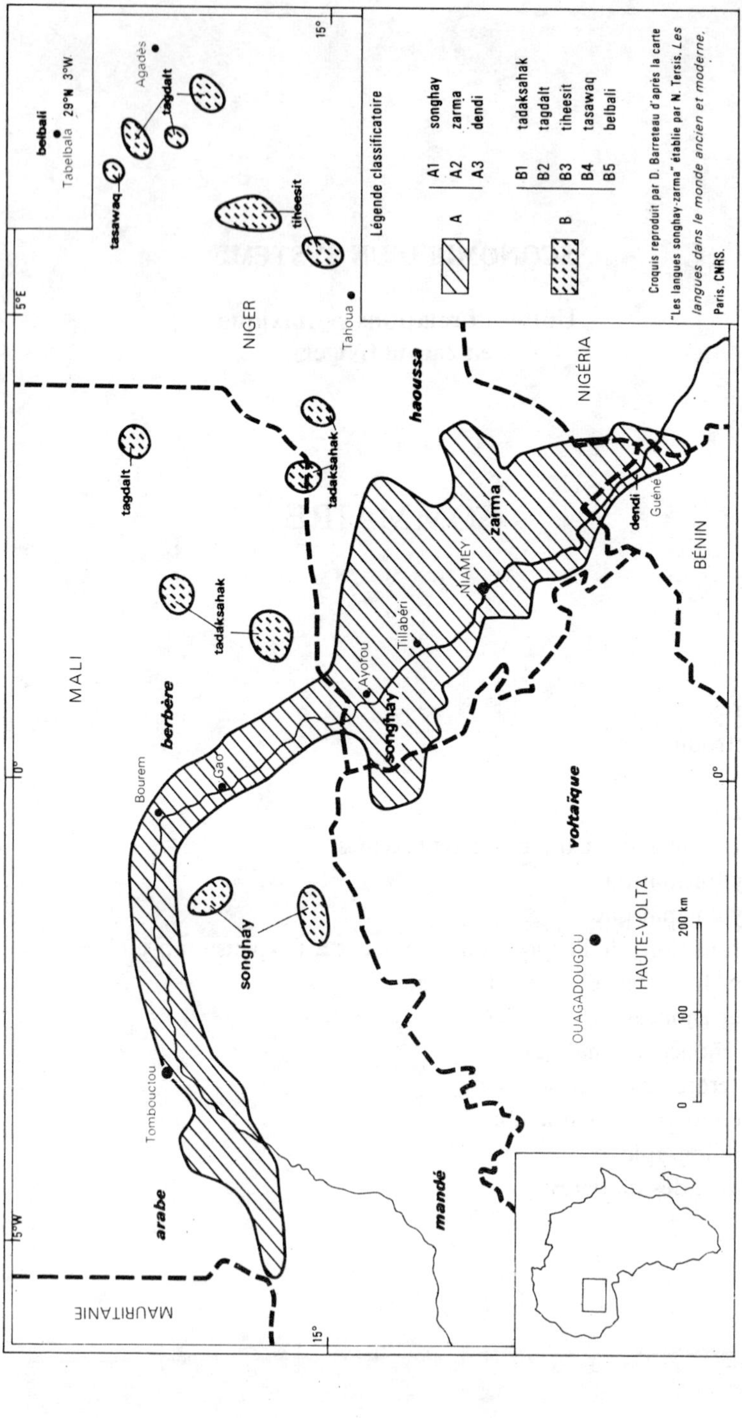

LE GROUPE SONGHAY-ZARMA (Nicole TERSIS, 1978)

PRÉFACE

par Jacqueline M.C. THOMAS

Décrire une langue c'est effectuer une opération toujours unique dont l'objectif ultime est de parvenir à cerner la spécificité pour mieux dégager l'universel. Procéder à l'inverse, en négligeant le spécifique pour ne traquer que des universaux présupposés ne peut avoir comme résultat que de mettre en évidence l'ingéniosité du descripteur, mais en manquant de beaucoup le but à atteindre.

Certes, le chemin est long et souvent ardu qui du particulier, du spécifique permettra d'extraire — si elle existe — la structure fondamentale du langage, universelle, propre à l'homme parlant. Cela exige d'innombrables efforts pour une oeuvre commune, reposant sur la connaissance, l'expérience, l'analyse et non sur le postulat et l'arbitraire.

Il y faut une multitude de contributions portant sur la plus grande diversité de langues et la volonté d'une approche, aussi neutre ou objective que possible, qui explicite et démontre sans trahir, sans imposer le moule d'une pensée étrangère.

L'universalisme du modèle indo-européen est sans doute, maintenant, pour la plupart des linguistes, bien dépassé. Il n'en demeure pas moins que des raisons historiques et sociologiques ont trop longtemps laissé à l'écart de la réflexion théorique les exemples exotiques ultramarins, des domaines austronésiens à la bantouistique. Il est vrai aussi que ce n'est que depuis peu qu'on dispose de descriptions suffisantes en qualité comme en quantité pour fournir un champ assez vaste et varié d'expérience. Cependant, on est encore bien loin d'atteindre à la masse nécessaire d'information pour prétendre produire une hypothèse valable de structure universelle du langage.

La théorisation en ce domaine, limitée à indo-européen, à la cinquantaine de langues africaines correctement décrites, aux seules langues mélanésiennes et à quelques langues amérindiennes bien maîtrisées, demeure un plaisant exercice de l'intelligence qui ne devrait plus conserver tant de prestige dès lors qu'on en mesure aujourd'hui toute la vanité.

Pourtant l'humble tâcheron de la description reste curieusement mésestimé de ceux-là même à qui il fournit la précieuse expérience indispensable à son élaboration théorique et celui qui fait profession d'un si haut niveau de pensée lui dénie toute réflexion propre. Simple fournisseur de matière à penser, il doit demeurer à sa place, ne pas s'aviser d'empiéter sur le domaine des grands de la linguistique.

Quelle curieuse illusion berce donc ces maîtres des sciences du langage?

Comment croire qu'on puisse valablement décrire sans fonder son analyse sur une solide théorie. Comment même imaginer une collecte de matériaux linguistiques susceptible de déboucher sur une description si le recueil a été fait anarchiquement, sans méthode ni organisation. Il est évident qu'on ne peut proposer de méthode qui ne suppose une option théorique préalable. On pourrait alors penser que nous sommes ainsi revenus à notre point de départ : ayant élaboré une hypothèse de structure universelle du langage, on propose une méthode d'enquête, d'analyse et de description qui en découle et on obtient ainsi des descriptions de langues correspondant à l'hypothèse formulée. Ce parcours circulaire ne nécessiterait pas une profusion d'expérimentations pour démontrer son inanité.

Si notre objectif est de rechercher sur le plus vaste échantillonnage possible les traits universaux par contraste avec les spécificités, il ne peut être question de les présupposer. Ce serait scientifiquement une erreur. Si cette présupposition était implicite, parce que non avouée : il y aurait malhonnêteté, parce que non formulée : ce serait un vice de raisonnement.

En revanche, admettant que toute réalité physique comporte — selon le niveau d'analyse auquel on se situe — un certain type d'éléments qui constituent les unités propres à ce niveau, dont la combinaison forme un autre type d'éléments, constituant l'unité du niveau supérieur, on peut considérer qu'il n'en va pas autrement du langage.

Cette prise de position n'implique en rien la structure propre du langage. Elle ne présuppose pas de ses universaux, ni de ses spécificités; elle permet au contraire de les rechercher avec la plus grande possibilité d'objectivité.

Partant de ce principe, on aura des unités définies au niveau le plus simple, se combinant entre elles pour accéder à un niveau supérieur, plus complexe, dont les unités auront leurs propres caractéristiques, leur propre combinatoire, distinctes de celles des unités du niveau inférieur qui les composent. La chaîne de combinaison, de complexification croissante, se poursuivant de niveau en niveau, donne une hiérarchie des unités et des niveaux qui, pour l'usage que nous en faisons dans l'étude d'une langue donnée, ira du trait pertinent au discours.

Il y a certainement d'autres niveaux accessibles, soit en deçà soit au delà de ceux que nous avons retenus, dans le cadre de ce qu'on considère, classiquement, comme la grammaire d'une langue. Nous nous en tenons à ceux-ci, qui permettent de cerner suffisamment ce qui assure sa fonction de communication, c'est-à-dire son rôle social. Il s'agit là d'un choix, limitatif, mais nécessaire si nous prétendons, dans un temps raisonnable, parvenir à dominer un champ d'expérience et d'observation assez vaste pour justifier la comparaison.

Ce choix n'exclut pas la conscience de ce que le corps, l'organisme — la langue en l'occurrence —, retenu pour l'analyse, n'est aucunement un objet isolé — même s'il peut être délimité avec une certaine précision — et qu'il est toujours impliqué lui-même dans un ensemble plus vaste auquel il se trouve relié par une infinité de correspondances, d'interférences, d'influences réciproques, etc. et où il peut à son tour représenter une unité. Ce sont là des considérations qui nous amènent à orienter également notre recherche vers la sociolinguistique, l'ethnolinguistique et sur l'étude de la société dans sa globalité avec et par la langue qu'elle parle, mais ce sont là d'autres temps de la recherche.

Présentement c'est sur le plan de l'ensemble grammatical que se situe notre intérêt particulier dans le cadre de l'étude effectuée ici par Nicole TERSIS. Il y a là une illustration précise et tout à fait remarquable de l'intérêt qu'offre, à nos yeux, la description linguistique procédant du principe de l'analyse par niveaux à unités définies.

Depuis Le ngbaka de Bokanga *(THOMAS 1963), à travers* La langue birom *(BOUQUIAUX 1970),* Le mbum de Nganha *(HAGEGE 1970) et plus partiellement* Le verbe banda *(CLOAREC-HEISS 1972),* Le zarma. Syntagme nominal *(TERSIS 1972),* Le nom en bafia *(GUARISMA 1973),* Le verbe en gbaya *(ROULON 1975),* Le mulwi ou vulum de Mogroum. Eléments de grammaire *(TOURNEUX 1978),* Le day de Bouna. Syntagmatique nominale *(NOUGAYROL 1979), nous avons proposé et progressivement cherché à améliorer notre approche du phénomène grammatical dans cette perspective d'analyse, en exposant occasionnellement certains principes, notamment dans "La détermination des catégories grammaticales dans une langue à classes nominales" (THOMAS et BOUQUIAUX 1967) et "Notions d'analyse linguistique",* Enquête et description des langues à tradition orale *(BOUQUIAUX et THOMAS 1971, 1976²).*

Dans ces différentes descriptions, surtout celles où le niveau grammatical est présenté dans son ensemble, et ici dans l'étude du zarma, on voit bien se dégager les systèmes originaux de chaque langue avec leurs caractéristiques propres : le ngbaka à faible morphologie et syntagmatique verbale complexe, le birom à forte morphologie et syntagmatique nominale élaborée.

Enfin, avec le zarma, un système original est mis en évidence; la classique opposition verbo/nominale — déjà remise en cause par d'autres langues comme le ngbaka et le mbum (pour ne parler que des langues décrites dans la perspective qui nous intéresse ici) qui distinguent Verbe/Nominoïde/Nominal — se trouve là plus encore à reconsidérer, quatre grandes catégories lexicales se répartissant le rôle de fondement de l'énoncé. Alors que jusqu'ici nous avons eu affaire à des langues où chaque niveau présentait une structure spécifique, le zarma offre l'exemple d'une organisation transcendante, la combinatoire syntagmatique reflétant (ou se reflétant dans) celle de la fonctionématique et de l'énoncématique.

Cette remarquable économie du système zarma a été clairement mise en évidence par cette approche non a prioriste que permet l'analyse ensembliste de la langue que nous préconisons et que Nicole TERSIS a si bien exploitée ici.

à Bernard SURUGUE
à Stéphane et à Grégoire

SIGNES ET ABRÉVIATIONS

ctif (ou cf)	coordinatif
dtif (ou df)	déterminatif
déic.	déictique
dt	déterminant
dé	déterminé
déloc.	délocutif
E	énoncé
ε—	énoncème
εx	énoncème dépendant
inj.	injonctif
génér.	générique
S	sujet
P	prédicat
C	complément
R	règle tonale (en bas des notes)
rég. (ou R)	régisseur
spéc.	spécifique
-	sépare, dans le texte zarma, les éléments d'un syntagme.
//	sépare des énoncés indépendants; c'est une limite de phrase.
/̵/	sépare des propositions en relation de dépendance; c'est une limite de proposition.
#	indique les limites d'une proposition déterminante d'un terme non-verbal de l'énoncé, comme la proposition relative, c'est-à-dire une proposition dépendante incluse dans les limites d'une autre proposition; c'est également une limite de proposition (expansion secondaire propositive).
/	sépare les éléments primaires de l'énoncé les uns par rapport aux autres; c'est une limite de fonction qui peut ne comporter qu'un seul monème aussi bien qu'un syntagme complexe.

||	sépare, dans un syntagme, des éléments qui sont dans un rapport de coordination ou de juxtaposition, plutôt que de dépendance et d'expansion proprement dite.
|	sépare les termes d'un syntagme, en relation de dépendance les uns par rapport aux autres, c'est-à-dire les éléments d'expansion secondaire.
|/ .../|	indique le caractère discontinu d'un syntagme.
[ ]	transcription phonétique.
| |	forme structurelle.
.	sépare les éléments d'un composé.
°	forme non attestée.

INTRODUCTION

SITUATION GÉNÉRALE

Le pays songhay-zarma longe cette partie nord du fleuve Niger qui va du lac Débo (Mali) jusqu'au Nigéria, à l'embouchure du Birni-n-Kebbi. Limité à une bande étroite suivant le Niger jusqu'à Ayorou environ, il s'élargit ensuite à l'ouest dans les vallées aux affluents temporels du Goruol, du Dargol et de la Sirba, jusqu'à la frontière de la Haute-Volta, à l'est dans les vallées d'anciens affluents dans le Zermaganda et dans la partie comprise entre le fleuve Niger et le Dallol Mauri.

Les principaux pays où est représenté le groupe songhay-zarma sont donc le Niger, le Mali et une petite enclave au Bénin et en Haute-Volta.

En dehors de cet ensemble, il existe des îlots qui se rattachent au groupe songhay-zarma[1] :

- en pays mossi et guřma (Haute-Volta) les Songhay de Kaya, Ouahigoua et Arabinda;
- au Mali les minorités songhay de Mopti, Djenne; les Songhay de Hombori;
- au Bénin les Dendi groupés près de la frontière du Niger et du Bénin à Guéné et en minorité dans la région de Kandi et même de Parakou;
- un ensemble de langues assez différenciées des précédentes et présentant entre elles nombre de traits communs : tadåksahak parlée par les Dahoussahak (Idåksahak) nomadisant dans les circonscriptions de Menaka (Mali) et Ouallam (Niger), tagdalt-tihéešit des Igdalen et des Ibero-

[1] ROUCH J., *Les Songhay*, Paris, PUF.

gan, nomades des circonscriptions d'Agadès et de Tahoua (Niger) ; tasăwaq des habitants d'In-Gall et de Teggida-n-Tesemt (circ. d'Agadès); ainsi que vraisemblablement le belbali ou kora - n - die parlé à Telbala (sud-ouest algérien)[2];

- les groupements émigrés au Ghana et en Côte d'Ivoire.

L'ensemble de la population songhay-zarma s'élève au Niger à environ 900 000 personnes, soit 22% de la population générale. La répartition entre les différents groupes est imprécise. Cependant les groupes les plus importants sont le zarma et le songhay : on évalue le zarma à environ 500 000 locuteurs.

Le pays zarma lui-même occupe l'ouest de la République du Niger sur une surface d'environ 60.000 km2. Il borde, dans le prolongement du pays songhay, une partie du fleuve Niger, à partir du village de Namaro (une cinquantaine de kilomètres au nord de Niamey) jusqu'au village de Boumba à peu près (60 km au nord de Gaya). S'ils se limitent aux rives du fleuve à l'ouest, à l'est les Zarma occupent d'une part la région du Zermaganda (ouest de Tillabéry), d'autre part la région des dallols, anciennes vallées fluviales. Les principaux centres zarma de ces régions sont Ouallam (Zermaganda), Niamey (sur le fleuve), Dosso (Dallol Bosso). Les Zarma sont limités au nord - ouest par les Songhay , à l'est par les Haoussa , au sud-ouest par les Gurma et les Peul , au sud par les Dendi .

Cette zone est conditionnée, comme l'ensemble du pays nigérien (dont le Sahara occupe les deux-tiers) par un climat ingrat, un sol pauvre et un manque d'eau paralysant les activités agraires et pastorales.

Le pays zarma est en effet dominé par le climat qui caractérise les pays du Sahel sud-saharien. Cela signifie qu'il est soumis à une période chaude et sèche pendant neuf mois de l'année avec des températures diurnes allant de 30 à 40° (et plus) entre novembre et juin et une courte saison des pluies de juillet à septembre où les températures avoisinent 30° avec un degré d'hygrométrie de 60% (en juin,

---

[2] LACROIX P.F., L'ensemble songhay-zarma. Problèmes et thèmes de travail, *Communication au 8ème congrès de la S.L.A.O.*, Abidjan, 1969.

juillet) et 100% (en août)[3].

La saison des pluies se manifeste souvent sous forme d'averses violentes et d'orages impressionnants "les tornades" où il n'est pas rare que tombe la foudre, mettant le feu aux cases et provoquant des morts.

Géographiquement, cette zone est constituée de plateaux monotones, sans relief, de faible altitude (moins de 200 m).

Le sol est souvent pauvre, sableux ou latéritique, souffrant d'une pénurie d'eau pendant de longs mois, puis dégradé par la violence des pluies d'orages ou encore par la présence de l'harmattan, vent qui souffle de novembre à mai "dénudant la terre, emportant les éléments humifères du niveau superficiel"[4].

Les zones les plus favorisées sont la vallée du fleuve Niger ou encore les "Dallol", terme peul désignant d'anciennes vallées fossiles asséchées où l'humidité demeure et où l'eau forme des mares à la saison des pluies.

Ces anciennes vallées, dans lesquelles se concentrent les eaux, sont le Dallol Bosso et le Dallol Maouri. "Larges de 5 à 10 km, elles sont fertiles et possèdent de nombreux pâturages d'hivernage et de saison sèche... Le reste du pays zarma constitue un vaste plateau gréseux généralement aride et par suite impropre à l'agriculture et à l'élevage"[4].

La végétation est caractérisée par une steppe arbustive au nord et une savane arborée au sud. On y trouve essentiellement des épineux, des acacias, des Combrétacées, et des palmiers doums (*Hyphae thebaica*) dans les zones plus humides.

Les ressources économiques de cette région sont directement liées aux conditions climatiques.

---

[3]Pierre DONAINT, 1975, *Les cadres géographiques à travers les langues du Niger*.

[4]A. DIARRA, 1971, *Femmes zarma du Niger* (cf. Bibliographie).

Population sédentaire et surtout rurale à vocation agraire et pastorale, les Zarma profitent de la courte saison des pluies pour constituer les ressources alimentaires de base. La principale culture est celle du mil, nourriture quotidienne de cette société. On y ajoutera des cultures complémentaires de sorgho, de haricots, de manioc, de pois de terre, ainsi que dans les zones du sud mieux arrosées, de l'arachide, du riz, du tabac, du maïs et des plantes servant de condiment dans la nourriture (sésame, piment, tomate, etc.).

Le pays zarma est aussi une zone d'élevage surtout consacré aux bovins, aux caprins et aux ovins.

Les troupeaux sont en déplacement continuel à la recherche d'herbage et de points d'eau entre le nord et le sud.

A. DIARRA note qu'une partie importante du bétail appartient aux femmes "grâce aux dons des parents lors des mariages ou encore par suite d'achats effectués dans les marchés locaux"[4].

POPULATION

On évalue le nombre des locuteurs zarma à quelque 500 000 personnes, pour une population globale de 5 millions d'habitants. Les Zarma habitent des villages ou des hameaux constitués généralement de cases rondes végétales à toit conique ayant parfois un soubassement en argile, avec quelques demeures cubiques entièrement en argile. La précarité de ces cases nécessite des réparations ou des reconstructions chaque année après la saison des pluies.

La société zarma a un système de chefferie traditionnelle où chaque village a son chef "responsable de la communauté villageoise et familiale"[4]. La ville de Dosso est un lieu de chefferie traditionnelle important avec tout un système de responsabilités hiérarchiques particulières (chef, conseiller du chef, chef de la guerre, lieutenant de cavalerie, gardes du corps, palefrenier).

Les activités des hommes et des femmes dépendent en grande partie du rythme des deux principales saisons. P. DONAINT note dans le calendrier de vie des Zarma les activités suivantes[3] :

. pendant la saison sèche (de novembre à mars) :
  - fabrication des clôtures et des greniers, réparation des cases,
  - exode des hommes vers les pays côtiers à la recherche de travail,
  - voyage, visites.

. à partir de mars :
  - préparation des champs, désherbage, fumage, préparation des outils, des semences.

. juin : semage du petit mil et du haricot.

. juillet : premier sarclage, puis on sème le sorgho.

. août : deuxième sarclage.

. septembre : récolte du mil hâtif.

. octobre : récolte du sorgho et du mil tardif.

Les femmes profitent aussi de la longue saison sèche pour ramasser le bois mort, participer à la construction des cases et des greniers où l'on rangera le mil après la saison des pluies, pour confectionner des nattes, des vans, des paniers; le cardage du coton à l'arc tend à disparaître devant l'importation importante de tissus de coton vendus sur les marchés.

L'activité essentielle des femmes reste la préparation des repas et la recherche de l'eau pour les besoins de la cuisine et de la maison. Tâches ardues et longues quand on sait que le pilage du mil nécessite de multiples étapes et plusieurs vannages jusqu'à l'obtention d'une farine fine. Le puisage de l'eau est rendu pénible du fait que les points d'eau sont souvent éloignés, rudimentaires et profonds, et qu'il n'y a pas toujours de poulie pour faciliter ce travail.

En saison des pluies, les femmes cultivent également sur de petits espaces des courges, du pois sucré et du sésame.

L'origine du peuple zarma est mal connue; plusieurs hypothèses sont avancées concernant leur lieu d'origine et leur appartenance. Nous nous contenterons de donner quelques brèves indications à ce sujet[5].

D'après des sources arabes, et selon certains historiens, ce peuple vient de l'Empire du Mali et se trouverait rattaché soit aux Malinkés soit aux Sarakollés.

Pour d'autres auteurs, les Zarma n'auraient effectué qu'une migration à partir du Zarma-ganda situé à l'est du fleuve Niger vers le sud.

Pour d'autres encore, les Zarma se rattachent directement au groupe Songhay avec lequel ils partagent des affinités culturelles et linguistiques.

La migration des Zarma remonterait aux XVe et XVIe siècles à la suite de conflits avec les Peul dans le delta intérieur du Niger.

Après leur implantation dans le Zarma-ganda, les Zarma se seraient dirigés vers les régions plus fertiles du sud (Vallée du Niger et Dallol) aux dépens des populations déjà installées qui s'intègrent plus ou moins à eux.

A partir du XVIIe siècle, les Zarma se stabilisent dans le Dallol Bosso et autour de Dosso.

Les Zarma subiront alors une série d'invasions peul et touareg durant le XVIIIe et le XIXe siècles.

La première mission française remonte à 1800 dans cette zone et c'est en 1898 que s'établit un poste administratif à Dosso.

L'indépendance du Niger date de 1960.

---

[5]Nous renvoyons aux auteurs suivants pour les questions historiques : M. ABADIE, 1927, *La Colonie du Niger*, Paris, Société d'Etudes géographiques maritimes et coloniales, 466 p.; ARDANT du PICQ, 1931, *Une population africaine : les Dyermas*, Paris, Larose; Y. URVOY, 1936, *Histoire des populations du Soudan Central*, Paris, Larose, 350 p.; J. PERRIER et M. SELLIER, 1950, Histoire des Populations du cercle de Dosso (Niger), Dakar, *Bull. IFAN* (cf. Bibliographie); J. ROUCH, 1954, *Les Songhay*, Paris, PUF, 100 p.; DIOULDE LAYA, 1969, *Histoire des Songhay-Zarma*, Niamey, CRDTO/H n° 1, 117 p.; BOUBOU H., 1967, *Histoire traditionnelle d'un peuple : les Zarma-Songhay*, Paris, Présence africaine, 278 p.

Bien que les Zarma soient islamisés de longue date (l'introduction de l'islam remonte au Xe siècle et fut renforcée aux XVIIIe et XIXe siècles lors des conquêtes peules), les croyances traditionnelles en des génies représentant notamment les forces de la nature (génie du tonnerre, génie de l'éclair, génies de l'eau, génies de brousse, génie de l'arc-en-ciel, etc.) se superposent aux pratiques de la religion islamique dans un syncrétisme remarquable. C'est ainsi que bon nombre de cérémonies traditionnelles et de sacrifices aux génies commencent par exemple par un verset du Coran dont le récitant lui-même ne connaît pas toujours la signification précise[6].

CLASSIFICATION DE LA LANGUE

Les premières classifications notables du groupe songhay - zarma remontent au début du XXe siècle, en 1914, dans l'*Esquisse générale des langues de l'Afrique et plus particulièrement de l'Afrique française* où Maurice DELAFOSSE classe le songhay dans les langues agglutinantes à côté du mandingue et des langues du Tchad en précisant son rattachement possible au mandingue.

Ce classement est repris et précisé en 1924 par M. DELAFOSSE dans "Les langues du Soudan et de la Guinée", *Les langues du monde* (A.MEILLET, M. COHEN éd.), Paris, Champion.

Le songhay est intégré alors au groupe nigéro-sénégalais comprenant 36 langues (dont le mandingue, le sarakollé, le dogon, etc. ;) de plus, une distinction est établie à l'intérieur même du groupe entre le songhay et le zarma.

En 1948, D. WESTERMANN dans *Les peuples et civilisations de l'Afrique* (Paris, Payot) classe le songhay dans un vaste "groupe nigritique à côté de langues du Bas-Niger, de Basse Côte, du Haut Nil et du Congo septentrional". A partir de ce moment, les classifications suivantes font du songhay une unité isolée des autres langues et groupes voisins.

Dans *The languages of West Africa* (London, Oxford University Press, 1952), D. WESTERMANN et M.A. BRYAN répartissent l'ensemble des langues de l'Afrique de l'Ouest en dix groupes. Le songhay est présenté isolément avec ses principaux dialectes, le zarma et le dendi. Toutefois, l'auteur note des ressemblances de vocabulaire avec les langues mandé.

---

[6] ROUCH J., 1960, *La religion et la magie songhay*, Paris, PUF, 325 p.

De même, dans l'ouvrage de LAVERGNE et TRESSAN, *Inventaire linguistique de l'Afrique Occidentale Française et du Togo* (Dakar, IFAN, 1953), les langues se répartissent en onze groupes. Le songhay n'est intégré à aucun de ces groupes; il fait partie des langues non classées, au même titre que le dogon, le pana, le bolon. Les dialectes reconnus sont le songhay, le zarma, le dendi.

L'ouvrage du Père PROST, *La langue soṅay et ses dialectes* (Dakar, IFAN, 1956) ne pose pas le problème du rattachement du songhay aux autres langues africaines, mais précise les variantes dialectales à l'intérieur de l'ensemble songhay. Il oppose dialectes de l'ouest aux dialectes de l'est, d'un côté parler de Tombouctou, de l'autre parler de Gao, Kado, Wogo, Zarma, Dendi.

Dans *The languages of Africa*, La Haye, Mouton, 1962, J.H. GREENBERG intègre le songhay dans la grande famille nilo-saharienne comprenant : II.A Songhai, II.B Saharan, II.C Maban, II.D Fur, II.E. Chari-Nile , II.F Koman.

La classification la plus récente et la plus précise est celle que propose R. NICOLAI[7], à partir de critères phonologiques (systèmes tonaux), de critères morphologiques (marque de détermination) de critères syntaxiques (ordre sujet - verbe - complément).

Il distingue "deux ensembles dialectaux nettement distincts entre lesquels il n'existe pas d'inter-compréhension, à savoir le "songhay méridional" et le "songhay septentrional".

"Chacun de ces ensembles peut être scindé en d'autres sous-ensembles dialectaux.

Les sous-ensembles dialectaux du songhay méridional sont :

- le "songhay occidental" qui correspond à la variante Goundam-Tombouctou;
- le "songhay oriental" dont la variante la plus connue est celle de Gao;
- le "songhay kaado" parlé sur la rive droite du fleuve, en particulier dans la région de Téra et du Gorouol;

---

[7]NICOLAI R., 1979, *Les dialectes du Songhay*, Thèse d'Etat encore inédite.

- le "zarma" qui s'étend sur la rive gauche du fleuve du Zarmaganda (région de Ouallam) au Zarmatarey (région de Dosso);
- le "songhay central" représenté par les variantes linguistiques parlées par les Songhay du Hombori et de la région de Tinié et Filio, ainsi que par la variante dialectale des Marensé de Haute-Volta;
- le "dendi" qui englobe surtout les variantes de Kandi, Jougou et Parakou.

En conclusion, nous ne nous écartons de la classification de PROST qu'en ce qui concerne l'existence du songhay central qui constitue pour nous un sous-ensemble autonome et, en ce qui concerne le parler wogo, qui ne nous semble pas devoir constituer une variante suffisamment différenciée pour être isolée du songhay kaado.

Les sous-ensembles dialectaux du songhay septentrional sont en nombre plus réduit. On distingue nettement entre deux sous-ensembles:

- le sous-ensemble formé par les parlers du "groupe nomade" lequel se subdivise en deux sous-dialectes, la "tadaksahak" et la "tihiʃit";
- le sous-ensemble formé par les parlers du "groupe sédentaire" qui se subdivise également en deux sous-dialectes qui sont, d'une part, la "tasawaq" parlée dans la région d'In-Gall et, d'autre part, le "korandje", parlé dans l'oasis de Tabelbala, dans le sud algérien"[8].

R. NICOLAI propose le schéma ci-dessous :

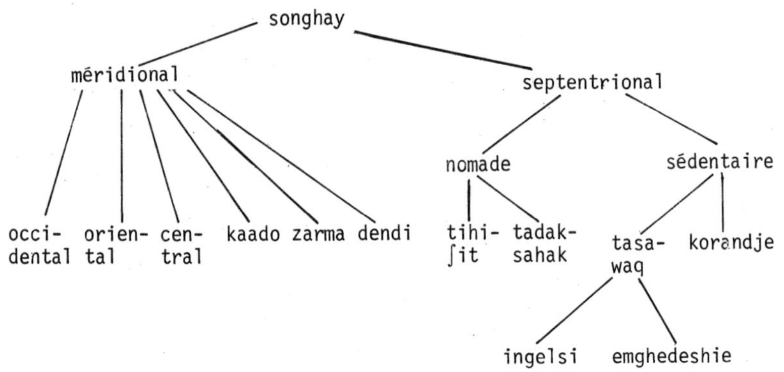

[8]cf. NICOLAI R., pp. 12-14 de l'ouvrage cité.

DOCUMENTATION

Les matériaux qui nous ont servi de corpus pour cette étude ont été recueillis lors de plusieurs séjours au Niger entre 1968 et 1975 (totalisant 15 mois de mission). Ces séjours ont été effectués dans le cadre de l'Equipe de Recherche 246 du C.N.R.S., dont le Responsable fut, depuis sa création, P.F. LACROIX.

Nous avons essentiellement travaillé dans la région de Dosso, à Dosso même, et dans le village de Koygorou situé à une dizaine de kilomètres de Dosso.

En dehors des informateurs occasionnels et de tous ceux, femmes, hommes et enfants de Koygorou et de Dosso qui ont accepté que nous enregistrions des contes, des chants ou des proverbes, nous avons plus régulièrement travaillé avec quelques informateurs, en particulier :

- Ide ZIRDIO, natif de Dosso, âgé d'une vingtaine d'années au début de l'enquête. Il avait été à l'école jusqu'au certificat d'études.

C'est avec lui que nous avons patiemment transcrit les textes enregistrés, vérifié de multiples fois les phénomènes tonaux de la langue, révisé de façon systématique certains points de grammaire à partir de questionnaires réadaptés pour les besoins de la langue. Au fur et à mesure de l'enquête, il devint conscient des phénomènes tonaux et apprit à les noter et, par suite, à les identifier, nous aidant ainsi à une transcription plus facile et rapide.

- Maiguizo NAINO, âgé alors de 35 ans, également natif de Dosso. Son aide fut particulièrement efficace grâce à la connaissance et à l'intérêt qu'il portait au milieu traditionnel zarma. Il nous a permis d'éclaircir bien des points délicats de traduction dans des textes religieux difficiles.

Nous avons également travaillé, pour des vérifications ou des enquêtes plus ponctuelles, avec Marou GARBA, Moukeila HASSANE, Alboro NABA, Mahaman DIORI, tous natifs de Dosso ou de Koygorou.

Nous voudrions aussi mentionner tous ceux qui ont favorisé nos enquêtes sur le terrain, en particulier Sido HASSANE qui nous a permis de séjourner dans son village natal de Koygorou où l'accueil fut d'emblée chaleureux.

Diouldé LAYA, Directeur du Centre de Recherche en Sciences Humaines de Niamey, qui nous a accueillie dans son Centre nous permettant de travailler dans de bonnes conditions.

La documentation que nous avons utilisée pour ce travail est la suivante :

- vocabulaire de plus de 4.000 termes constitué à partir de questionnaires (liste de vocabulaires, questionnaires de l'E.R. 74, dépouillement des textes recueillis, dépouillement de la documentation existante que nous avons vérifiée);
- textes de littérature orale : une cinquantaine de contes, de récits chantés, de chants (dont une partie sont déjà publiés, cf. Bibliographie) et des proverbes;
- questionnaires grammaticaux élaborés par l'E.R. 74 du C.N.R.S. que nous avons remaniés ou augmentés suivant les nécessités de la langue.

L'analyse et l'organisation des données nous a entraînée souvent à constituer des enquêtes supplémentaires et systématiques, en particulier, nous avons établi :

- un fichier phonologique (position des consonnes, des voyelles, groupes de voyelles et de consonnes);
- un fichier morphologique (étude des amalgames, étude de la combinatoire des bases avec le spécifique);
- un fichier des phénomènes de dérivation et composition;
- un fichier pour les énoncés;
- un fichier pour toutes les combinaisons de type secondaire;
- un fichier pour les régisseurs.

5. METHODE

Les recherches menées sur le terrain sont inséparables d'un fondement théorique.

Nous adressons nos remerciements à A. MARTINET à qui nous devons beaucoup. C'est lui qui nous a initiée à la linguistique, alors que nous suivions son séminaire aux Hautes Etudes entre 1966 et 1969.

Nous avons ensuite travaillé avec Jacqueline THOMAS et son équipe, centre d'échanges multiples et enrichissants.

Nous voudrions exprimer toute notre gratitude à Jacqueline THOMAS qui, par son exigente logique, sa fidélité aux faits de la langue et son sens remarquable de la synthèse, nous a amenée à préférer tout au long de notre recherche, la rigueur à la facilité par une remise en question fréquente de nos interprétations et une humilité devant la complexité des langues.

Nous voudrions encore remercier tous ceux qui ont permis à notre recherche d'avancer, d'évoluer et d'aboutir, et surtout Luc BOUQUIAUX pour sa disponibilité, sa vaste expérience de différentes langues, ses conseils multiples et son goût de la clarté et de la précision.

Les membres du Laboratoire des Langues et Civilisations à Tradition orale du C.N.R.S. avec lesquels les discussions ont toujours été pour nous une source d'enseignements fructueux, en particulier France CLOAREC-HEISS, P. ROULON, J.C. RIVIERRE, Suzanne RUELLAND, S. PLATIEL.

Nos remerciements vont aussi à Claude HAGEGE qui, à travers son séminaire, nous fit profiter de ses grandes connaissances et de ses idées précieuses; à Claude GOUFFE et à David COHEN qui nous ont fourni des renseignements très utiles concernant les emprunts haoussa et arabe du songhay-zarma.

Nous rendons hommage à la mémoire de P.F. LACROIX qui nous a fait confiance depuis le début de notre travail en nous offrant, dès 1968, la possibilité d'aller sur le terrain et en nous intégrant alors dans son Equipe. Nous le remercions de tous ses encouragements et des conseils judicieux et utiles qu'il a pu nous donner.

Nous voudrions remercier Geneviève CALAME-GRIAULE et son Equipe pour leur soutien moral et matériel.

Nous voudrions aussi remercier Colette PIAULT et Jean ROUCH qui nous ont entraînée un jour avec enthousiasme au Niger, dans cette région aride et fascinante qu'est le pays songhay-zarma.

I

AVANT-PROPOS

> "Il est toujours aussi urgent de répéter que tout effort pour échapper à l'européocentrisme, qui comprime les langues exotiques dans ces moules, est légitime et doit être conduit à son terme, sans prendre prétexte, pour s'en détourner, de la recherche d'universaux, tout aussi légitime, mais justement d'autant plus assurée dans ses résultats que les langues auront été examinées chacune selon sa spécificité ..."
>
> Claude HAGEGE, BSLP, 1978.

Nous voudrions, avant d'entreprendre l'exposé de la langue zarma, justifier notre tentative pour rendre compte de l'ensemble de la structure de cette langue dans ses caractéristiques essentielles et dans son originalité.

Cette tentative nous a amenée, à plusieurs reprises, à sortir du cadre traditionnel et des concepts habituels de la description linguistique.

Cet effort, remettant en cause certaines notions classiques, est venu de notre confrontation avec la langue elle-même; ainsi nous avons voulu expliciter le mieux possible une structure linguistique particulièrement intéressante qui débordait du cadre strict que nous utilisons généralement.

En effet, il nous est apparu, au fur et à mesure de notre travail, que la description de cette langue, telle que nous l'avions envisagée au premier abord, ne nous donnait que des explications partielles, variables selon le déroulement de l'analyse et, dans l'ensemble, peu satisfaisantes, fournissant une somme d'explications diverses réparties en différents chapitres et donnant de la grammaire une vision fragmentaire et finalement européocentrique du zarma.

Mais, dès lors que nous avons commencé à nous dégager de certaines dénominations traditionnelles recouvrant inconsciemment des présupposés et, par conséquent, impliquant certaines limites au niveau de l'interprétation, en particulier en ce qui concernait les catégories grammaticales et le contenu des principales fonctions sujet et prédicat, à ce moment-là, nous avons pu organiser l'ensemble du système zarma selon une toute autre cohérence qui permettait, cette fois, une explication globale plus satisfaisante dans laquelle tous les faits isolés pouvaient s'intégrer et les explications échelonnées dans plusieurs chapitres se regrouper sous un même éclairage.

Cette optique peut susciter des remarques parce qu'elle va à l'encontre de notre habitude de pensée et qu'elle oblige à se dépouiller des concepts que nous connaissons dans notre propre langue pour envisager un type de structure complètement différent.

Nous ne présentons donc pas ce travail comme un exemple généralisable, mais plutôt comme un essai pour appréhender une langue, par delà des conceptions préétablies et des présupposés inconscients et de la saisir dans son fonctionnement à la fois réel et différent, en étant consciente, comme le souligne A. MARTINET, que "Le schème linguistique familier exerce sur la pensée du chercheur une pression considérable. La tentation de repenser le monde en d'autres termes, ou bien n'existe pas, ou n'aboutit qu'exceptionnellement à déformer sans remède la représentation du système de la langue"[1].

---

[1] *Linguistique synchronique*, p. 198.

II

PHONOLOGIE

Note : La phonologie et la synthématique, ainsi qu'une étude partielle des syntagmes, ont fait l'objet d'une première analyse de notre part (cf. Bibliographie). Nous avons jugé qu'il était utile de présenter ici ces chapitres pour une meilleure compréhension de la langue et en raison des remaniements importants que nous avons apportés à l'ensemble de la description.

2.1. L'identification, la définition puis le classement des unités phoniques de la langue obéissent essentiellement au *principe de pertinence*. Principe qui, rappelons-le, permet dans chaque langue de distinguer ce qui est "essentiel parce que distinctif de ce qui est contingent parce que déterminé par le contexte ou diverses circonstances". (A. MARTINET)[1].

La phonologie sera donc une présentation des *unités phoniques pertinentes* de la langue zarma, à savoir *les phonèmes*.

Pour opposer et identifier les phonèmes, nous avons recours à l'opération dite de commutation à l'intérieur d'un cadre que nous avons essayé de maintenir le plus vraisemblable et le plus rigoureux possible :

- soit en choisissant des paires minimales dont les termes appartiennent à la même catégorie grammaticale,

[1] *Eléments de linguistique générale.*

- soit en choisissant des énoncés minimaux ou expansifs apparaissant dans le discours,
- en nous limitant (sauf dans les cas où le terme est présenté avec un monème de pluriel) principalement au signe minimal existant dans la langue, à l'exclusion notamment des composés.

Nous devons ajouter cependant que dans certains cas de phonèmes peu fréquents, il nous a été difficile de respecter ces contraintes; c'est-à-dire qu'il peut se produire que les termes opposés ne soient pas de la même catégorie grammaticale, et par suite que les paires de termes opposés ne soient pas parfaites.

2.2. L'ordre de présentation des phonèmes est le suivant : nous commençons par les voyelles, puis les consonnes en précisant pour chacune d'entre elles la réalisation phonétique , en donnant l'énumération des traits pertinents qui les oppose les unes aux autres et assure ainsi la distinction entre les phonèmes de la langue et, par suite, entre les mots.

Puis nous procéderons au classement des voyelles puis des consonnes en intégrant chaque phonème, selon sa définition en traits pertinents, dans une structure d'ensemble où chacun se définit par rapport à l'autre.

L'ordre d'exposition des phonèmes correspond à l'ordre phonologique dégagé dans le système en partant des points de contact et d'articulation extérieurs (la bouche) pour aller vers les plus intérieurs (pharynx).

Ensuite nous envisagerons les combinaisons de phonèmes non plus en opposition dans le système mais en contiguïté dans la chaîne (le discours) et au sein du signe même (axe syntagmatique).

2.3. Enfin nous ferons une place particulière aux phénomènes tonaux existant dans la langue zarma. Les tons ou hauteurs musicales caractérisent essentiellement les voyelles dans cette langue; cependant il nous a paru plus simple, dans la présentation, de dissocier les voyelles et les tons: d'une part, pour ne pas alourdir le tableau d'ensemble des voyelles, d'autre part, parce qu'un certain nombre de règles spécifiques caractérisant les tons dans le discours justifiait un traitement à part pour plus de clarté.

C'est par la présentation des tons que nous aborderons l'étude phonologique du zarma.

1. LES TONS

2.4. Le zarma est une langue à tons; chaque voyelle est en effet caractérisée par une hauteur musicale ou ton. Par conséquent, on peut dire que la voyelle n'apparaît jamais sans être affectée d'une hauteur musicale précise.

Cette caractéristique semble exclure que l'on puisse interpréter les tons, dans cette langue, comme un phénomène prosodique pouvant porter sur un terme ou un groupe de termes; au contraire, on peut en déduire que le ton dans ce cas est inhérent à la voyelle et qu'il constitue un de ses traits pertinents au même titre que l'aperture ou le caractère postérieur ou antérieur.

Nous verrons plus loin que, dans le discours ou même dans le cadre du monème ou du syntagme, il existe un certain nombre de variations tonales par rapport aux tons de base des monosyllabes et des dissylabes. Ce changement pourrait remettre en question l'interprétation du ton comme trait inhérent à la voyelle s'il n'était,en réalité, tout à fait prévisible et à considérer comme une variation contextuelle automatique et non comme l'indice d'une mélodie supra-segmentale affectant un ensemble phonématique plus ou moins vaste , indépendamment de son support vocalique[2]. On a dénombré en zarma deux niveaux pertinents, haut et bas, ainsi que deux combinaisons pertinentes :

---

[2]cf. C. HAGEGE. *Le mbum*, p. 58.
J. THOMAS, L. BOUQUIAUX, F. CLOAREC-HEISS. *Initiation à la phonétique*, p. 211.

ton descendant (haut-bas), ton montant (bas-haut). Il s'agit de tons ponctuels, c'est-à-dire que c'est la hauteur *relative* du registre qui est importante et non la hauteur absolue; en effet il peut exister une variation phonétique, suivant les contextes, du ton haut et du ton bas mais, quelles que soient ces variations, l'écart entre le haut et le bas est maintenu.

Ces tons ont essentiellement une fonction distinctive, c'est-à-dire qu'ils permettent de différencier plusieurs termes dont les phonèmes sont identiques, par exemple :

ton haut	:	bí	"file le coton !"
ton bas	:	bì	"blessure"
ton descendant	:	bíì	"noir"
ton montant	:	bìí	"hier"

Remarque : Pour des raisons de commodité graphique, nous décomposerons les tons montant et descendant , en mores. Ce procédé ne doit pas faire oublier que les voyelles sur lesquelles portent ces tons sont des voyelles brèves.

Nous avons pu remarquer que, sur un plan diachronique, l'existence de tons modulés haut-bas et bas-haut correspondait à la chute d'une voyelle, comme peuvent l'attester encore certains exemples où se maintiennent des doublets :

tùnú / tùún "le lever"
fúnù / fúùn "le sortir"

sur un plan synchronique, l'existence de tons modulés est incontestable, ne serait-ce que du fait que dans bon nombre d'exemples la restitution d'une voyelle disparue ne peut se faire qu'à titre hypothétique.

Remarques :

1. Il existe une nasale syllabique représentée dans un petit nombre de termes et portant généralement le ton bas (cf. Consonnes à l'initiale). exemple : ǹdóróró "gouttière".

2. Dans quelques rares exemples, nous avons trouvé des combinaisons montant-descendant et descendant-montant (résultat de combinaisons morphologiques ou d'amalgames). exemples : kódòòó "le cadet", dàykwáàáy "les acheteurs", tàsàbáàá "le chapelet". La rareté de ces cas ne nous a pas permis de faire des rapprochements avec les autres tons attestés.

3. La reconnaissance et la notation des tons dans le groupe songhay-zarma sont relativement récentes puisque, à notre connaissance, la première publication, faisant état des tons en songhay et les notant, date de 1967 avec l'article de K. WILLIAMSON.

2.5. *Le ton haut : V́*

L'identité phonologique du ton haut ressort des rapprochements suivants :

V́/V̀	(à) tá	"couds-le!" [3]	(à) tà	"prends-le !"
	(à màná) cí	"il n'est pas"	(à màná) cì	"il ne dit pas"
	(à) dí	"il voit"	(à) dì	"attrape-le !"
V́/V́V̀	(à) dí	"il voit"	(à) díì	"il brûle"
	(à) dó	"il arrive"	(à) dóò	"endroit où il est"
V́/V̀V́	(à nà-à) fó	"il le salue"	(à nà-à) fòó	"il le chasse"

2.6. *Le ton bas : V̀*

L'identité phonologique du ton bas ressort des rapprochements suivants :

V̀/V́ cf. 2.5.

V̀/V̀V́	(à nà-à) gà	"il l'aide"	gàá	"parc à animaux"
	mò	"oeil"	mòó	"riz"
	kà	"viens!"	kàá	"élève des animaux!"
V̀/V́V̀	(à) tù	"il répond"	túù	"récipient en bois"

2.7. *Le ton descendant : V́V̀*

L'identité phonologique de ce ton ressort des rapprochements déjà effectués et des suivants :

---

[3] Nous ne donnons pas le mot-à-mot des exemples dans la phonologie, notamment quand il s'agit d'énoncés. Pour l'analyse de ces énoncés, voir chapitre Syntagmatique. Pour tous les termes correspondant approximativement à des actions, la traduction la plus exacte est un infinitif précédé de l'article, soit dí = le voir, et à dí "le voir de lui".
// il / le voir //
La traduction française rendue par un présent, dans ces cas là (soit à dí "il voit") risque d'induire en erreur dans le sens où elle évoque un système temporel qui n'a pas de correspondant en zarma; cette traduction n'est qu'une commodité en comparaison de la traduction infinitive plus difficile à admettre en français pour certains exemples. Pour être logique et plus exact, on aboutirait à des traductions telles que :

son conduire / le conduire de lui pour à fúùn

son répondre / le répondre de lui pour à tú , etc.

V́V̀/V́, V́V̀/V̀ cf. 2.5. et 2.6.

V́V̀/V̀V́				
	gúù	"étalon"	gùú	"tas"
	kóò	"fruit du baobab"	kòó	"enfant"
	(à) fúùn	"il conduit"	(à) fùún	"il perce"
	(à) já̰à̰	"il manque de"	jà̰á̰	"furoncle"

2.8. *Le ton montant : V̀V́*

L'identité phonologique du ton montant ressort des rapprochements déjà effectués :

V̀V́/V́, V̀V́/V̀, V̀V́/V́V̀ cf. 2.5., 2.6., 2.7.

2.9. Dans les termes de type dissylabique, CVCV, CVCCV, CVCVC, on rencontre les combinaisons tonales ci-dessous :

- *haut-haut*	hámní	"mouche"
	kó:má	"termitière"
- *bas-bas*	hàmnì	"farine"
	gànjì	"génie"
- *haut-bas*	gánjì	"bois fourchu"
	kó:rò	"hyène"
- *bas-haut*	kò:ró	"crapaud"
	kò:má	"bosse"
- *haut-montant*	kó:mààá	"faucille"
	cúràá	"l'oiseau"
- *bas-montant*	fùnàá	"le trou"
- *montant-montant*	fòóndàá	"le chemin"
	sìíllòó	"le fil"
- *bas-descendant*	làtóò	"le sac"
- *montant-bas*	fùúndì	"vie"
- *descendant-haut*	fóò:rí	"jeu"

Les autres combinaisons, possibles théoriquement, ne sont pas attestées dans les limites de notre corpus; ce sont :

descendant-montant : CV́V̀CV̀V́
haut-descendant : CV́CV́V̀
montant-descendant : CV̀V́CV́V̀
descendant-descendant: CV́V̀CV́V̀
montant-haut : CV̀V́CV́
descendant-bas : CV́V̀CV̀

2.10. Les trisyllabes présentent les combinaisons suivantes :

- *haut-haut-haut* á fífírí "il épluche"
- *bas-bas-bas* à fàfàgù "il trompe"
- *haut-haut-bas* à mágásù "il coupe"
- *bas-haut-haut* à fàráhá̰ "il est joyeux"
- *bas-bas-haut* à nà-à-bàbàcé "il le brûle"
- *bas-haut-bas* à fàrrátì "il est insouciant"
- *haut-bas-haut* bámbàní "corde"

La combinaison haut-bas-bas n'est pas attestée, soit CV́CV̀CV̀.

Il est intéressant de noter, dès maintenant, que les combinaisons non attestées à l'intérieur du dissyllabe et du trisyllabe correspondent précisément aux incompatibilités tonales que nous avons notées dans le syntagme.

Nous présenterons au chapitre des combinaisons un certain nombre de règles précises valables pour l'ensemble de la langue.

2.11. Au niveau du "mot", du syntagme et de l'énoncé, nous avons remarqué l'existence d'un abaissement tonal automatique du ton haut précédé d'un ton bas, de telle sorte que le ton haut précédé d'un ton bas se réalise sur un registre plus bas que le premier ton haut, soit la succession haut-bas-haut, on aura la réalisation [¯ _ –]. Ces modifications tonales n'ont pas un caractère distinctif. (cf. Les Tons dans l'énoncé).

exemples : fóò:rí "amusement" [⌒\ –]

fírì-kwóndá "notre nuque" [¯ _ – –]
/notre | nuque + *spéc.*/

àáy-táfày-kúlù "tous mes pagnes" [_ ¯ _ – _ ¯ –]
/mon | pagne + *spéc.* | tout/

sàkú-tàfé "le pagne de Sakou" [_ – _ –]
/Sakou | pagne/

à fúrò fúò-rá "il entre dans la maison"
// il/l'entrer/maison + *spéc.* | dans//

àrmó gòó gándà gá jìríbì
"le frère est par terre en train de dormir"
// frère+ *spéc.* /être/terre/ vers|le dormir //

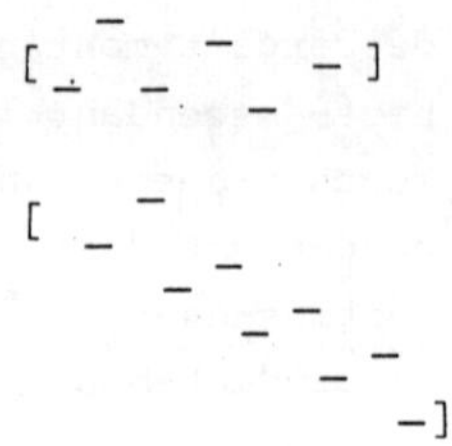

Nous ajouterons donc, d'après cette dernière remarque, que la courbe mélodique de l'énoncé zarma est descendante. Cette intonation descendante se combine avec l'existence des tons puisque, à l'intérieur de cette courbe descendante, l'écart entre les tons est respecté . Nous reprendrons ce point dans l'étude des combinaisons.

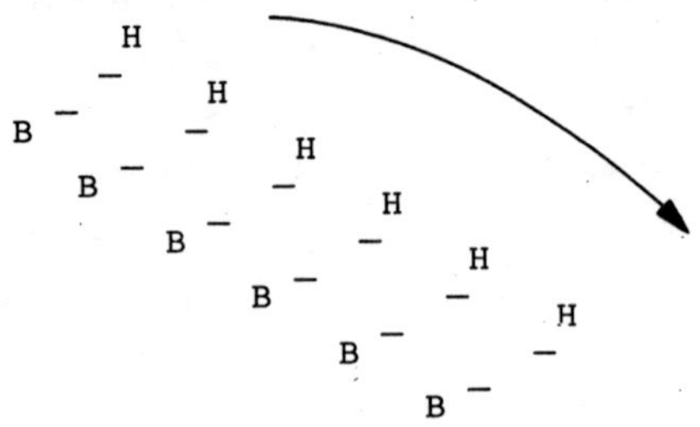

2. LES PHONÈMES

Il nous a paru utile de présenter les phonèmes vocaliques et consonantiques respectivement suivant les trois positions qu'ils peuvent occuper : initiale, médiane et finale. En effet, les systèmes qui se dégagent de ces trois positions sont assez différents pour justifier une telle présentation.

A la fin de l'inventaire, nous présenterons un tableau récapitulatif des voyelles et des consonnes de la langue.

A. VOYELLES

POSITION INITIALE

2.12. En position initiale, il n'existe que des voyelles brèves. De plus, le système vocalique est réduit à trois phonèmes /i/ , /a/ et /u/. La voyelle u n'apparaît que dans quelques exemples dont certains sont des emprunts :

únkórú	"hanche"
ùnkùrù	"tortue"
úrà	"or" (emprunt au tamachèque)
ùsáynì	"Useyni, *prénom*" (emprunt à l'arabe)

Les deux voyelles /i/ et /a/ sont identifiées par le rapprochement suivant :

i / a ì "ils" *(M.P.)* à "il" *(M.P.)*

/i/, dans cette position ne peut se confondre avec /y/ puisqu'il est porteur d'un ton, ce qui n'est pas le cas de /y/ consonne. /i/ n'est représenté que dans une dizaine de termes.

La majorité des termes -dissyllabes et trisyllabes- dont l'initiale vocalique est /a/ provient d'emprunts arabes. Le nombre de termes comportant /a/ à l'initiale est inférieur à 3% dans notre corpus.

i se définit comme une voyelle d'aperture minimale antérieure, i/a

u se définit comme une voyelle d'aperture minimale postérieure. De même que i, u ne peut se confondre avec /w/ puisqu'il est porteur d'un ton. u/i,a.

a se définit comme une voyelle d'aperture maximale a/i
Il se réalise comme une voyelle neutre.
On a le tableau suivant :

i		u
	a	

POSITION MÉDIANE

2.13. La position médiane sera définie, pour les voyelles, comme la position entre consonnes : CVCVC.

On distinguera, dans ce cas, un système de voyelles brèves et un système de voyelles longues. Toutefois, l'opposition de longueur est neutralisée devant les mi-nasales, les géminées et les groupes consonantiques où la réalisation de la voyelle est toujours brève. Ainsi, on aura une opposition entre :

hábú "marché"
há:bú "balaye!"

mais il y a une neutralisation de l'opposition de longueur dans les termes ci-dessous :

hàndú "lune, mois"
hànnó "beau"
hámní "farine"
wáynò "soleil"

a) LES VOYELLES BREVES

2.14. *Le phonème* i

L'identité phonologique de ce phonème ressort des rapprochements suivants :

i/u	(à nà-à) tíbí	"il le tient avec force"	(à nà-à) túbú	"il en hérite"
	tírí	"gésier"	túrú	"coiffure"
i/e	à (nà-à) díbí	"il le pétrit"	à débé	"il lève les pattes de devant"
	à zèrì	"il terrasse"	à zìrì	"il lime"
	céll(é)	"feuille d'arbre" *(non id.)*	cíll(á)	"panier en feuille de doum *(Hyphaene thebaica* M.Arecaceae)"
	à jéjè	"il charge"	à jìjì	"il bégaye"
	dèjì	"suspends!"	díjí	"miroir"
i/i	bìrí	"os"	(à nà-à) bí:rí	"il l'élève"
	jìrí	"furoncle"	jí:rí	"année"

Bien que la longueur vocalique soit pertinente, les cas d'opposition sont assez rares et peu satisfaisants, en ce qui concerne /i/ et /i:/.

La voyelle /i/ apparaît peu fréquemment après les consonnes vélaires /g/ et /k/. Nous n'avons pas d'exemples de nasale vélaire suivie de i. Mais la nasale vélaire est elle-même peu fréquente.

/i/ se réalise comme une voyelle orale dans la majorité des cas, d'aperture minimale, antérieure, non arrondie, un peu moins fermée que le /i/ du français, non longue.

Il se définit comme antérieur, d'aperture minimale, non long.

2.15. *Le phonème* u

L'identité phonologique du phonème /u/ ressort des rapprochements suivants :

u/i déjà effectués à propos de /i/ cf. 2.14.

u/o	túndààý	"fesses"	tóndààý	"pierres"
	kùngààý	"grondements"	kòngààý	"feuilles de doum *(Hyphaene thebaica* M. Arecaceae)"

u/u:	à (nà-à) fúrú	"il le jette"	à fù:rù	"il gonfle"
	à (nà-à) túbú	"il en hérite"	à tú:bì	"il demande pardon"
	búrú	"nuage"	ɓú:rù	"pain"

Comme pour le phonème /i/, les oppositions de longueur entre /u/ et /u:/ sont difficiles à trouver; nous n'avons pas rencontré de paires plus satisfaisantes que celles présentées plus haut.

Le phonème /u/ se réalise comme une voyelle orale d'aperture minimale, postérieure, arrondie, non longue; il a une réalisation un peu plus ouverte devant les mi-nasales, soit : [ʊ].

Il se définit comme postérieur, d'aperture minimale, non long.

2.16. *Le phonème* **e**

L'identité phonologique de ce phonème ressort des rapprochements suivants :

e/i déjà vus à propos de /i/ cf. 2.14.

e/o	sèsàáy	"flûtes"	sòsàáy	"natron" *(pl.)*
	(à nà-à) lèlé	"il le rince"	lòlò	"poinçon"
e/a	céllé	"feuille d'arbre" *(non id.)*	cállé	"tissu"
	à débé	"il lève les pattes de devant"	à dàbé	"il dame"

e/e: aucune opposition n'a pu être trouvée étant donné la rareté relative de /e/.

Le phonème /e/ est attesté peu fréquemment après les vélaires /K/, /g/, /ŋ/ et /w/.

exemples :

ŋé	"sorte d'antilope" *(non id.)*
kè:ráàw	"poisson capitaine" *(Lates niloticus)* il s'agit d'un emprunt probable aux Songhay
wé:rì	"oiseau" (Psittacidés, *non id.*) emprunt probable non identifié

/e/n'apparaît pas entre consonne et mi-nasales.

Il se réalise comme une voyelle d'aperture moyenne, antérieure, non arrondie, assez proche du /e/ français.

Il se définit comme antérieur, d'aperture moyenne (non long).

2.17. *Le phonème* o

L'identité phonologique de /o/ ressort des rapprochements suivants :

o/e déjà effectués à propos de /e/ cf. 2.16.

o/u déjà effectués à propos de /u/ cf. 2.15.

o/a	à nórú	"il rampe"	à nárú	"il voyage"
	kòngàáy	"feuilles de doum" *Hyphaene thebaica* M. Arecaceae"	kàngàáy	"genoux"
o/o	kòmá	"échappe!"	kò:má	"bosse"
	bòsáày	*Tamarindus indica* L. (Caesalpiniaceae)	bò:sàáy	"fleurs, bourgeons"

Le phonème /o/ connaît une réalisation ouverte [ɔ] dans les cas suivants :

a) - devant les mi-nasales et les géminées

b) - devant les groupes consonantiques

c) - après les vélaires k et g

d) - entre consonne et l, r, et n

Exemples :

a)	bòngù	[bɔ̀ngù]	"case en paille"
	bórró	[bɔ̰́rró]	"mugissement"
b)	kòóptò	[kɔ̀ɔ́ptò]	"feuille"
c)	kósì	[kɔ́sì]	"cure-dent"
	kókóró	[kɔ́kɔ́ró]	"tuyau"
	gòjé	[gɔ̀jé]	"vièle monocorde"
d)	tòlòmé	[tɔ̀lòmé]	"gage"
	còró	[cɔ̀ró]	"ami
	à fónày	[à fɔ́này]	"il courtise"
	à tón	[à tɔ́n]	"il brûle"

De plus, dans certains cas, la réalisation [ɔ] de /o/ semble due au phénomène d'harmonie vocalique fréquent dans la langue.

Exemple :

à sókòm	[sɔ́kɔ̀m]	"il s'accroupit"

le deuxième /o/ réalisé ouvert [ɔ] parce qu'il est en syllabe fermée de type CVC, entraînerait une ouverture du premier /o/ en raison d'un phénomène d'harmonie vocalique. De même on a les exemples ci-dessous:

à zókòm	[zɔ́kɔ̀m]	"il donne des coups de becs"
à dògón	[dɔ̀gɔ́n]	"il est léger"

Le phonème /o/ se réalise comme une voyelle postérieure, arrondie, d'aperture moyenne, non long, plus ou moins ouverte selon les contextes.

Il se définit comme postérieur, d'aperture moyenne, non long.

2.18. *Le phonème* a

L'identité phonologique du phonème /a/ ressort des rapprochements suivants :

a/o déjà vus à propos de /o/ cf. 2.17.

a/e déjà vus à propos de /e/ cf. 2.16.

a/i	bàrí	"cheval"	bìrí	"os"
	jàndí	"conte"	jìndí	"bouc"
a/u	à tàkù	"il tombe sur les fesses"	à tùkù	"il touche"
	bàngàáy	"mares"	bùngàáy	"trous (fait avec une houe)"
	fátáy	"ailes"	fùtáày	"méchanceté"
a/a:	bàtóò	"ce sillon"	bà:tóò	"cette herbe"
	hábú	"marché"	há:bú	"balaye!"
	à nà-à kánándì	"il le fait toucher"	à nà-à ká:nándì	"il le rend bon"
	à pátí	"il coupe"	à (nà-à) pá:tí	"il le pourchasse"

Suivi de /y/, en syllabe fermée, le phonème /a/ se réalise [ɛ] : exemples :

à táy	[à tɛ́y]	"il est mouillé"
wáynò	[wɛ́ynò]	"soleil"
kàydíà	[kɛ̀ydíà]	"saison des pluies"

Le phonème /a/ se réalise comme une voyelle d'aperture maximale, sans arrondissement, plutôt antérieure, non longue.

Il se définit comme d'aperture maximale, non long.

Remarque : Dans cette position, il n'existe pas de voyelles nasales pertinentes. Les voyelles peuvent être nasalisées au contact de consonnes nasales et en particulier au contact de la nasale vélaire /ŋ/ et des mi-nasales.
Exemples :

bòŋòó	[bɔ̰̀ŋòó]	"la tête"
bándá	[bã́ndá]	"dos"
bóndó	[bṍndó]	"boule de mil cuite"

nous avons remarqué que seules les voyelles /o/ et /a/, suivies d'une mi-nasale, étaient nasalisées; lorsque la voyelle précédent la mi-nasale est /i/ ou /u/, elle n'est pas nasalisée.

Exemples :

bìndí	[bìndí]	"milieu"
bùndù	[bùndù]	"bois"

b) LES VOYELLES LONGUES

Leur identité ressort des rapprochements déjà effectués à propos de /i/, /a/, /o/, /u/. Les cas d'oppositions, nous l'avons vu, étaient assez peu satisfaisants (à l'exception de a/a:).

2.19. *Le phonème* i :

Son identité ressort des rapprochements suivants :

i:/i déjà vus à propos de /i/

i:/e:	bí:rì	"noirceur"	(à) bé:rì	"il grandit"
	à nà-à fí:t(ì)	"il l'ouvre"	à nà-à fé:t(à)	"elle en enlève le son"
	hì:ràáy	"colliers"	hè:ràáy	"parents"
i:/u:	bí:rì	"noirceur"	bú:rù	"pain"

Le phonème / i:/ se réalise de la même façon que le phonème /i/.

Il se définit comme une voyelle longue d'aperture minimale, antérieure.

2.20. *Le phonème* u:

L'identité phonologique de ce phonème ressort des rapprochements suivants :

u:/u déjà vus à propos de /u/ cf. 2.15.

u:/i: déjà vus à propos de / i:/ cf. 2.19.

u:/o: kù:nú "hérisson" kò:nú "nu"

Le phonème /u:/ se réalise comme son correspondant bref /u/.

Il se définit comme une voyelle longue d'aperture minimale postérieure.

2.21. *Le phonème* e :

La rareté du phonème /e/ ne nous avait pas permis de trouver des cas d'opposition satisfaisants entre /e/ et /e:/. Nous trouvons, par ailleurs, les oppositions suivantes :

e:/i: déjà vus à propos de /i:/ cf. 2.19.

e:/o:	dè:nàáy	"langues"	dò:nàáy	"chants"
e:/a:	à (nà-à)né:sí	"il le mesure"	à ná:sú	"il engraisse"
	lèé:bù	"infirmité"	là:bú	"terre"

Le phonème /e:/ connaît la même réalisation que son correspondant bref.

Il se définit comme une voyelle longue, d'aperture moyenne, antérieure.

2.22. *Le phonème* o:

L'identité phonologique du phonème /o:/ ressort des rapprochements suivants :

o:/o déjà vus à propos de /o/ cf. 2.17 o:/e: cf. 2.21.

o:/u: déjà vus à propos de /u:/ cf. 2.20.

o:/a:	dò:ní	"chant"	(ǹ)dà:níì	"cram-cram" *Cenchrus echinatus L.* (Poaceae)
	nó:náy	"vers" *(pl.)*	ná:náy	"confiance"

Le phonème /o:/ se réalise toujours fermé, alors que son correspondant bref connaît certaines réalisations plus ouvertes.

Il se définit comme une voyelle longue, d'aperture moyenne, postérieure.

2.23. *Le phonème* a:

L'identité phonologique de /a:/ ressort des rapprochements déjà effectués plus haut, a:/a, a:/o:, a:/e: cf. 2.18, 2.22, 2.21.

Le phonème /a:/ se réalise toujours tendu contrairement à son partenaire bref /a/ qui a des réalisations plus fermées devant la palatale /y/. On comparera les réalisations ci-dessous :

à gàá:y	[gàá:^{y}] [gàá:^{i}]	"il garde"
à wáà:y	[wáà:y] [wáà:^{i}]	"il trait"
à gày	[gɛ̀y]	"il dure longtemps"

Le phonème /a:/ se définit comme une voyelle longue, d'aperture maximale.

2.24. *DEFINITION ET CLASSEMENT DES VOYELLES EN POSITION MEDIANE*

a) brèves

i	aperture minimale antérieur non long	i/e i/u i/i:
u	aperture minimale postérieur non long	u/o u/i u/u:
e	aperture moyenne antérieur non long	e/i, a e/o e/e:
o	aperture moyenne postérieur non long	o/u, a o/e o/o:
a	aperture maximale non long	a/e, o a/a:

b) longues

i:	long aperture minimale antérieur	i:/i i:/e: i:/u:
u:	long aperture minimale postérieur	u:/u u:/o: u:/i:
e:	long aperture moyenne antérieur	e:/e e:/i:, a: e:/o:
o:	long aperture moyenne postérieur	o:/o o:/u:, a: o:/e:
a:	long aperture maximale	a:/a a:/o:, e:

soit le classement en trois séries selon le degré d'aperture :

- *voyelles non longues* :
  - aperture minimale : i, u
  - aperture moyenne : e, o
  - aperture maximale : a
- *voyelles longues* :
  - aperture minimale : i:, u:
  - aperture moyenne : e:, o:
  - aperture maximale : a:

On rangera les voyelles en deux classes, antérieures et postérieures, /a/ étant considéré comme neutre, ce qui nous donne le tableau suivant :

	non longues		*longues*	
	antérieures	postérieures	antérieures	postérieures
ap. min.	i	u	i:	u:
ap. moy.	e	o	e:	o:
ap. max.	a		a:	

POSITION FINALE

Le système des voyelles brèves est identique en position finale au système des voyelles brèves en position médiane. En revanche, nous ferons deux remarques concernant les voyelles longues et les voyelles nasales.

2.25. *LES VOYELLES LONGUES*

Contrairement à ce que nous avions dit précédemment, il existe phonétiquement des voyelles longues en finale qui sont toutes, à notre connaissance, le résultat d'amalgames.

Exemples :

nìí:	amalgame de nà+írí	régisseurs	+ modalité personnelle
góò:	amalgame de gó+gà	être	+ modalité d'énonciation
kàlá:	amalgame de kàlá+á	conjonctif	+ modalité personnelle
dá:	amalgame de dáy+á	coordinatif	+ modalité personnelle

Il s'agit donc d'une possibilité phonétique dont nous ne tiendrons pas compte sur un plan phonologique étant donné que, dans la perspective de la phonologie, nous restons dans le cadre du signe minimal en excluant les formes amalgamées.

2.26. *LES VOYELLES NASALES*

Leur existence peut poser un problème en ce sens qu'elles n'apparaissent qu'en position finale; entre consonnes, nous avons vu que nous ne pouvions conclure à l'existence de voyelles nasales puisque chaque fois qu'il y avait nasalisation de la voyelle, elle était due à la présence contiguë d'une nasale (V+N) → V̰

En finale absolue, le problème peut se poser puisqu'il n'y a pas d'environnement nasal. Dans la plupart des cas rencontrés, on peut postuler qu'il s'agit, à l'origine, de cette voyelle nasale d'une succession : V + nasale vélaire, la nasale vélaire n'étant plus audible a disparu, mais la voyelle précédente est devenue nasale; cette nasale peut réapparaître en cas de suffixation.

[bò̰] "tête"
[bòŋòó] "la tête"

De plus, aucune succession : voyelle + nasale vélaire n'est attestée en finale.

Il nous semble donc que l'on assiste justement à un moment de l'évolution de la langue où les successions : V + nasale vélaire aboutissent, à l'heure actuelle, à des voyelles nasales : nous considérerons que nous avons affaire actuellement à des voyelles nasales et que la restitution d'un ŋ vélaire en finale ne pourrait être qu'une indication diachronique ne correspondant pas à la réalité actuelle de la langue.

Les voyelles nasales apparaissent dans quelques termes surtout monosyllabiques dont certains sont d'utilisation très fréquente : bò̰ "tête", ká̰à̰ "le tomber" dà̰ "le mettre", hḛ́ "le pleurer" nà̰ "le laisser", hà̰á̰ "le boire", tà̰ "le lâcher", já̰à̰ "le manquer", sà̰là̰ "le parler", fáná̰ "le marcher à quatre pattes", fàráhá̰ "être joyeux", -yá̰ "*suffixe générique et suffixe de dérivation*, etc.

On distinguera donc en finale :

a) VOYELLES NON NASALES

2.27. *Le phonème* i

Son identité phonologique ressort des rapprochements suivants :

i/u à nà-à tíbí "il le tient" à nà-à túbú "il en hérite"

i/e   á dí   "il voit"   à dé   "il se met sous la protection de"
      à zí   "il donne des coups de pied"   à zé   "il jure"

i/i̤   hí   "prête!"   hḭ̀ḭ́   "tiens!"

Derrière une consonne nasale et derrière la palatale /y//i/ tend à disparaître ou devient imperceptible.

Exemples :

cíǹ → cíìn   "nuit"
sá:yì → sá:yì   "graine sauvage" *(non id.)*

Le phonème /i/ se définit comme une voyelle d'aperture minimale, antérieure, non nasale.

2.28. *Le phonème* u

Son identité phonologique ressort des rapprochements suivants :

u/i   déjà vus à propos de /i/ cf. 2.27

u/o   à fú   "il a des vents" à (nà-à)fó "il le chasse"

/u/ n'a pas de correspondant nasal. Derrière une consonne nasale /u/ tend à devenir imperceptible :

Exemple :

à támù   à támù   "il pêche"

/u/ se définit comme une voyelle d'aperture minimale, postérieure.

2.29. *Le phonème* e

L'identité phonologique de /e/ ressort des rapprochements suivants :

e/i   déjà vus à propos de /i/ cf. 2.27.
e/o   à (nà-à) té   "il le fait"   à tó   "il est plein"
e/a   à nà-à-té   "il le fait"   à nà-à tà   "il le coud"
      mêè   "bouche"   mâà   "nom"
e/ẽ   nous n'avons pu trouver de rapprochement satisfaisant pour illustrer cette opposition étant donné la rareté de /ẽ/ qui n'est attesté, dans notre corpus, que dans un seul terme : hẽ́ "le pleurer".

Le phonème /e/ se définit comme une voyelle d'aperture moyenne, antérieure, non nasale.

2.30. *Le phonème* o

L'identité phonologique de /o/ ressort des rapprochements suivants :

o/e et o/u déjà vus à propos de /e/ et /u/ cf. 2.29, 2.28.

o/a	kòó	"fruit du baobab"	kàá	"cheval gris"
	à(nà-à)tó	"il le remplit"	à(nà-à)tá	"il le coud"
o/o̰	bó	*"exclamation marquant l'insistance"*	bò̰	"tête"

Le phonème /o/ se définit comme une voyelle d'aperture moyenne, postérieure, non nasale.

Il se réalise plutôt fermé; quand il est précédé d'une vélaire, il a une réalisation plus ouverte :

Exemples :

[kɔ̀má] "s'échapper"
[bɔ́nè] "malheur"
[kɔ́sì] "cure-dent"

2.31. *Le phonème* a

Son identité ressort des rapprochements suivants :

a/o déjà vus à propos de /o/ cf. 2.30.

a/e déjà vus à propos de /e/ cf. 2.29.

a/i	bà	"part"	bì	"blessure"
	à báà	"il aime"	à bíì	"il est noir"
a/u	gàá	"parc à animaux"	gùú	"tas"
	tà	"prends!"	tù	"réponds!"
a/a̰	tà	"prends!"	tà̰	"lâche!"
	càá	"le pied"	cà̰á̰	"rat"

/a/ se définit comme une voyelle d'aperture maximale, non nasale.

b) VOYELLES NASALES

Elles sont peu représentées, mais elles figurent dans des termes fréquemment utilisés, ainsi les phonèmes /ḭ/ et /ḛ/ ne sont attestés, à notre connaissance, que dans un seul terme chacun; le phonème /o̰/ est également rare; la voyelle nasale /a̰/ est la plus fréquemment attestée.

Il n'existe pas de phonème /ṵ/ dans la langue, dans les limites de notre corpus. Ces voyelles n'apparaissant qu'en finale, il nous a paru utile de les opposer à la finale V + nasale, V + N (N est soit la bilabiale m, soit l'apicale n).

2.32. *Le phonème* ḭ

Les seuls rapprochements trouvés pour identifier ce phonème sont les suivants :

ḭ/i déjà vu à propos de /i/ cf. 2.27.

ḭ/im pas de rapprochement

ḭ/in	hḭ̀ḭ́	"tiens!"	hín	"pouvoir"
ḭ/ḛ	hḭ̀ḭ́	"tiens!"	hḛ́	"pleure!"

ḭ/o̰ on n'a pas trouvé de rapprochement pour cette opposition.

/ḭ/ se définit comme une voyelle d'aperture minimale et nasale.

2.33. *Le phonème* ḛ

Le seul rapprochement que l'on pourrait faire est le suivant :

ḛ/a̰	hḛ́	"pleure!"	hà̰á̰	"bois!"

Le rapprochement ḛ/ḭ a été envisagé dans la paragraphe précédent. La succession e+m, e+n 'existe pas, à notre connaissance, en zarma. Nous n'avons pas trouvé de rapprochement ḛ/e , ḛ/o̰ .

/ḛ/ se définit comme une voyelle nasale, d'aperture moyenne, antérieure.

2.34. *Le phonème* o̰

Nous n'avons trouvé qu'un seul rapprochement entre /o̰/ et /o/. Les autres rapprochements, o̰/ḛ, o̰/a̰, n'ont pas été trouvés.

o̰/om	(b)ò̰	"tête"	(k)óm	"l'arracher"
o̰/on	(b)ò̰	"tête"	(t)ón	"le brûler"

Le phonème /o̰/ se définit comme une voyelle nasale d'aperture moyenne, postérieure.

2.35. *Le phonème a̰*

L'identité phonologique de /a̰/ ressort des rapprochements effectués précédemment : a̰/a, a̰/ḛ. Le rapprochement a̰/o̰ n'a pu être trouvé. On y ajoutera :

a̰/am	hà̰á̰	"bois!"	háàm	"viande"
	tà̰	"laisse!"	tàám	"esclave"
a̰/an	hà̰á̰	"bois!"	hán	"jour"

a̰ se définit comme une voyelle nasale d'aperture maximale.

2.36. *DEFINITION ET CLASSEMENT DES VOYELLES A LA FINALE*

a) voyelles non nasales

i	aperture minimale	i/e
	antérieur	i/u
	non nasal	i/ḭ
u	aperture minimale	u/o
	postérieur	u/i
e	aperture moyenne	e/i, a
	antérieur	e/o
	non nasal	e/ḛ
o	aperture moyenne	o/u, a
	postérieur	o/e
	non nasal	o/o̰
a	aperture maximale	a, e, o
	non nasal	a,a̰

b) voyelles nasales

ḭ	nasal	ḭ/i
	aperture minimale	ḭ/ḛ, o̰
ḛ	nasal	ḛ/e
	aperture moyenne	ḛ/ḭ, a̰
	antérieur	ḛ/o̰
o̰	nasal	o̰/o
	aperture moyenne	o̰/ḭ, a̰
	postérieur	o̰/ḛ
a̰	nasal	a̰/a
	aperture maximale	a̰/ḛ, o̰

Comme en position médiane, les voyelles se rangent en trois séries selon le degré d'aperture (aperture minimale, moyenne et maximale) et en deux classes antérieure et postérieure. On a alors le tableau suivant :

	non nasales		*nasales*	
	antérieures	postérieures	antérieures	postérieures
ap. min.	i	u	ḭ	
ap. moy.	e	o	ḛ	o̰
ap. max.	a		a̰	

B. CONSONNES

POSITION INITIALE

2.37. *Le phonème* p

Le phonème /p/ est peu fréquent à l'initiale. Il apparaît dans une douzaine de termes dont la moitié est constituée d'idéophones et d'exclamations. Ainsi les oppositions avec les autres phonèmes ne seront pas toujours satisfaisantes.

L'identité phonologique de /p/ ressort des rapprochements suivants :

p/b	à p(á)tí	"il coupe"	à b(í)tí	"il ennuie"
p/m	pá(t)té	"lance!"	mátè	"comment"
p/f	(à nà-à)pá:tí	"il le pourchasse"	fà:tí	"prénom féminin"
p/t	aucune opposition satisfaisante n'a pu être trouvée.			

Ce phonème se réalise comme une occlusive bi-labiale sourde.

On le définira comme une labiale sourde, non nasale, non continue.

2.38. *Le phonème* b

L'identité phonologique de /b/ ressort des rapprochements suivants :

b/p	déjà vus à propos de /p/	cf. 2.37.		
b/d	à bíì	"il est noir"	à díì	"il brûle"
	à bágú	"il casse"	à (nà-à) dágú	"il l'arrache"
b/m	à bé:rí	"il accuse"	à mé:rí	"il est laid"
	búkàáy	"cases en paille"	múkàáy	"souliers"
b/f	bìtí	"ver"	fìtí	"nid"

Le phonème /b/ se réalise comme une occlusive bi-labiale sonore. Il se définit comme une labiale sonore, non nasale, non continue.

2.39. *Le phonème* m

L'identité phonologique de ce phonème ressort des rapprochements suivants :

m/p, m/b		déjà vus à propos de/p/et/b/ cf. 2.37., 2.38.		
m/f	múllí	"selles"	fúllí	"anus"
	mòó:lò	"luth"	fòó:lò	"sac"
m/n	à mà:nù	"il s'approche"	à nà:nù	"il appuie"
	mó:ní	"rouge foncé"	nó:ní	"ver"

Ce phonème se réalise comme une bi-labiale nasale toujours sonore.

Il se définira comme une nasale labiale.

2.40. *Le phonème* f

L'identité phonologique du phonème /f/ ressort des rapprochements suivants :

f/p, f/b, f/m		déjà vus à propos de/p/,/b/,/m/ cf. 2.37., 2.38., 2.39.		
f/l	à nà-à-fá:lí	"il le calme"	à nà-à-lá:lí	"il le maudit"
	(à) fòó:mà	"il se vante"	lòó:mà	"bouchée"
	à fùtú	"il est méchant"	à lútú	"il est bouché"

Le phonème /f/ se réalise comme une fricative labio-dentale sourde, proche du français f. Il n'a pas de partenaire sonore dans la langue.

On le définira comme une continue labiale.

2.41. *Le phonème* t

L'identité phonologique de /t/ ressort des rapprochements suivants :

t/p		déjà vus à propos de /p/		
t/d	à nà-à-tà̰	"il le laisse"	à nà-à-dà̰	"il le met"

	à nà-à-tíbí	"il le tient"	à nà-à-díbí	"il le pétrit"
	à tó:rú	"il déchire"	à dó:rú	"il fait souffrir"
t/n	à nà-à tó	"il l'atteint"	à nà-à-nó	"il lui donne"
	à (nà-à) tạ̀	"il le laisse"	à-nạ̀	"laisse-le!"
t/l	tánjé	"cuisse"	lánjé	"barre de sel"
t/r	tá	"couds!"	rá	"dans"
t/s	tàá:jì	"aiguille à coiffer"	sàá:jì	"brousse"
	à táy	"il est mouillé"	à sáy	"il est jaune"

Le phonème /t/ se réalise plutôt comme une occlusive apico-alvéolaire que dentale.

Il se définira comme une apicale sourde, non nasale, non continue, non vibrante.

2.42. *Le phonème* d

L'identité phonologique du phonème /d/ ressort des rapprochements suivants :

d/t, d/b		déjà vus à propos de /t/ et /b/ cf. 2.41. 2.38.		
d/n	à dó	"il arrive"	à-nó	"donne-le!"
	à-dạ̀	"mets-le!"	à-nạ̀	"laisse-le!"
d/l	dánjí	"feu"	lánjé	"barre de sel"
	à (nà-à)dágú	"il le déracine"	à lágú	"il lèche"
d/r	dá	"avec"	rá	"dans"
d/z	dìmà	"lit en tige de mil"	zìmà	"chef religieux"
	à dí	"il voit"	à zì	"il donne des coups de pied"

Ce phonème se réalise comme une occlusive apico-alvéolaire sonore.

On le définira comme une apicale sonore, non nasale, non continue, non vibrante.

2.43. *Le phonème* n

L'identité phonologique de /n/ ressort des rapprochements suivants :

n/t		déjà envisagés à propos de /t/ cf. 2.41.		
n/d		déjà envisagés à propos de /d/ cf. 2.42.		
n/m		déjà envisagé à propos de /m/ cf. 2.39.		
n/ɲ	(à) nàmá	"il mord"	ɲàmà (ɲámá)	"chose, babiole"
	(à nà-à)-nàfá	"il lui est utile"	ɲáfà	"mouche tsé-tsé"
n/l	à nàmá	"il mord"	à lá:m(í)	"il désire"
	à nàgù	"il colle"	à lágú	"il lèche"
n/r		la rareté de /r/ dans cette position ne nous a pas permis de trouver des rapprochements entre ces phonèmes.		

Le phonème /n/ se réalise comme une nasale apico-alvéolaire toujours sonore.

On le définira comme une nasale apicale, non continue, non vibrante.

2.44. *Le phonème* l

L'identité phonologique de /l/ ressort des rapprochements suivants :

l/t, d, n		déjà effectués précédemment, cf. 2.41., 2.42.,2.43.		
l/y	lúù	"sorte de coiffure féminine"	yù	"miel"
	lòlò	"poinçon"	yòl(l)ò	"salive"
	lánjé	"barre de sel"	yànjé	"dispute"
	à nà-à-làbù	"il le frappe"	à nà-à-yábù	"il le retire avec force"
l/f		déjà effectué à propos de /f/ cf. 2.40.		
l/r	láà	"condiment"	rá	"dans"

/l/ se réalise comme une latérale apico-alvéolaire sonore.

On la définira comme une continue apicale, non nasale, non vibrante.

2.45. *Le phonème* r

Ce phonème apparaît très rarement à l'initiale. Il est attesté cependant dans un terme d'utilisation fréquente puisqu'il s'agit du fonctionnel : "dans" :

rá	"dans"	
ré:dà	"collier"	
rámà	"plante"	*(non id.)*
ró:gò	"manioc"	(emprunt au haoussa) *Manihot utilissima* P. (Euphorbiaceae).

Il se réalise comme une vibrante alvéolaire à un battement.

On le définira comme une vibrante apicale. (cf. les rapprochements précédents r/t, d, n, l).

2.46. *Le phonème* s

L'identité phonologique du phonème /s/ ressort des rapprochements suivants :

s/t		déjà effectué à propos de /t/ cf. 2.41.		
s/z	à sókòm	"il s'accroupit"	à zókòm	"il donne des coups de bec"
	à (nà-à)sàmbá	"il l'envoie"	à zàmbá	"il trahit"
	à só:rú	"il a la diarrhée"	à (nà-à)zó:rú	"il le défriche"
s/c	à sándí	"il est dur"	à cándí	"il tire"
	sì:nàáy	"petits couteaux"	cì:nàáy	"langues"
	sábáy	"arbre" *sp.* peut-être *Leptadenia spartium* ou *pyrotechnica* (Asclepioideae)	cábáy	"baptêmes"

Il se réalise comme une fricative sifflante dorso-alvéolaire.

Il se définit comme une dorso-alvéolaire sourde.

2.47. *Le phonème* z

L'identité phonologique de /z/ ressort des rapprochements déjà effectués à propos de /s/ et de /d/ et du suivant :

z/j	zàmá	"parce que"	jàmá	"foule"
	(à) zé:ní	"il est vieux"	jé:ní	"épi de mil"

Il se réalise comme une fricative sifflante dorso-alvéolaire.

On le définira comme une dorso-alvéolaire sonore.

2.48. *Le phonème* c

L'identité phonologique de /c/ ressort des rapprochements suivants :

c/s		déjà vus à propos de /s/ cf. 2.46.		
c/j	cìnáy	"chuchotement"	jínáy	"affaire"
	cìndí	"reste"	jìndí	"bouc"
	cà̰á̰	"rat"	jà̰á̰	"furoncle"
c/k	à cábú	"il baptise, il rase"	à kábú	"il compte"
	càmbàáy	"morceaux de calebasse"	kàmbàáy	"bras" *(pl.)*
c/	càá	"le pied"	ɲáà	"mère"
	(à) cáfà(r)	"il est païen"	ɲáfà	"mouche tsé-tsé"
c/y	cándí	"couteau"	(à) yàndì	"il fait sécher"
	à c(é:)rí	"il casse"	à yérí	"il vomit"

Le phonème /c/ se réalise comme une occlusive palatale sourde, il ne connaît pas de réalisation affriquée, ni chuintante.

Il se définira comme une palatale sourde, non nasale, non continue.

2.49. *Le phonème* j

Le phonème /j/ ressort des rapprochements suivants :

j/c, z		déjà envisagés à propos de /c/ et /z/ cf.2.48.,2.47.		
j/g	jáàw	"saison sèche"	gáàw	"carie dentaire"
	jàndàáy	"contes"	gàndàáy	"poitrines"
j/ɲ	jàmá	"foule"	ɲàmà (ɲámá)	"chose, babiole"
	jàɲòó	"le furoncle"	ɲáŋòó	"la mère"
j/y	jàw	"soif"	yàw	"étranger"
	jásáy	"allusion"	yá(:)sáy	"proverbes"
	à jáddè	"il donne des coups de poing"	à yàdd(á)	"il est d'accord"

Le phonème /j/ se réalise comme une occlusive palatale sonore; nous n'avons pas rencontré de réalisation chuintante, ni affriquée de ce phonème.

On le définira comme une palatale sonore, non nasale, non continue.

2.50. *Le phonème* ɲ

L'identité phonologique de ce phonème ressort des rapprochements déjà effectués à propos de /c/, /j/, /n/ (cf. 2.48, 2.49., 2.43.) et des suivants :

ɲ/ŋ	ɲáà	"mère"	(à nà-à)-ŋá	"il le mange"

la rareté de ces deux phonèmes à l'initiale ne nous a pas permis de faire des rapprochements plus satisfaisants. Cependant aucune confusion n'est possible entre ces deux phonèmes.

ɲ/y	à ɲúmày	"il se lave"	yù(:)mày	"obscurité"
	ɲáfà	"mouche tsé-tsé"	(à) yà(:)fá	"il pardonne"

des rapprochements plus satisfaisants n'ont pu être trouvés.

/ɲ/ n'est attesté que dans une quinzaine de termes à l'initiale.

Ce phonème se réalise comme une nasale palatale sonore.
Il se définira comme une nasale palatale.

2.51. *Le phonème* y

L'identité phonologique de /y/ ressort des rapprochements suivants :

y/c, j, ɲ, l déjà effectués précédemment. cf. 2.48 et suivants.

y/h	à yáy	"il est froid"	à háy	"elle enfante"
	yàw	"étranger"	hàw	"vent"
	yá:zì	"piment" *(non id.)*	há:z(à)	"ensemble d'affaire"

Ce phonème se réalise comme une fricative palatale.
On le définit comme continu, palatal.

2.52. *Le phonème* k

L'identité phonologique de /k/ ressort des rapprochements suivants :

k/c déjà vus à propos de /c/. cf. 2.48.

k/g	à kà	"il vient"	à-gà	"aide-le!"
	ka̋àw	"oiseau" *sp. (non id.)*	ga̋àw	"carie dentaire"
	à (nà-à)kàra̋	"il le frappe (le mil)"	à gàrá	"il fait des voeux pour"
k/kw	kàykőò	"tisserand"	kwàykőò	"celui qui part"
	ka̋ynè	"frère cadet"	kwàa̋ynè	"encore"
k/ŋ	à ka̋à	"il arrache"	à-ŋa̋	"mange-le!"
k/h	à ka̋ày	"il se tient debout"	à ha̋ày	"il tire une flèche"
	kà:b(è)	"menton"	hà:b(ù)	"coton"

Ce phonème se réalise comme une occlusive vélaire sourde. Il est suivi assez rarement des voyelles antérieures/i/et/e/; On trouve quelques exemples dans notre corpus :

kè:ra̋àw	"poisson capitaine" *sp. Lates niloticus*	(ce terme serait d'origine songhay)
kɩ́lla̋w	"tout petit"	[kʸɩ́llа̋w]

/k/ se définira comme une vélaire sourde, non nasale, non continue.

2.53. *Le phonème* g

L'identité phonologique du phonème /g/ ressort des rapprochements suivants :

g/k, j		déjà effectués à propos de k et j, cf. 2.52, 2.49.		
g/ŋ	gàa̋:rì	"selle"	ŋàa̋:rì	"nourriture"
	ga̋ra̋y	"barrières	(à nà-à)ŋa̋ra̋y	"il lui fait la mendicité"
g/h	ga̋nɩ́	"pou"	ha̋nɩ́	"poisson" *sp. Malopterus electricus*
	ga̋bű	"oignon séché"	ha̋bű	"marché"
g/gw	à ga̋y	"il dure longtemps"	à gwa̋y	"il travaille"

/g/ se réalise comme une occlusive vélaire sonore. /g/ peut être suivi de voyelles antérieures :

gì:sɩ́	"poser"	jɩ́:sì	"se noyer"

Il se définit comme une vélaire, sonore, non nasale, non continue.

2.54. *Le phonème* ŋ

Ce phonème est très rare à l'initiale puisqu'il n'apparaît que dans quelques termes, dans les limites de notre corpus :

à nà-à-ŋá	"il le mange"	ŋé	"sorte d'antilope"
ŋàá:rì	"nourriture"		
à ŋá:ráy	"il mendie"		

Son existence est cependant incontestable. Il apparaît notamment dans un terme très utilisé : ŋá "le manger".

Des rapprochements plus ou moins satisfaisants ont déjà été effectués entre /ŋ/ et /k/, /g/, /ɲ/; nous ajouterons le rapprochement suivant :

ŋ/h	ŋàá:rì	"nourriture"	há:rì	"prénom féminin"

Dans tous les cas, à l'initiale, /ŋ/ s'accompagne d'une labialisation devant la voyelle :

ŋá	se réalise	[ŋwá]
ŋàá:rì	" "	[ŋwàá:rì]
ŋá:ráy	" "	[ŋwá:rɛ́y]
ŋé	" "	[ŋwé]

Il se définira comme une nasale vélaire.

2.55. *Le phonème* h

L'identité phonologique de /h/ ressort des rapprochements effectués à propos de /k/, /g/, /ŋ/, /y/, cf. 2.52 et suivants. On y ajoutera :

h/w	hàndàáy	"mois" *(pl.)*	wàndàáy	"épouses"
	háwáy	"vaches"	wáwáy	"insultes"
	à nà-à-hí	"il le prête"	à nà-à-wí	"il le tue"

h se réalise comme un souffle continu avec une grande latitude de réalisation.

On le définira comme une continue vélaire.

2.56. *Le phonème* kw

L'identité phonologique de /kw/ ressort des rapprochements suivants :

kw/k		déjà vus à propos de /k/, cf. 2.52		
kw/gw	à kwáy	"il part"	à gwáy	"il travaille"
kw/w	(à) kwáy	"il part"	wáy	"dix"
	kwàndó	'espèce de poisson" *(non id.)*	wàndòó	"l'épouse"
	kwàsá	"houe" (instrument aratoire)	(à) wàsá	"il suffit"

Remarque : On a noté l'existence de doublets :

kwóttì/kóttì "vaccination, scarification"
kwódà/kódà "cadet"
kwálí/kólí "l'enrouler"

(dans ce dernier exemple, il y a un changement vocalique)

Ce phonème apparaît dans une quinzaine de termes à l'initiale. Il constitue un phonème unique résultant de la combinaison de l'articulation vélaire avec un arrondissement des lèvres.

Ce phonème se définit comme une labio-vélaire sourde, non continue.

2.57. *Le phonème* gw

L'identité phonologique de /gw/ ressort des rapprochements suivants :

gw/g, gw/kw		déjà vus à propos de /g/ et de /kw/, cf. 2.53. et 2.56.		
gw/w	gwáy	"travail"	wáy	"dix"
	gw(ó)ndàáy	"serpents"	w(à)ndàáy	"épouses"

/gw/ n'apparaît que dans quelques termes à l'initiale :

à gwámì "il marche les jambes écartées"
à gwáy "il travaille"
gwóndì "serpent"

Il se réalise comme son partenaire sourd.

On le définira comme une labio-vélaire sonore non continue.

On note l'existence de doublet :

gwóllò/góllò "coude"

2.58. *Le phonème* w

Son identité phonologique ressort des rapprochements déjà effectués précédemment : / w/kw/, /w/gw /, / w/h/, cf. 2.56., 2.57., 2.55.

/w/ a une réalisation plus ou moins antérieure selon la voyelle qui suit; suivi de /i/, /w/ se réalise [ẅ] .

Exemple :

à-nà-à-wí [à̹ nà-à-ẅí] "il le tue"

Il se réalise comme une spirante labio-vélaire plus ou moins antérieure suivant l'entourage vocalique.

Il se définira comme une continue labio-vélaire.

Remarques :

1. La nasale syllabique N :
Il existe une nasale syllabique attestée dans 9 termes de notre corpus, la nasale est toujours homorganique de la consonne qui la suit immédiatement, c'est-à-dire qu'elle se réalise au même point d'articulation que celle-ci :

soit [n̹] devant les apicales :

ǹtàndà̰	[ǹ̹tàndà̰]	"fourmi rouge"
ǹdà:nî̀	[ǹ̹dà:nî̀]	"cram-cram" *Cenchrus echinatus* L. (Poaceae)
ǹdárkà	[ǹ̹dárkà]	"marteau"
ǹdòlí	[ǹ̹dòlí]	"sangsue"
ǹdóróró	[ǹ̹dóróró]	"gouttière"
ǹdúɲá	[ǹ̹dúɲá]	"terre, monde"

soit [ŋ] devant les vélaires :

ǹkwàndó	[ŋ̀kwàndó]	"fourmi" *(non id.)*
ǹgàrfú	[ŋ̀gàrfú]	"croix de malte" *Tribulus terrestris* L. (Zygophyllaceae)
ǹgwàndó	[ŋ̀gwàndó]	"polyptère"

Cette nasale est toujours affectée d'un ton (cf. 1. TONS).

2. Nous avons pu noter l'existence phonétique de quelques mi-nasales sans que, dans aucun cas, nous trouvions une opposition entre la mi-nasale et l'orale ou la nasale correspondante; nos informateurs prononçaient d'ailleurs le même terme plusieurs fois de suite avec une mi-nasale plus ou moins perceptible. Voici quelques termes où la mi-nasale était perceptible :

mb	[ṃbìndí]	"milieu"
	[mbúà]	"grenier en torchis"
	[ṃbàŋá]	"hippopotame"
	[ṃbájí]	"boisson alcoolisée"
	[ṃbàáɲà]	"esclave"
	[ṃbà̰ntá]	"cache-sexe"
	[ṃbímbíní]	"guêpe-maçonne"
	[ṃbìndɛ̀y]	"arc à carder"
	[ṃbá:tá]	"*Aristida pallida* S. (Poaceae)"
	[ṃbáà:ní]	"*Acacia arabica* (Mimosaceae)"
	[ṃbà]	"part"
nd	[ṇdò]	"sauterelle"
ng^{w}	[ŋgwɔ̰́ndì]	"serpent"
	[ŋgwɔ́llò]	"petite botte de mil"
ng	[ŋgá̰ndà]	"sol, terre"

Dans bien des cas, il nous a été difficile de décider de l'existence, même phonétique de mi-nasales, tellement la réalisation en était peu convaincante. Notons que la mi-nasale paraissait plus nette quand il existait déjà une nasale ou une mi-nasale à l'intérieur du "mot".

De toute façon, ces réalisations ne se confondent absolument pas avec la nasale syllabique, homorganique de la consonne suivante, signalée plus haut. Cette nasale syllabique est en effet toujours porteuse d'un ton.

2.59. *DEFINITION ET CLASSEMENT DES CONSONNES A L'INITIALE*

p	sourd	p/b	b	sonore	b/p
	labial	p/t		labial	b/d
	non nasal	p/m		non nasal	b/m
	non continu	p/f		non continu	b/f

m	nasal	m/p, b
	labial	m/n
f	continu	f/p, b, m
	labial	f/l

t	sourd	t/d	d	sonore	d/t
	apical	t/p, s		apical	d/b, z
	non nasal	t/n		non nasal	d/n
	non continu	t/l		non continu	d/l
	vibrant	t/r		non vibrant	d/r

n	nasal	n/t, d, l, r
	apical	n/m, ɲ
l	continu	l/t, d, n, r
	apical	l/f, y
r	vibrant	r/t, d, l, r, n

s	sourd	s/z	z	sonore	z/s
	dorso-alvéolaire	s/t, c		dorso-alvéolaire	z/d, j
c	sourd	c/j	j	sonore	j/c
	palatal	c/s, k		palatal	j/z, g
	non nasal	c/ɲ		non nasal	j/ɲ
	non continu	c/y		non continu	j/y
		ɲ	nasal	ɲ/c, j, y	
			palatal	ɲ/n, ŋ	
		y	continu	y/c, j, ɲ	
			palatal	y/l, h	
k	sourd	k/g	g	sonore	g/k
	vélaire	k/c		vélaire	g/j
	non nasal	k/ŋ		non nasal	g/ŋ
	non continu	k/h		non continu	g/h
		ŋ	nasal	ŋ/k, g, h	
			vélaire	ŋ/ɲ	
		h	continu	h/k, g, ŋ	
			vélaire	h/y, w	
kw	sourd	kw/gw	gw	sonore	gw/kw
	labio-vélaire	kw/k		labio-vélaire	gw/g
	non continu	kw/w		non continu	gw/w
		w	continu	w/kw, gw	
			labio-vélaire	w/h	

On pourra ainsi ranger les phonèmes en classes de :

sourdes	:	p, t, s, c, k
sonores	:	b, d, z, j, g
nasales	:	m, n, ɲ, ŋ
continues	:	f, l, y, h, w
vibrante	:	r

On établira d'autre part les ordres de :

labiales	:	p, b, m, f
apicales	:	t, d, n, l, r
dorso-alvéolaires	:	s, z
palatales	:	c, j, ɲ, y
vélaires	:	k, g, ŋ, w
labio-vélaires	:	kw, gw, w

On dressera alors le tableau suivant :

	labiales	apicales	dorsales	palatales	vélaires	labio-vél.
sourdes	p	t	s	c	k	kw
sonores	b	d	z	j	g	gw
nasales	m	n		ɲ	ŋ	
continues	f	l		y	h	w
vibrante		r				

POSITION MÉDIANE

2.60. L'intervocalique est une position bien représentée par les consonnes puisque près de la moitié du corpus est constituée de dissyllabes.

Le système des consonnes à l'intervocalique se caractérise par les points suivants :

- comme à l'initiale, certains phonèmes apparaissent rarement : les nasales ɲ et ŋ, kw , gw .
- d'autres phonèmes fréquents à l'initiale se rencontrent très rarement à l'intervocalique, ce sont : z, c, y, w, h.

Mais le fait essentiel à souligner est l'existence dans cette position d'une série de mi-nasales sourdes et sonores d'une part, et de consonnes géminées d'autre part. Il semble, en effet, que dans l'état actuel de la langue, on puisse assister à la formation de mi-nasales pour chacun des ordres dégagés à l'initiale, sauf pour les labio-vélaires. (Nous avions relevé l'existence phonétique de quelques mi-nasales à l'initiale).

2.61. *a) LES MI-NASALES*

L'interprétation de [mp, mb, nt, nd, nz, nc, nj, ŋk, ŋg] comme des mi-nasales ressort des observations suivantes :

1. La comparaison avec les autres groupes consonantiques apparaissant à l'intervocalique : il existe en particulier un groupe constitué d'une nasale non homorganique de la consonne suivante, il s'agit de la nasale bilabiale m + consonne (C = f, t, d, n, s). Ces successions sont attestées dans une douzaine de termes (cf. Sucessions de consonnes) :

Exemple :

làmtí	"sésame"
cámsé	"ongle"
kúmná	"le ramasser"

2. Le traitement des voyelles a et o devant ces différents groupes : les voyelles a et o précédant une nasale homorganique de la consonne suivante (mp, mb, nt, nd, etc.) sont nasalisées; lorsque a et o précèdent le groupe m + consonne, elles ne sont pas nasalisées.

Exemples:

N + Ç	à hámpà	[à hámpà]	"elle porte dans le dos" (son enfant)
	à cánsé	[à cã̰nsé]	"il est jaloux"
	tóndì	[tõ̰ndì]	"pierre"
m + C	cámsé	[cámsé]	"ongle"
	kòómdì	[kɔ̀ɔ́mdì]	"sorte d'arbre" *(non id.)*

Les mi-nasales seront donc caractérisées par le fait que :

a) la nasale se réalise toujours au même point d'articulation que la consonne qui la suit (par opposition au groupe m + C)
b) les voyelles a et o précédant les mi-nasales sont nasalisées (ce qui n'est pas le cas devant m + C).

Les mi-nasales sourdes sont beaucoup moins fréquentes que les mi-nasales sonores. Sur un total de 1.268 dissyllabes, 208 (environ 1/5) ont, à l'intervocalique, une mi-nasale.

Les mi-nasales sourdes sont attestées sur l'ensemble des dissylabes et des trisyllabes dans :

1 cas pour	mp	5 cas pour	nc
14 cas pour	nt	15 cas pour	nk
8 cas pour	ns		

La mi-nasale nz , bien que sonore, est très rare : elle est attestée dans 2 cas (fúlánzám "repos", wànzáàm "barbier").

Les mi-nasales les plus fréquentes sont : mb, nd, ng.

Dans le détail, nous avons :

mp	1	mb	37
nt	14	nd	60
ns	8	nz	2
nc	5	nj	21
nk	15	ng	45

Exemples:

mp	à hámpà	"elle porte dans le dos"
mb	bàmbátà	"gros"
nt	bàntã̰	"fromager" *Ceiba pentandra* G. (Bombacaeae)
nd	bìndí	"milieu"
ns	à nà-à-fánsí	"il le creuse"
nz	fúlánzám	"repos"

nc bàncíllì "insecte" *(non id.)*
nj à bánjì "il apparaît"
nk tánká "place d'un animal domestique"
ng bàngù "mare"

2.62. *b) LES GEMINEES*

Il existe des successions de deux consonnes identiques : bb, mm, tt, dd, nn, ll, rr, yy, kk, gg, que nous interprèterons comme des géminées.

Il semble, en effet, que l'évolution de la langue aille dans le sens de la formation de consonnes géminées; ce phénomène est à mettre en parallèle avec l'existence de mi-nasales.

Nous pourrions trouver actuellement le sens de cette évolution dans les doublets suivants :

à nà-à-mòrtù ∿ mòttù "il le dépouille"
à fórtú ∿ fóttú "il est amer"

La coupure syllabique évolue de CVC-CV à CV-CCV. Dans la plupart des cas il n'existe pas de doublets, seule la succession de deux consonnes identiques est attestée.

9 % des dissyllabes ont une géminée à l'intervocalique.

L'articulation de ces géminées est nettement plus énergique que celle des simples correspondantes (fàtáà "aile" - fáttá "le sortir"; zìmà "prêtre" - zìmmà "le taper avec force"; fónáy "le courtiser" - fónnáy "l'apercevoir"; càlé "ami" - cállé "tissu"; bòró "homme" - bórró "aiguillée de fil"; bùkà "antilope *sp.* - búkkà "case en paille"; etc.).

2.63. *Le phonème* p

La bi-labiale /p/ est attestée à l'intervocalique dans sept termes :

pí:pà "voiture de pompiers" (emprunt)
cápá:tà-ɲáà "arbre *sp* " *(non id.)*
kòpòró "espèce de couverture"
à jípàw "il plonge"
à nà-à-kòptí "il lui donne un coup de sabot"
kòóptò "feuille"
à lápté "il lèche"
kòpsí "veau"

Vu la rareté de p, les oppositions avec les autres phonèmes sont très peu satisfaisantes.On comparera :

p/b	kòpòró	"espèce de couverture"	kóbóró	"dix centimes"
p/mp	(pí:)pà	"voiture de pompiers"	(há)mpà	"porter un enfant dans le dos"
p/mb	kòpò(ró)	"espèce de couverture"	kómbó	"être tordu"
p/m	aucune opposition n'a pu être trouvée			
p/f	cápá:(tà)	"arbre *sp.* *(non id.)*"	cáfàr	"être païen"
p/t	aucun rapprochement n'a pu être effectué.			

Le phonème /p/ se réalise comme une occlusive bi-labiale sourde. Il se définit comme une labiale sourde non nasale, non continue.

2.64. *Le phonème* b

L'identité phonologique de /b/ ressort des rapprochements suivants :

b/p	déjà vus à propos de /p/, cf. plus haut.			
b/mp	nous n'avons pas trouvé de rapprochements plus satisfaisants que:			
	háb(ú)	"marché"	hámp(à)	"porter un enfant dans le dos"
b/mb	kábú	"compte!"	kámbú	"côté"
	dábú	"noeud, articulation"	dámbú	"couscous de mil"
	à sábú	"il effiloche"	à (nà-à)sámbú	"il le prend"
	cábú	"baptême"	càmbú	"morceau de calebasse cassée"
b/m	hà:bòó	"le coton"	hà:mòó	"le sorgho"
	à ká:bá	"il a confiance"	à kà:má	"il mâche"
b/f	à sábà	"il est juste"	à sàfá	"elle pile"
	à yà:b(í)	"il marche"	à yà:f(á)	"il pardonne"
b/d	túbú	"héritage"	túdù	"dune"
	(à) fà:bá	"il secourt"	fá:dà	"ville"

Ce phonème se réalise comme une occlusive bi-labiale sonore, non nasale.

Il se définit comme une labiale sonore, non nasale, non continue.

2.65. *Le phonème* mp

Le phonème /mp/ n'est attesté que dans un seul exemple dans les limites de notre corpus : à hámpà "elle porte un enfant dans le dos". Mais ce seul exemple est d'utilisation fréquente dans la langue.

Les oppositions avec les autres phonèmes sont assez peu satisfaisantes vu la rareté de /mp/.

mp/p, mp/b	déjà vus à propos de /p/ et /b/, cf. 2.63, 2.64.			
mp/mb	à (h)ámpà	"elle porte l'enfant dans le dos"	à (k)ámbà	"il sépare, dévie"
mp/m	hámpà	"porter l'enfant dans le dos"	hámà(áy)	"viandes"
mp/f	aucune opposition satisfaisante n'a été trouvée.			
mp/nt	hámpà	"porter l'enfant dans le dos"	hàntà(áy)	"pois sucrés"

Ce phonème se réalise comme une mi-nasale sourde bi-labiale.

Il se définit comme une mi-nasale labiale sourde.

2.66. *Le phonème* mb

L'identité phonologique de /mb/ ressort des rapprochements suivants :

mb/p, mb/b, mb/mp	déjà vus, cf. 2.64., 2.65.			
mb/m	dìmbà	"instrument pour creuser"	dìmà	"lit"
	gúmbó	"arbre" *sp.* *(non id.)*	gúmó	"beaucoup"
	(à) zàmbá	"il trahit"	zàmá	"parce que"
mb/f	cìmbítì	"tortue"	cífí	"poisson"
mb/nd	gàmbàáy	"portes"	gàndàáy	"poitrines"
	(à) kómbó	"il se tord"	kóndó	"nuque"
	à kámbé	"il emporte"	à kàndé	"il apporte"

Ce phonème se réalise comme une mi-nasale bi-labiale sonore.

Il se définira comme une mi-nasale labiale sonore.

2.67. *Le phonème* m

L'identité phonologique de /m/ ressort des rapprochements suivants :

m/p, b		déjà vus à propos de /p/ et /b/		
m/mp, m/mb		cf. 2.65., 2.66.		
m/f	címí	"vérité"	cífí	"poisson"
m/n	à hìmá	"il ressemble à"	à hìná	"elle cuisine"
	gúmó	"beaucoup"	gúnó	"barbier"
	mímí	"éperon"	(à) níní	"il est mûr"

Le phonème /m/ se réalise comme une nasale pendant toute sa durée, bi-labiale, sonore.

Il se définit comme une nasale labiale.

2.68. *Le phonème* f

Son identité phonologique ressort des rapprochements déjà effectués précédemment :

f/p, f/b, f/mp, f/mb, f/m,		cf. 2.63. et suivants.		
f/l	à táfáy	"il est grand"	táláy	"chauves"

Ce phonème se réalise comme une fricative sourde labio-dentale. Il n'a pas de partenaire sonore.

Il se définit comme une continue labiale.

2.69. *Le phonème* t

L'identité phonologique du phonème /t/ ressort des rapprochements suivants :

t/p	cf. 2.63.			
t/d	(à nà-à)tùtù	"il le pousse à la dispute"	túdù	"dune"
	bìtí	"ver vivant dans l'eau sale"	bídì	"variole"

nous n'avons pu trouver de rapprochements plus satisfaisants, /d/ n'étant pas très fréquent dans cette position.

t/nt	(à nà-à)kùtá	"il lui garde rancune"	kùntá	"couverture"
	fàtáày	"partie d'un instrument aratoire"	fàntàáy	"fruits du *Detarium senegalense* G. (Caesalpiniaceae)
t/nd	bìtí	"ver vivant dans l'eau sale"	bìndí	"milieu"
	bátà	"tambour" *sp.*	bándà	"four"
t/n	à fùtú	"il est méchant"	à fùnú	"il sort"
	sátá	"groupe"	sáná	"aiguille"
	cítáy	"procès" *(pl.)*	cínáy	"chuchotement"
t/l	sátá	"groupe"	sálà	"pantalon"
	dút(ú)	"calebasse sans col"	dúl(é)	"fruit d'un arbre" *(non id.)*
t/r	bìtí	"sorte de ver dans l'eau sale"	bìrí	"os"
	tùú:tàáy	"oiseaux" *(non id.)*	tùú:ràáy	"arbres"
	bàtàáy	"cercles"	bàràáy	"chevaux"
t/s	fìtí	"nid"	físí	"tas d'ordures"
	à fùtú	"il est méchant"	à fúsú	"il enfle"
	gùú:tù	"croquemitaine"	(à)gú:sù	"il est profond"

Le phonème /t/ se réalise comme une occlusive apico-alvéolaire sourde.

Il se définira comme une apicale sourde, non nasale, non continue, non vibrante.

2.70. *Le phonème* d

L'identité phonologique du phonème /d/ ressort des rapprochements suivants :

d/b, t cf. à propos de /b/ et /t/

d/nt	bádà(ízè)	"génie"	bàntá̰	"fromager"

nous n'avons pu trouver de rapprochements plus satisfaisants, ces deux phonèmes étant rares.

d/nd	tʊ́dù	"dune"	tʊ́ndù	"derrière, fesse"
	bə́də̀(ɪ́zè)	"génie"	bə́ndə̀	"four"
	bɪ́dɪ̀	"variole"	bɪ̀ndɪ́	"milieu"
	gùdɛ́	"boule"	gùndè	"ventre"
d/n	gùdàə́y	"boules, noeuds"	gùnàə́y	"couscous" *(pl.)*
	dè:dɛ́	"raconte!"	dè:nè	"langue"
d/l	fə́:dɪ́	"boutique"	(à nà-à)fə́:lɪ́	"il le supplie"
	bʊ́də̀	"inusable"	bʊ́lə̀	"poudre à teindre"
d/r	tʊ́dù	"dune"	tʊ́rʊ́	"coiffure"
	gùdɛ́	"boule, noeud"	gʊ́rè	"noyau"
	bɪ́dɪ̀	"variole"	bɪ̀rɪ́	"os"

La relative rareté de /d/ ne nous a pas toujours permis des rapprochements satisfaisants.

d/z aucun rapprochement n'a pu être trouvé, chacun de ces phonèmes étant rare dans cette position.

Le phonème /d/ se réalise comme une occlusive apico-alvéolaire sonore.

Il se définit comme une apicale, sonore, non nasale, non continue, non vibrante.

2.71. *Le phonème* nt

L'identité phonologique de ce phonème ressort des rapprochements suivants :

nt/t, d, mp déjà vus à propos de /t/, /d/ et /mp/, cf. 2.69., 2.70., 2.65.

nt/nd	fàntʊ́	"fruit du *Detarium senegalense* C. (Caesalpiniaceae)	fàndʊ́	"van"
	hàntàə́y	"pois sucrés"	hàndàə́y	"lunes, mois"
nt/n	hàntɪ́	"pois sucré"	hə́nɪ́	"poisson" *sp. Malopterus electricus*
	kùntə́	"couverture"	kʊ́nə́	"dans"
nt/l	càntè	"rein"	cə́lè	"ami"
nt/r	(à) jə́ntè	"il a la fièvre"	jə́rè	"partie, moitié"

	hàntì	"pois sucré"	hàrì	"chose"
nt/ns	fàntú	"fruit du *Detarium senegalense* G. (Caesalpiniaceae)	(à nà-à)fáns(í)	"il le creuse"

pour cette dernière opposition, nous n'avons pu trouver un rapprochement satisfaisant.

Le phonème /nt/ se réalise comme une mi-nasale apico-alvéolaire, sourde.

Il se définira comme une mi-nasale apicale sourde.

2.72. *Le phonème* nd

Son identité ressort des rapprochements suivants :

nd/mb, t, d, nt		déjà vus, cf. 2.66., 2.69. et suivants		
nd/n	(à nà-à)gándáy	"il le prend contre sa poitrine"	gánáy	"poux"
	bándà	"four"	bánà	"âne roux"
	à bíndí	"il carde le coton"	à (nà-à) bíní	"il lui souhaite du mal"
nd/l	dúndè	"crottin"	dúlé	"fruit du *Leptadenia pyrotechnica* (Asclepioideae)"
	kúndù	"plante" *(non id.)*	kúlù	"tout"
nd/r	bìndí	"milieu"	bìrí	"os"
	gùndè	"ventre"	gúrè	"noyau"
nd/nz	wànd(á)	"épouse"	wànz(áàm)	"barbier"

nous n'avons pu trouver de paires plus satisfaisantes pour illustrer cette opposition étant donné la rareté de /nz/.

Le phonème /nd/ se réalise comme une mi-nasale apico-alvéolaire sonore.

Il se définit comme une mi-nasale apicale sonore.

2.73. *Le phonème* n

L'identité phonologique de /n/ ressort des rapprochements déjà effectués à propos de /t/, /d/, /m/, /nt/, /nd/ et des suivants :

n/ɲ	bìnàá	"le coeur"	bìɲɲá	"phacochère"

Des oppositions plus satisfaisantes n'ont pu être trouvées; ɲ n'apparaît que 5 fois à l'intervocalique.

n/l	fòó:nò	"singe"	fòó:lò	"sac"
	zánáy	"génisses"	(à) záláy	"il se pavane"
	ká:ná	"sorgho sucrier"	ká:lá	"bâton"
n/r	dó:náy	"habitude"	dó:ráy	"maladies"
	dànáày	"forge"	dàráày	"fruit du jujubier" *Ziziphus mauritiaca* L. (Rhamnaceae)
	à-gàná	"quitte-le!"	à gàrá	"il fait des voeux"
	à yàná	"il s'échappe"	à yàrá	"il recommence"

Le phonème /n/ se réalise comme une nasale totale apico-alvéolaire, sonore.

Il se définit comme une nasale, apicale.

2.74. *Le phonème* l

L'identité phonologique de /l/ ressort des rapprochements suivants :

l/t, d, nt, nd, n, f déjà vus à propos de /t/, /d/, /nt/, /nd/, /n/, /f/

l/y	kwá:làáy	"poissons" *sp.* *Heterotis niloticus*	kwá:yàáy	"vêtements"
	gálì	"espace entre branches et tronc"	(à nà-à) gàyí	"il l'arrête"

Le phonème /y/ est plutôt rare dans cette position.

l/r	táláy	"chauves"	táráy	"petit terrain"
	sálà	"pantalon long"	(à) sárà	"il abime"
	bè:làáy	"flammes"	bè:ráày	"grandeur"
	kàlá	"jusqu'à"	(à nà-à) kàrá	"il le bat" (le mil)

l se réalise comme une latérale sonore, apico-alvéolaire.

Il se définira comme une continue, apicale.

2.75. *Le phonème* r

L'identité phonologique de /r/ ressort des rapprochements suivants :

/r/t/, /d/, /nt/, /nd/, /n/, /l/ déjà vus, cf. 2.69 et suivants.

Contrairement à la position initiale où /r/ n'est pratiquement pas représenté, /r/ est un des phonèmes les plus fréquents à l'intervocalique.

Nous avons rencontré quelques cas de doublets :

hàrì/hàyà	"chose"
bàrì.kàrí/bày.kàrí	"cavalier" /cheval, monter/[4]

/r/ se réalise généralement comme une vibrante à un seul battement. Il se définira comme une vibrante.

2.76. *Le phonème* s

L'identité phonologique de /s/ ressort des rapprochements suivants :

s/t déjà envisagés à propos de /t/, cf. 2.69.

s/z le phonème /z/ est rare; nous avons trouvé les rapprochements ci-dessous :

	(à nà-à) tú:s(ú)	"il l'efface"	tú:z(ì)	"gros"
	à wá:sú	"il est pressé"	à wàá:zù	"il prêche"
s/ns	à fùsú	"il enfle"	à fùnsú	"il souffle"
	à fàsá	"il pile les épis de mil"	à (nà-à) fánsá	"il le délivre"

s/nz Nous n'avons pas trouvé de paires pour cette opposition.

s/c La rareté de /c/ à l'intervocalique explique la difficulté que nous avons eu à trouver une paire opposant ces deux phonèmes :

---

[4]Il s'agit là, en zarma, de cas isolés, contrairement à ce que nous savons du parler dendi du groupe songhay-zarma où /r/ et /y/ sont des variantes d'un même phonème à l'intervocalique bòró/bòyó "homme".

	bús(àl)	"gigot, cuisse"	bùc(í)	"cérémonie"

Le phonème /s/ se réalise comme une fricative dorso-alvéolaire sifflante, sourde.

On le définira comme une dorso-alvéolaire, sourde, non nasale.

2.77. *Le phonème* z

L'identité phonologique de /z/ ressort des rapprochements effectués pour /d/ et /s/. Ces rapprochements étaient souvent peu satisfaisants, ce qui s'explique par la très faible fréquence de /z/ à l'intervocalique (7 termes dissyllabiques et 9 trisyllabiques).

On y ajoutera les rapprochements suivants :

z/ns	t(ú:)zì	"gros"	(à) t(à)nsí	"il glisse"
z/nz	wàá:z(ù)	"enseignement religieux"	wànz(áàm)	"barbier"

nous n'avons pu trouver de rapprochements plus satisfaisants.

z/j	yá:zì	"piment" *sp. (non id.)*	yàá:jì	"harpon"

La réalisation de /z/ est celle d'une fricative dorso-alvéolaire comme son partenaire sourd.

On le définira comme une dorso-alvéolaire sonore, non nasale.

2.78. *Le phonème* ns

L'identité phonologique de /ns/ ressort des rapprochements suivants :

ns/nt, s, z		déjà évoqués à propos de /nt/, /s/, /z/		
ns/nz	-	Nous n'avons pas de rapprochements plus satisfaisants que celui présenté ci-dessous :		
	(à nà-à)(f)ánsá	"il le délivre"	(w)ànzáà(m)	"barbier"
ns/n	à fùnsú	"il souffle"	à fùnú	"il sort"
	hánsì	"chien"	hání	"poisson" *Malopterus electricus*
	à (nà-à) fánsá	"il le délivre"	à fáná̰	"il marche à quatre pattes"

ns/nc		La rareté de chacun de ces phonèmes ne nous a pas permis de trouver des paires très satisfaisantes :		
	(à) (c)ánsé	"il est jaloux"	(z)àncé	"oiseau mange-mil" *(non id.)*
	kùns(ùm)	"noeud"	kùnc(è)	"lutte"

Ce phonème se réalise comme une mi-nasale dorso-alvéolaire sourde.

Il se définira comme une mi-nasale dorso-alvéolaire sourde.

2.79. *Le phonème* nz

Ce phonème, très rare, n'apparaît que dans deux termes :

fúlánzám	"repos"
wánzáàm	"barbier"

Des rapprochements peu satisfaisants ont été effectués à propos de nz/nd , nz / z, nz / ns.

Les autres rapprochements n'ont pu être trouvés.

nz se définira comme une mi-nasale dorso-alvéolaire sonore.

2.80. *Le phonème* c

Le phonème /c/ n'est attesté que dans 7 termes de notre corpus. Son identité ressort des quelques rapprochements que nous avons pu effectuer :

c/s		déjà vus à propos de /s/, cf. 2.76.		
c/k	càá	"le pied"	kàá	"élève!"
c/j	(f)ásícì	"qui a un vice"	(k)àsíjì	"mors du cheval"
	(à) (h)álícì	"il endommage"	(b)álíjì	"homme fort"
c/nc	(à nà-à) (d)àcé	"il le met"	(z)àncé	"oiseau mange-mil" *(non id.)*

Aucune paire satisfaisante n'a pu être trouvée pour illustrer l'opposition c/ɲ, nj, y, chacun de ces phonèmes étant rare.

Ce phonème se réalise comme une occlusive palatale sourde.

Il se définit comme une palatale sourde, non continue, non nasale.

2.81. *Le phonème* j

L'identité phonologique de /j/ ressort des rapprochements suivants :

j/c, z		déjà vus à propos de /c/, /z/		
j/nc		aucun rapprochement satisfaisant n'a été trouvé.		
j/nj	à tájì	"il est neuf"	à tánjì	"il est en face"
j/ɲ	(d)íj(í)	"miroir"	(à) (b)íɲ(á)	"il est renfrogné"
j/y	kà:jàáy	"racines"	kà:yàáy	"ancêtres"
	sàá:jì	"brousse"	sàá:yì	"graine sauvage" *(non id.)*
	tájó	"neuf"	tàyó	"mouillé"
j/g	kà:jàáy	"racines"	kà:gàáy	"oiseaux" *sp.*

Le phonème /j/ se réalise comme une palatale toujours occlusive, sonore.

Il se définit comme une palatale sonore, non nasale, non continue.

2.82. *Le phonème* nc

L'identité phonologique de ce phonème ressort des rapprochements suivants :

nc/ns, c, j		déjà envisagés à propos de /ns/, /c/, /j/.		
nc/nj	zàncé	"oiseau mange-mil" *(non id.)*	lánjé	"barre de sel"
nc/ nc/y	)))	nous n'avons pu trouver de paire satisfaisante pour ces oppositions, ces deux phonèmes étant très rares.		
nc/nk	zàncàáy	"oiseaux mange-mil" *(non id.)*	zànkàáy	"enfants"
	kùnc(è)	"lutte"	kúnk(ú)	"brique"

Ce phonème se réalise comme une mi-nasale palatale sourde. Il est rare.

Il se définira comme une mi-nasale palatale sourde.

2.83. *Le phonème* nj

L'identité phonologique de ce phonème ressort des rapprochements suivants :

nj/nz, c, j, nc		déjà évoqués plus haut.		
nj/	bínj(í)	"âne (mâle)"	(à) bíɲ(á)	"il est renfrogné"
		nous n'avons pas trouvé de rapprochements plus satisfaisants pour illustrer cette opposition.		
nj/y	kànjí	"insecte" *sp.* *(non id.)*	k(à:)yì	"ancêtre"
nj/ng	lánj(é)	"barre de sel"	làng(á)	"jeu d'enfant"
	kànjàáy	"insectes" *sp.* *(non id.)*	kàngàáy	"genoux"
	hánjáy	"verges"	hángáy	"oreilles"

Ce phonème se réalise comme une mi-nasale palatale sonore.
Il se définira comme une mi-nasale palatale sonore.

2.84. *Le phonème* ɲ

Très rare à l'intervocalique (5 termes), à dìɲáà "il oublie", bìnɲá ou bìrìɲá "phacochère", á bíɲá "il est triste", à nà-à tò:ɲé "il le provoque", bàáɲà "esclave", les seules oppositions que nous ayons trouvées sont les suivantes (cf. 2.72 et suivantes) :

ɲ / ŋ	bàáɲà	"esclave"	bàŋá	"hippopotame"
ɲ / y	bàáɲà	"esclave"	(zà)báyà	"partie de la selle du cheval"

Ce phonème se réalise comme une nasale palatale sonore.
On la définira comme une nasale palatale.

2.85. *Le phonème* y

L'identité phonologique de ce phonème ressort des rapprochements déjà effectués à propos de /l/, /j/, /nj/, /ɲ/. Par contre, nous n'avons pas trouvé d'oppositions pour illustrer l'opposition y/c, y/nc, et y/h, tous ces phonèmes sont rares. y n'apparaît lui-même que dans une dizaine de termes.

Ce phonème se réalise comme une fricative palatale.
Il se définit comme une continue palatale.

2.86. *Le phonème* k

L'identité phonologique de /k/ ressort des rapprochements suivants :

k/c		déjà vus à propos de /c/		
k/g	à bákù	"il reprise"	à bágú	"il casse
	à bùkà	"elle pile"	à bùgáà	"il moisit"
	(à nà-à) zúkù	"il le fait sortir (un animal)"	zúgù	"touffe"
k/nk	bákáráy	"pitié"	bánkáráy	"habit"
	(à nà-à) tàká	"il le crée"	tánká	"place d'un animal domestique"
k/ŋ	bákà	"boule de nourriture"	bàŋá	"hippopotame"
	zókó	"oiseau" *(non id.)*	zòŋó	"chacal"
k/ng	zàká	"paresseux"	zàngá	"comme"
k/h)) k/kw)		aucun rapprochement n'a été trouvé étant donné la rareté de /h/ à l'intervocalique.		

k se réalise comme une occlusive vélaire sourde.

On le définira comme une vélaire sourde, non nasale, non continue.

2.87. *Le phonème* g

L'identité phonologique de /g/ ressort des rapprochements déjà effectués à propos de /k/, /j/ et des suivants :

g/nk	zúgù	"touffe"	zùnkú	"bosse"
		nous n'avons pu trouver de rapprochements plus satisfaisants.		
g/ng	mògò	"robe blanche pour un cheval"	(à) mòngò	"il se révolte"
	à bùgáà	"il moisit"	à bùngà	"il fait des trous avec une houe"
g/ŋ	à zág(ú)	"il se retourne"	à záŋ(áy)	"il est malade"
	(à) bágú	"il casse"	bàŋ(á)	"hippopotame"
g/h		aucune paire n'a pu être trouvée.		

2.88. *Le phonème* nk

L'identité phonologique de /nk/ ressort des rapprochements suivants :

nk/nc, k, g		déjà envisagés à propos de /nc/, /k/, /g/		
nk/ng	à lànkám	"il est mou"	à làngám	"il marche en se traînant"
	kúnkú	"brique"	(à) kúngú	"il est rassasié"
	tónkó	"piment"	tóngó (tóngó)	"coin de la maison réservé aux accouchées"
nk/ŋ	zànkàáy	"enfants"	(à) záŋáy	"il est malade"
nk/h		aucun rapprochement satisfaisant n'a pu être trouvé, on comparera :		
	à (l)ànkám	"il est mou"	à (f)àháàm	"il comprend"

Ce phonème se réalise comme une mi-nasale vélaire sourde.

On le définira comme une mi-nasale vélaire sourde.

2.89. *Le phonème* ng

L'identité phonologique de /ng/ ressort des rapprochements déjà effectués à propos de /nj/, /k/, /g/, /nk/ et des suivants :

ng/ŋ	bàngàáy	"mares"	bàŋàáy	"hippopotames"
	bòngò	"case en paille"	bòŋòó	"la tête"
ng/h	à fáng(ù)	"il entasse"	à fàh(áàm)	"il comprend"
		ce rapprochement est peu satisfaisant.		

Il se définira comme une mi-nasale vélaire sonore.

2.90. *Le phonème* ŋ

Il est rare en position intervocalique. Il est attesté dans une dizaine d'exemples. Nous avons fait quelques rapprochements plus ou moins satisfaisants entre /ŋ/ et /k/, /g/, /nk/, /ng/, /ɲ/, mais aucun rapprochement n'a été trouvé entre ŋ/h.

/ŋ/ peut être accompagné d'une légère labialisation : il n'y a pas d'opposition ŋ/ŋw.

bòŋàáy	[bòŋʷàáy]	"des têtes"

La voyelle précédente est légèrement nasalisée. Exemples :

bàŋá	[bà̰ŋá]	"hippopotame"
jàŋáày	[jà̰ɲáày]	"dénuement"
zòŋó	[zò̰ŋó]	"chacal"

/ŋ/ se réalise comme une nasale vélaire sonore.
Il se définira comme une nasale vélaire.

2.91. *Le phonème* h

Il est également très rare : dans cette position il est attesté dans 5 exemples dans notre corpus, dont un seul dans un dissyllabe,ce qui ne nous a pas permis de trouver des oppositions avec les autres phonèmes de la langue.

On le définira comme une continue vélaire.

2.92. *Le phonème* kw

Le phonème /kw/ n'est attesté à l'intervocalique que dans les termes suivants :

tòkwáy	"espèce d'arbre" peut-être *Diospyros mespiloformis* (Ebenaceae)
tàkùndàkwálá.ɲà	"espèce d'arbre" *Sterculia setigera* L. (Sterculiaceae)
tɔ́kwárcì	"sorte de natte"
sòkwɔ́ɔ̀y	"trot"

La rareté de ce phonème ne nous a pas permis de faire des rapprochements satisfaisants avec les vélaires. On notera l'opposition :

kw/w t(ò)kwáy "espèce d'arbre" t(á)wáy "jumeau"

/kw/ se réalise comme une labio-vélaire sourde. Il n'a pas de partenaire sonore dans cette position.

On le définit comme une labio-vélaire non continue.

2.93. *Le phonème* w

Son identité ressort des rapprochements suivants :

w/kw		déjà effectués à propos de / kw/, cf. 2.92.	
w/h	fàwà(nté) "éclaté"	(à) fàhá(àm)	"il a compris"

/w/ se réalise comme une spirante labio-vélaire.

Il se définit comme une continue labio-vélaire.

2.94. *DEFINITION ET CLASSEMENT DES CONSONNES INTERVOCALIQUES*

p	non nasal	p/mp, mb, m	b	non nasal	b/mb, m
	sourd	p/b		sonore	b/p
	labial	p/t		labial	b/d
	non continu	p/f		non continu	b/f
mp	mi nasale	mp/p, b, m, f	mb	mi-nasale	mb/p, b, m, f
	sourd	mp/mb		sonore	mb/mp
	labial	mp/nt		labial	mb/nd
m	nasal	m/p, b, mp, mb, f			
	labial	m/n			
f	continu	f/p, b, mp, mb, m			
	labial	f/l			
t	non nasal	t/nt, nd, n	d	non nasal	d/nt, nd, n
	sourd	t/d		sonore	d/t
	apical	t/p, s		apical	d/b, z
	non continu	t/l		non continu	d/l
	non vibrant	t/r		non vibrant	d/r
nt	mi-nasale	nt/t, d, n, l, r	nd	mi-nasale	nd/t, d, n, l,r
	sourd	nt/nd		sonore	nd/nt
	apical	nt/mp, ns		apical	nd/mb, nz
n	nasal	n/t, d, nt, nd, l, r			
	apical	n/m, ɲ			
l	continu	l/t, d, nt, nd, n			
	apical	l/f, y			
	non vibrant	l/r			
r	vibrant	r/t, d, nt, nd, n, l			
s	non nasal	s/ns, nz	z	non nasal	z/ns, nz
	sourd	s/z		sonore	z/s
	dorso-alvéolaire	s/t, c		dorso-alvéolaire	z/d, j
ns	mi-nasale	ns/s, z	nz	mi-nasale	nz/s, z
	sourd	ns/nz		sonore	nz/ns
	dorso-alvéolaire	ns/nt, nc		dorso-alvéolaire	nz/nd, nj
c	non nasal	c/nc, nj, ɲ	j	non nasal	j/nc, nj, ɲ
	sourd	c/j		sonore	j/c
	palatal	c/s, k		palatal	j/z, g
	non continu	c/y		non continu	j/y
nc	mi-nasale	nc/c, j, ɲ, y	nj	mi-nasale	nj/c, j, ɲ, y
	sourd	nc/nj		sonore	nj/nc
	palatal	nc/ns, nk		palatal	nj/nz, ng

ɲ	nasal	ɲ/c, j, nc, nj, y
	palatal	ɲ/n, ŋ
y	continu	y/c, j, nc, nj, ɲ
	palatal	y/l, h

k	non nasal	k/nk, ng, ŋ	g	non nasal	g/nk, ng, ŋ
	sourd	k/g		sonore	g/k
	vélaire	k/c, kw		vélaire	g/j
	non continu	k/h		non continu	g/h
nk	mi-nasale	nk/k, g, ŋ	ng	mi-nasale	ng/k, g, ŋ
	sourd	nk/ng		sonore	ng/nk
	vélaire	nk/nc		vélaire	ng/nj

ŋ	nasal	ŋ/k, g, nk, ng, h
	vélaire	ŋ/ɲ
h	continu	h/k, g, nk, ng, ŋ
	vélaire	h/y, w
kw	non-continu	kw/w
	labio-vélaire	kw/k
w	continu	w/kw
	labio-vélaire	w/h

On dressera le tableau suivant :

		la-biales	api-cales	dorso-alvél.	pala-tales	vélai-res	labio-vél.
non-nasales	sourdes	(p)	t	s	(c)	k	(kw)
	sonores	b	(d)	(z)	j	g	
mi-nasales	sourdes	(mp)	(nt)	(ns)	(nc)	(nk)	
	sonores	mb	nd	(nz)	nj	ng	
nasales		m	n		(ɲ)	(ŋ)	
continues		f	l		(y)	(h)	(w)
vibrante			r				

Les phonèmes rares sont entre parenthèses.

Il faut signaler également l'existence des géminées :

	tt	kk
bb	dd	gg
mm	nn	
	ll	yy
	rr	

2.95. *TABLEAU DES FREQUENCES DES CONSONNES INTERVOCALIQUES*

Ces fréquences ont été calculées sur la totalité des dissylabes, soit 1.268 unités :

p	0,08	s	6,9
b	6,4	z	0,5
f	2,2	c	0,2
m	4,1	j	2,2
t	4,8	ɲ	0,3
d	1,3	y	0,7
n	8,4	k	3,2
l	5,6	g	2,6
r	15,4	ŋ	0,4
		kw	0,07
		w	0,8
		h	0,08

géminées	9,1
mi-nasales	16,5

ces chiffres représentent des pourcentages

Près de la moitié des dissyllabes (49,4 %) ont pour consonne intervocalique :

r	(15,4)
mi-nasales	(16,5)
géminées	(9,1)
	(8,4)

30 % des dissyllabes se partagent entre :

s	(6,9)
b	(6,4)
m	(4,1)
t	(4,8)
l	(5,6)

10,2 % entre :

k	(3,2)
g	(2,6)
j	(2,2)
f	(2,2)

7 % environ de groupes divers (wC, yC, rC)
3 % pour les consonnes restantes : p, z, c, ŋ, y, ɲ, w, h, kw

Il est intéressant de regrouper ces résultats suivant les ordres et les séries :

Pourcentage par ordre

apicales	T	35,5
labiales	P	12,8
alvéolaires	S	7,4
vélaires	K	6,3
palatales	C	3,4
labio-vélaires	KW	0,9

Pourcentage par séries

mi-nasales	C	16,5
sourdes	S	15,3
nasales	N	13,2
sonores	Z	13
continues	L	10,4
double consonne	(CC	9,1)

POSITION FINALE

Le système consonantique est considérablement réduit. L'opposition des sourdes et des sonores est neutralisée, de plus, un certain nombre de phonèmes ne figurent pas en position finale, ce sont : f, c, j, ɲ, ŋ, s, z, h, kw. Enfin, la fréquence des consonnes finale est assez réduite.

2.96. *Les phonèmes* p, t, k

Ces phonèmes n'apparaissent en finale que dans quelques exclamations et idéophones :

fíp	"exclamation"	(exprimant la surprise)
pát, pút	"exclamations"	(exprimant la rapidité)
tíktíktík	"très noir"	

Ces consonnes sont alors articulées assez faiblement, elles ne sont pas explosées dans cette position.

On définira p comme une occlusive labiale.
On définira t comme une occlusive alvéolaire
On définira k comme une occlusive postérieure.

2.97. *Le phonème* m

L'identité phonologique de /m/ ressort des rapprochements suivants :

m/n	háàm	"viande"	hán	"jour"
	à (t) áàm	"il pêche"	à (d) áàn	"il forge"
m/w	háàm	"viande"	háw	"vache"

Ce phonème se réalise comme une nasale bi-labiale orale non explosée, la voyelle précédant /m/ n'est jamais nasalisée.
Il se définira comme une nasale labiale.

2.98. *Le phonème* n

L'identité phonologique de /n/ ressort des rapprochements suivants :

n/m cf. à propos de /m/

n/l aucune opposition n'a été trouvée étant donné la faible fréquence de /l/ en position finale.

n/r le meilleur rapprochement que l'on ait pu trouver est le suivant :

à t(ó)n	"il brûle"	à t(á)r	"il est fade"

Ce phonème se réalise comme une nasale apico-alvéolaire non explosée. La voyelle précédant /n/ n'est pas nasalisée.
On le définira comme une nasale albéolaire.

2.99. *Le phonème* l

Il est assez peu fréquent et apparaît dans une dizaine de cas. Aussi ne nous a-t-il pas été possible d'effectuer des rapprochements entre l/w, l/r.

Nous signalons le rapprochement suivant :

l/y   hángà(l)   "race de chameau"   hángá(y)   "oreilles"

Ce phonème est réalisé comme une latérale apico-alvéolaire sonore.

On le définira comme une continue alvéolaire.

2.100. *Le phonème* r

Le phonème /r/ se réalise comme une vibrante apicale à un battement.

On le définira comme une vibrante.

2.101. *Les phonèmes* w et y

Il nous a paru plus économique de considérer les phonèmes /w/et /y/ comme des consonnes également dans cette position; la langue admet des consonnes en finale; cela nous évitait, en particulier, d'avoir dans certains termes des successions de trois voyelles :

ex.   bìaí / bìaáy   [bìɛ́ɛ́y]   "noirs"

Phonétiquement, les successions /Vy/ et /Vw/ se réalisent comme une diphtongue; de plus on remarque une neutralisation des degrés d'aperture devant /y/ et /w/ : (cf. les combinaisons)

devant /y/ on ne trouve que les voyelles o et a
devant /w/ on ne trouve que la voyelle a

On a noté les réalisations suivantes :

fáy   fɛ́ʸ   fɛ́ⁱ   "partager"

lorsque la voyelle est longue (2 cas) le a reste ouvert :

gàá:y   [gàá:ⁱ]   "garder"
fòóy   [fɔ̀ɔ́ʸ]   [fɔ̀ɔ́ⁱ]   "sauce"
fáw   [fáᵘ]   "éclater"

On définira /w/ comme une continue labiale.
On définira /y/ comme une continue postérieure.

2.102. *DEFINITION ET CLASSEMENT DES CONSONNES EN FINALE*

p	occlusive	p/w
	labial	p/t
	non nasal	p/m
m	nasal	m/p, w
	labial	m/n
w	continu	w/p, w
	labial	w/l
t	occlusive	t/l, r
	alvéolaire	t/p, k
	non nasal	t/n
n	nasal	n/t, l, r
	alvéolaire	n/m
l	continu	l/t, n, r
	alvéolaire	l/w, y
r	vibrant	r/t, n, l
k	occlusive	k/y
	postérieur	k/t
y	continu	y/k
	postérieure	y/l

D'après ces définitions, on rangera les phonèmes en 4 classes :

occlusives	p, t, k
nasales	m, n
continues	w, l, y
vibrante	r

On établira les ordres de :

labiales	p, m, w
alvéolaires	t, n, l, r
postérieures	k, y

Ce classement nous permet de dresser le tableau suivant :

	labiales (antérieures)	alvéolaires (centrales)	postérieures
occlusives	(p)	(t)	k
nasales	m	n	
continues	w	l	y
vibrante		r	

C. TABLEAUX RÉCAPITULATIFS

Si nous regroupons les données fournies précédemment, nous pourrons dresser un tableau des voyelles, puis un tableau des consonnes du zarma.

Voyelles	orales			nasales			longues		
1.	i		u	ḭ			i:		u:
	e		o	ḛ		o̰	e:		o:
		a			a̰			a:	

Commentaires :

Les voyelles sont réparties en orales / nasales / longues.

Les brèves, qui peuvent être orales ou nasales, s'opposent sur ce plan, et ne sont pas caractérisées autrement, elles s'opposent donc dans leur ensemble aux brèves (nasales et orales).

Dans chaque groupe, on utilisera les critères d'aperture et la position antérieure postérieure. a est considéré comme neutre. Les nasales présentent un déséquilibre quant au critère d'antériorité puis-aux deux voyelles antérieures ḭ, ḛ, ne correspond que la voyelle o̰, ṵ n'étant pas attesté.

Neutralisation

Nous ajouterons qu'en position médiane (entre consonne), il y a disparition des voyelles nasales et par suite neutralisation de l'opposition orales / nasales. A l'initiale, il y a disparition de l'opposition nasales / longues et disparition du degré d'aperture moyenne ; il ne reste qu'un système triangulaire avec le trait pertinent d'antériorité / postériorité où a se définit comme neutre (i, u, a). Cette réduction du tableau vocalique est un phénomène essentiellement phonologique, puisqu'il ne correspond pas à la présence de préfixe particulier dans la langue.

Consonnes	labiales	apicales	dorsales	palatales	vélaires	labio-vél.
sourdes	p	t	s	c	k	kw
sonores	b	d	z	j	g	gw
nasales	m	n		ɲ	ŋ	
continues	f	l		y	h	w
vibrante		r				

Commentaires :

Ce tableau tente un regroupement des traits pertinents sur un plan horizontal en séries et sur un plan vertical en ordres.

Les deux premières séries : sourdes / sonores s'opposent l'une à l'autre et, de plus, elles s'opposent ensemble aux nasales (orales ≠ nasales) qui n'ont pas elles-mêmes d'opposition de voisement.

En outre les trois premières séries (sourdes, sonores, nasales) s'opposent ensemble comme occlusives à la série continues; enfin la vibrante s'oppose à l'ensemble du système par son trait pertinent unique de vibrante.

En ce qui concerne les ordres dégagés, nous avons voulu, comme pour les séries, rendre compte des oppositions fondamentales de la langue, indépendemment d'une présentation plus fidèlement phonétique.C'est ainsi que l'on retrouve, dans le même ordre des labiales, les phonèmes p / b / m / f / bien que leur articulation strictement phonétique soit quelque peu différent pour les uns et les autres (en particulier pour f labio-dentale), mais ce qui importe c'est le trait de labialité qui leur est commun et qui les oppose ensemble aux autres.

Neutralisation :

Il faut ajouter l'existence à l'intervocalique d'une série de mi-nasales, correspondant à chaque ordre dégagé (cf. les labio-vélaires) , ainsi que des géminées. En finale, il y a une neutralisation de l'opposition sourde-sonore, les ordres dorso-alvéolaire, palatal et labio-vélaire disparaissent, sauf y et w, les phonèmes h, f et d n'existent pas en finale.

3. COMBINAISONS

2.103. LES SUCCESSIONS DE CONSONNES

Le zarma connaît peu de successions consonantiques. Cependant, nous avons relevé quelques cas où l'on trouve des successions de consonnes, uniquement à l'intervocalique.

Exemples :

- *Successions* p + t, s, k

Cas n° 1 :

pt	sípti̇̀	"prénom féminin
	à sípti̇̀	"samedi"
	à lápté	"il frappe
	à nà-à kòptí	"il donne un coup de sabot"
	kòóptò	"feuille"
pk	sàpkú	"sorte de bêche"

Nous avons relevé un cas de doublet :

kòpsí / kòmsí "tibia de veau"

Cas n° 2 :

m + c = nasale + consonne.

Sur l'ensemble du corpus, on rencontre quelques termes présentant une succession nasale + consonne à l'intervocalique : la nasale n'est pas homorganique de la consonne suivante, ce sont : m + f, t, d, s, n.

jámfù	"blouse pour homme"		
làmtí	"sésame"	kúmsáy	"piège"
à ɲómtí	"il pince"	dámsí	"arachide"
kòómdì	"sorte d'arbre" peut-être *Gardenia thunbergia* L. (Rubiaceae)	hàmnì	"farine"
		hámní	"mouche"
		kúmná	"le ramasser"
à dòmsày	"il ajoute"	hámnày	"le rattraper"
cámsé	"ongle"	gòmní	"cadeau"

Cas n° 3 :

wC	hàwká	"génie"
	hàwdà̰	"le continuer"
	háwrà	"âne noir"
	hàwrày	"repas du soir"
	káwlá	"jalousie"
	káwrà	"cuillère" (emprunt au français)
	záwrè	"maison à étage"
	sáwcí	"faire des incantations"
	làwzé	"faucille"
	dàwsá	"houe" (instrument aratoire)
	háwrì	"noeud" (< háw "attacher")

yc	báyjí	"écorce servant de lien"
	háyfùn	"être paresseux"
	háynì	"saison sèche"
	hàynì	"mil"
	hàycí	"marchander"
	wàymá	"partir l'après-midi"
	wáynò	"soleil"
	kàydíà	"saison des pluies"
	káynè	"frère cadet"
	káyná	"petit"
	làáymà	"parapluie"
	dàáymì	"achat (dáày "acheter")

Interprétation :

Etant donné la faible fréquence des groupes consonantiques et leur nature assez particulière, on peut se demander s'il y a lieu de considérer que nous avons affaire à des groupes consonantiques au sens phonologique plutôt qu'à des successions consonantiques relevant d'une autre interprétation.

a) En particulier, on pourrait se poser la question de savoir si nous n'avons pas, dans les exemples relevés, des indices attestant des phénomènes de dérivation ou de composition.

Si nous prenons en considération le premier élément de la succession consonantique, nous relevons les consonnes suivantes :

p, m, w, y

il s'agit de consonnes qui peuvent effectivement apparaître en finale.

Si l'on prend en considération le deuxième élément de la succession consonantique, nous trouvons :

	t	s	k
	d		
f			
	n		

il s'agit des consonnes du système initial.

On pourrait donc penser que la succession - CC - est à envisager plutôt comme une succession CVC - CV et non comme CV - CCV ou CVCC - V.

Dans cette perspective, l'unité monomonématique du terme est remise en question. Dans l'état actuel de notre connaissance, il est difficile d'avoir des éléments plus précis pour répondre à cette question et d'affirmer avec plus de certitude que nous avons affaire à des termes composés.

b) On pourrait également penser que la succession consonantique à l'intervocalique est due à la disparition d'une voyelle si l'on compare ces cas à d'autres exemples où l'on peut encore restituer dans une prononciation lente la voyelle, notamment entre r + Consonne
l + Consonne

Exemples :

káríjí	"épine"	réalisé	[kárjí]
kòròfó	"corde"	réalisé	[kɔ̀rfó]
kálámà	"instrument aratoire"	réalisé	[kálmáà]

c) En finale et à l'initiale, il n'existe aucune succession de consonnes.

Nous ajouterons que, dans le cas des exemples du type 3, une autre interprétation pourrait être envisagée étant donné la nature particulière des groupes qui se résument à :

a + y + C
a + w + C

On aurait pu, en particulier, envisager dans ces cas où /a/ est suivi de /y/ ou /w/, l'interprétation de diphtongues fermantes ai, au; cette interprétation serait à mettre en parallèle avec l'ensemble des successions vocaliques qui, dans la même optique, se présenterait comme un ensemble ordonné de diphtongues ouvrantes (cf. tableau des successions vocaliques). On aurait le système de diphtongues suivant :

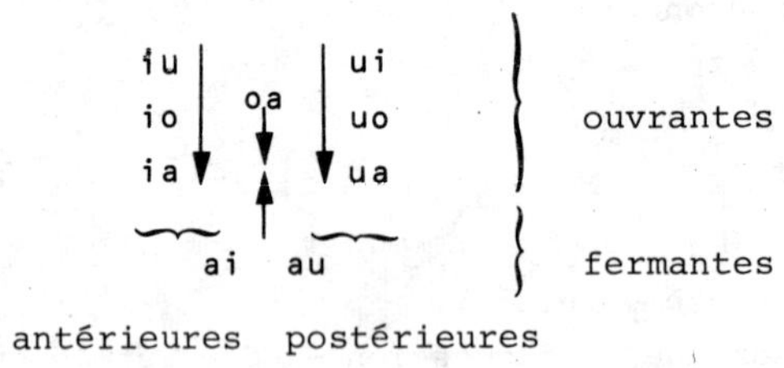

Nous rappellerons que y et w existent dans le système consonantique à l'initiale, à l'intervocalique et en finale où nous avons opté pour une interprétation consonantique plutôt que vocalique à la fois du fait que ces phonèmes ne portent pas de ton et qu'ils s'intègrent au système consonantique de par leur emplacement dans la structure syllabique de la langue : CVC (v).

De ce point de vue, la deuxième consonne des groupes présentés appartient au système initiale des consonnes, on en déduit alors que, comme précédemment, les groupes considérés ne sont pas phonologiques mais qu'ils sont le résultat d'une dérivation ou d'une composition, c'est-à-dire que la présence d'un groupe consonantique indique aussi la présence de deux monèmes. Cela se vérifie pour quelques exemples :

dáày	"acheter"	dàáy-mì	"achat"
háw	"attacher"	háw-rí	"noeud"

Il nous a paru plus économique de garder l'interprétation a + y et a + w plutôt que l'interprétation de diphtongues pour ces raisons.

2.104. LES SUCCESSIONS DE VOYELLES

Les successions vocaliques rencontrées sont :

ia	oa	ua
io		uo
iu		ui

Les successions eo et oe sont impossibles dans la langue. Les voyelles d'aperture moyenne ne peuvent se combiner. Les combinaisons ea, ei, ie, ae, ao, ou, ne sont pas attestées.

Combinaisons attestées :

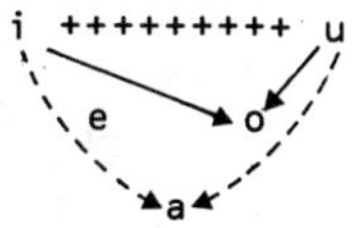

Exemples :

dìà	"messager de dieu"
kàydía	"saison des pluies"
bíòó	"ce qui est noir"

bàrîòó	"le cheval"
gùnúá	"regarder fixement"
búà	"grenier en terre"
tísíútísíú	"très beau"
gúòó	"le tas"
málúí	"ganglion"
kòá	"le fruit du baobab"

Nous noterons que les combinaisons vocaliques apparaissent essentiellement en finale, à quelques exceptions près dìllíárà "plante" *(non id.)*.

2.105. *LES COMBINAISONS DE CONSONNES*

Dans les dissyllabes, nous n'avons pas noté d'incomptabilité particulière entre C_1 et C_2; certaines combinaisons n'apparaissent pas, mais l'on sait la faible fréquence de certains phonèmes en position intervocalique (z, c, ɲ, ŋ, y, w, h). D'autre part, malgré la fréquence d'autres phonèmes à l'intervocalique, nous n'avons pas trouvé les combinaisons suivantes :

- nasale et orale correspondante : bvmv nvtv mvbv nvdv
- nasale et continue correspondante : nvlv lvnv
- sourde et sonore correspondante : zvsv svzv
  cvjv jvcv

- yvky
- gvfv
- hvfv
- lvsv

3.4. *LES COMBINAISONS DE VOYELLES* (dans le lexique et non dans le discours)

Toutes les combinaisons vocaliques sont possibles dans un dissyllabe avec des fréquences variables : sur 1.162 dissyllabes, on obtient :

CiCi CiCe CiCa CiCo CiCu	12, 8 %	CeCi CeCe CeCa CeCo CeCu	6,2 %
Caci CaCe CaCa Caco Cacu	45,9 %	CoCi CoCe CoCa CoCo CoCu	17,5 %
CuCi CuCe CuCa CuCo CuCu	17,0 %		

Presque la moitié des dissyllabes présente les combinaisons CaCV; les combinaisons les moins fréquentes sont celles avec la voyelle **e** : CeCV.

Le détail des pourcentages est indiqué dans le tableau suivant : il se dégage de ces données une forte tendance à l'harmonie vocalique : plus de 42 % des dissyllabes sont isotimbres.

Combinaisons vocaliques dans 1.162 dissyllabes - type CVCV, CVCCV, CVCVC

1ère \ 2ème	i	e	a	o	u		
i	7,40	1,03	3,80	0,51	0,08	=	12,82 %
e	3,20	1,03	1,20	0,17	0,68	=	6,28 %
a	10,75	5,93	18,15	1,37	9,72	=	45,92 %
o	3,78	1,11	1,03	7,05	4,56	=	17,53 %
u	2,40	1,20	3,95	0,68	8,77	=	17,00 %
	27,40	10,20	28,00	9,50	23,50		98,60 %

Commentaires :

Nous avons effectué des regroupements entre voyelles postérieures et antérieures pour mieux faire ressortir les tendances principales des combinaisons. **a** est considéré comme neutre par rapport à l'antériorité et la postériorité.

Les commentaires que nous pouvons tirer de ce tableau sont les suivants :

- Les combinaisons des voyelles postérieures dominent :

		Vp 1 + Vp 2 = 21,1
viennent ensuite :	voyelle **a** + voyelle **a**	V1 **a** + V2 **a** = 18,1
	voyelle **a** + voyelle ant.	VI **a** + V2ant= 16,7
	voyelle ant.+voyelle ant.	VIant.+ V2ant= 12,3

- La tendance générale est la prédominance de la combinaison postérieure :

VI		V2		
voyelle postérieure + a	+	voyelle postérieure + a	=	32,2
voyelle antérieure + a	+	voyelle antérieure + a	=	29
voyelle a	+	voyelle a	=	18,1

- Les combinaisons mixtes et ouvrantes sont minoritaires :

V1		V2
voyelle antérieure	+	voyelle postérieure
voyelle postérieure	+	voyelle antérieure
voyelle antérieure	+	voyelle a

2.106. *Signes démarcatifs*

Les signes démarcatifs sont assez peu nombreux en zarma; ils ressortent des caractéristiques concernant la distribution des voyelles et consonnes envisagées dans la phonologie; notamment :

- certaines consonnes n'apparaissant jamais à l'initiale ni en finale (mi-nasale, géminée)
- consonnes n'apparaissant jamais en finale (b, d, s, z, c, j, ɲ, g, ŋ, h).
- les voyelles nasales n'apparaissant qu'en finale.

Remarque : Nous préciserons que sur un corpus de 2.775 termes, la répartition est la suivante :

monosyllabes	198	7,1 %	(CV, CVC)
dissyllabes	1.371	49,2 %	(CVCV, CVCCV, CVCVC)
trisyllabes	473	17,0 %	(CVCVCV)
plus de 3 syllabes	75	2,6 %	(CVCVCVCV)
composés	658	23,6 %	

4. LES TONS DANS L'ÉNONCÉ

2.107. Nous avons pu remarquer au niveau des combinaisons tonales dans les dissyllabes et les trisyllabes (cf. 1.7. et 1.8.), que certaines combinaisons de tons n'étaient pas attestées :

dissyllabes	CV́V̀CV̀V́	descendant - montant
	CV́CV́V̀	haut - descendant
	CV̀V́CV́V̀	montant - descendant
	CV́V̀CV́V̀	descendant - descendant
	CV́V̀CV́	montant - haut
	CV́V̀CV̀	descendant - bas
trisyllabes	CV́CV̀CV̀	haut - bas - bas

A un autre niveau, celui de la phonologie de la phrase, pourrait-on dire, nous avons constaté que la plupart de ces incompatibilités tonales dans le "mot" se retrouvait dans la phrase et plus précisément qu'un certain nombre de "règles tonales" apparaissait dans les limites de la *relation de détermination de type secondaire* et de la *relation primaire entre le sujet et le prédicat.*

2.108. *Règle 1.*

Les tons des éléments d'un syntagme ou d'une relation de type primaire (sujet-prédicat) sont modifiés en partant de la dernière syllabe du syntagme ou de la relation primaire de telle sorte que l'on n'ait jamais la succession haut-bas-bas, mais haut-haut-bas.

Exemples :

|fárká jìndè|	→	fárká jíndè	"un cou d'âne	/âne|cou/
|ní mà kà|	→	ní má kà	"que tu viennes"	/tu/ *déloc.* |venir/
|sùú:rù gòó|	→	sùú:rú gòó	"Sourou existe"	// Sourou/l'exister//
|írì kà|	→	írí kà	"nous sommes venus"	// nous/le venir//
|à kàrù ì kúlù bò̰|	→	à kàrù ì kúlù bò̰	"il a frappé sur tous"	// il/le frapper/eux |tout |sur//

Il ne faudrait pas en conclure, semble-t-il, que la succession haut-bas-bas est impossible dans la langue puisqu'on la rencontre dans des énoncés, et même dans le syntagme une fois que la modification a été effectuée.

Exemple :

ŋ́gà cè bò̰ → ŋ́gá cè bò̰ "sur son pied" /son|pied|sur/

On aboutit dans le syntagme à une succession haut-bas-bas qui ne se modifie pas.

2.109. *Règle 2.*

Si l'on effectue une analyse en mores sur les monosyllabes, une des conséquences de la règle 1. sera qu'une succession haut-haut sur un monosyllabe ne peut exister, elle est réduite à un ton haut :

CV́ (CV́V́) → CV́

Exemple :

ɲáà wà → ɲá wà "le lait de la mère" /mère|lait/

soit en analysant en mores et en appliquant la règle 1. :

ɲáà wà → ɲáá wà qui se simplifie en ɲá wà selon la règle 2.

2.110. *Règle 3.*

Toujours dans le cadre d'un syntagme ou du sujet + prédicat, on constate que :

a) les successions montant -haut et haut- descendant se réduisent à bas -haut et haut- bas, soit :

CV̀V́ CV́ devient CV̀ CV́
CV́ CV́V̀ devient CV́ CV̀

Exemples :

|àáy zú|	→ ày zú	"ma bande de tissu"	/ma|bande de tissu/
|d̰àá̰-yá̰|	→ d̰à-yá̰	"des scorpions	/scorpion| *génér.* /
|àáy dí|	→ ày dí	"j'ai vu"	/je/le voir//
|ní ɲáà|	→ ní ɲà	"ta mère"	/ta|mère/
|hámní nóò|	→ hámní nò	"c'est une mouche"	//mouche |ce//

b) les successions montant - descendant se réduisent à montant - bas :

CV̀V́ CV́V̀ → CV̀V́ CV̀

Exemples :

gá:sú dìín nóò	→ gá:sú dìín nò	"c'est cette calebasse" //calebasse|ce|ce//	
|àáy néè|	→ àáy nè	"j'ai dit"	//je/le dire//
|kòó ɲáà|	→ kòó.ɲà	"baobab"	/fruit du baobab|mère/
|àáy séè|	→ àáy sè	"pour moi"	/moi|pour/

La règle (a) qui s'applique aux tons montant et descendant dans les monosyllabes, en particulier, semble pouvoir également être attestée dans les dissyllabes, on pourrait alors procéder à l'analyse en mores comme précédemment (descendant = haut-bas et montant = bas-haut)

Exemple :

\|bòró fó\| bòrò fó "un homme" /homme\|un/

Les règles 3 et 1 peuvent s'appliquer successivement :

	|à nó àáy séè nò:rú|	"il me donne de l'argent" //il/le donner/moi|pour/argent//
R 3 →	à nó àáy sè nò:rú	
R 1 →	à nó àáy sé nò:rú	

2.111. *Règle 4.*

Cette règle concerne plus particulièrement les modifications intervenant lors de l'adjonction du spécifique à la base 1 au Ø, cf.syntagmatique. Ces flexions tonales sont les suivantes (elles seront examinées en détail au chapitre Syntagmatique).

la succession CV́CV́ + V̀V́ donne CV́C-V́
la succession CV̀V́ + V̀V́ donne CV̀-V̀V́
la succession CV̀CV́ + V̀V́ donne CV̀C(V)-V̀V́

Exemples :

|zú-òó| →	zú-ó	"la bande de tissu"	/bande de tissu| *spécifique/*
|gùú-òó| →	gù-òó	"le tas"	/tas|*spécifique/*
|kùs(ú)-òó| →	kùs-òó	"la marmite"	/marmite|*spécifique/*

Dans la suite de l'exposé, nous indiquerons la forme structurelle (c'est-à-dire la forme reconstituée) des exemples dans lesquels interviennent des flexions tonales en ajoutant le numéro de la règle provoquant ces modifications.

2.112. *Réalisations des tons dans l'énoncé.*

Il faut noter, de plus, qu'il existe une différence de réalisation des tons lors d'une élocution rapide normale. Plusieurs différences sont à remarquer :

a) - dans une élocution rapide normale, les tons *montant* ou *descendant* peuvent se réaliser *moyen.*

Exemples :

hánsòó gùndàá rá "dans le ventre du chien"
/chien + *spéc.* | ventre + *spéc.* | dans/

règles 1 et 3 hánsòó gúndà rá
se réalise [hánsō ↓gúndà[3] ↓rá]

La flèche indique un abaissement tonal affectant le terme suivant. Les différents niveaux de réalisation des tons pourraient se représenter ainsi :

Autres exemples :

ízòó gà-hḛ́ se réalise [ízō gà ↓hḛ́]
"l'enfant pleure"
//enfant + *spéc.*/ vers | le pleurer//

à sòbwáày ká-hḛ́ se réalise [à sòbwáy kā hḛ̄]

"il continue à pleurer"
//il/le continuer ⫽ et|le pleurer//

à ká̰à̰ háró-rá se réalise [à ká̰ hārō rā]

"il est tombé dans l'eau"
//il/le tomber/eau +*spéc.*| dans//

ńgà-wóò sí-dù ńgà-gáráwó se réalise [ńgà wóò sí dū:ngà gáráwó]

"lui, il n'aura pas son gage"
//lui|ce/ne pas|l'avoir/son|gage+ *spéc.*//

2.113.
b) - les tons montant et descendant peuvent aussi se réaliser comme des tons ponctuels haut ou bas et déterminer un abaissement tonal de l'élément à ton haut suivant :

Exemples :

à yéè ká-jìsí [à yé ↓ká jìsí] "il pose à nouveau"
//il/le refaire|et|le poser//

à nà-à-fúù-fó-cìná [à nà-à fú ↓fó cìná] "il construit une maison"
//il/à|maison|une|le construire//

2.114. *Intonation*

Par ailleurs, nous avons déjà signalé que la courbe *d'ensemble* de l'énoncé zarma est descendante, un ton haut derrière un ton bas est réalisé automatiquement plus bas que le ton haut précédent.

hàndú gà-kwáy hàndú gà-yéè "un mois passe, un autre vient"
//lune/vers|le partir⫽lune/vers|le revenir//

Combinaisons théoriques possibles et flexions attestées

monosyl. + monosyl.	Flexions	mono. + dissyl.	Flexions	dissyl. + mono.	Flexions
CV́ CV́		CV́ CV́CV́		CV́CV́ CV́	
CV̀ CV́		CV̀ CV́CV́		CV̀CV̀ CV́	
CV́V̀ CV́		CV́V̀ CV́CV́		CV́CV̀ CV́	
CV̀V́ CV́	3 → CV̀ CV́	CV̀V́ CV́CV́	3 → CV̀ CV́CV́	CV̀CV́ CV́	3 → CV̀CV̀ CV́ (pas dans tous les cas)
CV́ CV̀		CV́ CV̀CV̀	1 → CV́ CV́CV̀	CV́CV́ CV̀	
CV̀ CV̀		CV̀ CV̀CV̀		CV̀CV̀ CV̀	
CV́V̀ CV̀	2 → CV́ CV̀	CV́V̀ CV̀CV̀	2 → CV́ CV̀CV̀	CV́CV̀ CV̀	1 → CV́CV́ CV̀
CV̀V́ CV̀		CV̀V́ CV̀CV̀	1 → CV̀V́ CV́CV̀	CV̀CV́ CV̀	
CV́ CV́V̀	3 → CV́ CV̀	CV́ CV́CV̀		CV́CV́ CV́V̀	3 → CV́CV́ CV̀
CV̀ CV́V̀		CV̀ CV́CV̀		CV̀CV̀ CV́V̀	
CV́V̀ CV́V̀		CV́V̀ CV́CV̀		CV́CV̀ CV́V̀	
CV̀V́ CV́V̀	3 → CV̀V́ CV̀	CV̀V́ CV́CV̀	3 → CV̀ CV́CV̀	CV̀CV́ CV́V̀	3 → CV̀CV́ CV̀
CV́ (C)V̀V́	4 → CV́-V́ (pas toujours)	CV́ CV̀CV́		CV́CV́ CV̀V́	
CV̀ CV̀V́		CV̀ CV̀CV́		CV̀CV̀ CV̀V́	
CV́V̀ (C)V̀V́	2 → CV́-V̀V́	CV́V̀ CV̀CV́	2 → CV́ CV̀CV́	CV́CV̀ CV̀V́	1 → CV́CV́ CV̀V́
CV̀V́ (C)V̀V́	4 → CV̀-V̀V́	CV̀V́ CV̀CV́		CV̀CV́ CV̀V́	

Note

Les numéros renvoient aux règles précédentes

III

LES UNITÉS SYNTAXIQUES OU SYNTAXÈMES

Plan

1. Présentation explicative et définitions
2. Méthodologie et définitions
3. Démonstration et identification
4. Tableaux récapitulatifs :
   a) Tableau 1 : inventaire
   b) Tableau 2 : relations et sémantique
   c) Commentaires
5. Annexes.

1. PRÉSENTATION EXPLICATIVE ET DÉFINITIONS

LE SYNTAXEME COMME UNITE D'UN SYSTEME.

3.1. De même que l'on a défini précédemment chaque phonème de la langue comme un ensemble de traits pertinents propre à une unité phonique, on peut considérer, parallèlement que l'identification des *syntaxèmes (ou unité syntaxique simple)* [5] constituant, dans leur ensemble, le stock le-

[5] J. THOMAS, L. BOUQUIAUX, Introduction linguistique, p. 176. (cf. Bibliographie).

xical et grammatical de la langue, résulte de l'énumération des traits caractéristiques et pertinents opposant une unité significative à une autre.

Dans cette perspective, tout comme les phonèmes, les syntaxèmes de la langue constituent un système structuré où la pertinence et la différence entre les éléments se définit par rapport à d'autres éléments.

Les unités significatives, qu'elles soient simples (monèmes) ou complexes (synthèmes), se répartissent, en effet, à l'intérieur d'un certain nombre de *syntaxèmes* différents et variables selon les langues et traditionnellement nommées : parties du discours, catégories grammaticales ou encore classes de mots; nous préférons en général le terme de *syntaxème* qui met l'accent sur le fait que ces unités du système de la langue sont aussi les unités *constitutives du discours*[6].

Nous procéderons donc, à ce niveau de la description, à l'identification, puis au classement, des unités significatives en *syntaxèmes*.

Cette étape nous paraît être le fondement de toute analyse syntaxique à partir du moment où l'on considère que la *définition des éléments d'un système* précède l'*étude de leurs rapports* dans la chaîne.

3.2. Sur un autre plan cette fois, plus conceptuel que syntaxique, on peut considérer que l'existence d'unités syntaxiques distinctes nous renvoie au procédé fondamental qui consiste à faire accéder une substance sémantique dans une forme linguistique déterminée, permettant le *passage du concept* à la *mise en forme linguistique*, ou encore le *"passage du sens virtuel à un sens déterminé"*.

Nous illustrerons ce phénomène en reprenant l'exemple donné par B. POTTIER qui nous paraît tout à fait suggestif [7] :
au départ existe l'idée ou "le concept informe" (lexe), par exemple, de "eau qui tombe du ciel" qui va être informé dans une catégorie grammaticale nominale, verbale ou autre suivant les langues :

---

[6]Il nous arrivera cependant d'employer les termes catégorie et catégorielle de façon synonyme.

[7]B. POTTIER, *Linguistique générale*, p. 82.

Exemple : en français

"concept"
= lexe
eau qui tombe du ciel

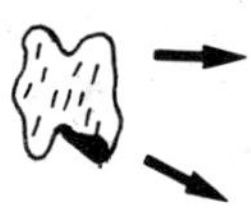

pluie — nominal

pleuvoir — verbal

L'ensemble des traits sémantiques d'un signe ne peut donc avoir de statut linguistique que s'il est *mis en forme* ou *in-formé* à travers des syntaxèmes.

Il apparaît, par conséquent, que l'identification des syntaxèmes d'une langue est un objectif primordial avant même d'envisager d'autres aspects de l'analyse syntaxique.

CHOIX DE LA METHODOLOGIE POUR IDENTIFIER LE SYNTAXEME

3.3. L'identification de ces syntaxèmes, variables selon les langues, se révèle à la fois nécessaire et particulièrement délicate parce qu'influencée par la langue du descripteur. Il semble donc important d'avoir recours à une méthodologie aussi rigoureuse et ordonnée que possible qui puisse mettre à jour les syntaxèmes de la langue, en évitant un certain nombre d'écueils et d'incertitudes auxquels nous avons pu nous heurter nous-mêmes précédemment et qui sont liés à l'utilisation exclusive des critères suivants :

a) Critère combinatoire

Ce critère est important dans la définition des syntaxèmes, mais ne suffit pas à lui seul.

Il permet cependant de dégager des constructions préférentielles ou obligatoires entre tel ou tel type de lexème et/ou morphème à l'exclusion de tout autre.

b) Critère sémantique

Ce critère, qui consiste à faire un lien entre le contenu sémantique d'un type de syntaxème et la définition du syntaxème lui-même, est intéressant, mais il reste insuffisant pour définir les syntaxèmes car il est source d'erreur; dans cette optique, les noms recouvrent tout ce qui désigne des objets, des notions, des qualités, des individus par exemple et les verbes indiquent des actions ou des procès, les adjectifs des qualifications et ainsi de suite.

De plus, ce critère peut aboutir à définir les syntaxèmes d'une langue par comparaison approximative avec les syntaxèmes d'autres langues de référence; c'est ainsi qu'en zarma on a dénombré jusqu'à présent des verbes, des noms, des adjectifs, des adverbes, des participes, un subjonctif, un passé, un futur, un imparfait, un accompli, un inaccompli, des pronoms démonstratifs, etc.[8].

Ce procédé est d'autant plus inadapté, dans le cas du zarma, que les syntaxèmes les plus couramment répandus, semble-t-il, tels que le nom et le verbe, ne s'opposent manifestement pas de façon nette et que l'absence de marques aspectuelles et temporelles remet en question d'autres syntaxèmes non moins fréquemment répertoriés (modes, temps, aspects, etc.).

c) Critère fonctionnel

Ce critère consiste à définir les syntaxèmes par rapport à la fonction qu'ils ont dans l'énoncé, en proposant des équivalences telles que :

verbe = prédicat
nom = sujet, complément, etc.

Ces constatations nous paraissent insuffisantes dans la mesure où une même fonction peut être assumée par différents syntaxèmes et qu'à l'inverse un même syntaxème peut avoir différentes fonctions.

De plus, selon nous, l'identité d'une unité se définit *indépendamment* de son fonctionnement dans la chaîne; il s'agit donc de deux rubriques complémentaires, indépendantes quant à leur définition (cf. Chapitre SYNTAXEMES et Chapitre FONCTIONS).

En outre, dans le cas du zarma, il n'y a pas de syntaxème qui puisse se définir par une fonction spécifique, à l'exception sans doute de l'existentiel **gòó** "être" qui est toujours prédicat, comme on le verra.

---

[8] cf. Père PROST, ARDANT du PICQ, A. HAMANI. (cf. Bibliographie).Nous même, dans une précédente description, nous avons été tentée inconsciemment d'interpréter les faits par rapport à une tradition indo-européenne.

3.4. Il s'avère donc indispensable de fonder la définition des syntaxèmes, non pas à partir de critères sémantiques qui aboutiraient à calquer sur une langue les syntaxèmes d'autres langues; ni même à partir de critères fonctionnels qui nous entraîneraient à poser des équivalences considérées comme universelles, à savoir : le prédicat est le verbe et le verbe est toujours prédicat[9], mais plutôt à partir de critères formels -positionnels et combinatoires- à l'intérieur d'un cadre précis. Il va sans dire que le sens n'est pas absent de la méthodologie adoptée puisqu'elle suppose, malgré tout, une bonne connaissance des paradigmes de la langue.

3.5. Nous utiliserons la méthodologie élaborée par J. THOMAS et L. BOUQUIAUX, dont nous présenterons le détail maintenant[10].

Cette méthodologie, jalonnée d'opérations précises et rigoureuses, demande un grand soin au niveau du choix du cadre des énoncés à retenir.

Puis l'ensemble des critères utilisés hiérarchiquement permet de décider, de proche en proche, de l'existence des syntaxèmes là où la seule combinatoire et là où le seul critère fonctionnel ne pourraient suffire à délimiter sans ambiguïté la différence entre plusieurs de ces éléments.

Nous ajouterons une remarque importante concernant la méthodologie employée : nous serons en effet amenée, au cours de la démonstra-

---

[9]cf. C. HAGEGE, Intonation, fonctions syntaxiques, universaux, *BSLP*, 1978, p. 39.
"La nécessité de distinguer fonctions et catégories apparaît dans toute son importance à propos du débat sur l'opposition verbe-nom. Ceux qui la tiennent pour universelle confondent apparemment deux situations : si le dicible est organisé de telle sorte qu'un énoncé linguistique n'est pas possible, quand il a plus d'un terme, sans qu'une hiérarchie s'institue entre un centre (prédicat) et le reste (non prédicat), on ne voit pas, en revanche, pourquoi toutes les langues devraient distinguer entre les catégories verbe et nom, à savoir, respectivement les représentants privilégiés du prédicat et du non prédicat dans la plupart des langues d'Europe occidentale et du bassin méditérranéen.

[10]Cette méthodologie a été appliquée à un bon nombre de langues africaines et autres. Nous citerons en particulier : 1963-J. THOMAS, *le ngbaka*; 1970 - L. BOUQUIAUX, *le birom*; 1970-C. HAGEGE, *le mbum*; 1972-F.CLOAREC, *le banda*; 1973-G. GUARISMA, *le bafia*; 1975-P. ROULON, *le gbaya*; 1978 - N. REVEL-MAC-DONALD, *le palawan*;(cf. Bibliographie).

tion, à anticiper sur la connaissance des faits à venir, c'est-à-dire à présenter, lors des opérations d'expansion en particulier, des termes non encore définis et non encore identifiés. Il y a deux raisons à cela qui n'invalident, en aucun cas, la démonstration :

1 - c'est là ce qui oppose description et analyse : la description offre le résultat de l'analyse en nous obligeant à regrouper constamment les informations avec d'autres, inconnues dans l'analyse, mais connues au niveau de la description.

2 - La démonstration présentée n'est pas seulement procédure de découverte progressive d'unités syntaxiques dans l'ignorance complète des paradigmes et des faits de langue, mais elle est aussi un contrôle, une vérification et une mise en ordre de faits dont on connaît l'existence.

C'est ainsi que la rigueur de la méthodologie employée et l'utilisation ordonnée des critères peut permettre :

. à la fois de poser l'existence d'unités syntaxiques dont on n'aurait pu reconnaître la pertinence autrement;

. et également de vérifier certaines hypothèses concernant l'identité d'unités syntaxiques que l'on avait présumées.

2. MÉTHODOLOGIE ET DÉFINITIONS

3.6. L'identification des syntaxèmes du zarma s'effectue à partir des énoncés attestés dans le corpus selon un certain nombre de critères définis ci-dessous. Bien que limité au corpus, nous pensons que bon nombre des faits de la langue sont présents dans cette étude.

a) Cadre de l'analyse

Le cadre de l'analyse se fait à l'intérieur d'un type d'énoncé défini en partant du plus petit énoncé possible dans la langue pour envisager par la suite l'énoncé comportant un terme, puis deux termes de plus que l'énoncé précédent et ainsi de suite (*énoncé minimal* et *énoncés expansifs*).

b) Opérations

Les différentes opérations utilisées pour caractériser et définir chaque terme à l'intérieur de l'énoncé défini par opposition aux autres termes sont :

1) le fait d'apparaître dans un type d'énoncé donné
2) la position du terme dans l'énoncé
3) la commutation (possible ou impossible)
4) la latitude combinatoire (expansion et séquence)

L'utilisation hiérarchique de ces critères aboutit de proche en proche à des regroupements de termes se différenciant d'autres groupements de termes réunis ensemble. Il est nécessaire de respecter l'ordre successif des différents critères.

L'utilisation d'un seul critère ou même de deux critères, peut, dans certains cas, suffire à définir le syntaxème, mais l'utilisation des autres critères vise à préciser le contenu du syntaxème et à enlever tout doute possible concernant sa différenciation par rapport à d'autres syntaxèmes.

c) Définitions

L'énoncé minimal se définira comme étant la combinaison du plus petit nombre de termes qui, dans une langue donnée, est apte à former un énoncé complet non marqué.

Par *complet* et *non marqué* , nous entendons qu'il s'agit d'un énoncé qui ne fait pas référence à des unités linguistiques extérieures impliquant, par exemple, une question, une réponse, un contexte,c'est-à-dire une référence extérieure. Ils sont désignés par C. HAGEGE comme *hétéronomes* (*Le mbum*, p. 74).["L'énoncé hétéronome est celui dont la structure ne peut être définie que par référence à des unités linguistiques qui lui sont extérieures"].

La marque est "la forme spécifique d'un type donné d'énoncé non attesté ailleurs".

Terme. Nous désignerons par terme ou constituant une "unité opérationnelle simple" désignant un élément quand il remplace un autre au sein d'un énoncé donné permettant d'aboutir à un nouvel énoncé du même type.

Nous préférons utiliser le mot "terme"à monème dans ce chapitre; en général, le syntaxème correspond au monème, c'est-à-dire à une unité simple **hánsì** = -1 monème "chien"
-1 syntaxème = "lexème 1.

mais ce n'est pas toujours le cas, le syntaxème peut être une unité complexe :

fàrgàntè = -2 monèmes = **fàrgà + àntè** /fatiguer + *suffixe*/
-1 syntaxème = lexème 1 = "celui qui est fatigué"

Expansion. Opération consistant à ajouter un ou plusieurs éléments qui produisent un nouvel énoncé sans modifier les rapports entre les éléments préexistants.

Séquence. Coexistence possible de termes dans un certain ordre préposé ou postposé.

3. DÉMONSTRATION ET IDENTIFICATION

3.7. En zarma, le plus petit énoncé complet et non marqué comporte deux termes; il existe des énoncés à un seul terme; mais à notre connaissance, il s'agit d'énoncés exclamatifs, interrogatifs ou injonctifs, c'est-à-dire d'énoncés qui font référence à une question ou qui appellent une réponse.

Nous écarterons temporairement les énoncés à un terme de notre analyse.

Nous procéderons à l'identification des syntaxèmes en suivant différentes étapes identiques, quel que soit le type d'énoncé, à savoir :

1) Présentation des énoncés d'un type donné
2) Identification de groupes suivant la position des termes dans le type d'énoncé
3) Recherche de syntaxèmes différenciés, à partir de critères de commutation et d'expansion
4) Désignation et contenu des syntaxèmes.

ÉNONCÉ MINIMAL À DEUX TERMES

A. TYPES D'ÉNONCÉS

3.8. Nous prendrons comme exemples des énoncés attestés dans notre corpus qui serviront de cadre à l'analyse, soit :

	A	B		
1.	tà:mú	nò	"C'est une chaussure"	//chaussure | ce//
2.	à	tà:mú	"Il marche"	//il / le marcher//
3.	gá:sú	nèé	"Voici une calebasse"	//calebasse | ici//
4.	nèé	nò*	"C'est ici"	//ici | ce//
5.	gá:sú	nò	"C'est une calebasse"	//calebasse | ce//
6.	ńgà	nóò	"C'est lui"	//lui | ce//
7.	gá:sú	gòó	"Il y a une calebasse"	//calebasse / exister être//
8.	hánsí	kà	"Un chien vient"	//chien / le venir//
9.	gá:sú	fó	"Il y a une certaine calebasse"	//calebasse | certaine//
10.	wóò	nóò	"C'est celui-ci"	//celui-ci, ce | ce//
11.	yàá	nò	"C'est ainsi"	//ainsi, çà | ce//
12.	à	bíì	"Il est noir"	//il / être noir//
13.	íbíì	nóò	"C'est noir"	//noir | ce//

Remarques :

1. Nous avons présenté, dans un précédent ouvrage *Le zarma* 1972, une analyse des syntaxèmes du zarma; cependant, il s'agissait d'une présentation partielle, de plus les modifications et les remaniements apportés à l'ensemble du chapitre sont suffisamment importants pour justifier une nouvelle analyse complète des syntaxèmes.

2. Le type d'énoncé 9 est fréquent en début de contes.

Exemples :

wáycé ǹdá wáycè <u>fó</u> — "Il y avait une co-épouse et une autre co-épouse"
|wáycè| R. 1 — //co-épouse | et | co-épouse | une certaine//

---

* |nóò| R. 3

súsúbàláwù kúlú gòó:rò ízè fó "Chaque matin, ils avaient une noix de kola"
|kúlù| R. 1 //matin | chaque / kola | petit | certaine//

bòrò fó ką wàngáà:rí fó "Il y avait un homme qui était un guerrier"
//homme | certain ≠ qui / guerrier | certain//

3. Les traductions littérales essaient de rendre compte au plus près de la valeur sémantique du terme zarma au risque d'une certaine maladresse en français. C'est ainsi que nóò *déictique* , sans référence aucune à un lieu précis, sera traduit par "ce", et plus inéxactement par "voilà" pour le différencier en français de wóò *déictique* également non précis, traduit par "ce", ceci".
Les termes du type kà "le venir" seront traduits par un *"infinitif nominalisé"* ; il nous semble que cette traduction, quelquefois difficile à admettre en français, est le plus proche équivalent de ce terme qui n'est ni un infinitif comme en français, ni un nom d'action comme "la venue" (il existe un dérivé kà-yá qui, lui, correspond à la traduction "la venue" s'opposant à kà "le venir (cf. Synthématique).

4. Les Enoncés 1, 4, 5, 8, 11 subissent des modifications tonales prévisibles (Règle 3 pour 1, 4, 5, 11 et Règle 1 pour 8).

B. CARACTÉRISTIQUES

3.9. Dès à présent, plusieurs caractéristiques sont à retenir à partir de ces exemples.

1. LE TYPE D'ENONCE

La première caractéristique que nous dégagerons de chacun de ces termes figurant dans les énoncés est d'appartenir à un énoncé à deux termes, ce qui les oppose ensemble aux termes ne figurant que dans des énoncés à plus de deux termes, par exemple à des énoncés à trois, quatre termes (cf. Enoncés expansifs).

2. LA POSITION DANS CE TYPE D'ENONCE

Dans les énoncés proposés, la position est pertinente; l'ordre des termes ne peut être inversé sans aboutir à des énoncés inexistants. La position respective de chacun des termes est donc un critère qui permet d'établir trois groupes de termes selon l'emplacement qu'ils occupent :

GROUPE A : il comprend les termes ne pouvant figurer qu'en 1ère position

GROUPE B : il comprend des termes ne pouvant figurer qu'en 2ème position

GROUPE AB : il comprend des termes figurant en 1ère et en 2ème position.

Dans le détail :

- le groupe A comprend :	A1	à	"il, son"
	A2	gá:sú	"calebasse"
	A3	ńgà	"lui"
	A4	wɔ́ɔ̀	"ce, celui-ci"
	A5	yàá	"ainsi, çà"
- le groupe B comprend :	B1	nɔ́ɔ̀	"ce, voilà"
	B2	gɔ̀ɔ́	"être, exister"
	B3	kà	"le venir"
	B4	fɔ́	"certain, un"
- le groupe AB comprend :	AB1	tà:mú	"chaussure, le marcher"
	AB2	nèé	"ici"
	AB3	ḿbíì	"noir"

3.10. Nous considérerons que ce critère est suffisant pour opposer chacun des groupes entre eux, puisque le fait pour un membre d'appartenir à un groupe exclut sa présence dans un autre groupe; cela est vrai pour les membres des groupes A et B; la comparaison entre les groupes A et B est donc inutile puisque les éléments de A n'apparaissent jamais en B et réciproquement.

Le cas des termes du groupe AB est différent, car ils peuvent figurer soit en A soit en B; il sera, par conséquent, nécessaire de les confronter avec les membres de ces deux groupes.

Le critère positionnel nous a amenée à constater l'existence de trois groupes.

Il nous reste à examiner à présent si ces groupes sont homogènes ou s'il y a lieu d'établir des distinctions entre les termes de chacun des groupes, ce qui ne peut être fait à ce stade de l'analyse.

Nous procéderons donc successivement pour cela à deux opérations différentes pour chacun des termes envisagés dans les différents groupes, à savoir :

3. LA COMMUTATION : consistant à remplacer un terme par un autre dans le même groupe donné.

4. L'EXPANSION : consistant à adjoindre un ou plusieurs éléments à l'énoncé sans modifier les rapports préexistants, les éléments étant ceux de l'énoncé minimum ou d'autres n'appartenant pas à cet énoncé.

L'opération de commutation pourra nous permettre d'établir immméditament des distinctions à l'intérieur des trois groupes suivant que la commutation est possible ou impossible entre les termes; nous aurons ensuite recours à l'expansion pour examiner les possibilités de combinaisons et de coexistence entre les termes afin de chercher des confirmations d'éventuelles oppositions et de cerner plus précisément les syntaxèmes présumés.

Nous allons maintenant procéder à l'examen de chacun des termes des trois groupes à la lumière des deux critères ci-dessus.

1. RECHERCHE DES SYNTAXÈMES À PARTIR DES CRITÈRES DE COMMUTATION ET D'EXPANSION

GROUPE A

3.11. L'ensemble du groupe A se compose de 5 termes : A1, à "il, son", A2 gá:sú "calebasse", A3 ŋ́gà "lui", A4 wɔ́ò "ce", A5 yàá "çà, ainsi".

Nous allons examiner quelles sont les possibilités de commutation, puis d'expansion de chacun de ces termes à l'intérieur du groupe pour déterminer si se dégagent des différences; puis nous établirons des comparaisons avec les termes du groupe AB qui peuvent figurer aussi en première position bien que les termes de ce groupe diffèrent essentiellement des groupes A et B par la dualité de leur position, nous chercherons cependant à les confronter avec chacun de ces groupes pour écarter tout doute possible concernant leur spécificité.

3.12. TERME A1 à "il, son"[11]

1) COMPARAISON AVEC LES TERMES DU GROUPE A.

a) Commutation

- à commute avec gá:sú "calebasse" dans les énoncés 2, 7, 8, mais il ne commute pas en 3, 5 et 9.
- la commutation de à avec les autres termes du groupe A est impossible dans tous les cas, c'est-à-dire que A1 ne commute ni avec A3 ńgà "lui", ni avec A4 wóò "ce", ni avec yàá "çà".

On peut donc en conclure que A1 se distingue de tous les autres termes de son groupe, à l'exception de A2 gá:sú avec lequel il peut commuter dans certains énoncés; l'étude de la combinatoire va nous permettre de préciser, s'il y a lieu, les différences entre ces termes.

b) Expansions et combinatoire

Nous rappellerons que le terme utilisé pour l'expansion sera soit un terme de l'énoncé minimum, soit un terme n'appartenant pas à l'énoncé minimum.

- distinction A1 à "il" / A2 gá:sú "calebasse"

La distinction entre A1 et A2, qui n'apparaissait pas complètement dans la commutation, se trouve renforcée par le fait que A1 ne supporte pas les mêmes types d'expansions que A2 gá:sú; en particulier: gá:sú "calebasse" peut être suivi d'un déictique du type dìín "ce,là", gá:sú-dìín nò[12] "c'est cette calebasse", ce qui est impossible pour à, la succession °à dìín n'est pas attestée.

De plus, gá:sú peut être suivi d'une détermination de pluralisation, ce que n'admet pas à :

gá:sú-yá̰ "des calebasses"
°à-yá̰ est impossible.

[11] La traduction précise de à est "il", cependant pour des facilités de compréhension nous utiliserons la traduction "son" quand il s'agit d'un rapport de possession entre à et l'élément qui le suit.

Notons que A1 et A2 peuvent coexister dans l'ordre A2-A1 séparés par une pause dans un énoncé appositif :

bòró, à kà "l'homme, il vient" //homme || il / le venir//

bòró est du même type que gɔ́:sʊ́.

- distinction A1 à "il" / A3 ŋ́gà "lui", A4 wɔ́ò "ce" / A5 yàá "çà"

Ces termes sont déjà différents entre eux par le fait qu'ils ne commutent jamais dans l'énoncé minimum.

Nous ajouterons qu'ils ne peuvent coexister, sauf yàá "çà"qui coexiste avec A1 "il".

A1 - A3	à ŋ́gà	ne sont pas attestés
A1 - A4	à wɔ́ò	
A1 - A5	à yàá	est possible

De plus, ils ne sont pas suivis des mêmes expansions :

A4 wɔ́ò "ce" et A5 yàá "çà" peuvent être suivis du déictique dìín "ce-là", ce qui est impossible pour A1 à "il" :

wɔ́-dìín nò [13] "C'est celui-là"
yá-dìín nò [14] "C'est ainsi"
°à dìín nò n'est pas attesté.

L'opposition de ces termes est encore renforcée par les constatations suivantes :

A1 / A3

ŋ́gà "lui" peut être déterminé par le déictique wɔ́ò, mais ce n'est pas le cas pour A1 à "il" qui ne l'admet pas :

ŋ́gà-wɔ́ò nɔ́ò "C'est bien lui"
°à wɔ́ò nɔ́ò est impossible

---

[12] |nɔ́ò| R. 3

[13] |wɔ́ò-dìín nɔ́ò| R.3 |

[14] nɔ́ò R.3 yàá-dìín R.1 et R.3

Nous ajouterons que A1 n'admet pas le terme B1 nóò "ce" en post-position, ce qui est le cas pour A3 ńgà "lui".

La succession °à nóò n'est pas possible ≠ ńgà nóò "c'est lui".

Enfin A1 admet le plus souvent d'être suivi d'un terme de type B3 kà "le venir"; dans le cas de A3 ńgà "lui", cette succession est attestée, ńgǎ kà [15] "qu'il vienne", mais d'une part, elle déborde du cadre de l'énoncé minimum et, de plus, malgré l'identité formelle des termes, ńgǎ dans cet exemple est d'une autre nature (cf. Enoncé à quatre termes) que celui qui apparaît dans ńgà nóò

A1 / A4

A1 "il" ne supporte pas l'expansion de -yá̰ déterminant pluralisateur alors que A4 wóò admet cette expansion.

wóò-yá̰ nò "Ce sont ceux-ci"

A1 / A5

yàá ne supporte pas la succession directe d'un terme de type B3, kà "le venir", ce qui est courant pour A1 "il" à.

à kà	"il vient"
°yàá kà	n'est pas attesté.

2) COMPARAISON AVEC LES TERMES DU GROUPE AB

Le groupe AB est constitué de trois termes AB1 tà:mú "chaussure", le marcher", AB2 nèé "ici, voici", AB3 íbíì "noir". Nous les confronterons au terme A1 en utilisant les mêmes critères.

a) Commutation

- A1 à "il" ne commute pas avec AB1 tà:mú en 1 et 2.
- A1 à "il" ne commute pas avec AB2 nèé en 2 et 4.
- A1 à "il" ne commute pas avec AB3 íbíì en 12 et 13.

---

[15] | ńgǎ kà | R.1

A1 se trouve donc distinct de AB1, AB2 et AB3, par le fait qu'ils ne commutent pas ensemble; à cette première distinction s'ajoute le fait qu'ils ne supportent pas les mêmes types d'expansion.

b) Expansions et combinatoire

A1 à "il" ne supporte pas l'adjonction du déictique dìín et d'une pluralisation telle que yǻ, ce qui est possible pour tà:mú et pour íbíì.

tà:mú dìín nò[16] "C'est cette chaussure"

tà:mú-yǻ nò "Ce sont des chaussures"

A1 à "il" peut être suivi directement d'un terme de type B kà "le venir" ; °nèé kà n'est pas attesté, par contre.

3) CONCLUSION ET IDENTIFICATION

Le terme A1 à "il, son" se distingue de tous les autres termes de son groupe et de ceux du groupe AB.

Il se trouve ainsi défini comme un syntaxème du zarma.

Nous préciserons que les membres de ce syntaxème appartiennent à la grammaire et qu'ils sont en nombre limité. Nous dirons qu'ils constituent un *ensemble fini*. Ce qui leur donne une caractéristique supplémentaire par rapport aux autres.

Nous les désignerons avant d'envisager une définition plus précise comme des GRAMMEMES 1[17].

3.13. TERME A2 gá:sú "calebasse"

1) COMPARAISON AVEC LES TERMES DU GROUPE A

La comparaison de A2 gá:sú "calebasse" avec A1 à "il" a déjà été effectuée. Nous envisagerons maintenant la confrontation de A2 avec A3 ŋgà "lui", A4 wóò "ce" et A5 yàá "çà".

[16]|nóò| R.3

[17]Nous empruntons ce terme à Bernard POTTIER pour désigner un monème grammatical. cf. Ouvrage cité.

a) Commutation

A2 gắ:sű "calebasse"

- commute avec ńgà "lui" en 3, 5, 6, mais la commutation n'est pas possible en 7 où l'énoncé ńgá gòó est attesté mais incomplet. Il en est de même en 8 où la succession ńgá kà existe mais dans le cadre d'un autre énoncé (cf. Enoncé expansif à 4 termes).
- commute avec wɔ́ɔ̀ "ce" en 3, 5, 7, 8, 10, mais il ne commute pas en 9.
- commute avec yàá "çà" en 5 et 11, mais il ne commute pas en 3, 7, 8, 9.

La commutation de gắ:sű "calebasse" avec A3, A4 et A 5 est donc inégalement possible. Le critère supplémentaire de l'expansion est nécessaire pour approfondir les distinctions entre ces termes, ce qui n'apparaît pas de façon décisive dans la commutation.

b) Expansions et combinatoire

- distinction A2 gắ:sű "calebasse" / A3 ńgà "lui"

A3 ńgà "lui" ne supporte pas les mêmes déterminants que A2; A3 ńgà n'admet pas d'être suivi d'une détermination de pluralisation du type -àǎy, -yắ̰ , comme c'est le cas pour gắ:sű :

gắ:s -ǎay	"les calebasses"	ńgà -àǎy	sont impossibles
gắ:sű -yắ̰	"des calebasses"	ńgà -yắ̰	

A2 gắ:sű peut aussi être directement précédé d'un terme de type A1, ce que n'admet pas ńgà :

à gắ:sű "sa calebasse" à ńgà succession incompatible

Enfin gắ:sű peut être déterminé par un élément déictique dìín, ce qui est impossible pour ńgà (A3)

gắ:sű dìín nò[18] "C'est cette calebasse"
°ńgá dìín nò n'est pas attesté.

[18] |nɔ́ɔ̀| R.3

- distinction A2 / A4 wɔ́ɔ̀ "ce"

Ces termes ne supportent pas les mêmes déterminants.

A2 gá:sú "calebasse"; comme nous avons eu l'occasion de la signaler, admet en préposition le déterminant A1 "il", à, et en postposition le déterminant pluralisateur -àáy . Or, ces deux déterminants ne se combinent pas avec wɔ́ɔ̀. wɔ́ɔ̀ + àáy n'est pas attesté; wɔ́ɔ̀ n'admet que l'adjonction de la pluralisation -yá̰ = wɔ́ɔ̀-yá̰ "ces" (cf. Enoncé expansif à 3 termes pour l'identification et la désignation de ces différents syntaxèmes).

Ces termes peuvent coexister dans l'ordre :

A2 / A4	gá:sú- wò nɔ́ɔ̀[19]	"C'est cette calebasse"
A4 / A2	wɔ́ɔ̀-gá:sú nò [18]	"C'est la calebasse de celui-ci"

- distinction A2 / A5 yàá "ça, ainsi"

A5 yàá "ça" n'est suivi d'aucun déterminant de pluralisation à valeur définie ou indéfinie, ni même d'un déterminant de qualification. Ce qui l'oppose d'emblée à A2 qui admet toutes ces combinaisons.

La coexistence de A2 et A5 est possible dans l'ordre suivant A2 + A5 ou A5 + A2

gá:sú yàá nò[18]	"C'est bien la calebasse"
gá:sú nò yá [20]	"C'est une calebasse, certes"

2) COMPARAISON AVEC LES TERMES DU GROUPE AB

Il s'agit, rappelons-le, de la comparaison avec AB1 tà:mú "chaussure, le marcher", AB2 nèé "ici", AB3 íbíì "noir".

a) Commutation

- gá:sú "calebasse" commute avec AB1 tà:mú "chaussure, le marcher" dans tous les énoncés, soit en 1, 3, 5, 7, 8, 9.

---

[19] |gá:sú wɔ́ɔ̀ nɔ́ɔ̀| R.3

[20] |gá:sú nɔ́ɔ̀ yàá | R. 3

- gá:sú "calebasse" commute avec AB2 nèé "ici" en 5, mais la commutation est impossible en 3, 7, 9.
- gá:sú "calebasse" commute avec AB3 ɓɓì "noir" en 12 et en 13.

b) Expansions et combinatoire

- distinction A2 / AB1 gá:sú "calebasse" / tà:mú "chaussure, le marcher"

La comparaison essentielle réside en effet entre ces deux termes parce qu'ils commutent dans tous les énoncés et de plus parce qu'ils admettent les mêmes déterminants (pluralisation, déictiques).

La différence fondamentale entre eux vient de la dualité d'emplacement qui caractérise tà:mú et non gá:sú.

Par voie de conséquence, AB1 tà:mú supporte d'être précédé d'un terme de type énonciatif gà (cf. Enoncé à 3 termes) ce qui est impossible pour gá:sú.

à gà-tà:mú "Il marche" //il / vers | le marcher//
°à gà-gá:sú n'est pas attesté.

De plus, s'ils peuvent être tous deux précédés d'un déterminant personnel (A1 à "il"), cette adjonction aboutit dans le cas de tà:mú à un énoncé complet, tandis que pour gá:sú il ne s'agira que d'un syntagme attesté dans la langue, mais ne formant pas un énoncé :

à tà:mú "Il marche"
à gà:sú "Sa calebasse" ou à gá:s-ó /lui | calebasse | la/

Les deux termes peuvent coexister dans un rapport de détermination.

bòró tà:mú "L'homme marche" ou bien
"Une chaussure d'un homme"

Il peut exister une certaine ambiguïté au niveau de l'interprétation de cet énoncé qui vient peut-être uniquement de la traduction française, le signifié de tà:mú étant "la marche".

Nous remarquerons toutefois que la présence de la modalité personnelle préposée à une base du type gá:sú est souvent liée (cf. syntagmatique) à la présence d'un monème -òó postposé à cette base et exprimant un *défini*. Ce qui s'explique logiquement puisque la base définie elle-même par la modalité personnelle ne saurait demeurer à la forme du non-défini.

Ainsi l'ambiguīté qui pouvait exister entre :

à tà:mú "Il marche" et "Sa chaussure"

cette ambiguīté disparaît le plus souvent, car dans le cas de "sa chaussure", on aura normalement à tà:m-òó /lui | chaussure + *spéc.* /.

Nous reviendrons sur l'identification du terme tà:mú et sa justification de le traiter comme une catégorie spécifique plus loin (cf. §. 3.27.).

- distinction A2 / AB2 nèé "ici"

A2 gá:sú "calebasse" supporte des expansions que n'admet pas nèé en particulier la pluralisation définie -àáy, et la succession de B3 kà "le venir", ou du déictique dìín "ce-là".

°nèé kà n'est pas possible

°nèé dìín n'est pas attesté

bòró kà "L'homme vient" (nous remplaçons gá:sú par bòró "homme" pour des raisons sémantiques).

- distinction A2 / AB3 íbíì "noir"

La comparaison entre gá:sú "calebasse" et íbíì "noir" doit être faite avec précision puisque ces termes commutent dans les mêmes contextes, dans le cadre de l'énoncé minimum, et qu'ils supportent des déterminants communs (pluralisation, déictique). Cependant, la distinction essentielle entre ces termes réside en ce que :

-íbíì "noir" admet une dualité d'emplacement que n'admet pas gá:sú.

En effet, si gá:sú peut commuter en 12 avec íbíì "noir", il n'y a pas d'énoncé complet dans ce cas.

-íbíì "noir" admet la pré-position immédiate de particules telles que gà "vers", ce qui est impossible pour gá:sú "calebasse" comme on l'a déjà remarqué.

Exemple :

à gà bíì "Il est noir" //il / vers | noir//

-íbíì "noir" apparaît sous une forme préfixée dans l'énoncé 13 (í-bíì) ce qui n'est pas possible pour gá:sú "calebasse".

°ígá:sú est inexistant.

3) CONCLUSION ET IDENTIFICATION

Ainsi se trouve défini le syntaxème A2 gá:sú "calebasse" dont les membres appartiennent au lexique et également à un *ensemble non fini*.

Ce type catégoriel est constitué d'unités simples ou complexes (monèmes ou synthèmes); cette caractéristique n'infirme pas le fait que ces unités appartiennent dans leur hétérogénéité à une seule unité catégorielle.

Nous désignerons provisoirement les membres de ce syntaxème comme des LEXEMES 1.

3.14. TERME A3 ńgà "lui"

La comparaison de ce terme avec A1 et A2 a déjà été effectuée, nous n'y reviendrons donc pas; il nous reste à opposer A3 avec A4 wóò "ce" et A5 yàá "çà", ainsi qu'avec les termes du groupe AB.

1) COMPARAISON AVEC LES TERMES DU GROUPE A

a) Commutation

- ńgà "lui" commute dans tous les cas avec A4 wóò "ce" et A5 yàá "çà" en 6, 10, 11.

  Ce critère ne suffit donc pas à distinguer ces trois termes entre eux. Nous aurons recours au critère suivant pour déterminer s'il y a des différences.

b) Expansions et combinatoire

ńgà "lui" se différencie de wóò "ce" et de yàá "çà" du fait qu'il ne supporte pas l'adjonction de dìín "ce là" que supportent ces deux termes.

°ńgà dìín nò   n'est pas possible

wó-dìín nò[21]   "C'est celui-là"

yá-dìín nò   "C'est ainsi"

Nous ajouterons que wóò admet la postposition du pluralisateur non défini contrairement à ńgà.

wóò -yá̰   "Ceux-ci"

°ńgà -yá̰   n'est pas attesté.

Enfin, yàá peut suivre directement un terme de type B3 kà "le venir", ce qui n'est pas le cas de ńgà :

à kà yàá   "Il est bien venu"

°à kà ńgà   n'a pas de sens, ou bien c'est un énoncé incomplet.

La coexistence de A3 ńgà avec A4 et A5 est possible dans l'ordre suivant :

ńgà - wóò nóò   "C'est bien lui"

ńgá- yàá nò[22]   "Certes c'est lui".

2) COMPARAISON AVEC LES TERMES DU GROUPE AB

a) Commutation

- A3 commute avec AB1 tà:mú "chaussure, le marcher" en 1 et 6
- A3 commute avec AB2 nèé "ici" en 4 et 6
- A3 commute avec AB3 íbíì "noir" en 13, mais non en 12.

b) Expansions et combinatoire

ńgà ne supporte pas les mêmes déterminants que tà:mú et que íbíì (pluralisation, déictique dìín, déterminant personnel).

ńgà et nèé ont en commun un certain nombre de déterminants (déictiques wóò, yàá) mais ńgà ne peut suivre directement le terme B3 kà "le venir" ce qui est possible pour nèé :

à kà nèé   "Il vient ici"

°à kà ńgà   est incomplet.

---

[21] |wóò dìín| R. 3

[22] |nóò| R. 3

3) CONCLUSION ET IDENTIFICATION

Nous en concluerons que A3 ńgà "lui" se définit comme un syntaxème distinct au sein du groupe A et AB.

Il appartient à un *ensemble fini*.

Nous le désignerons comme GRAMMEME 2.

3.15. TERME A4 wóò "ce"

Ce terme a déjà été distingué de A1, A2, A3 lors des comparaisons précédentes. Nous le confronterons maintenant au terme A5 yàá "ça" et aux membres du groupe AB.

1) COMPARAISONS AVEC LE GROUPE A

a) Commutation

- A4 wóò "ce" et A5 yàá "çà" commutent en 10 et 11.
- Ils ne se distinguent pas par ce critère.

b) Expansions et combinatoire

Ils se distinguent essentiellement par le fait que wóò supporte l'adjonction immédiate de -yá̰ pluralisation non définie, ce qui est impossible pour yàá.

Nous ajouterons que wóò "ce" et yàá "çà"peuvent être postposés immédiatement après ńgà "lui" (type A 3)

Exemples :

ńgà - wó kà[23] "(C'est) lui (qui) vient" //lui | ce / le venir //
ńgá - yàá kà[24] "Lui certes vient" //lui | çà / le venir//

(la nuance sémantique entre wóò et yàá est difficile à rendre en français).

---

[23] |ńgà wóò| R. 1

[24] |ńgà-yàá| R. 1

Par contre, wóò ne peut suivre le terme nóò "ce, voilà"ce qui l'oppose à yàá "çà" qui admet les combinaisons suivantes :

Exemples :

à yàá kà	"Lui certes vient"	//il | çà / le venir//
°à wó kà	n'est pas possible	
à bán nò yá[25]	"C'est bien fini"	//il / le finir/ce|çà//
°à bán nò wóò	n'est pas possible	
à gò yá[26]	"Il est là"	//il / être / çà//
à gò wóò[26]	est possible également, avec une nuance difficile à exprimer.	
	"Il est là"	//il / être / ce//

les termes wóò "ce" et yàá "çà" coexistent dans l'ordre suivant :

yàá + wóò exemple : yàá - wò nóò[27] "C'est ça" //çà| ce|| voilà//

wóò + yàá exemple : gá:sú-wó-yà bágú[28] "Cette calebasse s'est cassée" //calebasse | ce | çà / le casser//

2) COMPARAISON AVEC LE GROUPE AB

a) Commutation

- wóò commute avec tà:mú AB1 en 1 et 10
- wóò commute avec nèé AB2 en 6 et 10
- wóò commute avec bíì AB3 en 13, mais non en 12.

b) Expansions et combinaisons

A4/AB1 tà:mú "chaussure, le marcher" / AB3 íbíì "noir"

wóò ne supporte pas les mêmes déterminants que tà:mú et íbíì en particulier la pluralisation définie et le déterminant personnel.

---

25 |nóò| R. 1

26 |gòó| R. 3

27 |yàá-wóò| R. 3

28 |gá:sú-wóò-yàá bágú| R. 1 - R. 3

wóò peut coexister avec AB1 et AB3 dans l'ordre suivant :

AB1 } + A4
AB3

Exemples :

tà:mú-wò nóò[29]	"C'est cette chaussure"	// chaussure | cet ‖ ce//
à tà:mú wò [29]	"Il marche"	// il / le marcher| ce//

wóò dans ce cas marque une insistance difficile à traduire.

A4/AB2 nèé "ici"

wóò peut être suivi de dìín "ce..là", ce qui n'est pas possible pour nèé "ici"

Exemple :

wó-dìín nò[30]	"C'est celui-ci"	// cet | ce-là ‖ ce//
°nèé dìín nò	est impossible	

un terme de type gá:sú "calebasse" suivi de nèé "ici" peut constituer un énoncé complet, tandis que wóò ne peut servir d'actualisateur pour former un énoncé complet, il reste toujours un déterminant de type secondaire.

A4 et AB2 nèé "ici" peuvent coexister selon deux ordres possibles:

wóò -nèé nò[31]	"C'est celui-ci"	// cet | ici ‖ ce//
nèé - wò nóò[32]	"C'est bien ici"	// ici | cet ‖ ce//

3) CONCLUSION ET IDENTIFICATION

L'identification de A4 wóò "ce" et de A5 yàá "çà" ressort des rapprochements que nous avons effectués avec le groupe A et AB.

Nous ajouterons, en ce qui concerne yàá "çà" (A5) qu'il commute avec les termes du groupe AB en 1, 3, 4, 13, mais non en 2, 12.

---

29 |tà:mú-wóò| R. 3

30 |wóò-dìín nóò| R. 3

31 |wóò-nèé nóò| R. 1 - R. 3

32 |nèé wóò| R. 3

De plus, il ne supporte pas les déterminants caractérisant AB1 tà:mǘ "chaussure, le marcher" et AB3 ĩbĩì "noir" (pluralisation).

Par rapport à AB2 nèé "ici", yàá admet la postposition de dìín "ce-là", contrairement à nèé "ici, ce qui le différencie de lui :

Exemples :

yá-dìín nò[33] "C'est ainsi" //çà | ce-la || ce//

°nèé dìín n'est pas attesté, comme nous l'avons souligné.

Il faut noter que AB1, AB2, AB3 (tà:mú, nèé, ĩbĩì) peuvent coexister chacun avec yàá "çà" dans une succession immédiate dont l'ordre est le suivant :

1. tà:mú - yá nò[34] AB1 } + yàá
AB3 }

2. à tà:mú yá[35]

3. à tà:mú nèé-yàá AB1 / AB2 / yàá

1 - "C'est bien une chaussure" //chaussure | çà || ce//

2 - "Il marche certes" //il / le marcher / çà, ainsi//

3 - "Il marche ici certes" //il / le marcher / ici | ça//

A4 et A5 appartiennent à un *ensemble fini*; chacun de ces termes est le seul représentant d'un type différent de syntaxème.

Nous définirons wɔ́ò "ce" comme GRAMMEME 3

Nous définirons yàá "çà, ainsi" comme GRAMMEME 4.

3.16. En résumé, nous pouvons établir, après la confrontation des termes du groupe A entre eux, puis avec les termes du groupe AB, l'identification de 5 syntaxèmes répartis comme suit et présentement intitulés :

GRAMMEME 1	à	"il"
GRAMMEME 2	ńgà	"lui"
GRAMMEME 3	wɔ́ò	"ce"
GRAMMEME 4	yàá	"çà, ainsi"
LEXEME 1	gá:sú	"calebasse"

---

33 |yàá-dìín nɔ́ò| R. 3

34 |yàá-nɔ́ò| R. 3

35 |yàá| R. 3

Nous allons procéder maintenant à l'examen des termes du groupe B.

GROUPE B

3.17. Dans le groupe B figurent quatre termes :

B1 nɓ́ò "ce"

B2 gɔ̀ɓ́ "être, exister"

B3 kà "le venir"

B4 fɓ́ "certain"

Nous procéderons, pour identifier les différences éventuelles de ces termes, de la même façon que précédemment par une confrontation de ces termes entre eux, puis avec ceux du groupe AB.

3.18. TERME B1 nɓ́ò "ce"

1) COMPARAISON AVEC LES TERMES DU GROUPE B

a) Commutation

nɓ́ò commute

- avec gɔ̀ɓ́ B2 "être" en 1, 5, 7, 10, mais il ne peut commuter en 4, 6, 11.
- avec B3 kà "le venir" en 1, 5, 7, 8, 10, mais il ne peut commuter en 4, 6, 11.
- avec B4 fɓ́ "certain" en 1, 5, 8, 9, mais il ne peut commuter en 4, 6, 10, 11.

Il ressort de cet ensemble d'opérations que nɓ́ò ne commute pas de façon généralisée avec les autres termes de son groupe.

Le critère supplémentaire de l'expansion va nous permettre de préciser les oppositions hypothétiques de ces termes.

b) Expansions et combinatoire

- distinction B1 / B2, nɓ́ò "ce" / gɔ̀ɓ́ "être, exister"

Ces termes se distinguent par les faits suivants : gɔ̀ɓ́ peut être précédé d'un terme A1 à "il" : à gɔ̀ɓ́ "Il est", ce qui n'est pas possible pour nɔ́ɔ̀ : °à nɔ́ɔ̀ n'a pas de sens.

nɔ́ɔ̀ "ce" peut être postposé avec la valeur d'une insistance à un terme de type kà "le venir", ce qui n'est pas possible pour gɔ̀ɔ́ "être, exister".

à kà nɔ́ɔ̀ "Il vient bel et bien"
°à kà gɔ̀ɔ́ est impossible

Nous ajouterons que ces deux termes peuvent coexister dans l'ordre suivant :

gá:sú gɔ̀ɔ́ nɔ̀[36] "Il y a une calebasse"

- distinction B1 / B3 nɔ́ɔ̀ "ce" / kà "le venir"

B3 kà "le venir" peut supporter en pré-position immédiate des particules de type gà "vers", ce que n'admet jamais nɔ́ɔ̀.

hánsí gà kà[37] "Un chien va venir" //chien / vers | le venir//
°hánsí gà nɔ́ɔ̀ est impossible

B3 kà peut être directement précédé d'un déterminant personnel, contrairement à nɔ́ɔ̀.

Nous rappellerons que la coexistence de ces termes est possible, seulement dans l'ordre B3 + B1.

à kà nɔ́ɔ̀ "Il vient vraiment" //il / le venir / ce//

- distinction B1 / B4 fɔ́ "certain"

Ces termes se distinguent pour les raisons suivantes :

fɔ́ peut être directement suivi d'une pluralisation non définie -yá̰ ce qui est impossible pour nɔ́ɔ̀ :

gá:sú fɔ́-yá̰ "(C'était) certaines calebasses"
°nɔ́ɔ̀ + yá̰ est impossible

nɔ́ɔ̀ peut être précédé d'un déterminant personnel de type A3 ńgà "lui", ou même d'un localisateur du type nɛ̀ɛ́ "ici", ce que n'admet pas fɔ́.

Ces termes coexistent dans l'ordre : B4 + B1

gá:sú fɔ́ nɔ̀ "C'est une certaine calebasse".

---

36 |nɔ̃ɔ̀| R. 3

2) COMPARAISON AVEC LES TERMES DU GROUPE AB

a) Commutation

- nɔ́ɔ̀ "ce" commute avec AB1 tà:mɯ́ "chaussure, le marcher" en 1, 5,mais il ne commute pas en 2, 4, 6, 10, 11.
- nɔ́ɔ̀ commute avec AB2 nὲέ "ici" dans tous les énoncés, sauf en 4 et en 11.
- nɔ́ɔ̀ commute avec AB3 íbíì "noir" en 13, mais non en 12.

b) Expansions

nɔ́ɔ̀, AB1 tà:mɯ́ et AB3 íbíì "noir" ne sont pas caractérisés par les mêmes expansions :

nɔ́ɔ̀ n'admet pas la préposition d'un déterminant personnel ni la postposition d'une pluralisation, au contraire de tà:mɯ́ et de bíì.

B1 / AB2 :

nɔ́ɔ̀ peut être suivi du déictique dìín "ce-là", mais non du terme wɔ́ɔ̀ "ce", au contraire de nὲέ "ici" qui ne peut admettre la succession de dìín "ce-là", mais admet celle de wɔ́ɔ̀.

gá:sɯ́ nɔ́-dìín [38]	"Cette calebasse"	°gá:sɯ́ nὲέ dìín	impossible
°gá:sɯ́ nɔ́ɔ̀ wɔ́ɔ̀	impossible	gá:sɯ́ nὲέ wɔ̀ [39]	"Cette calebasse ci"

3) CONCLUSION ET IDENTIFICATION

Le terme B1 nɔ́ɔ̀ "ce" a été défini en opposition aux autres termes du groupe B et à ceux du groupe AB.

Il sera désigné comme un GRAMMEME 4 appartenant à un *ensemble fini* puisqu'il est le seul représentant de ce type de syntaxème.

3.19. TERME B2 gɔ̀ɔ́ "être, exister"

La confrontation précédente de B2 gɔ̀ɔ́ "être" avec B1 nɔ́ɔ̀ "ce"

---

37 |hãnsì| R. 1

38 |nɔ́ɔ̀ dìín| R. 1

39 |nὲἒ wɔ́ɔ̀| R. 3

nous autorise à affirmer que nous avons affaire à deux syntaxèmes distincts.

Restent à examiner les rapports de gòó avec B3 kà "le venir" et B4 fó "certain" ainsi qu'avec les termes du groupe AB.

1) COMPARAISON AVEC LES TERMES DU GROUPE B

a) Commutation

- gòó "être" commute avec kà en 7 et 8
- gòó "être" commute avec fó en 7 et 9

La commutation ne nous fournit donc pas un critère suffisant pour opposer ces termes.

b) Expansions et combinatoire

- distinction B2 / B3 gòó "être" / kà "le venir"

Une distinction fondamentale nous apparaît entre ces termes: gòó "être" n'admet l'antéposition d'aucune particule de type énonciative tel que gà ou mà, alors que cela est possible pour B3 kà "le venir" :

à gà kà	"Il va venir"	//il / vers | le venir//
°à gà gòó	n'est pas attesté	
à mà kà	"Qu'il vienne"	//il / de | le venir//
°à mà gòó	n'est pas attesté	

De plus B3 kà "le venir" admet l'adjonction du déterminant -yá̰, ce qui n'est pas non plus possible pour gòó :

à kà -yá̰	"Sa venue"	il ne s'agit pas dans ce cas d'un énoncé mais d'un syntagme
°à gòó -yá̰	n'existe pas.	

Remarque :

La succession gò gá peut se présenter sous une forme amalgamée gòó ou góò suivant les règles tonales en relation avec les tons de la Base suivante; cette forme n'est pas à confondre avec l'existentiel gòó qui ne précède jamais une Base 2.

à gòó: kà "Il vient"	|à gòó gá kà|	R. 3	//il / être / vers | le venir//
à góò: gwáy "Il travaille"	|à gòó gà-gwáy|	R. 3	//il / être / vers | le travailler//

- distinction B2 gɔ̀ɔ́ "être / B4 fɔ́ "certain"

B4 fɔ́ "certain" admet d'être suivi directement d'un déterminant pluralisateur, ce qui n'est jamais le cas de gɔ̀ɔ́.

gɔ̀ɔ́ , comme on a pu le constater, peut être précédé d'un déterminant personnel, ce qui n'est pas possible pour B4 fɔ́.

Ces termes coexistent dans l'ordre
gá:sú-fɔ́ gɔ̀ɔ́ "une certaine calebasse existe".

2) COMPARAISON AVEC LES TERMES DU GROUPE AB

a) Commutation

- gɔ̀ɔ́ "être" commute avec tà:mú "chaussure, le marcher" en 2 et 7
- gɔ̀ɔ́ "être" commute avec nèé "ici" en 3 et 7
- gɔ̀ɔ́ "être" commute avec íbíì "noir" en 12, mais non en 13.

b) Expansions et combinatoire

gɔ̀ɔ́ diffère de tà:mú et de íbíì par le fait qu'il ne supporte pas l'antéposition d'une particule énonciative, comme nous l'avons déjà souligné.

gɔ̀ɔ́ diffère de nèé par le fait qu'il supporte l'antéposition d'un déterminant personnel, au contraire de nèé.

Ces termes peuvent coexister :
tà:mú gɔ̀ɔ́ "Il y a une chaussure" / à gɔ̀ɔ́ nèé "il est ici"

3) CONCLUSION ET IDENTIFICATION

Nous identifierons donc B2 gɔ̀ɔ́ "être" comme un syntaxème appartenant à un *ensemble fini* puisqu'il est le seul de sa catégorie; ce qui est une caractéristique supplémentaire par rapport aux autres termes du groupe, en particulier par rapport à B3 kà "le venir".

Il sera désigné comme LEXEME 2.

3.20. TERME B3 kà "le venir"

1) COMPARAISON AVEC LES TERMES DU GROUPE B

La confrontation de ce terme a déjà été faite avec B1 nɔ́ɔ̀ "ce" et B2 gɔ̀ɔ́ "être"; il nous reste à le comparer avec B4 fɔ́ "un certain".

a) Commutation

- kà "le venir" commute avec fɔ́ "certain" dans l'énoncé 8.

b) Expansions et combinatoire

B3 et B4 diffèrent entre eux pour les raisons suivantes :

kà "le venir" peut être précédé d'un déterminant personnel de type A1 à "il" ou A3 ńgà "lui", ce qui n'est jamais possible pour fɔ́[40].

kà peut être suivi directement d'un lexème de type A2 gá:sú "calebasse" et constituer un énoncé, ce n'est pas le cas de fɔ́.

Enfin kà peut être précédé d'une particule énonciative et non fɔ́.

2) COMPARAISON AVEC LES TERMES DU GROUPE AB

a) Commutation

- kà "le venir" commute avec tà:mú (AB1) "chaussure, le marcher" en 2 et 8
- kà "le venir" commute avec nὲέ "ici" (AB2) en 3 et 8
- kà "le venir" commute avec bíì "noir" en 12 et en 8, mais non en 13.

---

[40] àfɔ́ "un" ne doit pas être confondu avec fɔ́, bien que leur origine soit commune. Il s'agit là d'un préfixe de dérivation nécessaire à la Base descriptive (cf. énoncé expansif).

b) Expansions et combinatoire

- distinction B3 kà "le venir" / AB1 tà:mú "chaussure, le marcher"

La comparaison entre kà "le venir" et tà:mú "chaussure, le marcher" appelle quelques remarques.

Ces termes commutent dans toutes les positions et sont caractérisés par les mêmes déterminants :

à kà	"Il vient"	//il / le venir//
à tà:mú	"Il marche"	//il / le marcher//
à gà-kà	"Il viendra"	//il / vers | le venir//
à gà-tà:mú	"Il marchera"	//il / vers | le marcher//

Cependant, la différence essentielle réside dans le fait que tà:mú a une dualité de position en A et en B que n'a pas kà.Par conséquent, tà:mú suivi de nóò "ce" forme un énoncé complet alors que cela n'est pas applicable à kà.

tà:mú nò [41] "C'est la chaussure"

kà nóò n'est pas possible en tant qu'énoncé complet.

De même tà:mú supporte des déterminants que l'on ne saurait adjoindre à kà "le venir", en particulier la modalité de pluralisation -àáy.

La discussion à propos de l'unité catégorielle de tà:mú sera envisagée plus loin.

- distinction B3 kà "le venir" / AB2 nèé "ici"

La différence entre kà "le venir" et nèé "ici, voici" ressort de remarques précédentes, à savoir que ces termes ne supportent pas les mêmes expansions (déterminant personnel et particule énonciative exclus pour nèé.

La coexistence séquentielle est possible dans l'ordre B4 / AB2

à kà nèé "Il vient ici".

---

[41] |nóò| R. 3

- distinction B3 kà "le venir" / AB3 ɩ́bɩ́ɩ̀ "noir"

Ces termes s'opposent dans la mesure où AB3, comme tous les représentants de son groupe apparaît en position A et B, contrairement à kà qui n'apparaît qu'en B.

De plus, ɩ́bɩ́ɩ̀ "noir" a la nécessité d'apparaître avec la préfixation de -ɩ́, suivi de nɔ́ɔ̀ "ce"; il forme alors un énoncé complet (exemple énoncé 13). Cela n'est pas possible pour kà "le venir".

°ɩ́kà est impossible

°kà nɔ́ɔ̀ n'est pas un énoncé complet

ɩ́bɩ́ɩ̀ "noir" supporte des déterminants que n'admet pas kà "le venir" (pluralisation, spécifique, déictique wɔ́ɔ̀).

Exemple :

ɩ́bɩ́-ɔ̀ɔ́ nɔ̀[42] "C'est le noir"

La coexistence de ces termes ne semble pas possible :

°ɩ́bɩ́ɩ̀ kà

3) CONCLUSION ET IDENTIFICATION

Le terme B3 kà "le venir" se trouve défini comme un syntaxème particulier du zarma. Les membres de ce syntaxème peuvent être des monèmes simples ou complexes. Ils appartiennent à un *ensemble non fini*.

Nous les désignerons provisoirement comme des LEXEMES 3.

3.21. TERME B4 fɔ́ "certain"

L'identification de ce syntaxème ressort de toutes les comparaisons effectuées précédemment dans le groupe B auxquelles nous ajouterons celles avec le groupe AB.

a) Commutation

La commutation du terme B4 fɔ́ "certain" avec AB1 tà:mú est possible en 9, mais elle n'est pas possible en 2.

---

42 |nɔ́ɔ̀| R. 3

La commutation de B4 fɔ́ avec AB2 nèé "ici" est possible en 3 et 9, elle n'est pas possible en 4.

La commutation de B4 fɔ́ avec ɓɓí "noir" (AB3) n'est possible qu'en 9, mais non en 12 ni en 13.

b) Expansions

Les expansions admises par tà:mú "chaussure, le marcher" ne le sont pas par fɔ́. Il en est de même pour ɓɓí (déterminant personnel, particule énonciative, déterminant déictique).

L'adjonction du terme wɔ́ò est possible après nèé "ici" (AB2), mais elle ne l'est pas après fɔ́.

CONCLUSION ET IDENTIFICATION

Ainsi se trouve défini le terme fɔ́ comme étant un syntaxème distinct en zarma. Ce syntaxème appartient à un *ensemble fini* puisqu'il n'est représenté que par un seul membre. Nous le désignerons présentement comme GRAMMEME 6.

3.22 En résumé, nous pouvons établir, après la confrontation des termes du groupe B entre eux, puis avec les termes du groupe AB, l'identification de quatre syntaxèmes distincts à l'intérieur du groupe B définis comme :

GRAMMEME	5	nɔ́ò	"ce"
GRAMMEME	6	fɔ́	"un certain"
LEXEME	2	gòó	"être, exister"
LEXEME	3	kà	"le venir"

Nous envisagerons maintenant, pour terminer l'analyse de l'énoncé minimal, l'examen des termes du groupe AB.

GROUPE AB

3.23. Le groupe AB est constitué de trois termes : AB1 tà:mú chaussure, le marcher", AB2 nèé "ici" et AB3 bíì (ɓbíì) noir.

Comme nous l'avons souligné, le caractère primordial des termes de ce groupe, qui suffit à les différencier des autres, est de figurer aux emplacements 1 et 2 de l'énoncé minimum.

Nous avons renforcé cette opposition, en opposant AB1 , AB2 et AB3 avec tous les termes du groupe A, puis tous les termes du groupe B. Enfin, nous comparerons AB1, AB2 et AB3 entre eux.

a) Commutation

- **tà:mú** AB1 commute avec **nὲέ** "ici" en 1, 3, 4, mais non en 2.
- **tà:mú** AB1 "chaussure, le marcher", commute avec **íbíì** "noir" en 1, 2, 12, 13.
- **nὲέ** "ici" commute avec **íbíì** "noir" en 3, 4 et 13, mais non en 12.

Les résultats fournis par la commutation ne suffisent pas à dégager clairement les différences pouvant exister entre les termes du groupe AB, d'autant que pour AB1 et AB3 la commutation est possible dans tous les cas.

b) Expansions et combinatoire

Il importe de comparer **tà:mú** et **íbíì** qui supportent les mêmes déterminants. Ce qui différencie ces deux termes est la nécessité pour **íbíì** d'apparaître sous une forme préfixée quand il est en position 1 dans l'énoncé minimum, contrairement à **tà:mú** :

°**bíì nɔ́ò** n'est pas possible

et °**ítà:mú nò** n'est pas possible

tà:mú "chaussure, le marcher" admet un certain nombre de déterminants (déjà mentionnés) que n'admet jamais **nὲέ** "ici".Nous rappellerons ces déterminants (pluralisation, déterminant personnel, particule énonciative).

CONCLUSION ET IDENTIFICATION

Ces faits suffisent à établir maintenant une différenciation entre AB1, AB2 et AB3 qui appartiennent de plus à deux types d'ensembles différents : AB1 et AB3 appartiennent à un *ensemble non fini* tandis que AB2 appartient à un *ensemble fini*.

tà:mú sera donc défini comme représentant d'un syntaxème désigné comme LEXEME 4.

nèé "ici" sera défini comme représentant unique d'un syntaxème désigné provisoirement comme GRAMMEME 7.

íbíì "noir" sera défini comme représentant d'un syntaxème désigné comme LEXEME 5.

2. DÉSIGNATION ET CONTENU DES SYNTAXÈMES DE L'ÉNONCÉ MINIMAL

3.24. L'ensemble des critères positionnels et combinatoires, ainsi que le critère d'appartenance à un ensemble fini -ou non, nous a permis d'établir une distinction entre :

5 syntaxèmes désignés en tant que LEXEMES
7 syntaxèmes désignés en tant que GRAMMEMES

Il nous a paru souhaitable d'utiliser une terminologie plus précise pour désigner ces différents syntaxèmes bien que l'emploi de termes traditionnels dans ce domaine corresponde mal, voire pas du tout, à la réalité linguistique zarma.

C'est pourquoi, nous avons essayé, dans la mesure du possible, de rechercher des dénominations qui rendaient le mieux compte des syntaxèmes de cette langue.

Nous nous sommes heurtée à deux dangers : soit que nous conservions une terminologie traditionnelle, héritée de l'antiquité, et familière, mais qui n'évoque qu'approximativement l'originalité du zarma, soit que nous utilisions une terminologie différente et plus conforme à la réalité du zarma, au risque de paraître abstraite ou difficile à suivre.

En définitive, nous avons décidé d'utiliser les termes courants quand ils correspondaient de près à ce que nous connaissons du zarma et de choisir des termes complètement différents quand il ne pouvait y avoir d'équivalence possible.

3.25. LEXEME 1 type gá:sú "calebasse"

a) Nous désignerons les termes de ce syntaxème comme des BASES 1 OU BASES NOTIONNELLES (ENTITES).

b) Formellement, les termes de ce syntaxème sont constitués de monèmes ou de synthèmes.

Exemples :

- monèmes

gá:sú "calebasse", bòró "homme", hánsì "chien", búndú "bois".

- synthèmes

fàrgànté "homme fatigué" (fàrgá "le fatiguer" -ànté *suffixe*)
dò:nùyá̰ "action de chanter" (dò:nú "chanter" -yá̰ *suffixe*)
gànjì .yóò "girafe" (gànjì "brousse", yóò "chameau)

Remarque :

dò-nùyá̰ ne se combine pas avec le générique -yá̰, ou plutôt on pourrait considérer que la succession du suffixe et du générique étant formellement identique, on a un amalgame :

dò-nú- yá̰ -yá̰ donne dò:nú-yá̰

c) Sur le plan du signifié, ce syntaxème renferme à la fois des termes désignant des objets ou des êtres animés et aussi des notions. Il pourrait faire penser à ce que la grammaire traditionnelle appelle des noms.

d) Toutefois, cette terminologie ne nous a pas paru pertinente, non pas tellement en raison de son signifié qui correspond à peu près à ce que l'on entend par nom, mais en considération et en opposition avec les autres lexèmes de la langue et par rapport à la cohérence générale du système.

Nous donnerons quelques explications pour éclaircir ce point.

1) La caractérisation de ce syntaxème, en tant que nom, est très restreinte par rapport aux autres lexèmes de la langue: le seul déterminant affectant spécialement cette catégorie est le déterminant

spécifique (cf. Enoncé à 3 termes).

Les autres déterminants ne sont pas propres à un syntaxème plutôt qu'à un autre, ils se combinent également entre eux.

2) Sur le plan fonctionnel, ce syntaxème peut jouer le rôle d'un prédicat (cf. Les Fonctions).

C'est pourquoi nous avons préféré utiliser un terme plus vague pour sortir d'un cadre contraignant nous entraînant à des limites dans l'interprétation d'une autre réalité.

3) Et surtout, on notera que ce syntaxème n'entre pas dans l'opposition classique verbe ≠ nom.

A. MARTINET nous rappelle que "ce qui caractérise en propre l'opposition verbo-nominale dans les langues indo-européennes est le fait que les deux classes n'ont de contact sur aucun point"[43].

L'opposition verbo-nominale repose en effet, en général, sur plusieurs points :

- *une sémantique différente* : l'un exprimant des objets, des êtres humains, l'autre exprimant des procès, des états.

- *une combinatoire différente* : l'un caractérisé par un système de flexions, de genre, de possession, de détermination défini ou indéfini, l'autre caractérisé par des voix, des modes, des aspects, des temps, des personnes.

- *une hiérarchie opposée dans l'énoncé* : l'un étant souvent caractérisé par la fonction sujet, l'autre représentant le prédicat par excellence.

Or, il s'en faut de beaucoup que cette opposition entre un nom et un verbe puisse s'établir en zarma. Il existe effectivement une opposition entre deux types de LEXEMES, mais elle est d'une autre nature. Cet aspect sera précisé plus loin à propos de la désignation de kà "le venir".

---

[43] A. MARTINET. Réflexions sur le problème de l'opposition verbo-nominale. *La linguistique synchronique*, pp. 195-205.

3.26. LEXEME 3 type kà "le venir"

a) Nous désignerons les termes de ce syntaxème comme des BASES 2 OU BASES COMPORTATIVES[44], parce qu'elles évoquent approximativement sur un plan sémantique des comportements.

b) Il s'agit d'un syntaxème particulier au zarma.

Formellement, l'ensemble des termes de ce syntaxème est constitué de monèmes ou de synthèmes.

Exemples :

- monèmes

à kwáy "Il part" //il / le partir//
à hánnà̰ "Il est beau" / il / l'être beau//

- synthèmes redoublement et dérivation

gàygày "le durer un instant"
túnándì "le faire lever" tùnú le lever + -ándì factitif
háŋándì "le faire boire" há̰ le boire + -ándì factitif

composés

bìnè.sárà "faire du mal" bìnè "coeur" sárà "gâter"

c) Sémantiquement et fonctionnellement la valeur de ce syntaxème pourrait se rapprocher de *noms d'action* que nous rendons par une traduction infinitive précédée de l'article "le venir, le manger", etc.

Pour tout un ensemble de raisons que nous développerons au chapitre syntagmatique et fonctionnel, ce syntaxème est original au zarma et se distingue très nettement d'une catégorie verbale traditionnelle.

Certaines de ces raisons nous sont déjà apparues; nous les résumerons :

1 - La similitude formelle et l'identité du déterminant person-

---

[44]Pour la désignation des syntaxèmes, nous ne suivons pas l'ordre de présentation imposé par la division de l'énoncé minimum en groupes A, B, AB. Nous regroupons les syntaxèmes les plus proches. Ainsi le lexème 3 vient ici avant le 2 (gòó).

nel de la BASE 1 et de la BASE 2[45] :

à fúù "Sa maison" /il, lui | maison//
à kà "Il vient" /il, lui | le venir//
ou "son venir"

2 - Le même ordre de détermination est valable pour ces deux énoncés déterminant + déterminé (bien qu'il s'agisse de niveaux différents).

3 - L'absence de toute morphologie "verbale" (aucune flexion). cf. Syntagmatique.

4 - L'inexistence de modalités aspectives et temporelles. (cf. Syntagmatique).

5 - Le fait que ces BASES 2 ne sont pas nécessairement liées à la fonction prédicative (cf. PREDICAT Au Chapitre des Fonctions).

d) Nous ajouterons que ce syntaxème se scinde en deux groupes. Cette distinction n'est pas apparue dans l'analyse de l'énoncé minimal parce que cette différence ne peut se dégager, en fait, qu'au niveau des énoncés expansifs à 4 termes.

Si nous reprenons pour exemples de base les énoncés minimaux suivants :

à kà "Il vient" //il / le venir//
à sámbú "Il prend" //il / le prendre//

nous pouvons avoir les énoncés expansifs suivants :

1. à gà kà fúù "Il va venir à la maison" //il / vers | le venir / maison//

---

[45]Nous relèverons ce qu'écrit A. MARTINET au sujet de l'opposition verbo-nominale. (cf. ouvrage cité, p. 204) :
"Nous pouvons peut-être, dès maintenant, envisager une distinction entre les langues où, pour nous exprimer en termes non linguistiques, le possesseur a été conçu comme un agent et celles où il a été traité comme un patient ... Dans les idiomes du premier type, on constate qu'on peut restituer une identité formelle de l'objet possessif et du pronom sujet de la même personne : *mon* dans *mon père* s'exprime ou a dû s'exprimer de la même façon que *je* dans *je la construis (la maison)*. Nous pouvons tenter de nous représenter cette identité formelle au moyen de traductions nominales comme *père de moi*, *construction de moi*, ..."

2. à gá sámbú fòóndò //il / vers | le prendre / chemin //

3. à gá fòóndó sámbú[46] "Il va prendre le chemin" //il / vers | chemin | le prendre//

Les deux termes kà "le venir" et sámbú "le prendre" ont une combinatoire différente : kà ne peut admettre l'antéposition directe du terme de type fúù "maison" ou fòóndò "chemin" (il s'agit du même syntaxème) alors que sámbú admet cette possibilité.

Cette distinction entre deux groupes à l'intérieur du syntaxème BASE 2 correspond donc à la possibilité ou à l'impossibilité pour une partie des membres de la BASE 2 d'admettre un déterminant secondaire lexical ou grammatical en antéposition directe dans l'énoncé à 4 termes. Cette différence ne remet pas en cause l'unité catégorielle de ces deux types de termes. (cf. Annexes, liste de ces deux groupes qui, par ailleurs, supportent les mêmes expansions).

Nous noterons qu'entre les exemples 2 et 3, pour lesquels notre informateur nous donne une traduction identique, il doit exister en fait une nuance parce que le déterminant dans l'exemple 2 joue le rôle d'un complément, alors que dans l'exemple 3 le déterminant est inséré dans une relation de détermination courante; il semble que pour les BASES 2 où existe cette possibilité, ce soit cette dernière forme la plus courante. L'autre possibilité pourrait correspondre à une mise en relief.

Nous aurons donc :

BASE COMPORTATIVE 2 : groupe 1 : (déterminant secondaire + base, type sámbú "le prendre"")

groupe 2 : Base (+ déterminant primaire), type kà "le venir".

Remarques :

1) La BASE 2, comme on le verra au chapitre de la Synthématique, admet la suffixation de -yá̰ qui aboutit à un changement catégoriel de la BASE 2 à la BASE 1 :

kà	"le venir"	BASE 2
kà-yá̰	"la venue"	BASE 1

---

46 fòóndò R. 1

La valeur sémantique de cette dérivation peut être exprimée en français par l'infinitif précédé de l'article et le participe également substantivé.

2) Certaines bases semblent présenter des lacunes dans les possibilités combinatoires avec les modalités énonciatives par rapport à la Base comportative -type kà "le venir". Nous avons préféré considérer qu'il s'agissait de cas particuliers se rattachant à ce même syntaxème plutôt que de constituer de nouveaux sous-groupes de syntaxèmes.

Exemples :

hḭ́ḭ̀ "le tenir"

Cette base ne semble pas attestée avec la préposition de la modalité énonciative gà "vers" et de la modalité négative màná "ne pas".

àáy mà - hḭ́ḭ̀	"Que je tienne"	°àáy gà hḭ̀ḭ́
hḭ́ḭ̀	"Tiens"	°àáy màná hḭ̀ḭ́
sí - hḭ́ḭ̀	"Ne tiens pas"	
wà - hḭ́ḭ̀	"Tenez"	

3.27. LEXEME 4 type tà:mũ "chaussure, le marcher"

a. Nous désignerons les termes de ce type de syntaxème comme des BASE Ø ou BASE DIFFERENCIEE, BIVALENTE[47].

Cette désignation (non différenciée et/ou bivalente) voudrait à la fois indiquer que, par rapport aux BASES 1 et 2 précédemment définies, les BASES Ø représentent une *fusion* ou plutôt une *distinction* des BASES 1 et 2, et aussi préciser que les BASES Ø possèdent la combinatoire des BASES 1 et 2. On pourrait schématiser cette situation comme suit :

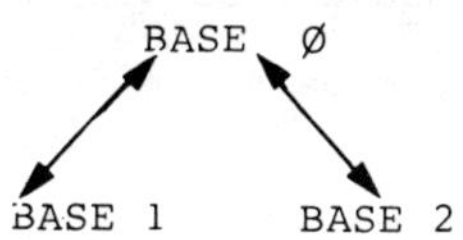

Toutefois, ce schéma pourrait laisser supposer une antériorité dans l'apparition des bases non différenciées, ce dont nous n'avons aucune preuve.

b. Il s'agit d'un syntaxème particulier au zarma et constitué de monèmes simples ou complexes.

---

47 Nous empruntons ce terme à Maurice HOUIS. cf. Bibliographie, ouvrage cité.

Exemples :

- monèmes

tá:rí "le mentir, le mensonge"
címí "dire la vérité, la vérité"

- synthèmes

bò̰-fùtú "le malchanceux, être malheureux" /tête | mauvaise/

c. Il offre la particularité de commuter tantôt avec les termes de type gá:sú, BASE 1, tantôt avec les termes de type kà, BASE 2;Les membres de ce syntaxème admettent également les déterminants de la BASE 1 et les déterminants de la BASE 2.

La question pouvait se poser à nous d'interpréter ce lexème comme faisant partie d'un seul et même syntaxème avec une double combinatoire, ou de considérer que ce terme était représentatif de deux syntaxèmes rejoignant ceux déjà établis (BASE 1 et BASE 2) puisqu'il apparaissait aux deux emplacements respectifs où avaient été définies les BASES 1 et 2, avec les caractéristiques combinatoires de chacune des deux.

Cependant, quel que soit l'emplacement, on observera que le signifiant de ce terme est le même,
- que le signifié a un sens très voisin et varie justement en fonction du contexte;
- que dans la logique de la méthodologie adoptée, la dualité d'emplacement de ce terme est une particularité fondamentale opposant le terme aux autres qui ne peuvent occuper qu'une seule position.

Aussi, il nous a paru plus juste de considérer qu'il s'agissait d'un seul et même syntaxème ayant toutes les caractéristiques simultanées de la BASE 1 et de la BASE 2.

3.28. LEXEME 5 type íbíì "noir"

Nous désignerons ce type de syntaxème comme des BASES DESCRIPTIVES I.

Les BASES DESCRIPTIVES I regroupent des termes désignant des couleurs, ou indiquant des caractéristiques qualitatives :

Exemples :

ibàmbátà "gros"

ĩkòm "épais"

La liste de ces termes est théoriquement ouverte, mais pratiquement elle semble restreinte dans les limites de notre corpus.

Remarque :

Les BASES DESCRIPTIVES I seront à rapprocher, sur un plan sémantique, des BASES DESCRIPTIVES 2, car leur signifié est identique mais leurs possibilités combinatoires sont différentes (cf. Enoncé expansif à 3 termes).

3.29. LEXEME 2 gòó "être,exister" sĩ "ne pas être, ne pas exister"

Seul représentant de ce type de syntaxème, ce terme sera désigné comme un EXISTENTIEL au sens de "qui fonde l'existence". Il a une forme négative qui est sĩ.

Remarque :

Il est intéressant de noter qu'en zarma trois termes expriment l'idée d'*existence* et d'*être*, alors qu'il n'y a pas, à notre connaissance,de terme pour *avoir*.

1. gòó, sĩ "être, ne pas être, exister"
2. bárà "être"
3. cĩ "être"

Ces termes se répartissent en deux syntaxèmes distincts :

1. Existentiel : gòó, sĩ
2. Base type 2 : bàrá et cĩ qui admettent les mêmes déterminants que kà "le venir" avec des restrictions dans l'emploi des particules énonciatives pour bàrá.

Sur le plan sémantique, la répartition des emplois entre les trois termes est quelquefois assez proche et difficile à différencier; par contre, dans certains exemples, il n'y a pas de commutation possible entre eux.

Exemples :

1. ĩrĩ.kwày gòó "Dieu existe" //Dieu / être// °cĩ, bárà
2. má:sá gòó "Voici un beignet, ou il y a un beignet" //beignet / être//

|má:sà| R. 1

3. fúná sí kàlá - kúmbó "La vie n'existe pas sans Koumbo"
//vie / n'être pas / sans | Koumbo//

4. ì gòó tú:ròó - bò̰ "Ils sont sur l'arbre"
//ils / être / arbre + *spéc.* | sur //

5. sú:rú gòó, à màná-bú "Sourou existe, il n'est pas mort"
// Sourou / l'exister // il/ne pas | être mort//

6. ày gò nèé [48] "Je suis ici"
//je / être / ici//

7. à {gò zéyáŋó - gá [48] / bárà} "Il jure"
//il / être / jurement + *spéc.* | à //
°à cí

8. à gòó ǹdá - nò:rú "Il a de l'argent"
// il / être / avec | argent//

à sí ǹdá - nò:rú "Il n'a pas d'argent"
//il / ne pas être / avec | argent//

Comparer avec :

à sí - bárà ǹdá - nò:rú "Il n'a pas d'argent"
// il/ne pas | être / avec | argent//

cí ne commute pas dans les énoncés 1 et 4 avec gòó (non locatif)

9. àáy màn - cí wáybòrò [49] "Je ne suis pas une femme"
//je / ne pas | être / femme//

10. màn - cí bòró-nò [50] "Ce n'est pas un homme"
//ne pas | être / homme | ce//

11. à gà - cí álbòrò [51] "Il est l'homme"
//il / vers | être / homme//

bárà ne commute pas avec cí dans l'énoncé 10, ni avec gòó en 1, 2, 4.

àrwàsù - hínzàá - fó - nò ká - bárà wándíó - fó - bándá
"Trois jeunes gens suivaient une jeune fille"
//jeune homme | trois | certain | ce / *prés.* | être / jeune fille | certaine | derrière//

à bárà ǹdá - ŋgà - ízè - yággà "Il a neuf fils"
//il / être / avec | lui | enfant | neuf//

àáy bárà nó-dìín "Je suis là"
//je / être / ce | ce-là//

zìmà - fó ká - bárá nèé [52] "Il y a un prêtre ici"
//prêtre | certain /*prés.* | être / ici//

---

[48] |gòó| R. 3
[49] |wàybòrò| R. 1
[50] |nóò| R. 3
[51] |àlbòrò| R. 1
[52] |bárà| R. 1

3.30. GRAMMEME 1 à "il"

Les termes de ce syntaxème seront désignés comme des MODALITES PERSONNELLES dont la liste est la suivante :

àáy	je	írì	nous
ní	tu	árà̰	vous
à	il/elle	ì	ils/elles

Cette désignation indique une détermination réservée à l'interlocution.

Nous noterons qu'en zarma, il n'y a pas de distinction formelle entre une modalité personnelle et la modalité possessive.

à kwáy	"Il part"	//il / le partir//	(→ son partir) le partir de lui
à ɲáà	"Sa mère"	/il | mère/	(→ Sa mère) mère de lui

3.31. GRAMMEME 2 ńgà "lui"

Les termes de ce syntaxème seront désignés comme des MODALITES PERSONNELLES EMPHATIQUES ou ABSOLUES. Ce sont :

àáyì	moi	írì	nous
níìn	toi	árà̰	vous
ńgà	lui, elle	ńgày	eux, elles

Nous ajouterons qu'il n'y a pas de distinctions formelles entre les modalités emphatiques et ce qu'on pourrait appeler des modalités objets.

Exemples :

à dí àáyì "Il me voit" //il / le voir / moi//
à dí nìín
à dí à → (ou ńgà selon qu'il y a référence ou non au sujet)
à dí írì
à dí árà̰
à dí ńgày / ày

3.32. GRAMMEME 3 wóò "ce"

Seul représentant de ce type de syntaxème, wóò "ce" sera désigné comme un DEICTIQUE NEUTRE. Cette désignation met l'accent sur le fait qu'il s'agit d'un terme qui sert à montrer, sans localisation précise, avec également une valeur possible d'insistance.

Cette désignation sera éclaircie dans la présentation générale et comparative des déictiques. (cf. Annexes).

3.33. GRAMMEME 4 yàá "ainsi, çà"

Seul représentant de ce type de syntaxème, yàá sera désigné comme un DEICTIQUE NOTIONNEL (indiquant un terme qui sert à montrer avec une nuance évoquant la coïncidence).

3.34. GRAMMEME 5 nóò "ce, voilà"

Seul représentant de ce type de syntaxème, nóò sera désigné comme un DEICTIQUE ABSOLU avec le sens de "qui sert à montrer" sans précision et indépendamment de tout contexte.

Ce terme d'utilisation fréquente a de multiples rôles dans la langue qui ne mettent pas en doute son unité catégorielle. Il s'intègre dans le tableau d'ensemble des déictiques. Il est tantôt simple déictique au signifié neutre, tantôt modalité d'énoncé, tantôt particule d'insistance, tantôt actualisateur.

Exemples :

- actualisateur

1. bòró nò[53] "C'est un homme" // homme | ce//

- modalité d'énoncé

2. ní fúró hàwì nóò[54] "Tu as honte" // tu / l'entrer / honte / ce//

- insistance / déictique

3. áày nó gá zà - fòóndó bè:ròò[55] "Moi, je prends le grand chemin" // je | ce / vers | le prendre / chemin | grand + *spéc.*//

---

[53] |bòró nóò| R. 3

[54] |ní fúrò hàwì| R. 1

[55] |áày nóò gà zà fòóndò bè:ròó| R. 1

3.35. GRAMMEME 6 **fó** "un certain"

Ce terme est l'unique représentant de ce syntaxème. Il sera désigné comme un DETERMINATIF NON DEFINI.

3.36. GRAMMEME 7 **nèé** "ici"

Seul représentant de ce syntaxème, ce terme sera désigné comme un DEICTIQUE PONCTUEL puisqu'il fait référence à un point de l'espace qui est *ici* par opposition à *là-bas*. Ce déictique joue aussi le rôle d'un actualisateur.

Remarque :

Le terme signifiant "là-bas" **yóngò** présente certains traits combinatoires identiques avec **nèé**

Exemples :

dè:sí wó-nè-yá̰[56] "Ces hâches-ci" /hâche | ce | ici | des/

dè:sí wóò-yóngò -yá̰ "Ces hâches là-bas" /hâche | ce | là-bas | des/

Cependant **yóngò** ne s'identifie pas à **nèé** dans tous les cas. En particulier, **yóngò** "là-bas" apparaît seulement en première position dans l'énoncé minimum et non en deuxième. Il constitue donc un syntaxème distinct qu'il est cependant intéressant de regrouper sur un plan sémantique, soit :

1. déictique ponctuel 1 **nèé** "ici"
2. déictique ponctuel 2 **yóngò** "là-bas"

SYNTAXEMES DE L'ENONCE EXPANSIF

3.37. Nous avons identifié, lors de l'analyse de l'énoncé minimum un certain nombre de syntaxèmes, à partir de divers critères et notamment à partir des possibilités (ou impossibilités) combinatoires de ces syntaxèmes avec d'autres termes qui ne figuraient pas dans l'énoncé minimum mais qui pouvaient s'y adjoindre.

Ces termes n'ont pas encore été définis. Nous allons procéder maintenant à leur identification.

---

[56] |**wóò-nèé-yá̰**| R. 3.

Leur première caractéristique est donc d'appartenir à un énoncé indépendant contenant un terme ou deux de plus que l'énoncé minimal et par conséquent de ne pouvoir figurer dans l'énoncé minimal. Cet énoncé sera désigné comme un énoncé expansif. On voit de ce fait qu'il s'agit aussi d'un énoncé réductible, contrairement à l'énoncé minimum.

Nous étudierons successivement :

- l'Enoncé expansif à trois termes.
- l'Enoncé expansif à quatre termes.

ÉNONCÉ À 3 TERMES

A. TYPES D'ÉNONCÉS

Ces énoncés sont les suivants :

	A	B	C		
1. a)	gá:sú	- yá̰	nò	"Ce sont des calabasses"	// calebasse-des | ce//
b)	gá:s-	áy	nò	"Ce sont les calebasses"	// calebasse-les | ce//
2.	gá:sú	- dììn	nò	"C'est cette calebasse"	// calebasse | ce-là ‖ ce//
3.	gá:sú	-hànnó	nò	"C'est une belle calebasse"	// calebasse | beauté ‖ ce//
4.	gá:sú	-kúlù	nóò	"C'est toute la calebasse"	// calebasse | totalité ‖ ce//
5.	gá:sú-	rá	nò	"C'est dans la calebasse"	// calebasse | dans ‖ ce//
6.	à	gà -	kà	"Il va venir"	// il / vers | le venir//
7.	à	ká -	kwáy	"Il part"	// il / de | le partir//
8.	à	màná -	kà	"Il ne vient pas"	// il / ne pas | le venir//
9.	gá:sú	- dáy	nò	"C'est bien une calebasse"	// calebasse | certes ‖ ce//
10.	gá:sú	nò	dáy	"C'est une calebasse, certes"	// calebasse | ce / certes//
11.	à	kà	bìí	"Il est venu hier"	// il / le venir / hier//
12.	bìí	à	kà	"Hier, il est venu"	// hier / Il / le venir//
13.	à	kwáy	wásúwású	"Il part vite"	// il / le partir / vite//

Ces énoncés comportent tous l'adjonction à l'énoncé minimal d'un terme non encore identifié.

Nous dégagerons les différents critères qui peuvent définir ces éléments nouveaux.

B. CARACTÉRISTIQUES

1. *Le type d'énoncé*

Le premier critère identifiant ces termes est d'appartenir à un énoncé à trois termes, ce qui les différencie nécessairement de tous les syntaxèmes de l'énoncé minimal qui ne figurent jamais dans ce type d'énoncé, ainsi que des autres termes qui ne figurent que dans un énoncé à quatre termes (cf. plus loin).

2. *La position dans le type d'énoncé*

Le deuxième critère sera les possibilités d'emplacement occupées par ces termes.

Comme précédemment, nous distinguerons plusieurs groupes de termes suivant l'emplacement qu'ils occupent dans l'énoncé expansif. Les lettres A, B, C, symbolisent les positions 1, 2, 3.

GROUPE B : il comprend les termes figurant en deuxième position , soit :

B1 -yá̰ (a), **-àáy** (b), B2 **dìín** "ce", B3 **hànnó** "beauté", B4 **kúlù** "totalité", B5 **rá** "dans", B6 **gà** "vers", B7 **ká** "de, pour, à", B8 **màná** "ne pas".

GROUPE C : il comprend un terme unique qui ne figure qu'en 3ème position. C1. **wásúwású** "très vite".

GROUPE AC : il comprend un terme figurant en 1ère ou en 3ème position. AC 1 **bìí** "hier".

GROUPE BC : il comprend un terme figurant en 2ème ou en 3ème position. BC 1 **dáy** "certes, donc".

Chacun de ces groupes se distinguent nettement des autres.

Les termes du groupe B et C s'opposent entre eux parce que figurant dans des positions différentes et, bien qu'ayant un emplacement commun en C, ils s'opposent ensemble aux groupes AC et BC qui présentent deux possibilités d'emplacement.

Les termes du groupe AC et BC ont aussi un emplacement commun en C, mais ils s'opposent par le fait que l'un peut figurer en A alors que l'autre ne figure qu'en B.

Nous approfondirons la comparaison des termes de chaque groupe comme nous l'avons fait dans l'énoncé minimal en dégageant les possibilités de commutation et de combinaisons de chaque élément à l'intérieur d'un groupe.

1. RECHERCHE DES SYNTAXÈMES

GROUPE B

Ce groupe contient les termes suivants :

B1 a) -yə̰́ "des", b) -ə̀ə́y "les" B2 dìı̃́n "ce", B3 hànnɔ́ "beauté", B4 kʊ́lù "totalité", B5 rə́ "dans", B6 gà "vers", B7 kə́ "de,pour" B8 mànə́ "négation".

Nous mettrons à l'épreuve l'unité de ce groupe en comparant les termes entre eux, puis en les confrontant au terme du groupe BC qui peut aussi figurer en 2ème position.

3.38. TERME B1 a) -yə̰́ "des"[57]
b) -ə̀ə́y "les"

[57] Nous avons procédé à une subdivision de l'énoncé 1 en a) -yə̰́ et b) -ə̀ə́y pour la raison suivante : ces deux termes ont pratiquement les mêmes caractéristiques, comme on va le voir, à l'exception près d'un cas que nous signalerons (combinatoire avec dìı́n "ce-là"). Il nous a paru souhaitable cependant de n'envisager qu'une subdivision plutôt qu'une opposition entre ces termes qui s'excluent dans tous les cas et qui, sémantiquement, sont très liés.

3.45. TERME B8 màná "négation"

Son opposition ressort de tous les rapprochements effectués précédemment à propos des termes du groupe B et BC1. Il est le seul représentant de ce type de syntaxème.

On le désignera comme GRAMMEME 14.

GROUPE BC

3.46. LE TERME BC1 dáy "certes"

Il est le représentant unique de ce groupe.

Il s'oppose à tous les autres par sa dualité d'emplacement en 2ème et 3ème position.

Cette caractéristique suffit à le distinguer de tous les autres termes qui n'ont pas cette dualité d'emplacement.

Nous l'avons cependant opposé avec les membres du groupe B qui figurent aussi en 2ème position (cf. précédemment).

La comparaison entre BC1 et AC1 bìí "hier" pouvant apparaître en 2 appelle les remarques suivantes :

La commutation entre ces termes n'est pas possible dans les énoncés 7 et 8. Elle est possible en 9.

à kà dáy "Il est venu certes"
à kà bìí "Il est venu hier"

La commutation entre BC1 dáy "certes" et AC1 bìí "hier" pourrait être également possible en 10 si ce n'est que l'énoncé dáy à kà "alors il est venu" est un énoncé dépendant relié, quoique faiblement, à l'énoncé précédent.

dáy représente, malgré son identité formelle, un autre syntaxème dans ce cas.

Ces termes se différencient de plus du fait que bìí AC1 ne peut s'insérer en 2ème position dans l'énoncé expansif entre une BASE de type 1 et le déictique.

°gá:sú bìí nò   n'est pas attesté.

De plus dáy "certes" peut venir en expansion d'un certain nombre de termes, tels que l'existentiel, le déictique yàá, la modalité personnelle, toutes possibilités qui ne sont pas attestées pour bìí "hier".

Exemples :

à gòó dáy   "Il est ainsi"   // il / être / certes//

°à gòó bìí

yàá dáy nò   "C'est çà"   // çà | certes | ce//

°yàá bìí nò

ní-dáy sí-tó nèé   "Toi, certes tu n'arriveras pas ici"
// tu | certes / ne pas | l'atteindre / ici//

°ní bìí sí tó nèé

Nous ajouterons que ces termes peuvent coexister :

à kà dáy bìí   "Il est venu hier certes"

- distinction BCl dáy "certes" et Cl wásúwású "très vite"

La commutation entre BCl dáy et Cl wásúwású est possible en 11 mais non en 7.

Ces termes peuvent coexister :

à kwáy dáy wásúwású   "Il part vite certes"

La combinatoire de dáy est différente de celle de wásúsású.

Nous rappellerons que dáy "certes" peut venir en expansion de l'existentiel, du déictique yàá, d'une modalité personnelle, d'une base notionnelle type gá:sú "calebasse", ce que n'admet pas les termes du type wásúwású "très vite" dont la présence est liée à celle d'une base comportative ou bivalente préposée.

CONCLUSION ET IDENTIFICATION

BCl dáy "certes" se définit comme un syntaxème désigné comme GRAMMEME 15.

Les termes de ce syntaxème appartiennent à un *ensemble fini*.

3.47. LE TERME AC1 **bìí** "hier"

Il s'oppose à tous les autres termes par sa double position en 1 et en 3.

La confrontation avec les termes du groupe B est inutile puisqu'ils n'ont jamais de position commune.

La confrontation avec BC1, ayant une position commune en C, a déjà été effectuée précédemment.

La comparaison la plus importante à faire, pour distinguer ce terme, est celle qui l'oppose à C1 **wásúwású** "très vite". En effet ces deux termes présentent de nombreux points communs.

Cependant AC1 **bìí** "hier" supporte un certain nombre de déterminants non admis par C, en particulier les déictiques **wóò, dìín, yàá.**

Les termes de type C ne semblent pas pouvoir figurer en position 1.

°**gúmó à gàá** (?) Beaucoup il mange

Le terme AC1 sera défini provisoirement comme LEXEME 7.

La coexistence de ces deux termes est possible :

bìí à sállá gúmó "Hier il a beaucoup parlé"

à sállá gúmó bìí "Il a parlé beaucoup, hier"

3.48. LE TERME C **wásúwású** "très vite"

Son opposition avec les autres termes ressort de sa position en 3 qui l'oppose à tous les autres termes ne figurant pas à cet emplacement, ainsi que des rapprochements effectués précédemment avec les termes pouvant avoir une position commune, soit BC et AC.

On le désignera comme LEXEME 8.

Les termes de ce syntaxème appartiennent à un *ensemble non fini*.

2. DÉSIGNATION ET CONTENU DES SYNTAXÈMES DE L'ÉNONCÉ À TROIS TERMES

3.49. L'analyse de cet énoncé nous a permis de distinguer les syntaxèmes suivants :

GRAMMEME 8	a)	-yá̰	"des"
	b)	-àáy	"les"
GRAMMEME 9		dìín	"ce-là"
GRAMMEME 10		kúlù	"totalité"
GRAMMEME 11		rá	"dans"
GRAMMEME 12		gà	"vers"
GRAMMEME 13		ká	"de, à"
GRAMMEME 14		màná	"négation"
GRAMMEME 15		dáy	"certes"
LEXEME 6		hànnó	"le beau, beauté"
LEXEME 7		bìí	"hier"
LEXEME 8		wásúwású	"très vite"

Nous essayerons de donner un contenu plus précis à chacun de ces syntaxèmes.

3.50. GRAMMEME 8 type a) -yá̰ "des"
b) -àáy "les"

Les termes de ce syntaxème sont en *nombre fini*.

Ce sont -òó (-àá), -àáy, -yá̰ "le, les, des".

Ces termes se caractérisent par le fait qu'ils ne sont pas *déterminables* mais qu'ils sont eux-mêmes *toujours liés* dans l'énoncé aux termes qui les précèdent (BASES Ø, 1, 2, 3, 4).

Ces termes s'excluent les uns les autres; leur signifié indique que nous avons affaire à une détermination opposant des éléments discontinus *(singularisé)* à des éléments continus *(globalité)*.

Nous désignerons ce syntaxème sous le terme SPECIFIQUE-GENERIQUE.

Il nous a paru nécessaire d'établir 2 sous-groupes à l'intérieur de ce syntaxème en raison de quelques restrictions combinatoires envisagées précédemment, soit :

a) SPECIFIQUE -òó, àáy (singulier et pluriel)

b) GENERIQUE -yá̰

L'identification d'une forme singulative pour le générique pose un problème. Nous développerons ce point dans le chapitre SYNTAGMATIQUE.

3.51. GRAMMEME 9 type dìín "ce-là"

Ce terme est l'unique représentant du syntaxème.

Nous le désignerons comme une DEICTIQUE PONCTUEL 2 directement opposé à nèé sur le plan sémantique, comme non-ici / ici
dìín / nèé

Nous le traduisons approximativement par ce-là.

Nous renvoyons au tableau d'ensemble des déictiques.

3.52. GRAMMEME 10 type kúlù "totalité"

kúlù "tout" sera désigné comme TOTALISATEUR en raison de son signifié.

3.53. GRAMMEME 11 type rá dans

Ce syntaxème comprend des termes en *nombre fini*. Nous les désignerons comme des FONCTIONNELS. Ce sont :

sée	"pour"
rá	"dans"
gá	"à, contre"
cìré	"sous"
kònè	"dans"

3.54. GRAMMEME 12 type gà "vers"

Ce syntaxème est constitué de monèmes en *nombre fini* qui seront désignés comme des PARTICULES OU REGISSEURS ENONCIATIFS. Ce sont :

gà	"directionnel"	$\simeq$	"vers, à"
mà	"délocutif"	$\simeq$	"de"

3.55. GRAMMEME 13 type ká "de, à"

Seul représentant du syntaxème, ce terme sera désigné comme un PRESENTATIF. Cette désignation sera plus amplement justifiée au chapitre des REGISSEURS MIXTES.

3.56. GRAMMEME 14 type màná "ne pas"

Seul représentant du syntaxème défini, ce terme sera désigné comme une NEGATION RETROSPECTIVE par opposition à un type de négation qui sera défini dans l'énoncé à 4 termes.

3.57. GRAMMEME 15 type dáy "certes"

Ce syntaxème sera désigné comme MODALITES ASSERTIVES. Ses membres sont en *nombre fini* . Ce sont, entre autres :

wállá	"certes"	híné	"seulement"
mɔ́ɔ̀	"aussi"	mèé	"donc"
bɔ́	"donc"		

Remarque : Il se peut que notre liste soit incomplète. Nous présentons les termes que nous avons recensés.

3.58. LEXEME 5 type (í)hànnó "beau"

Les membres de ce syntaxème seront désignés comme des BASES DESCRIPTIVES 2. Ces termes donnent des indications, soit qualitatives, soit quantitatives à propos des BASES Ø et 1.

Ce syntaxème inclut donc les adjectifs et les numéraux de la tradition. Les DESCRIPTIFS ont cette particularité qu'ils ne peuvent jamais apparaître sans être reliés à un autre terme, généralement une base lexicale, ou accompagnés d'un préfixe -í-

C'est ainsi que °hànnó nò n'est pas possible, mais :

í-hànnó nò "C'est le beau"
í-hínkànté nò "C'est le deuxième"
í-hínkà nóò "Il y en a deux"

Nous avons distingué deux sous-groupes à l'intérieur des BASES DESCRIPTIVES :

1) Exemple :

íbíì (bíì) "Noir" défini dans l'énoncé minimal sa caractéristique est de figurer en position 1 et 2 dans cet énoncé.

íbíì nóò "C'est noir"
à bíì "Il est noir"

2) Exemple :

íhànnó (hànnó) "Le beau" défini dans l'énoncé expansif, où il figure en position 2;

gá:sú hànnó nò "C'est une belle calebasse"

hànnó se différencie de bíì "noir" sur le plan de la combinatoire, car s'il peut apparaître comme íbíì "noir" avec une préfixation et en position 1 dans un énoncé à deux termes, il ne peut jamais apparaître en position 2 précédé d'une modalité personnelle, soit :

1	2	
íbíì	nóò	"C'est noir"
íhànnó	nò	"C'est beau"
à	bíì	"Il est noir"
°à	hànnó	est impossible

Dans ce dernier cas, le zarma a recours à un terme en relation de dérivation avec **hànnó**, mais qui appartient à un syntaxème distinct ayant toutes les caractéristiques de la base comportative (type **kà** "le venir").

On dira donc **à hànnā̰** "Il est beau"

Nous ajouterons, par voie de conséquence, qu'une bonne partie des bases descriptives 2 est constituée de dérivés (cf.SYNTHEMATIQUE) sauf pour les bases descriptives dont le signifié est numéral.

Ces DESCRIPTIFS 2 appartiennent à un *ensemble non fini*.

3.59. LEXEMES 6 et 7 a) **bìí** "hier"
b) **wásúwású** "très vite"

Nous regrouperons ces termes sous la dénomination BASES CONJONCTURELLES en scindant ce syntaxème en deux groupes pour marquer la différence combinatoire qui les distingue :

a) TEMPORALITE
b) APPRECIATION

Ce terme de BASES CONJONCTURELLES évoque *le point de vue du locuteur sur l'évènement, en fonction de points de repère décidés par lui.*

Les termes de cette catégorie appartiennent à un *ensemble non fini*[75].

ÉNONCÉ À 4 TERMES

3.60. Il nous reste maintenant à envisager quels sont les termes qui ne peuvent figurer que dans le cadre d'un énoncé indépendant à 4 termes.

---

[74] cf. B. POTTIER. Les Formulations, p. 157

[75] cf. annexes pour des exemples plus précis.

Exemples d'énoncés :

	a	b	c	d	
1.	à	kà	hálà	- gándà	"Il vient en bas" // il / le venir / jusque | bas//
2.	à	nà	- cííí	- dáày	"Il achète du poisson" // il / à | poisson | l'acheter//
3.	à	mà	- sí	- kà	"Il ne venait pas" // il / de | *négation* | le venir//

A partir de l'expansion de l'énoncé minimal, nous avons dégagé l'existence de trois énoncés où figurent trois nouveaux termes non encore définis et ne pouvant apparaître non plus dans l'énoncé minimal ou l'énoncé à trois termes.

Les termes sont : C1 **hálà** "jusqu'à", B1 **nà** "à" et C2 **sí** "négation".

3.61. POSITION ET TYPE D'ENONCE

Ces termes se distinguent de tous les autres précédemment définis par leur présence dans un énoncé à quatre termes.

De plus, ils s'opposent entre eux par la différence de leur emplacement. Les uns n'apparaissant qu'en 3ème position **hálà** et **sí**, l'autre n'apparaissant qu'en 2ème position (**nà**). Ce critère suffira déjà donc à les différencier.

3.62. IDENTIFICATION ET DEFINITION

- Distinction C1 **hálà** "jusqu'à" / C2 **sí** "ne pas"

Ces termes figurent tous deux en 3ème position, mais ils ne peuvent commuter entre eux. De plus, ils ne supportent pas les mêmes expansions.

sí "ne pas" est précédé de **mà** "particule énonciative" ce qui est impossible pour **hálà** "jusqu'à".

hálà "jusqu'à" est suivi d'une Base Notionnelle (1), ce qui est impossible pour **sí** dans le cadre de ce type d'énoncé, où il est suivi d'une Base Comportative. **mà** peut être suivi d'une Base Notionnelle, mais, dans ce cas, l'énoncé est incomplet.

Ces deux termes s'opposent donc et font partie de syntaxèmes distincts que nous allons définir maintenant.

DEFINITIONS

3.63. C1 **hálà** "jusqu'à" se définit comme appartenant à un syntaxème particulier du zarma. Les termes de ce syntaxème sont en nombre fini.

Nous les désignerons comme des REGISSEURS MIXTES. Cette appellation sera justifiée plus amplement par des exemples au chapitre *TRANSITION* : Les Régisseurs Mixtes.

Nous pouvons, dès à présent, dire qu'il s'agit de régisseurs pouvant introduire également une expansion primaire (énoncé) ou une expansion secondaire (syntagme).

Ce sont :

hálà	"jusqu'à"
kàlá	"jusqu'à, à"
dàngá	"comme"
wàlá	"ou bien"
bá	"même"
zàá	"depuis, dès que"
sànkú	"surtout, d'autant que"

3.64. C2 **sí** "ne pas"

Unique représentant du syntaxème identifié, ce terme sera désigné comme une NEGATION PROSPECTIVE, en opposition sémantique et catégorielle à **màná** NEGATION RETROSPECTIVE.

Nous ferons deux remarques à propos de **sí** "ne pas".

1) Ce terme est formellement identique à la forme négative de l'existentiel (**gòó** "être" **sí** "ne pas être"); on peut penser que c'est là son origine.

Cependant, actuellement, nous considérerons que ces deux termes représentent deux syntaxèmes différents. En effet sí NEGATION PROSPECTIVE admet des expansions que n'admet jamais l'existentiel gòó.

Exemple :

à mà-sí-kà	"Qu'il ne vienne pas" //il / de | ne pas | le venir//
°à mà gòó kà	est impossible

2) La combinaison de gà , modalité énonciative comme mà avec sí n'est pas attestée; nous la représenterons structurellement par Ø.

à gá-kà	"Il va venir" //il / vers | le venir//
à Ø sí-kà	"Il ne va pas venir" //il / ne pas | le venir//
°à gá sí kà	n'est pas attesté

3.65. nà B1 apparaît en position 2 dans l'énoncé à 4 termes. Il s'oppose par là à C1 et C2 qui, eux, n'apparaissent qu'en position 3. Ce critère suffira donc à le distinguer des autres.

nà "à, de" se définit comme appartenant à un syntaxème particulier de la langue zarma. Ce terme est l'unique représentant du syntaxème.

Nous le désignerons comme un JONCTEUR. Cette désignation sera explicitée au chapitre SYNTAGMATIQUE.

SYNTAXEMES DES AUTRES TYPES D'ENONCES

3.66. Notre analyse s'est limitée volontairement jusqu'à présent aux énoncés indépendants et complets. En analysant les énoncés à deux termes, puis à trois et quatre termes, il semble que nous ayons défini l'ensemble des syntaxèmes figurant dans les énoncés complets et indépendants.

Nous n'avons pas envisagé les énoncés dépendants (en subordination), ni les énoncés ayant une marque interrogative, exclamative ou injonctive. Nous indiquerons donc maintenant quels sont les syntaxèmes pouvant apparaître dans ces types d'énoncés et non encore définis.

SYNTAXÈMES DE L'ÉNONCÉ MARQUÉ

Dans les énoncés marqués, nous relevons les syntaxèmes suivants :

1) les interrogatifs
2) les exclamatifs
3) l'injonctif

Ces syntaxèmes apparaissent donc dans les énoncés à marque interrogative, exclamative, injonctive.

1) LES INTERROGATIFS

3.67. Ils constituent un *ensemble fini* et figurent le plus souvent en début d'énoncé, mais ils peuvent également figurer en fin d'énoncé (cf. Les Enoncés).

Ce sont :

ffò	quoi ?
mán	où ?
mátè	comment ?
dàátà	est-ce que ?
máy	qui ?
màrjé	combien ?
hálà	est-ce que ?
wàlá	est-ce que ?

2) LES EXCLAMATIFS

3.68. Ils forment un *ensemble non fini*, il nous paraît en effet que la liste des exclamatifs est ouverte et non limitée aux termes existant déjà dans le lexique répertorié.

Les exclamatifs apparaissent en début d'énoncé et en finale. Ce sont, par exemple :

tɔ́ɔ̀	bon !
hábá	eh bien ! (surprise)
wàlláà:hí	par Dieu !
káày	eh ! oui
gàá:sà	quel malheur !
jáàm	malheur !
héè	eh !
wàáyì	eh bien !
ká:rì	allons donc ! (étonnement)
wáy wáy wáy	aïe ! aïe !
ńǹń	hum !
háy-fò-háày	eh bien !
é:	eh !

3) L'INJONCTIF

3.69. Il comprend deux éléments que nous considérerons sur un plan sémantique plus comme des modalités personnelles que comme des modalités d'énonciation véritables. Il s'agit de :

ø	pour le singulier
wà	pour le pluriel

Ces éléments se situent en préposition des bases bivalentes et comportatives ou des syntagmes dont la combinaison forme l'énoncé injonctif.

Remarque : Le Père PROST signale la modalité personnelle **wara** ou **war** dans le dialecte Songhay de Gao; modalité que l'on pourrait rapprocher des modalités injonctives zarma.

SYNTAXÈMES DE L'ÉNONCÉ DÉPENDANT

3.70. Ces syntaxèmes ne peuvent figurer que dans des propositions subordonnées à une proposition principale. Il s'agit en particulier :

- du DEICTIQUE -RELATIF
- des MODALITES DE DISCOURS INDIRECT
- des COORDINATIFS
- des REGISSEURS D'ENONCE

1) Le DEICTIQUE -RELATIF ką̰̀ą̰̀ "ce que"

Seul représentant de ce type de syntaxème, il présente la particularité de venir en expansion secondaire d'un élément primaire de l'énoncé (cf. Les relatives).

2) Les MODALITES DE DISCOURS INDIRECT

Ce sont les modalités de troisième personne du singulier et du pluriel du discours indirect (ɦgà, ɦgày) quand le sujet de la subordonnée est le même que celui de la principale.

Toutefois, nous signalerons que la situation en zarma est source de confusion, puisque formellement ces modalités du discours indirect sont les mêmes que les modalités emphatiques définies dans l'énoncé à deux termes pour les troisièmes personnes.

3) Les COORDINATIFS

Ils figurent au début de la deuxième proposition (cf. les Enoncés). Ce sont :

àmmá	mais
kúlù	alors
dáy	alors, donc

Ils sont en *inventaire fini*.

4) Les REGISSEURS D'ENONCES

Ils apparaissent au début de la première proposition ou au début de la deuxième proposition. Ils sont en *inventaire fini*. (cf. Les Enoncés) :

dǻ	"quand, si"
zàmǻ	"parce que"

4. RÉCAPITULATION DES SYNTAXÈMES

3.71. Voir tableaux pages suivantes.

Désignation	Exemple-type	Caractéristiques
· *Enoncés à 2 termes*		
Base bivalente	tà:mʊ́ "chaussure" le marcher"	postposition du spécifique/générique préposition de la modalité personnelle préposition de la modalité énonciative
Base notionnelle	gá:sʊ́ "calebasse"	postposition du spécifique/générique préposition de la modalité personnelle pas de préposition de la modalité énonciative
Base comportative	kà "le venir" (2 sous-groupes)	préposition de la modalité personnelle préposition de la modalité énonciative pas de postposition du spécifique
Base descriptive 1	íbɩ́ì "noir"	postposition du spécifique/générique préposition de la modalité personnelle préposition de la modalité énonciative nécessité de la préfixation **i-** en position 1
modalité personnelle	à "il"	pas de postposition du spécifique/générique ni des déictiques dɩ̀ɩ́n, nɔ́ɔ̀, wɔ́ɔ̀ postposition de la base bivalente et comportative postposition de la base notionnelle
modalité personnelle emphatique	ńgà "lui"	pas de postposition du spécifique/générique ni du déictique dɩ̀ɩ́n postposition des déictiques nɔ́ɔ̀ et wɔ́ɔ̀
déictique neutre	wɔ́ɔ̀ "ce"	postposition du générique et du déictique dɩ̀ɩ́n pas de postposition du spécifique pas de préposition de la modalité personnelle
déictique notionnel	yàá "çà"	pas de postposition du spécifique/générique pas de postposition de la base comportative préposition de la modalité personnelle postposition du déictique dɩ̀ɩ́n
déictique absolu	nóò "ce, voilà"	préposition de la modalité personnelle absolue et non de la modalité personnelle pas de préposition de la modalité énonciative pas de postposition du spécifique/générique pas de postposition du déictique wɔ́ɔ̀ mais seulement dɩ̀ɩ́n
existentiel	gòó "être"	préposition de la modalité personnelle pas de préposition de la modalité énonciative pas de postposition du spécifique/générique

Position	inventaire	formation
1/2	non fini	monème/synthème
1	non fini	monème/synthème
2	non fini	monème/synthème
1/2	non fini	monème/synthème
1	fini	monème
1	fini	monème
1	fini	monème
1	fini	monème
2	fini	monème
2	fini	monème

Désignation	Exemple-type	Caractéristiques
déterminatif non défini	fő "certain"	postposition du générique pas de préposition de la modalité personnelle pas de préposition de la modalité énonciative
déictique ponctuel 1	nèé "ici"	postposition du déictique wɔ̋ɔ̀ postposition par rapport à la base comportative pas de préposition de la modalité personnelle, de la modalité énonciative pas de postposition du spécifique, ni du déictique dìín
· *Enoncés à 3 termes*		
spécifique générique	-ȁáy "les" -yã́ "des"	éléments toujours liés au terme précédent, soit les bases ∅, 1, 2, 3, 4, 5 pas de préposition des déictiques yàá et nɔ́ɔ̀ pas de préposition de modalité personnelle
déictique ponctuel 2	dìín "ce-là"	postposition de -yã́ générique préposition des déictiques wɔ̋ɔ̀, nɔ́ɔ̀, yàá pas de préposition de la modalité personnelle
fonctionnel	rá "dans"	pas de postposition spécifique/générique pas de prépositions de déictiques nɔ́ɔ̀, yàá préposition de la modalité personnelle de la base ∅, 1
totalisateur	kúlù "totalité"	pas de postposition du spécifique/générique préposition de la modalité personnelle postposition du déictique nɔ́ɔ̀
modalité d'énonciation	gá "vers"	préposition d'une modalité personnelle postposition de la base comportative pas de postposition de l'existentiel mais préposition pas de postposition du déictique nɔ́ɔ̀ et du spécifique/générique
Présentatif	ká "de, et"	préposition de la modalité personnelle postposition de la base comportative, de la base notionnelle, de l'existentiel pas de postposition du déictique nɔ́ɔ̀, ni du spécifique générique
négation rétrospective	mànáá "ne pas"	préposition de la modalité personnelle postposition de la base comportative pas de postposition du déictique nɔ́ɔ̀, ni du spécifique/générique

Position	inventaire	formation
2	fini	monème
1/2	fini	monème
2	fini	monème
2	fini	monème
2	fini	monème
2	fini	monème
2	fini	monème
2	fini	monème
2	fini	monème

Désignation	Exemple-type	Caractéristiques
modalités assertives	dǎy "certes	pas de postposition du spécifique/générique préposition de la modalité personnelle postposition du déictique nɔ́ɔ̀, de l'existentiel, de la base comportative
Bases descriptives	ɪ̂hànnɔ́ "le beau"	postposition du spécifique/générique, des déictiques préposition de la base notionnelle ou préfisation nécessaire de -i pas de préposition de wɔ́ɔ̀, nɔ́ɔ̀, yàá (déictiques) ni de la modalité personnelle
Bases conjoncturelles 1	bìí "hier"	pas de postposition du spécifique/générique pas de postposition après l'existentiel, le déictique , la modalité personnelle
Bases conjoncturelles 2	wásúwású "très vite"	pas de postposition spécifique/générique ni du déictique wɔ́ɔ̀ postposition de bases bivalentes et comportatives
· *Enoncés à 4 termes*		
Régisseurs mixtes	hálà "jusqu'à"	postposition d'une base notionnelle, bivalente d'une modalité personnelle, s'un syntagme, d'un énoncé
négation prospective	sí "ne pas"	postposition d'une base comportative préposition d'une modalité énonciative
joncteur	nà "à, de"	postposition d'une modalité personnelle, d'une base bivalente, notionnelle, d'une base descriptive préposition d'une modalité énonciative
· *Enoncés marqués*		
interrogatifs	ɪ́fò "quoi"	préposition ou postposition d'un énoncé simple ou complexe
exclamatifs	hábá "eh bien"	préposition ou postposition d'un énoncé simple ou complexe
injonctifs	Ø, wà "tu/vous"	préposition d'une base comportative, bivalente ou d'un syntagme
· *Enoncés dépendants*		
déictique/relatif	kã̰ã̰ "ce que"	postposition d'une proposition
modalités discours indirect	ńgà/ńgày "il/ils"	préposition d'une base comportative ou bivalente ou d'un syntagme en proposition subordonnée
coordinatif	àmmá "mais"	début de la deuxième proposition dans un énoncé à deux propositions
Régisseurs d'énoncés	dá "quand, si"	début de la première ou de la deuxième proposition dans un énoncé à deux propositions

Position	Ensemble	Formation
2/3	fini	monème
2	non fini	monème
1/3	non fini	monème
3	non fini	monème/synthèmes
3	fini	monème
3	fini	monème
2	fini	monème
	fini	monème
	non fini	monème/synthèmes
	fini	monème
	fini	monème
	fini	monème
	fini	monème
	fini	monème

RELATIONS ET SÉMANTIQUE

3.72. PRESENTATION ET COMMENTAIRES

Nous venons de faire la récapitulation des syntaxèmes du zarma par type d'énoncés tels que nous les a fournis l'analyse.

Nous voudrions essayer de montrer maintenant, en présentant un nouveau tableau des syntaxèmes, les relations que ces syntaxèmes ont entre eux.

Nous avons voulu faire à la fois :

1) un *inventaire* qui donne d'emblée une vision d'ensemble de la langue et aussi
2) un *essai* pour mettre en relief comment *ces syntaxèmes sont reliés* les uns aux autres, tout à fait indépendamment de leur rôle fonctionnel, ce qui fera l'objet d'un autre chapitre (les Fonctions), mais plutôt par rapport :

- *à leur regroupement sémantique* faisant référence à l'organisation de la langue;
- aux *relations* qu'ils entretiennent entre eux;
- à *leur appartenance à un type d'inventaire* plutôt qu'à un autre,étant entendu que le passage d'un type à un autre est possible et peut être progressif.

Ce tableau tente de dégager la *trame même* du schéma de la communication en zarma, à travers les unités syntaxématiques.

3.73. I - INVENTAIRE DES SYNTAXEMES

Nous n'avons pas choisi de présenter les Bases lexicales accompagnées de leurs déterminants spécifiques, étant donné qu'en zarma il n'existe que très peu de déterminants spécifiques pour une Base donnée. Chaque déterminant peut pratiquement se combiner avec chaque Base.

Nous rappellerons toutefois qu'il existe deux types de déterminants ayant des combinaisons préférentielles; il s'agit du SPECIFIQUE qui se combine préférentiellement avec les BASES 1, Ø et 3, et des PARTICULES ENONCIATIVES qui se combinent préférentiellement,mais non exclusivement avec les BASES Ø et 2.

Nous avons préféré, dans cet inventaire, présenter les unités syntaxiques en tenant compte de leur appartenance au lexique ou à la grammaire.

Ensemble fini et non fini

Par conséquent, nous avons séparé dans ce tableau les syntaxèmes selon qu'ils appartiennent à un ensemble dont les membres peuvent être dénombrés ou non, ce que nous avons désigné sous le terme de *ensemble fini* ou *non fini*.

Les flèches du tableau indiquant que le passage d'un ensemble à l'autre peut se faire, cela signifie que des ensembles lexicaux peuvent être plus ou moins ouverts et que, de plus, l'appartenance des syntaxèmes au lexique ou à la grammaire n'est pas toujours liée à l'appartenance à un ensemble non fini et fini. Ainsi **gòɓ** "existentiel" appartient au lexique, mais il est le seul représentant de son groupe.

Les BASES 3, types **ʼíbʼíì** "noir" appartiennent au lexique,mais elles sont enliste fermée.

Au contraire, les Exclamatifs appartiennent à la grammaire, mais ils constituent une liste plutôt ouverte.

Cette distinction est complétée par une division des unités syntaxiques en *lexèmes* et en *grammèmes*.

Nous aboutissons donc à un inventaire des :

BASES LEXICALES (LEXEMES) réparties en
- ENTITES (NOTIONS)
  ↕
- COMPORTEMENTS
  ↕
- CARACTERISATIONS
  - descriptives
  - conjoncturelles
- EXISTENCE

BASES GRAMMATICALES réparties en (GRAMMEMES)

1) FORMULATIONS
- modales
- déictiques
- déterminatives
- personnelles

2) RELATIONS
- syntagmatiques ↕
- énoncématiques

Les flèches indiquent que les deux éléments reliés ainsi peuvent être confondus; par exemple, la BASE ENTITE et la base COMPORTEMENT peuvent ne faire qu'une, ce sera alors la BASE BIVALENTE; autre exemple, la *relation syntagmatique* et la *relation énoncématique* peuvent être introduites par des *régisseurs identiques*.

II - RELATIONS SEMANTIQUES ET SYNTAXIQUES

3.74. Bases lexicales et actualisation

Nous avons considéré que les bases lexicales de la langue (Entités, Comportements, Bases bivalentes, Bases descriptives) n'avaient une existence dans la langue que si elles se trouvaient *actualisées* dans un contexte.

Remarque : Nous nous inspirons de la terminologie donnée par Bernard POTTIER dans la *LINGUISTIQUE (Théorie et description)* en la transposant partiellement d'un plan conceptuel à un plan plus syntaxique. Cette terminologie nous a paru révélatrice et intéressante en ce qui concerne l'articulation des syntaxèmes du zarma.

Nous rappellerons que pour B. POTTIER, l'*entité* et le *comportement*, sur un plan conceptuel, sont les deux pôles d'une *relation binaire* qui fonde le *propos* .

"Le propos est une relation entre l'entité (support, élément posé) et le comportement (apport, ce que l'on pose"). Hypothèse conceptuelle,p.42
"Les formulations sont des classes sémantiques générales qui varient selon les langues, mais qu'on semble pouvoir grouper en quatre séries vraisemblablement universelles. Les unes sont liées au procès de communications (modales, locutives), les autres sont des indications qualitatives et quantitatives (descriptives)". p. 47, ouvrage cité.

Cette actualisation se fait essentiellement par un ensemble de *formulations* (ou *caractérisations*) et de *relations* exprimées au moyen de *grammèmes*.

A - LES FORMULATIONS [76], en plus de leur *rôle actualisateur*, fournissent *un cadre conceptuel* qui s'applique aux bases.

On distinguera en zarma :

a) La formulation locutive : *fondée sur le rapport entre le je, le tu et les autres* [76] ; elle recouvre :

- les personnes (interlocution)
- la déixis (je et l'espace)

b) La formulation modale : *elle est une manifestation de je énonciateur sur le propos et sur sa propre formulation* [76].

Elle sera constituée de :

- l'assertion
- l'interrogation
- l'exclamation

c) La détermination :

- spécificité ou non spécificité
- vue globale ou non

B - LES RELATIONS

Ensemble des liens qui unissent les bases entre elles et avec le reste de l'énoncé au niveau secondaire et primaire.

Ces liens se font par des RELATEURS ou des REGISSEURS (des propositifs, fonctionnels, etc..)

---

[76] Nous reprenons des définitions à Bernard POTTIER, pp. 188, 158.

CLASSEMENT DES UNITES SYNTAXIQUES = ou SYNTAXEMES

ENSEMBLE NON FINI ←→ ENSEMBLE FINI

ENSEMBLE NON FINI → LEXEMES

ENSEMBLE FINI → GRAMMEMES → ACTUALISATION

ACTUALISATION → FORMULATIONS syntagme / énoncé

ACTUALISATION → RELATIONS syntagme / énoncé → Propositifs

Bases lexicales

BASE Ø bivalente ou non différenciée

type **címí** "vérité, dire vrai"

BASE 1 notionnelle (entités)

type **bòró** "homme"

BASE 2 comportative (comportements)

type a) **ŋàá** "le manger" (dt + Base)
type b) **kà** "le venir" (Ø + Base)

BASE 3 descriptive

type 1 **íkwá:rày** "le blanc"
type 2 **íbíì** "noir"

BASE 4 conjoncturelle

temporalité type a) **bìí** "hier"
appréciation type b) **gúmó** "beaucoup"

EXISTENTIEL

gòó / sí "être / ne pas être"

FORMULATIONS syntagme / énoncé

Formulation locutive

. Interlocution

Modalités personnelles
- emphatique **ńgà** "lui"
- non emphatique **à** "il"
- discours indirect **ńgà** "il"

. Déixis

a) *global* - absolu **nóò** "ce, c'est"
- neutre **wóò** "ce"

b) *ponctuel* - ici **nèé**
- non ici **dìín**
- là-bas **yóngò**

Détermination

- *spécifique* **-òó (-àá), àáy**
  générique **-yá̰**
- *non-défini* **fó̰** "certain"
- *totalisateur* **kúlù** "tout"

Formulation modale

- *Particules assertives* type **dáy** "certes"
- *Interrogatifs* type **ífò** "quoi ?"
- *Exclamatifs* type **hábà** "eh !"

RELATIONS syntagme / énoncé

1. *Fonctionnels*
type **rá** "dans"

2. *Régisseurs mixtes*
type **hálà** "vers"

3. *Déictique-relatif*
type **ká̰à̰** "ce que"

4. *Joncteur*
type **nà** "avec, à"

5. *Régisseurs d'énonciation*
type 1 **gà, mà** énonciation
type 2 **ká** présentatif
type 3 **Ø, wà** injonction
type 4 **mánà** nég. {rétrospect.
sí prospect.}

Propositifs

type 1 **dá̰** "si"

type 2 coordinatifs **àmmá** "mais"

5. ANNEXES

3.75. Nous complèterons le tableau d'ensemble précédant par des indications complémentaires :

1) - d'une part pour donner une vue plus synthétique de certains syntaxèmes qui jouent un rôle important dans la langue, en particulier :

- *les déictiques* : nous présenterons (tableau 1) un regroupement sémantique qui ne met pas en doute la différenciation catégorielle de chacun des déictiques;
- *les relateurs* : ils jouent un rôle important d'actualisation et d'articulation dans la langue au niveau secondaire et primaire (tableau 2).

2) - d'autre part pour présenter quelques exemples de bases lexicales afin d'avoir une idée plus précise de ce qu'elles recouvrent.

3.76. 1. TABLEAU DES DÉICTIQUES

	PONCTUEL		GLOBAL	
Présentateurs →	nèé	ici	nóò	absolu
	dìín	non ici	wóò	neutre
	yòngó	là-bas		

L'ensemble des déictiques peuvent coexister entre eux, soit au niveau primaire ou secondaire

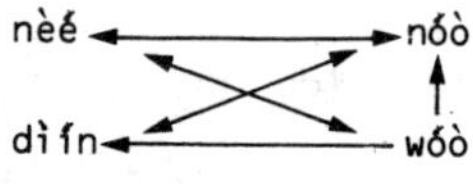

seules successions non attestées à notre connaissance : °nèé dìín
°nóò wóò
°dìín wò

Exemples :

1 - bòró-wò nóò °nóò + wóò "C'est cet homme"
//homme | ce || voilà//

2 - nèé nò "C'est ici"
//ici | ce//

3 - gá:sú nó nèé "Il y a une calebasse ici"
//calebasse | ce || ici//

4 - gá:sú-dìín nèé °nèé dìín "Voici cette calebasse-là"
//calebasse | ce-là || ici//

5 - gá:sú-wò nèé "Voici cette calebasse"
//calebasse | ce || ici//

6 - à gò:ró nèé-wò "Il s'asseoie ici"
//il / l'asseoir / ici | ce//

7 - à gò:ró nó-dìín "Il s'asseoie là"
//il / l'asseoir / ce | ce-là//

8 - gá:sú-dìín nò "C'est cette calebasse-là"
//calebasse | ce-là || voilà//

9 - wó-dìn nóò "C'est cela"
//ce | ce-là || voilà//

3.77. 2. TABLEAU DES RÉGISSEURS

L'ensemble des syntaxèmes définis comme suit ont tous en commun d'être des régisseurs de syntagme ou d'énoncé, ou même des deux à la fois.

Nous en donnerons la liste; on pourra également se reporter au tableau général des syntaxèmes :

- fonctionnels 1	type	rá	"dans"	REGISSEURS DE SYNTAGMES
- joncteur	type	nà	"à, de"	
- énonciatifs	type	gà	"vers"	
- négation	type	màná	rétrospectif	
	type	sí	prospectif	
- présentatif	type	ká	"à, de, par, pour"	REGISSEURS MIXTES (SYNTAGMES ET ENONCES)
- fonctionnels 2	type	hálà	"jusqu'à"	
- déictique-relatif	type	kã̰à̰	"ce que"	REGISSEURS D'ENONCES
- propositifs	type	dá	"quand, si"	

3.78. 3. BASES CONJONCTURELLES

Nous donnerons quelques exemples de bases conjoncturelles :

a) - sous-groupe ayant un rapport avec le temps : (temps précisé, répété, temps non précisé)

bìí "hier", sə́ŋò "maintenant", hùnkúná "aujourd'hui", mánnà̰ "l'année dernière", súbà "demain", súbàsí "après demain", yé:sì "l'an prochain", kwàá:ynè "encore", hámbágàr "peut-être".

Remarque : Certaines BASES 1 (type gá:sú) ont très souvent la fonction d'un complément temporel, ainsi elles tendent à devenir des bases conjoncturelles, les seuls emplois de ces termes étant liés pratiquement à ceux d'un complément temporel. Toutefois, il ne semble pas que cette évolution soit terminée :

Exemple : wátòó "à ce moment" et hìnə́ò "alors"

par contre le terme hán "jour" peut aussi bien fonctionner comme complément temporel que comme sujet.

b) - sous-groupe conjoncturel : notions ayant rapport avec une appréciation :

wásúwású "très vite", mə́sə́mə́sə́ "doucement", káynákáyná "très peu", gúmə́ "beaucoup".

Nous pouvons inclure dans cette catégorie la plupart des idéophones qui peuvent être liés à la présence de certaines bases comportatives de type 2 auxquelles ils sont postposés immédiatement ou non.

Exemples : síú "longtemps", síúsíúsíú "très longtemps", pát "complètement", sáp "d'un coup", kù:s "brusquement", fùdùdùdù "brusquement", pə́rt "mouvement de retrait, vlan", kúpíkúpí "évocation d'une démarche", pàrtàpàrtàpàrtà "démarche du cheval"

bábábáb fílífílífílí	"évoque le souffle du vent"
tíktíktík	intensif pour noir (bíì)
tísíútísíútísíú	intensif pour beau (hánnà̰) (cf. Synthématique)

Exemples d'emploi :

ì gàáy síú	"Ils restent longtemps" //ils / le rester / longtemps//

àlmàháw mà-té fílífílífílí	"Le souffle d'air fait filifili" // souffle de vent /*déloc.*| le faire / filifili//
à káày kù:s	"Il s'arrête d'un coup" // il / l'arrêter / d'un coup//
bàrìò té pórt ká-fùnú ì cìré	"Le cheval fait vlan, et part dessous eux" // cheval+ *spéc.* / le faire / vlan # de | le partir + *spéc.* /eux | sous//

Certaines de ces bases conjoncturelles semblent avoir une plus grande latitude de position; on pourrait considérer qu'il s'agit d'un sous-groupe.

Exemples :

kúntúlúm	"évoque une chute"
fà:sú	"d'un coup"

Ces termes peuvent en effet figurer en initiale d'énoncé, aussi bien qu'en finale, ou après une BASE 2 (comportative).

Exemple :

à fùún ká ká̰ bòp	"Il se détache et tombe, hop!" // il / le sortir # de | le tomber / hop//

3.79. 4. BASES DESCRIPTIVES

a) type 1. Exemple : íkwá:rày "blanc".

Nous en donnerons quelques exemples que nous analyserons sur un autre plan au chapitre de la Synthématique :

ícírày "rouge", íkáyná "petit", íwàrgó "large", ímárìò "maigre", ímò:ró "amer", ítájí "neuf", ítàfó "large", ísì:ró "tordu", íkò:gó "sec", ízè:nó "vieux", íbò:bò "nombreux", ìhínká "deux", ìgú "cinq", ìhìnkànté "deuxième".

Remarques :

1. Pour une partie des bases descriptives à valeur numérale, la préfixation de -ì est amalgamée; nous en donnerons quelques exemples; de plus, pour la base descriptive signifiant "un", la préfixation est -à et non ì-.

Exemples :

à-fő		un
ì-hínká		deux
ì-hínzà		trois
ì-tácí		quatre
ì-gú		cinq
íddù	(ì-íddù)	six
íyè	(ì-íyè)	sept
áhákù	(Ø-áhákù)	huit
yággà	(ì-yággà)	neuf
ì-wáy		dix

pour d'autres bases, la préfixation de i- n'est pas attestée non plus, on peut émettre l'hypothèse que le préfixe s'est également trouvé amalgamé et qu'il s'agit du même type de syntaxème.

wárànká	vingt
wárànzá	trente
zàngú	cent

les dizaines intermédiaires sont des composés avec **wáy** "dix" qui n'ont pas la nécessité d'avoir la préfixation.

wáy.tácí	quarante
wáy.gú	cinquante
wáy.dù	soixante
wáy-yè	soixante-dix
wá-hákù	quatre-vingt
wáy.gà	quatre-vingt dix

2. Le terme **à-fállá̰** "seul, unique" est à ranger, à notre avis, dans les bases descriptives, malgré les divergences combinatoires qu'il présente avec la base-type : en particulier **fállá̰** n'admet pas la postposition du spécifique/générique, simplement peut-être pour des raisons sémantiques.

On a les exemples :

fárká fállá̰ nò[77]	"C'est un seul âne"
à-fállá̰ nò[77]	"C'est le seul"

Comme les bases descriptives **fállá̰** est nécessairement préfixé lorsqu'il n'est pas précédé d'une base lexicale. Le préfixe est à- , comme pour le terme **à-fő** "un" avec lequel il est en relation sémantique et sans doute dérivationnelle.

---

[77] | nóò | R. 1

b) type 2. Exemple : (ì)bíì "noir"

Les exemples de ce sous-groupe paraissent très peu nombreux; nous n'en trouvons que quelques exemples :

bíì	"noir"
bàmbátà	"grand, gros"
kóm	"épais"

Ces exemples sont, par contre, très fréquents dans le discours.

5. BASES BIVALENTES

3.80. On compte plus d'une centaine de Bases bivalentes (ou non différenciées) dans les limites du corpus. Nous en donnons quelques exemples. La traduction française de ces termes est relativement trompeuse dans la mesure où nous utilisons un nom et un verbe en français pour essayer de rendre compte de la double valeur de la base zarma, alors qu'en zarma il s'agit d'une base non différenciée du tout qu'il vaudrait mieux traduire par un seul terme, ainsi :

tá:rí "le mentir"

"le mentir" inclut à la fois "le mensonge" et "mentir".

Pour certains termes, cette traduction unique est possible,pour d'autres, il est difficile de l'admettre en français. C'est pourquoi nous nous sommes résolue, dans cette liste, à donner le plus souvent deux traductions qui ne doivent pas faire oublier l'unité sémantique et catégorielle des BASES NON DIFFERENCIEES.

Exemples :

bàráày	- pleur de deuil - pleurer
bùngà	- faire des trous à la houe - le trou (fait à la houe)
mé:rí	- être laid - laideur
mò:ní	- laisser des mauvaises herbes - une herbe laissée
fìsì	- tâcher - une tâche
fà:bá	- secourir - secours
fà:là	- être facile - facilité

fàá:jì - solitude
- être solitaire

fàsá - défendre
- défense

fàllé - siffler
- sifflement

tàá:bì - souffrir
- souffrance

tá:lám - mettre des habits
- habits

tà:mʊ́ - marcher
- chaussure

tá:rí - mentir
- mensonge

táfàr - entrave
- entraver

tù:ɲé - provoquer
- provocation

tùʊ́:bì - pardonner
- pardon

tʊ́bʊ́ - hériter
- héritage

tʊ́rʊ́ - coiffer
- coiffure

dírgáy - flâner
- flânerie

dábʊ́ - relier
- noeud

dámbé - jeu de coups de poing
- donner un coup de poing

dàsé - replanter
- replantation

dùllʊ́ - fumée
- faire de la fumée

dʊ́gʊ́ - parfumer
- parfum

ná:náy - avoir confiance
- confiance

lá:mí - désirer
- désir

lèé:bù - être infirme
- infirmité

sábʊ́ - féliciter
- félicitation

sàfá - piler
- pilage

sùʊ́:rù - patienter
- patience

zàmbá́	- trahir - trahison
zɔ́:bù	- sarcler - sarclage
cá́bʊ́	- raser - rasage, baptême
cɩ́mɩ́	- dire la vérité - vérité
cɩ́tɩ́	- juger - jugement
yɛ́:rɩ́	- vomir - vomissement
kɔ́llɔ́	- faire boire de force - outre à lavement
gòmnɩ́	- faire un cadeau - cadeau
hɩ́ndɩ́rɩ́	- rêver - rêve

6. BASES COMPORTATIVES

3.81. Nous rappellerons que nous avons distingué deux sous-groupes à l'intérieur des Bases comportatives.

a) sous groupe type **kà** "le venir" : *n'admet pas la préposition d'un déterminant;*

b) sous-groupe type **sámbʊ́** "le prendre" : *admet la préposition d'un déterminant qui peut même éventuellement se postposer*. Le changement de position entraîne un changement d'interprétation d'un énoncé à l'autre. Nous donnerons de nouveau les exemples correspondant à cette situation :

- élément préposé :

(1) **à gà - cɩ́ɩ́ɩ́ - sámbʊ́** "Il prend le poisson"
// il / vers | poisson | le prendre//

- élément postposé :

(2) **à gà - sámbʊ́ cɩ́ɩ́ɩ́** "Il prend, le poisson"
// il / vers | le prendre / poisson//

Dans l'exemple 1, l'ensemble **cɩ́ɩ́ɩ́ - sámbʊ́** nous ramène à une relation de détermination courante déterminant-déterminé *"le prendre du poisson"*. Dans l'exemple 2, la relation entre **sámbʊ́** et **cɩ́ɩ́ɩ́** est de type primaire *"le prendre"* (prédicat) *"au poisson"* (complément). Il est difficile de restituer la différence entre ces énoncés dans la traduction française, mais la différence doit exister; elle pourrait correspondre à une mise en valeur. Nous ajouterons que ce sont les exemples de type 1 qui sont les plus fréquents. Nous mentionnerons aussi qu'à l'intérieur de ce sous-groupe représenté par le type **sa̋mbű** "le prendre", nous avons relevé quelques exemples de bases qui admettent la préposition d'un déterminant sans qu'il soit possible, semble-t-il, de le postposer comme précédemment.

Exemple : **dűm** "l'accompagner"

à gà - ízò - dűm	"Il accompagne l'enfant" // il / vers | enfant + *spéc.* | l'accompagner//

mais °**à gà - dűm ízò** n'est pas accepté.

Avant de présenter quelques bases illustrant chacun de ces cas, nous donnerons des fréquences calculées à partir de sept textes de contes : sur 139 BASES COMPORTATIVES, on a la répartition suivante :

a)	sous-groupe	type **kà**	"le venir"	57 exemples
b)	sous-groupe	type **sa̋mbű**	"le prendre"	72 exemples
		type **dűm**	"l'accompagner"	10 exemples

a) Sous-groupe type **kà** "le venir"

bò:rí	être bon	**wőngù**	refuser
cűrűkűsù	déjeuner	**fűla̋nza̋m**	se reposer
ka̰̋à̰	tomber	**fa̋tta̋**	sortir
ya̋y	être frais	**fè:ní**	faire des tours sur soi-même
ka̋:nù	être bon	**sèe̋:dà**	être témoin
sàla̋àm	saluer	**làmba̋**	se cacher
ga̋:nù	danser	**dùngù**	être chaud
ze̋	jurer	**dű:mì**	être éternel
kű	être long	**dò:na̋à**	avoir l'habitude
kùngű	gronder	**da̋nga̋y**	se taire
ka̋:ní	se coucher	**ta̋:rí**	mentir
ka̋:tí	crier	**zùrű**	courir
nínί	être mûr	**te̋**	faire
sòő:là	être prêt	**tűkù**	trouver
nàma̋	aboyer	**ka̋ày**	s'arrêter
wàda̋tà	faire ce que l'on veut	**ta̋y**	mouiller

tó:sú — déféquer
fàrgá — être fatigué
tùún — se lever
zùmbú — descendre
gò:ró — s'asseoir
dù — avoir
dí — voir
tù — répondre
wá:ní — savoir
sàbándà — trouver
kàndé — apporter
bìsá — dépasser
bàá — surpasser

dìrà — marcher
kwáy — partir
kà — venir
báà — aimer
báràndá — avoir (être avec)
má — entendre
fùún — sortir
fúrò — entrer
tó — atteindre
cí — être
yéè — retourner
néè — dire

b) Sous-groupe type sámbú "le prendre"

báré — transformer
bán — finir
cágàl — empêcher
gìsí — poser
kàá — enlever
járè — porter
yùlùá — reculer
ɲúmày — laver
kár — frapper
kà:rù — monter
kú — ramasser
kó:sú — gratter, racler
gánà — suivre
gàr — trouver
ŋàá — manger
gwàáy — travailler
gùná — regarder

sár — sauter
sámbú — prendre
sàrkù — accrocher
nà:nù — appuyer
nà̰ — laisser, cesser
ná:nú — têter
wí — tuer
cándí — tirer
cé:rí — casser
fá:lí — supplier
fòó — saluer
fóngù — se souvenir
tón — brûler
tòntòn — augmenter
dídígí — enrouler
dè:dé — raconter
dáày — acheter
dà̰ — mettre

b) type dúm

fíttáàw — lancer
tà̰ — laisser
báy — connaître
bítí — troubler

núkùm — donner des coups
támmè — frapper
làbù — appuyer
dò:rù — regarder fixement

IV

SYNTHÉMATIQUE

4.1. Nous avons pu remarquer, lors du classement et de la définition des syntaxèmes ou unités syntaxiques de la langue, qu'un même syntaxème pouvait être constitué à la fois de termes simples et de termes complexes. Ce phénomène nous permet s'insister sur le fait que la définition du syntaxème est indépendante de la structure des éléments qui le constitue. De plus, nous avons pu le constater, l'ensemble des lexèmes de la langue est de nature variable.

Nous étudierons donc, dans ce chapitre, les divers procédés de formation des lexèmes complexes en zarma; certains sont des procédés recurrents, d'autres non.

Ces procédés sont désignés traditionnellement par les termes de dérivation et de composition. Nous en rappellerons les caractéristiques générales, puis nous verrons comment ces procédés se manifestent en zarma.

En ce qui concerne la nature des éléments :

- *le dérivé* est constitué d'un monème de base et de monèmes spécifiques qui n'ont pas d'existence isolée dans l'énoncé, mais seulement à l'intérieur du dérivé; ces monèmes spécifiques sont en inventaire fini; dans le cas du zarma, il peut également s'agir d'un ton.

- *le composé*, lui, est constitué d'éléments existant par ailleurs dans la langue; ces éléments peuvent donc être en inventaire fini ou non.

Le résultat de ces deux procédés en zarma est différent, nous en ferons ressortir les principaux caractères.

4.2. La dérivation aboutit souvent à un changement de syntaxème entre la Base 1 (notionnelle) et la Base 2 (comportative). Il faut préciser que le sens de cette dérivation n'est pas toujours facile à déceler; cependant, on ajoutera que la dérivation peut également aboutir à un changement sémantique sans changement de type de syntaxème.

Contrairement à ce que nous avions pu penser, il n'existe pas de type de syntaxème uniquement constitué de dérivés.

Enfin, l'ensemble de la dérivation en zarma se manifeste, nous semble-t-il, à travers des faits lexicaux relativement figés, à l'exception de quelques cas utilisant des suffixes productifs.

4.3. La composition apparaît comme un procédé de formation essentiellement réservé aux Bases notionnelles et bivalentes de type 1 et Ø (ex. gá:sú "calebasse").

L'autre caractéristique importante à signaler est que l'existence de composés prête assez souvent à discussion en zarma, dans la mesure où l'ensemble des composés a une structure qui est celle d'une relation de détermination courante (ordre déterminant-déterminé) ou encore possède un type de formation qui est à l'image des habitudes syntaxiques de la langue (structure des énoncés).

Ainsi serons-nous amenée souvent à anticiper sur les chapitres suivants.

DÉRIVATION

4.4. La dérivation en zarma semble relever souvent de faits lexicaux relativement figés, à l'exception de quelques suffixes productifs dans la langue entraînant un procédé prévisible à partir d'une Base donnée.

Nous rangeons sous le chapitre de la dérivation, deux types différents de formation de dérivés : les uns résultent d'un procédé de suffixation, les autres résultent de ce que nous avons appelé une flexion du monème de base : cette flexion se manifeste sous la forme d'un redoublement du terme de base ou d'une modification tonale.

Nous résumerons l'ensemble des procédés de dérivation :

Dérivation flexionnelle   1 - Redoublement

Pas de changement tonal { changement sémantique (procédé vivant)
changement de type de syntaxème

Changement tonal { changement sémantique
changement de type de syntaxème

2 - Changement tonal
changement de type de syntaxème

Dérivation affixale

3 suffixes → changement sémantique
15 suffixes → changement de type de syntaxème
(dont 4 productifs)

Nous noterons que l'ensemble des suffixes, bien que différents formellement les uns des autres, aboutissent presque tous au même résultat, à savoir un changement de type de syntaxème : Base comportative // Base notionnelle (sans préjuger du sens de la dérivation). (cf. Tableau récapitulatif final).

1. DÉRIVATION FLEXIONNELLE

4.5. Nous regrouperons sous ce type de dérivation deux procédés :

- le redoublement
- le changement tonal.

Formellement, le terme de base subit une modification de la structure syllabique, une modification tonale ou les deux à la fois.

Les fonctions de cette dérivation sont différentes selon les procédés cités.

En ce qui concerne le redoublement, il aboutit soit à :

- un changement sémantique
- un changement de type de syntaxème.

Dans le cas du changement tonal sans redoublement, on aboutit généralement à un changement de type de syntaxème.

Remarque :

D'après ce que nous avons dit de la définition du dérivé, on pourrait normalement considérer que les cas de redoublement complet sans modification tonale sont plutôt à ranger parmi les composés que les dérivés puisqu'ils ne présentent pas d'affixation, ni même de flexions, mais une répétition identique d'un même terme :

Exemple : **mɔ́sɔ́.mɔ́sɔ́** "très doucement"

Ce n'est qu'en rapprochant d'autres cas de redoublement, liés à des flexions tonales, que nous avons choisi de ranger aussi ces cas de redoublements sans aucun changement formel sous le chapitre des dérivés.

LE REDOUBLEMENT

On distinguera, d'après leurs traits formels, plusieurs possibilités de redoublement :

a) redoublement complet sans changement tonal

b) redoublement complet avec changement tonal.

A - LE REDOUBLEMENT COMPLET SANS CHANGEMENT TONAL

4.6. Ce type de dérivation affecte les Bases conjoncturelles, les Bases bivalentes, les Bases 1 et 2 (notionnelles et comportatives).

+ Traits formels

Le terme de base est répété une fois dans le cas des Bases bivalentes et notionnelles; il peut être répété une fois, et même plus, trois fois généralement lorsqu'il s'agit de Bases conjoncturelles, ou de Bases comportatives.

+ Fonction de ce redoublement

a - CHANGEMENT SEMANTIQUE

Le redoublement complet de la forme de base donne lieu à un changement sémantique dont nous préciserons la valeur pour chaque syntaxème affecté. Nous reprendrons en détail les divers syntaxèmes concernés par le redoublement complet.

° Bases conjoncturelles

mɔ́sɔ́	"doucement"	mɔ́sɔ́mɔ́sɔ́	"très doucement"
gʊ́mɔ́	"beaucoup"	gʊ́mɔ́gʊ́mɔ́	"très, énormément"

Le dérivé exprime l'intensif, le superlatif.

Remarque :
Un certain nombre d'intensifs ou de superlatifs ne présentent pas de forme de base. C'est le cas notamment pour les Bases conjoncturelles (idéophones) correspondant à certaines Bases type 2 (comportatives).

tɪ́ktɪ́ktɪ́k	intensif utilisé avec	bɪ́ì	"noir"
pálpálpál	" " "	kwǻ:rày	"blanc"
dʊ́ɪ́dʊ́ɪ́dʊ́ɪ́	" " "	fʊ́mbʊ́	"sentir mauvais" (odeur d'urine)
twą̊twą̊twą̊	" " "	kǻ:nù	"doux, sucré"
càwcàwcàw	" " "	cɪ́ràу	"rouge"
bázǻwbázǻwbázǻw	" " "	sǻy	"jaune"
gálǻwgálǻwgálǻw	" " "	bògʊ́	"bleu"
kárǻwkárǻwkárǻw	" " "	kɔ́:gʊ́	"sec"
pǻtákpǻtákpǻták	" " "	tǻy	"mouillé"
tɪ́sɪ́ʊ́tɪ́sɪ́ʊ́tɪ́sɪ́ʊ́	" " "	hǻnną̀	"beau"
lámǻylámǻylámǻy	" " "	yǻy	"froid"
fágǻwfágǻwfágǻw	" " "	dògɔ́n	"lourd"

à gà cìrǻy càwcàwcàw "Il est très rouge"
//il / vers | l'être rouge / très rouge//

Pour d'autres, la forme de base n'est pas attestée :

sʊ́kʊ́sʊ́kʊ́	"Il y a peu de temps"
bùgùbùgù	"avec force, dru"

° Bases comportatives ou bivalentes

à kắr	"Il frappe"	à kắrkắr	"Il frappe à petits coups"
à wárú	"Il fend"	à wárúwárú	"Il fend en plusieurs endroits"
à tắ:bú	"Il plie"	à tắ:bútắ:bú	"Il plie plusieurs fois"
à bágǘ	"Il casse"	à bágúbágú	"Il casse en plusieurs morceaux"
à tốllí	"Il coule"	à tốllítốllí	"Il coule goutte à goutte"
à sắr	"Il saute"	à sắrsắr	"Il sautille"
à tà:mú	"Il marche"	à tà:mútà:mú	"Il piétine"
à gày	"Il dure"	à gàygày	"Il dure un instant"
à sáy	"Il est jaune"	à sáysáy	"Il n'est pas tout à faitjaune"
à bíì	"Il est noir"	à bíìbíì	"Il n'est pas tout à fait noir"

Le dérivé exprime la répétition, l'éparpillement, la diminution. Ce procédé est très vivant dans la langue.

Remarques :

Pour quelques dérivés redoublés, le terme de base n'est pas attesté.

Exemples :

à mốrmốr	"Il coule lentement"	
à dwàlédwàlé	"Il fait plusieurs trous"	
à kámkám	"Il presse, compresse"	(appuyer plusieurs fois)
à nà-à - fúfú	"Il le moud" // il / à | le | le moudre//	(écraser finement)
à jìjì	"Il bégaye"	(répéter plusieurs fois)
à tòntòn	"Il augmente"	(mettre plusieurs fois)
à nà-à jílámjílám	"Il fait une compétition" // il / à | le / le faire compétition//	
à fàsàfàsà	"Il fait du feu" (par frottement d'une tige de mil)	
à fílífílí	"Il flotte" (drapeau)	
à nà-à fálífálí	"Il l'encourage" // il / à | le | l'encourager//	
à lánkúlánkú	"Il est trop maigre"	
à cìlícìlí	"Il chatouille"	

° Bases notionnelles

La Base notionnelle, obtenue par redoublement du terme de base, indique :

- l'objet créé ou utilisé par un corps de métier, une ethnie ou dans un lieu précis.

Exemples :

háwsá	"haoussa"	**háwsáháwsá**	"noeud utilisé par les Haoussa"
yàáw	"yorouba"	**yàáwyàáw**	"coiffure de femme" (inspirée des femmes yorouba)
tèrá	"Téra" (ville du Niger)	**tèrátèrá**	"couverture faite à Téra"
cákày	"tisserand"	**cákàycákày**	"pédale du métier à tisser"

- certaines caractéristiques du terme de base.

Exemples :

tóngó	"arc"	**tóngótóngó**	"coin de la maison réservé aux accouchées, voûté comme l'arc"
dòbú	"son"	**dòbúdòbú**	"rougeole" (qui démange comme le son)
tùú:rì	"arbre"	**tùú:rìtùú:rì**	"noeud solide"
bàrí	"cheval"	**bàríbàrí**	"jeu d'enfant consistant à monter sur le dos d'autres enfants".
bìnè	"coeur"	**bìnèbìnè**	"hésitation"

Les termes redoublés pour lesquels est attestée la Base notionnelle semblent assez peu nombreux.

° Bases descriptives

àfó	"un"	**àfófó**	"un par un"
zàngú	"cent"	**zàngúzàngú**	"par centaine"

Le dérivé indique, comme pour les Bases comportatives, la répétition.

b - CHANGEMENT DE SYNTAXEME

Bases comportatives → Base notionnelle

Le dérivé a les caractéristiques indiquées par la Base comportative.

Exemples :

à bé:rí	"Il coupe"	bé:ríbé:rí	"mante religieuse" (pattes antérieures acérées et coupantes)
à wìndí	"Il tourne"	wìndíwìndí	"tour sur soi-même"
à márgú	"Il rassemble"	márgúmárgú	"bien en commun"
à dìrà	"Il marche"	dìràdìrà	"dysenterie"
à mírí	"Il bouge"	mírímírí	"bougeotte"

Remarque :

Plusieurs termes présentant une forme redoublée n'ont pas de forme de base attestée, à notre connaissance; il nous est alors impossible de dire à quel syntaxème appartenait le terme de base. Sur 19 termes rencontrés, 10 sont des noms d'animaux :

kúrùkúrù	"espèce de serpent" *(non id.)*	wílíwílí.ɲáà	"arbre" *sp. (non id.)*
kódìkódì	"poisson" *Synodontis (sp.)*	kàràkàrà	"cicatrice zarma"
kwòtíkwòtí	"sorte de calao" peut-être *Tockus hartlaubi* G. (Bucerotideae)	sárkúsárkú	"rhume"
cákácáká	"espèce d'oiseau" *(non id.)*	fúrúfúrú	"trous d'insectes"
fílífílí	"libellule" *sp. (non id.)*	fílámfílám	"instrument du potier"
bògóbògó	"pique-boeuf" *Buphagus africanus* L. (Sturnideae)	mútùmútù	"sot"
bázàbázà	"taon"	mòtòmòtò	"marécageux"
bá:lìbá:lì	"espèce de mouton" *(non id.)*	fùrùkúfùrùkú	"chose sans valeur"
hárèhárè	"espèce de mouton" *(non id.)*	kúlíkúlí	"boule d'arachides pilées et grillées"
bìrìcíbìrìcí	"oiseau" *sp. (non id.)*	búsúbúsú	"briquet"
gàmgàm	"bousier"	pórópóró	"2 roues à moteur"

B - LE REDOUBLEMENT COMPLET AVEC CHANGEMENT TONAL

4.7. Ce type de dérivation apparaît, à notre connaissance, dans un petit nombre de cas.

Le résultat de cette dérivation est un changement de type de syntaxème, ou un changement sémantique, comme dans le cas précédent.

+ *Traits formels*

D'un point de vue formel, il se dégage une modification tonale assez régulière de tons inversés, soit en résumé :

INVERSION DES TONS DU DERIVE :
bas-bas / haut-haut → CV̀CV̀ / CV́CV́

Exemple type **hìnàhíná** "le cuisiner ensemble"

Autres exemples : voir 1, 12, 13, 15.

haut-haut / bas-bas → CV́CV́ / CV̀CV̀ → CV́CV́ / CV́CV̀ (Règle 1)

Exemple type **túgátúgà** "cache-cache" (exemple 5).

Autres exemples : voir 5, 6, 9.

(bas)-bas haut / (haut)-haut bas → (CV̀)CV̀CV́ / (CV́)CV́CV̀

Exemple type **kùrùbákúrúbà** "pâte de mil" (exemple 10)

Autres exemples : voir 7, 14, 16, 17, 18.

INVERSION DES TONS DU DERIVE PAR RAPPORT AU TERME DE BASE

bas-haut → haut-bas / haut-bas CV̀CV́ → CV́CV̀CV́CV̀

Exemple type **sáàysáày** "jeter à la volée"

Autre exemple : 2.

haut-bas → haut-bas / bas-haut CV́CV̀ → CV́CV̀CV̀CV́ → (→ CV́CV́CV̀CV́) R.1

Exemple type **dákédáké** "plante" *sp.* (exemple 19)

Restent en dehors de cette inversion les exemples 3 et 11.

Remarque :

Etant donné le petit nombre d'exemples représentant cette dérivation , nous ne présenterons qu'une fois les exemples, sous la rubrique Fonctions, en renvoyant au numéro de l'exemple quand c'est nécessaire.

+ Fonctions

a - CHANGEMENT SEMANTIQUE

+ Base 1 "notionnelle"

1.	zàá:rà	"pagne"	zà:ràzá:rá	"chiffon
2.	tòbwáày	"lièvre"	tőbwàytőbwày	"jeu d'enfant"

+ Base 2 "comportative"

3.	à gúùm	"il s'accroupit"	à gűmgűm	"il se courbe"
4.	a sàáy	"il éparpille"	a sáàysáày	" il jette à la volée"

dans le premier exemple, le dérivé indique l'utilisation faite à partir du terme de base; dans le deuxième exemple, le dérivé possède les caractéristiques du terme de base. Dans les deux derniers exemples, la valeur sémantique est plus difficile à définir. Le sens du dérivé et du terme de base est assez proche.

b - CHANGEMENT DE TYPE DE SYNTAXEME

Base 2 / Base 1 "notionnelle"

5.	à túgú	"il se cache"	túgátúgà	"jeu de cache-cache"
6.	à mírí	"il plonge"	mírímírà	"oiseau aquatique plongeur" *(non id.)*
7.	à nà-à fòó	"il le salue"	fòőfò |fòőfőò|	"Salut"

On remarque, en plus du changement tonal, un changement vocalique de la dernière syllabe en a, dans le deuxième cas, le changement vocalique n'a lieu qu'une fois dans le dérivé. Dans chacun de ces exemples le dérivé possède les caractéristiques exprimées dans le terme de base.

8.	à hìná	"elle cuisine"	hìnàhíná	"rassemblement pour cuisiner"
9.	à fàrù	"il cultive"	fáráfárà	"culture en commun"

ces deux exemples n'ont en commun que le sens de leur dérivé qui indique que l'action du terme de base a été faite par un groupe de gens réunis. Dans le deuxième cas, un changement vocalique en a s'ajoute au changement tonal.

10.	à kùrùbá	"il remue la pâte"	kùrùbákúrúbà	"pâte de mil"
11.	cìrì	"sel"	à cìrìcìrì	"il est saumâtre"

Nous n'avons rencontré qu'un seul exemple de ce type. Le dérivé exprime la qualité contenue dans le terme de base.

Remarques :

1. Le terme de base de certains dérivés redoublés n'est pas attesté.

Exemples :

12.	gùmbàgúmbá	"punaise"	16. jè:ríjé:rì	"ver détruisant le mil"
13.	ɲàmàɲámá	"chose, affaire"	17. fìngàfíngà	"jeu (fronde)"
14.	sàngásángà	*Cassia occidentalis* L. (Caesalpiniaceae)	18. màdàrámádárà	"jeu d'enfant"
15.	ɲàfàɲáfá	"plante" *(non id.)*	19. dákèdàké	"plante" *(non id.)*

la nature de la dérivation ne peut alors être précisée.

2. Quelques dérivés attestent en plus du redoublement avec un changement tonal, un allongement vocalique dans le dérivé et même un changement vocalique pour l'un d'entre eux.

dàràdá:rà	*Ipomaea aitoni* (Convolvulaceae)	bílìbá:là	"brouette"

ces dérivés n'ont pas de terme de base attesté.

On a aussi :

à kú	"il est long"	ìkú:kù	"le long"

3. L'existence d'un redoublement partiel affectant la syllabe initiale du terme de base s'est manifestée dans un seul exemple :

súbà	"demain"	súsúbà	"demain matin"

il existe cependant des termes (une quarantaine dans notre corpus présentant un redoublement de la syllabe initiale, mais on ne trouve pas comme dans súbà / súsúbà , un terme où la syllabe initiale n'est pas redoublée, aussi ne peut-on rien en conclure.

Exemples :

kòkòsò	"passoire"	fáfágáy	"tromperie"
fífírí	"éplucher"	hàhàbíà	"somnolence"
kákásá	"saupoudrer"	ɲíɲímí	"ronger"
tátárí	"natte"		

LE CHANGEMENT TONAL SANS REDOUBLEMENT

4.8. Ce phénomène intéresse un petit nombre de termes, soit une trentaine d'exemples (dissyllabes et trisyllabes uniquement) du corpus recueilli. C'est dire que certains procédés ne seront illustrés que dans un ou deux exemples.

+ *Fonction du changement de ton*

Il permet, à quelques exceptions près, un changement de type de syntaxème entre la Base comportative, la Base notionnelle et la Base descriptive. Nous ne préciserons pas dans quel sens s'opère ce changement parce que nous ne possédons pas de critères nous permettant de décider que la dérivation s'est faite dans un sens plutôt que dans un autre.

Nous regrouperons d'abord les Bases notionnelles parce qu'elles présentent des formes plus régulières (ton bas-bas, bas-haut, haut-haut).

Le sens des termes est étroitement lié entre eux; les uns indiquant le moyen de l'action ou le résultat d'une action impliquée par l'autre.

+ *Traits formels*

BASE NOTIONNELLE // BASE COMPORTATIVE

- dissyllabes

+ CV̀CV̀ // CV́CV́ = ton bas-bas // haut-haut
CV́CV̀ haut-bas
CV̀CV́ bas-haut

lùtù	"sourd"	à lútú	"Il est bouché"
jàsè	"épaule"	à jásé	"Il porte sur les épaules"
kàmbè	"bras"	à kámbé	"Il emporte"
zì:bì	"saleté"	à zí:bì	"Il est sale"
kùnsùm	"paquet"	à kúnsùm	"Il enveloppe"
hàrày	"faim"	à hàráy	"Il a faim"

+ CV̀CV́ // CV́CV́ = ton bas-haut // haut-haut
CV̀CV̀ bas-bas

fàrré (ɲáà) /caïlcedrat | mère/	"caïlcédrat" *Khaya senegalensis* (Meliaceae) (qui a une mauvaise odeur)	á fárré	"Il sent mauvais" (odeur d'urine)
cìndí	"reste"	à cìndì	"Il reste"
tànsí	"glissade"	à tànsì	"Il glisse"

+ CV́CV́ // CV̀CV́ = ton haut-haut // bas-haut
CV́CV̀ haut-bas

gú:sú	"trou"	à gú:sù	"Il est profond"
wíndí	"concession"	à wìndí	"Il tourne"

+ CV́V̀CV́ // CV́CV̀ = ton haut-bas-haut // haut-bas

níìsí	"morve"	à ní:sì	"Il se mouche"

- trisyllabes

+ CV̀CV̀CV̀ // CV́CV́CV́ = ton bas-bas-bas // haut-haut-haut

kùnkùnì	"noeud"	à kúnkúní	"Il fait un noeud"
bànkàrày	"habit"	à nà-à bánkáráy	"Il lui fait des habits"

+ CV̀CV́CV̀ //CV́CV́CV́ = ton bas-haut-bas // haut-haut-haut

zìzígì	"action de se remuer"	à zízígí	"Il remue"
dìdíjì	"Convolvulaceae"	à nà-à dídíjí	"Il l'enroule"

+ CV́CV́CV́ // CV́CV́CV̀ = ton haut-haut-haut // ton haut-haut-bas

kwá:rándí	"farine pour épaissir la sauce"	kwá:rándì	"le faire blanchir, épaissir"
hánnándí	"savon"	hánnándì	"le rendre propre"
húmbúrándí	"épouvantail"	húmbúrándì	"le faire peur"
kúbándí	"racontar"	kúbándì	"le faire rencontrer"

+ CV̀CV̀CV̀ // CV́CV́CV̀ = ton bas-bas-bas // haut-haut-bas
CV̀CV́CV̀ bas-haut-bas

bànàndì	"salaire"	bánándì	"le faire payer"

kànàndì	"tas"	kánándì	"le mettre en tas"
nè:ràndì	"vente"	né:rándì	"le vendre"
jìrìbì	"sommeil"	à jìríbì	"il dort"

+ CV̀CV̀CV́ // CV̀CV̀CV̀ = ton bas-bas-haut // bas-bas-bas

gùrùjáy	"lutte"	à gùrùjày	"il lutte"

BASE COMPORTATIVE // BASE DESCRIPTIVE

4.9. Cet ensemble d'exemples montre, à quelques exceptions près (4), un phénomène que nous avons déjà signalé précédemment, à savoir l'inversion des tons entre les termes soumis à la dérivation :

CV̀CV́ / CV́CV̀

CV́CV̀ / CV̀CV́ (V̀)

1) CV̀CV́ - CV́CV̀ = ton bas-haut // haut-bas

à cìráy	"Il est rouge"	(í)círày	"rouge"
à kwà:ráy	"Il est blanc"	(í)kwá:rày	"blanc"

2) CV́CV̀ - CV̀CV́ = ton haut-bas // bas-haut

à gánì	"Il est frais"	(í)gàní	"frais"
à sá:mò	"Il est bête, sot"	(í)sà:mó	"bête, sot"

3) CV́CV̀ - CV̀CV́V̀ = ton haut-bas // bas-haut-bas

à kómsò	"Il est maigre"	(í)kòmsóò	"maigre"

4) CV̀CV́ - CV́CV́ = ton bas-haut // haut-haut

à kàyná	"Il est petit"	(í)káyná	"petit"

Remarque :

Une dérivation, par changement tonal sans changement de type de syntaxème, est attestée dans quelques cas; elle aboutit alors à un changement sémantique :

bàntá̰	"fromager" *Ceiba pentandra* Gaertn. (Bombaceae)	bántá̰	"oiseau vivant sur le fromager" *sp. (non id.)*

zǎ́kkà	"impôt de grain de petite quantité"	zàkkǎ́à	"fainéant, vaurien" (qui ne peut même pas s'acquitter de l'impôt"

2. DÉRIVATION AFFIXALE

4.10. La dérivation affixale s'effectue essentiellement au moyen de la suffixation. Elle affecte les Bases bivalentes, notionelles, descriptives et comportatives. La dérivation suffixale entraîne, soit un changement de type de syntaxème, soit un changement sémantique.

Dans plusieurs cas, l'adjonction d'un suffixe s'accompagne d'une modification des tons du terme de base; la dérivation est alors caractérisée par ces deux phénomènes : suffixation et changement tonal.

Certains suffixes sont très vivants dans la langue, d'autres ne sont plus productifs et semblent refléter un état ancien.

Nous présenterons les suffixes les plus utilisés en premier lieu.

A. SUFFIXATION ENTRAÎNANT UN CHANGEMENT SÉMANTIQUE

4.11. SUFFIXE CV̀(CV̀CV̀) -àntě́

+ *Fonction de cette dérivation*

Elle affecte les Bases descriptives correspondant en français aux numéraux et elle leur donne le sens de numéraux ordinaux.

Il ne s'agit pas d'un changement catégoriel, mais seulement d'un changement sémantique.

+ *Traits formels*

Les tons du terme de base deviennent bas. Le suffixe -àntě́ s'ajoute au terme de base si celui-ci se termine par une consonne ou s'il est monosyllabique :

Exemples :

(ì)wấy	"dix"	(ì)wàyàntè	"dixième"
(ì)gű	"cinq"	(ì)gùànté	"cinquième"

le suffixe se substitue à la voyelle finale dans les autres cas :

Exemples :

(ì)hínkấ	"deux"	(ì)hìnkànté	"deuxième"
(ì)tấcí	"quatre"	(ì)tàcànté	"quatrième"
(Ø)íyè	"sept"	(Ø)ìyànté	"septième"
(Ø)íddù	"six"	(Ø)ìddànté	"sixième"
(Ø)áhákù	"huit"	(Ø)àhàkànté	"huitième"

Remarques :

1. Nous avons noté l'existence d'un doublet : zàngùànté ou zàngànté "centième", dérivé de zàngű "cent".
2. Le numéral ordinal : "le premier" n'est pas obtenu par l'adjonction du suffixe -ànté, mais par celle du suffixe -ấ au terme síntìn "commencer" (cf. 4.27). Cependant, dans les numéraux ordinaux composés, on notera l'existence de fòyànté dérivé de fő "un" :

Exemple :

zà:mà wấy.cìndí.főyàntàấ[1] "le onzième couteau"
/couteau | dix.reste.premier+*spéc.*/

le y de fòyànté représente un y de liaison entre la voyelle du terme de base et celle du suffixe.

4.12. SUFFIXE CV́(CV́) -ấndì

+ *Fonction de cette suffixation*

Ce type de dérivation affecte les Bases bivalentes et comportatives auxquelles il donne une valeur factitive (faire faire quelque chose).

+ *Traits formels*

Le suffixe s'ajoute au terme de base si la finale est une consonne ou se substitue à la voyelle finale. Les tons du terme de base deviennent haut.

---

[1] |fòyàntàấ| R. 1

Exemples :

à tùún	"Il se lève"	à nà-à túnándì	"Il le fait lever"
à zùrú	"Il court"	à nà-à zúrándì	"Il le fait courir"
à bɛ́:rì	"Il grandit"	à bɛ́:rándì	"Il le fait grandir"

Remarques :

1.Quelques termes présentent des particularités dans la formation de la forme factitive :

bíì	"l'être noir"	donnera	bíbándì	"le noircir"
ŋá	"le manger"	"	ŋáyándì	"le faire manger"

2.Pour certains dérivés, la forme de base n'est pas attestée à notre connaissance.

Exemples :

à nà-à dédándì	"Il le mesure"
à nà-à bárándì	"Il lui tire les fils de chaîne"
à dáŋándì	"Il traverse le fleuve"
à nà-à bákándì	"Il le plonge dans l'eau"

4.13. SUFFIXE CV̀CV̀ -tàráày

+ *Fonction de cette suffixation*

Elle affecte les Bases bivalentes et notionnelles. Le dérivé obtenu exprime une qualité, un état.

+ *Traits formels*

Le terme précédant le suffixe porte toujours des tons bas; le suffixe -tàráày s'ajoute au terme de base.

Exemples :

zànkà	"enfant"	zànkàtàráày	"enfance"
sà:mó	"idiot"	sà:mòtàráày	"idiotie"
àlbòrò	"homme"	àlbòròtàráày	"virilité"
bé:bé	"muet"	bè:bètàráày	"mutisme"
kwáy	"chef"	kwàytàráày	"chefferie"
còró	"ami"	còròtàráày	"amitié, camaraderie"

Cas particuliers

1. Le suffixe -mè est utilisé dans deux termes pour la formation de termes de parenté :

àrù	"mâle, homme"	àrùmè	"frère"
wày	"femelle, femme"	wàymè	"soeur"

2. Le suffixe ƒò semblerait indiquer, dans quelques exemples, le diminutif par rapport au terme de base. Cependant, il ne paraît pas attesté chez tous nos informateurs qui expriment le diminutif en ajoutant ƒzòɓ "petit, fils de".

Exemples :

gà:sƒò	"petite calebasse"	à côte de	gá:sú.ƒzòɓ
kwà:rƒò	"petit village"	"	kwà:rà.ƒzòɓ

Ces exemples pourraient attester, dans la langue, le passage du composé au dérivé.

B. SUFFIXATION ENTRAÎNANT UN CHANGEMENT DE SYNTAXÈME

Dans son ensemble, ce type de dérivation affecte essentiellement la Base comportative, également la Base bivalente et, plus rarement, la Base notionnelle.

Nous présenterons les suffixes suivant leur ordre de fréquence. Les trois premiers suffixes sont les plus fréquents; Ils affectent l'ensemble des Bases comportatives et bivalentes.

4.14. SUFFIXE CV̀ (CV̀CV̀) -àntě

+ Fonction de cette suffixation

L'adjonction de ce suffixe affecte la plupart des Bases comportatives ou bivalentes dans les limites imposées par le sens. Le dérivé obtenu a une valeur participiale exprimant ce qui est effectué.

Le dérivé ne constitue pas un syntaxème spécifique, comme nous avons pu le penser, mais il appartient aux Bases notionnelles avec lesquelles il partage les mêmes caractéristiques combinatoires.

Cependant, nous ajouterons que, en raison de sa valeur sémantique, ce dérivé se trouve, le plus souvent, dans une relation de détermination, comme le montrent les exemples ci-dessous.

On ne peut pas considérer non plus que ces dérivés sont à ranger parmi les Bases descriptives puisqu'ils ne sont pas précédés du préfixe i- quand ils apparaissent seuls (trait qui caractérise les Bases descriptives).

Exemples :

fàrgànté nò	"C'est un homme fatigué"
dìrànté nò	"C'est un homme qui part"
kùngàntế gấ - dő:nù	"Celui qui est rassasié chante" /le rassasié / vers | le chanter/
hárí wàsàntế	"Eau bouillante" /eau | bouillante/
hàynì fè:tàntế	"Mil dont on a enlevé le son" /mil | qui a enlevé le son/
háw fò:ràntế	"Vache dépecée" /vache | dépecée/
kùsú dàbàntế	"Marmite fermée" /marmite | fermée/
zòllò kàyàntế	"Calebasse droite" /calebasse | dressée/

+ *Traits formels*

D'une part, l'adjonction du suffixe -àntế est accompagnée d'une modification des tons du terme de base qui deviennent bas quels que soient les tons initiaux. D'autre part, suivant qu'il s'agit de monosyllabes ou de dissyllabes, le suffixe s'ajoute, entraînant ou non une chute de la voyelle finale du terme de base.

monosyllabes

- type CV

a) le suffixe -àntế s'ajoute à la voyelle finale quand il s'agit de i et u.

(à nà-à) wí	"Il le tue"	wìàntế	"tué"
à nà-à hí	"Il lui prête"	hìàntế	"prêté"
à nà-à kú	"Il le ramasse"	kùàntế	"ramassé"
à bú	"Il est mort"	bùàntế	"un mort"

b) le suffixe -yànté s'ajoute à la voyelle finale quand il s'agit de e, o, a.

à nà-à té "Il le fait" tèyànté "fait"
à tó "Il est plein" tòyànté "plein"
à nà-à tá "Il le coud" tàyànté "cousu"
à báà "Il aime" bàyànté "aimé"

c) Quand la voyelle finale est une nasale, on a le résultat suivant :

V̰ → V + ŋànté

le forme structurelle des termes de bases est |CVŋ|

à nà-à-tà̰ "Il le lâche" tàŋànté "lâché"
à nà-à dà̰ "Il le met" dàŋànté "mis"

dissyllabes et trisyllabes

- type CVCV / CVCVCV

La voyelle finale n'est pas représentée dans la plupart des cas :

Exemples :

à kúngú "Il est rassasié" kùngànté "rassasié"
à wású "Il est pressé" wàsànté "pressé"
à hìná "Elle cuisine" hìnànté "cuisiné"
à mánné "Il fond" mànnànté "fondu"
à mòngò "Il se révolte" mòngànté "révolté"
à múrúsù "Il perd" mùrùsànté "perdu"
à fàrrátì "Il est insouciant" fàrràtànté "insouciant"

Enfin, dans les termes de type CVC, CVCVC, le suffixe s'ajoute à la consonne finale.

à tón "Il brûle" tònànté "brûlé"

Remarques :

1. Nous avons noté un exemple de suffixation à partir d'une Base notionnelle dans l'expression suivante :

à té àrzàkànté "Il est devenu riche"
// il/le faire / riche//

àrzákà "richesse" (emprunt à l'arabe) existe par ailleurs.

2. Dans le terme sàngànté "boule de mil, pilée et lavée", le terme de base n'est pas attesté.

4.15. SUFFIXE -yã́

+ Fonction de cette dérivation

L'addition du suffixe -yã́ à l'ensemble des Bases comportatives et bivalentes entraîne le passage des Bases comportatives (et bivalentes) aux Bases notionnelles.

Le dérivé exprime le résultat du comportement ou de l'action désignée par la Base comportative (et bivalente). Nous indiquons entre parenthèses le mot-à-mot correspondant de près à la valeur du terme de Base zarma, pour mieux faire ressortir la différence sémantique entre le terme de base et son dérivé.

+ Traits formels

Dans tous les cas, le suffixe -yã́ s'ajoute au terme de base, sans que les tons de ce dernier soient modifiés.

à bű	"Il est mort" (le mourir de lui)	bűyã́	"mort"
à nà-à nő	"Il le donne" (le donner de lui)	nőyã́	"action de donner"
à kã́ã̀	"Il tombe" (le tomber de lui)	kã́ã̀yã́	"chute"
à nà-à cècí	"Il le cherche" (le chercher de lui)	cècíyã́	"recherche"
à főnnáy	"Il aperçoit" (l'apercevoir de lui)	főnnáyyã́	"action d'apercevoir"
à fìsì	"Il tache" (le tacher de lui)	fìsìyã́	"action de tacher"
à mőllò	"Il surprend" (le surprendre de lui)	mőllòyã́	"action de surprendre"

4.16. SUFFIXE CV̀, CV̀CV̀ -kőò

+ Fonction de cette suffixation

Ce suffixe s'ajoute à toute Base comportative (ou bivalente) pourvu que le sens le permette, et entraîne un changement de type de syntaxème de la Base comportative (ou bivalente) à la Base notionnelle.

Les dérivés obtenus expriment le participant (ou l'agent) du comportement (ou de l'action) désigné par le terme de Base.

+ Traits formels

Le suffixe kɔ́ò s'ajoute au terme de base dont les tons deviennent bas.

à nà-à-kű	"Il le ramasse"	kùkɔ́ò	"ramasseur"
à nà-à-wí	"Il le tue, récolte"	wìkɔ́ò	"récolteur, tueur"
à kà	"Il vient"	kàkɔ́ò	"celui qui vient"
à dò:nù	"Il chante"	dò:nùkɔ́ò	"chanteur"
à nà-à-dúrú	"Elle le pile"	dùrùkɔ́ò	"pileuse"
à gùná	"Il voit"	gùnàkɔ́ò	"devin"
à nà-à-yàá:màr	"Il le conseille"	yà:màrkɔ́ò	"conseiller"
à nà-à-hìná	"Il le cuisine"	hìnàkɔ́ò	"cuisinier"
à hájjì	"Il fait un pélérinage"	hàjjìkɔ́ò	"le pélerin"

Remarque :

Ce suffixe peut aussi s'adjoindre à la forme dérivée factitive :

á cáw	"Il lit"	cáwándì	"le faire lire, enseigner"
		càwàndìkɔ́ò	"celui qui enseigne,le maître"
à ŋàá	"Il mange"	ŋáyándì	"faire manger"
		ŋàyàndìkɔ́ò	"celui qui nourrit"

4.17. SUFFIXE CV̀, CV̀CV̀ -kòɔ́m ou CV̀, CV̀CV̀-kò:ní

+ Fonction de cette dérivation

Ce suffixe, comme le précédent, s'ajoute à la Base comportative (ou bivalente) en vue de la formation de Bases notionnelles dont le sens est plutôt celui de patients par rapport aux agents dégagés précédemment.

+ Traits formels

L'adjonction du suffixe kòɔ́m s'accompagne d'un changement tonal du terme de base dont les tons deviennent bas. On a noté, de plus, qu'il existait une variante -kò:nɪ́ du suffixe kòóm. Ces deux suffixes peuvent être utilisés indifféremment l'un à la place de l'autre dans la plupart des cas.

Exemples :

à dángáy	"Il est silencieux"	dàngàykòóm dàngàykò:nɪ́	"homme silencieux"
à jántè	"Il a la fièvre"	jàntèkòóm	"fièvreux"
à hàráy	"Il a faim"	hàràykòóm	"affamé"
à fóllǿ	"Il est possédé"	fòllòkòóm	"possédé"
à záŋáy	"Il est malade"	zàŋàykòóm	"malade"
à jìjì	"Il est bègue"	jìjìkòóm	"bègue"
à gáráw	"Il a des dettes"	gàràwkòóm	"débiteur"
à húmbúrú	"Il a peur"	hùmbùrùkòóm	"peureux"

Remarques :

1.Nous avons noté l'adjonction du suffixe -kò:nɪ́ à quelques Bases notionnelles :

kò:má	"bosse"	kò:màkò:nɪ́	"bossu"
bò̰	"tête"	bò̰-kò:nɪ́	"chef"

Cette dérivation est alors d'ordre sémantique.

2. La Base à kákáw "Il contredit" ne semble admettre que le dérivé suivant : kàkàwkò:nɪ́ "contradicteur", la forme °kàkàwkòóm n'est pas attestée.

3. L'existence d'un suffixe -jìndɪ́ exprimant la possession d'une caractéristique apparaît dans deux exemples :

gàràwjìndɪ́ "débiteur" (celui qui a des dettes)

jòfòlòjìndɪ́ "non circoncis" (celui qui a un prépuce)

ce type de dérivation n'entraîne pas de changement de type de syntaxème.

4. Dans certains cas, l'adjonction du suffixe -kòóm n'exclut pas la possibilité pour une même Base d'admettre aussi la suffixation de -kóò. L'adjonction de -kóò indique plutôt un état occasionnel , alors que l'adjonction de -kòóm insisterait plus sur le caractère constant d'un phénomène.

Exemples :

tà:rìkóò	"Celui qui ment de temps en temps"
tà:rìkòóm	"Celui qui ment tout le temps"
tà:bìkóò	"Celui qui souffre en ce moment"
tà:bìkòóm	"Un malheureux"
bìnìkóò	"Celui qui réclame de temps en temps"
bìnìkòóm	"Celui qui réclame souvent"

4.18. SUFFIXE (CV̀)CV̀CV́ -jì

+ Fonction de cette dérivation

Ce suffixe affecte dans tous les cas une Base comportative (ou bivalente) et aboutit à un changement de syntaxème de la Base comportative à la Base notionnelle. Le dérivé obtenu désigne un instrument en étroite liaison avec le terme de base.

+ Traits formels

Le suffixe -jì s'ajoute à la Base comportative ou bivalente dont les tons deviennent : CV̀CV́ (bas-haut).

à fùnsú	"Il souffle"	fùnsíjì	"soufflet de forge"
à fé:rí	"Il ouvre, détache"	fè:ríjì	"qui sert à ouvrir"
à né:sí	"Il mesure"	nè:síjì	"instrument de mesure"
à kósú	"Il gratte"	kòsíjì	"grattoir"
à sátú	"Il peigne"	sàtíjì	"peigne"
à fè:ní	"Il évente"	fè:níjì	"éventail"
à fúùn	"Il perce"	fùníjì	"perceuse"

On remarquera, dans les exemples à finale u, un changement de la voyelle du terme de base de u à i (la combinaison CuCi n'est cependant pas impossible dans la langue).

Remarques : Des dérivés semblent être le produit d'une double dérivation :

1.	à há:bú	"Il nettoie, balaie"	à dábú	"Il ferme"
	hà:bùrì	"nettoyage"	°dàbùrì	"fermeture"
	hà:bìríjì	"balai"	dàbìríjì	"couvercle"

On notera, comme précédemment, le changement vocalique de u à i.

2.Nous rapprocherons l'exemple suivant des exemples précédents, malgré les divergences formelles qu'il présente (jí à ton haut). Il s'agit d'un monosyllabe.

à dí	"Il voit"	díjí	"miroir"

4.19. SUFFIXE -í

Nous avons été tentée de regrouper les suffixes qui vont suivre: -í, -ay, àrì, dont les fonctions sont assez proches; dans tous les cas, il y a passage de la Base comportative à la Base notionnelle;la Base notionnelle correspond étroitement à la Base comportative. Elle exprime, soit le moyen, soit le résultat du comportement manifesté par la Base comportative. Cependant, étant donné la diversité des traits formels dégagés, nous adopterons une présentation plus analytique.

+ *Fonction de cette suffixation*

Ce type de dérivation permet le passage de la Base comportative à la Base notionnelle. Il n'affecte que quelques termes dans notre corpus. Le dérivé correspond exactement au terme de base.

Il évoque le résultat de l'action (sous la forme d'une production physique ou non).

à bò:sù	"Il fleurit"	bò:sí	"fleur"
à hḛ́	"Il pleure"	hé:ní	"pleur"
à hín	"Il peut"	híní	"le pouvoir"

ou bien, il évoque le moyen par lequel se fait l'action :

à sàfàr	"Il soigne"	sàfàrí	"médicament"

+ *Traits formels*

Nous adopterons une présentation aussi formelle que possible, vu la difficulté à dégager une certaine cohérence dans ce type de dérivation, sans doute ancien et affectant un petit nombre de termes de notre corpus.

Dans tous les cas, -í se substitue à la voyelle finale u dans les termes de type CVCV, il s'ajoute à la forme de base après la consonne finale dans les termes de type CVC et CVCVC.

Base de type CVCV

à dő:rű	"Il est malade"	dő:rí	"maladie"
à fűsű	"Il est enflé"	fűsí	"enflure"
à fűmbű	"Il sent mauvais"	fűmbí	"mauvaise odeur"
à főrtű	"Il est amer"	főrtí	"amertume"
à há:rű	"Il rit"	há:rí	"rire"
à bò:sù	"Il fleurit"	bò:sí	"fleur"
à dò:nù	"Il chante"	dò:ní	"chant"
à tò:sù	"Il défèque"	tò:sí	"excrément"

à kṹngú	"Il se rassasie"	kṹngí	"satiété"

Base de type CVC, CVCVC

à hín	"Il peut"	híní	"pouvoir"
à kánkám	"Il est gêné"	kánkámí	"gêne"
à tálám	"Il parade"	tálámí	"parade"
à sàfàr	"Il soigne"	sàfàrí	"médicament"
à tàngàm	"Il combat"	tàngàmí	"combat"
à dúkùr	"Il a de la rancune"	dúkùrí	"rancune"

Remarques :

1. La suffixation de -í entraîne, dans un cas particulier, le passage de la voyelle nasale à une voyelle non nasale et longue.

à hɛ̰́	"Il pleure"	hɛ́:ní	"pleur"

2. Cas particuliers :

a)	à yáy	"Il a froid" [yɛ́y]	yɛ́:ní	"froid"
b)	à fṹná	"Il est vivant" a pour dérivé	fùṹndì	"vie"

le changement vocalique s'accompagne d'une disparition de la consonne finale remplacée par n.

3. Dans quelques exemples, le suffixe i a le ton bas :

à gá:bù	"Il est fort"	gá:bì	"force"
à fàrù	"Il cultive"	fàrì	"champ"

4. Dans certains exemples, l'adjonction du suffixe -i s'accompagne d'un changement tonal du terme de base.

On notera, malgré certaines exceptions, une inversion fréquente entre le schème de base et le schème du dérivé (1, 2, 3, 4).

Exemples :

1. *ton bas-haut-bas / haut-bas-haut*

à kòɔ́ttù	"Il vaccine"	kɔ́ɔ̀ttí	"vaccin"

2. *ton bas-bas / haut-haut*

à nà-à dà:rù	"Il l'étend"	dá:rí	"lit"

3. *ton haut-bas / bas-haut*

à gá:nù	"Il danse"	gà:ní	"danse"

4. *ton haut-bas / bas-bas-haut*

à cáfàr	"Il est païen"	càfàrí	"païen"

5. *ton (bas)-haut-bas / (haut)-haut-haut*

à dòntɔ́ɔn	"Il fait une course"	dóntɔ́ní	"course"
à wáàw	"Il insulte"	wáwí	"insulte"

6. *ton haut-haut-haut / bas-bas-haut*

à fákárấy	"Il bavarde"	fàkàrí	"ami"

7. *ton bas-haut-bas / bas-bas*

à hàáàw (=ã:)	"Il a honte"	hàwì	"honte"

8. *ton haut-haut / haut-bas-haut*

à fó:rú	"Il joue"	fóò:rí	"jeu"

4.20. LE SUFFIXE ay

+ *Fonction de la suffixation*

L'adjonction du suffixe -ay aboutit généralement à un changement de la Base comportative à la Base notionnelle. Le sens du dérivé reste très proche du comportement désigné par le terme de base. Il peut désigner le résultat de l'action ou de l'état évoqué par le terme de base.

à fóllô	"Il est possédé"	fóllấy	"possession"
à hìí:jì	"Il se marie"	hì:jày	"mariage"
à bé:rì	"Il est grand"	bè:ráày	"grandeur"

+ *Traits formels*

La diversité des traits formels ne nous a pas permis de dégager avec clarté les grandes lignes de cette dérivation qui n'est pas systématique pour toutes les Bases comportatives, mais ne caractérise que quelques-unes d'entre elles.

En considérant les traits formels propres aux dérivés, il se manifeste une certaine régularité qui se traduit par l'existence de trois schèmes tonaux principaux :

1) (CV́)CV́CV́
2) (CV̀)CV̀CV̀
3) (CV̀)CV̀CV́V̀

Nous inverserons donc la présentation des exemples,en regroupant les formes dérivées en premier lieu pour mettre en valeur ces schèmes tonaux. Cependant, nous n'avons pas été plus loin dans l'explication du mécanisme de cette dérivation. On retrouve, pour chaque type de dérivés dégagés, des schèmes tonaux identiques dans les termes de base, ce qui ne nous permet pas de prévoir pourquoi,dans certains cas, on aboutit à un dérivé à ton bas plutôt qu'à ton haut. On peut en effet aussi bien avoir :

(CV́)CV́CV̀ → CV́CV́CV́
CV̀CV̀CV̀
Base → dérivé CV̀CV̀CV́V̀

a) Dérivés CV́CV́(CV́)

fṓllẫy	"possession"	à fṓllṓ	"Il est possédé"
hấyfúnấy	"paresse"	à hấyfùn	"Il est paresseux"
cárámấy	"malice"	à cáràm	"Il est malicieux"
múrúsáy	"perte"	à múrúsù	"Il perd"
fáfágấy	"tromperie"	à fàfàgù	"Il trompe"
jásáy	"choses sans valeur"	à jásè	"Il est sans valeur"

dans ces exemples, le suffixe -ấy se substitue à la voyelle finale dans les termes de type CVCV, ou s'ajoute à la consonne finale dans les termes de type CVCVC. Dans un cas, le suffixe ne se substitue pas à la voyelle finale, mais s'ajoute à sa suite :

bínífấy	"convoitise"	à bìní	"Il convoite"

b) Dérivés CV̀CV̀(CV̀)

hàwrày	"dîner"	à hấwrù	"Il a dîné"
fò:rày	"jeu"	à fṓ:rù	"Il joue"
hì:jày	"mariage"	à hìí:jì	"Il se marie"
cùrùkùsày	"déjeuner"	à cúrúkúsù	"Il déjeune"
sàràgày	"aumône"	à sàrágà	"Il demande l'aumône"
sìntìnày	"début"	à síntìn	"Il commence"
wòngày	"refus"	à wṓngù	"Il refuse"

c) Dérivés (CV̀)CV̀CV́V̀

zùráày	"course"	à zùrú	"Il court"
fùtáày	"colère"	à fùtú	"Il est en colère"
bè:ráày	"grandeur"	à bé:rì	"Il grandit"
bì:ráày	"élevage"	à nà-à bí:rí	"Il l'élève"
mò:ráày	"éloignement"	à mṓ:rù	"Il est éloigné"

tìnáày	"lourdeur"	à tíìn	"Il est lourd"
dìrìgànáày	"oubli"	à dìrìgànáà	"Il oublie"
fùnáày	"sortie"	à fùnú	"Il sort"
dùngáày	"chaleur"	à dùngù	"Il est chaud"

Remarques :

1. Quelques dérivés ont un sens différent de celui dégagé plus haut, ils indiquent le lieu de l'action :

à dáàn	"Il forge"	dànáày	"forge"
à jíngár	"Il prie"	jìngàráày	"mosquée"
à zùmbù	"Il descend"	zùmbáày	"lieu où l'on descend , demeure"

2. Quelques cas particuliers présentent l'adjonction, entre le terme de base et le suffixe, d'une consonne; dans le premier cas, il s'agit d'un ŋ :

Exemple :

à jã́ã̀ |jáàŋ| "Il manque de" jàŋáày "dénuement"

la voyelle du terme de base devient orale.

Dans le deuxième cas, il s'agit d'un r :

à báy	"Il sait"	báyráy	"connaissance"
à cì	"Il dit"	cínáy	"chuchotement"

3. Des exemples présentent un changement de syntaxème dans le sens inverse de celui vu plus haut, c'est-à-dire (Base 1 → 2). Dans ces cas, le suffixe -ay à ton haut est accompagné d'un changement tonal du terme de base qui porte alors des tons hauts :

gàndè	"poitrine"	à nà-à-gándáy	"Il l'embrasse"
àrwàsù	"fiancé"	à árwásáy	"Il courtise"
dàrábù	"hameçon"	à dárábáy	"Il pêche"

le dérivé désigne le comportement venant de l'objet ou de la personne désignée par le terme de base.

4. Une dérivation par suffixation de -ay et aboutissant à un changement sémantique est attestée dans quelques cas :

Bases comportatives

a) à dáàn "Il forge" (état, métier) à dánáy "Il forge" (mouvement , il est en train de)

le forme dérivée indique qu'il s'agit d'une activité, d'un mouvement, le terme de base insiste sur la caractéristique, l'état.

b) à ɲùná "Il lave" à ɲúmày "Il se lave"

ce cas est assez particulier, puisque, en plus de l'adjonction du suffixe ay et des changements tonaux, on note une modification de la consonne intervocalique du terme de base.

4.21. LE SUFFIXE CV̀CV̀ -àrì

+ Fonction de cette dérivation

L'adjonction du suffixe -àrì à une Base comportative permet le passage à la Base notionnelle.

Le dérivé peut exprimer le résultat obtenu de l'action :

à dűmbű	"Il coupe"	dùmbàrì	"morceau" (de viande)

D'autres dérivés évoquent le moyen par lequel se fait l'action :

à dùmá	"Il sème"	dùmàrì	"semence"

+ Traits formels

Le suffixe -àrì se substitue en général à la voyelle finale du terme de base, sauf dans quelques exceptions où c'est la voyelle finale du terme de base qui subsiste (exemple 1 et 2). Les tons du terme de base deviennent bas.

à tá:bű	"Il plie"	tà:bùrì	"pli"
à há:bű	"Il nettoie"	hà:bùrì	"nettoyage"
à cìná	"Il construit"	cìnàrì	"construction"
à wóngù	"Il refuse"	wòngàrì	"refus"
à tàká	"Il crée"	tàkàrì	"création"
à dùngù	"Il a chaud"	dùngàrì	"chaleur"
à túgű	"Il se cache"	tùgàrì	"cachette"
à fíjí	"Il enterre"	fìjàrì	"chose enterrée"
à dűmbű	"Il coupe"	dùmbàrì	"morceau" (de viande)
à pátí	"Il coupe"	pàtàrì	"morceau" (de bois)
à bíndí	"Il carde"	bìndàrì	"coton cardé"
à háw	"Il attache"	hàwàrì	"noeud"
à kúmná	"Il ramasse"	kùmnàrì	"chose ramassée"

4.22. LE SUFFIXE CV̀C-írì

+ Fonction

Les fonctions de ce suffixe sont très proches du suffixe précédent. Il permet en effet le passage de la Base comportative à la Base notionnelle. Comme précédemment, il exprime souvent un résultat par rapport au terme de base.

+ *Traits formels*

Le suffixe -írì se substitue à la voyelle finale.

à fà:bǘ	"Il maigrit"	fà:bírì	"maigreur"
à kà:jí	"Il gratte"	kà:jírì	"démangeaison"
à jìsí	"Il pose"	jìsírì	"dépôt chez quelqu'un"
à yà:bí	"Il marche à grands pas"	yà:bírì	"marche à grands pas"

Remarques :

1. On pourrait rapprocher les exemples suivants des dérivés précédents, malgré les divergences formelles qu'ils présentent :

à bíì	"Il est noir"	bí:rì	"noirceur"
à ŋàá	"Il mange"	ŋàá:rì	"nourriture"

2. gwòy.tèrí "travailleur" /travail.faire-ri/

3. Un cas de dérivation donne lieu à un changement sémantique :

wòngù	"guerre"	wòngá:rì	"guerrier"

4. Autre cas particulier :

à sǘngáy	"Il sue"	sùngáà:rí	"bouton de sueur"

4.23. LE SUFFIXE -mì

+ *Fonction*

Quelques exemples attestent l'existence de ce suffixe permettant un changement de syntaxème de la Base comportative à la Base notionnelle.

La valeur sémantique des dérivés est celle d'un résultat,d'une production par rapport au terme de base.

+ *Traits formels*

Le suffixe -mì s'ajoute à la forme de base.

Dans les dissyllabes de type CVCV, la voyelle finale peut s'assimiler à celle du suffixe, probablement pour des raisons d'harmonie vocalique.

Les dérivés obtenus présentent deux schèmes tonaux différents = CV̀CV̀CV̀ ou CV̀(C)V́CV̀.

- CV̀CV̀ -mì

à tɔ́:rú	"Il déchire"	tò:rìmì	"déchirement"
à nà-à fɛ́:rí	"Il ferme"	fè:rìmì	"fermeture"

- CV̀CV́ -mì

à fàrù	"Il cultive"	fàrímì	"culture"
à bɛ́:rí	"Il coupe"	bè:rímì	"coupure"
à zɔ́:rú	"Il défriche"	zɔ̀:rúmì	"défrichage"
à dáày	"Il achète"	dàáymì	"achat"
à kày	"Il tisse"	kàáymì	"tissage"

Remarques :

1. Les deux exemples suivants pourraient nous faire supposer l'existence d'une succession des deux suffixes précédents : àrì + mì.

à zànjì	"Il casse"	zànjàrmì	"morceau" (ustensile cassé"
à bágú	"Il casse, brise"	bàgàrmì	"morceau" (débris)

Les dérivés indiquent un résultat par rapport au terme de base. On notera que le dérivé pàtàrì (morceau de bois) (pátí "couper) peut également se rencontrer sous la forme pàtàrmì.

2. Nous noterons l'existence d'un cas particulier :

à dàná	"Il est aveugle"	dàndúmí	"qui ne voit pas la nuit"

4.24. LE SUFFIXE CV̀(CV̀)C -ɓ

+ Fonction de cette dérivation

Ce suffixe atteste la Base comportative et aboutit à un changement de type de syntaxème de la Base comportative à la Base descriptive.

+ Traits formels

Le suffixe -ɓ se substitue, ou s'ajoute, à la voyelle de la Base comportative si cette dernière se termine par une consonne. Les tons du terme de base deviennent bas.

à wàsú	"Il est pressé"	wàsó	"pressé"
à sáy	"Il est jaune"	sáyó	"jaune"
à ká:nù	"Il est bon,doux"	kà:nó	"doux, bon"
à gú:sù	"Il est profond"	gù:só	"profond"
à zí:bì	"Il est sale"	zì:bó	"sale"
à gá:bù	"Il est fort"	gà:bó	"fort"
à fùtú	"Il est méchant"	fùtó	"méchant"
à hànná̰	"Il est propre"	hànnó	"propre"
à cáràm	"Il est malin"	càràmó	"malin"
à dògón	"Il est léger"	dògònó	"léger"
à tíìn	"Il est lourd"	tìnó	"lourd"
à táy	"Il est mouillé"	tàyó	"mouillé"

4.25. LE SUFFIXE -w

Ce suffixe n'apparaît que très rarement; il n'est représenté que dans quatre termes de notre corpus.

+ *Fonction*

Il permet le passage de la Base comportative à la Base notionnelle. Le dérivé présente les caractéristiques désignées par le terme de base (a), il correspond étroitement au terme de base (b) ou correspond à ce qui fait l'objet de l'action (c).

+ *Traits formels*

Ce suffixe se juxtapose au terme de base entraînant une modification de ses tons et parfois même de sa voyelle finale. Nous présenterons les faits le plus formellement possible.

(a) C̀VCV̀ -w

à dàná	"Il est aveugle"	dànàw	"aveugle"
à màntá	"Il est castré"	màntàw	"châtré"

(b) C̀VCV́V̀-w

	à dìrà	"Il marche"	dìráàw	"marche"
(c)	à jàrè	"Il porte"	jàráàw	"charge"

Remarque :

Un cas de dérivation aboutissant à un changement sémantique est attesté dans l'exemple suivant :

à ɲálá	"Il brille, il est étincelant (par astiquage"	à ɲáláw	"Il brille" (éclair)

4.26. LE SUFFIXE -è

L'existence de ce suffixe est attestée dans un très petit nombre d'exemples. Sa fonction est de permettre le passage de la Base comportative à la Base notionnelle. Les traits formels caractérisant cette dérivation sont les suivants : le suffixe -è à ton bas se substitue à la voyelle finale du terme de base en modifiant ou non les tons du radical.

- modification tonale par rapport au terme de base : ton bas du radical :

à nà-à-jíná	"Il le devance"	jìnè	"devant"
à fúùn	"Il perce"	fùnè	"trou"

- pas de modification tonale du terme de base :

à bé:rì	"Il grandit"	bé:rè	"frère aîné"
à káyná	"Il est petit"	káynè	"frère cadet"

dans les deux derniers exemples, les dérivés sont des termes de parenté dont les caractéristiques sont données par le terme de base.

4.27. LE SUFFIXE -a

Nous avons rencontré ce type de dérivation dans quatre exemples de notre corpus :

à márgú	"Il rassemble"	màrgá	"rassemblement"
à fírsì	"Il crache"	fìrsà	"serpent cracheur"
à nà-à cángáré	"Il l'orne"	càngàrá	"variole"
à síntìn	"Il commence"	sìntìná	"premier"

Les traits formels sont variables suivant chaque cas où il y a un changement tonal du radical accompagnant la suffixation. Du point de vue sémantique, le dérivé de l'exemple 1 est une Base notionnelle qui correspond étroitement au terme de base, les deux autres dérivés sont des Bases notionnelles (chose ou animal) possédant certains traits exprimés par la Base comportative, le dernier cas indique le résultat de l'action.

4.28. LE SUFFIXE -árè

+ *Fonction*

Ce suffixe, très peu représenté, permet le passage de la Base comportative à la Base notionnelle.

+ *Traits formels*

La voyelle initiale du suffixe s'assimile à la voyelle finale (exemples 1 et 2 = monosyllabes).

Dans l'exemple 3, plus irrégulier, il y a à la fois modification tonale et changement consonantique.

à dù	"Il possède"	dùú:rè	"richesse"
à dì	"Il attrape"	dìí:rè	"attrapage"
à dèjì	"Il suspend"	dégáré	"panier suspendu"

4.29. Cas particuliers

Quelques exemples attestent des formes isolées qui ne sont représentées que dans un seul exemple. Ce sont :

1) suffixation - n

hə́ngá	"oreille"	à hə́ngə́n	"Il écoute"

2) suffixation - ǹdó

à sòlí	"Il se balance"	sólìndó	"balancement"

3) suffixation - àráàw

à kósú	"Elle sèvre"	kòsàráàw	"enfant sevré"

4) infixation

a)	wàndé	"épouse"	wàndìá	"jeune fille"
b)	sàl̰à	"parler"	sánní	"parole"

Remarque :

Le problème de l'existence d'un unique préfixe í- s'est posé à nous. Ce préfixe s'adjoint aux Bases descriptives nécessairement quand elles n'entrent pas dans une relation de détermination, c'est-à-dire quand elles apparaissent isolées dans le discours. Cette préfixation est d'ailleurs la principale caractéristique des Bases descriptives qui nous permet de les définir comme des syntaxèmes originaux et différents des autres dans la langue zarma.

Cependant il nous semble qu'il n'y a pas lieu de parler de dérivation dans un cas comme celui-là où l'adjonction du préfixe n'entraîne ni changement sémantique, ni changement de type de syntaxème. (cf. Les Syntaxèmes).

Nous avons considéré que les Bases descriptives étaient des formes liées qui ne pouvaient figurer que précédées d'un déterminant ou d'un préfixe.

Nous redonnerons quelques exemples de Bases descriptives :

cíff bóbò[2]	"Beaucoup de poissons" /poisson | beaucoup/
í-bóbò kà[2]	"Beaucoup viennent" //beaucoup / le venir//
zá:rà - kwá:ràá gà - bé:rì	"Le pagne blanc est grand" // pagne | blanc + *spéc.* / vers | l'être grand//
í-kwá:ràá - wò - nóò[3]	"C'est ce blanc-là" // blanc + *spéc.* | ce ‖ voilà//
à nà - íbé:rò - cé	"Il appelle l'aîné" // il / à | le grand + *spéc.* |l'appeler //

Nous avons noté qu'il pouvait y avoir un changement tonal du préfixe que nous n'avons pu expliquer jusqu'à maintenant.

Exemple :

ì-hìnkànté nò [4]	"C'est le deuxième"
í-hínkànté nò [5]	"C'est le deuxième"

Enfin, quand il s'agit du terme "un", le préfixe est a-

Exemples :

bòrò - fó [6]	"Un homme" /homme | un/
à-fó kà	"L'un vient" //un / le venir//

2	|bòbò|	R. 1	5	|í-hìnkànté nóò|	R. 1
3	|wóò|	R. 3	6	|bòró|	R. 3
4	|nóò|	R. 3			

C. RÉCAPITULATION

4.30.

a) Fonction : changement sémantique

forme	Syntaxème affecté	valeur sémantique
CV̀C-ànté	Base descriptive	cardinaux-numéraux-ordinaux
CV́C-ándì	Base comportative/ bivalente	factitif
CV̀CV̀-àráày	Base bivalente/ Base notionnelle	qualité, état

b) Fonction : changement de type de syntaxème

forme	terme de base	valeur sémantique	catégorie du dérivé
CV̀C-ànté	Base comportative et bivalente	action faite participiale	Base notionnelle
CVCV-yá̰	Base 2 "	action de	Base 1 "
CV̀CV̀-kóò	Base 2 "	agents	Base 1 "
CV̀CV̀ kòóm	Base 2 "	patients	Base 1 "
CV̀CV́ jì	Base 2 "	instruments	Base 1 "
CVC-í	Base comportative	résultat,	Base 1 "
-ay	Base comportative	moyen	Base 1 "
-àrì	Base comportative		Base 1 "
-írì	Base comportative		Base 1 "
-mì	Base comportative		Base 1 "
CV̀C-ó	Base 2 "	action faite qualification	Base descriptive
CVCV-w	Base 2 "	caractéristiques résultat	Base notionnelle
CVC-e	Base 2 "	caractéristiques résultat	Base 1 "
CVC-a	Base 2 "	caractéristiques résultat	Base 1 "
CVC-árè	Base 2 "	carastéristiques résultat	Base 1 "

4.31. Il ressort de cette récapitulation que, notamment en ce qui concerne la dérivation par changement de type de syntaxème, l'ensemble des cas présentés montrent que le terme de base à l'origine de la dérivation est la Base comportative.

Nous ajouterons que les trois premiers types de suffixes présentés peuvent affecter pratiquement toutes les Bases 2, dans les limites imposées par le sens évidemment. Les autres suffixes énumérés ne sont pas d'un emploi systématique et paraissent plus figés. Ils sont répartis (et éventuellement s'excluent) selon les Bases 2 comportatives.

Nous donnerons quelques exemples de dérivation à partir d'une même Base de type 2 (Base comportative).

- fàrù "le cultiver"
  fǎrfárà "culture à plusieurs"
  fàrùkɔ́ɔ̀ "cultivateur"
  fàràntɛ́ "cultivé"
  fàrùyá̰ "action de cultiver"
  fárǎndì "faire cultiver"
  fàrímì "culture"

- fà:bù "le maigrir"
  fà:bùkɔ́ɔ̀ "maigre" (non habituel)
  fà:bùkɔ̀ɔ́m "maigre" (habituel)
  fà:bàntɛ̌ "maigre"
  fà:bù-yǎ̰ "fait d'être maigre"
  fǎ:bǎndì "faire maigrir"
  fà:bí:rì "maigreur"

- dìrà "le marcher"
  dìràkɔ́ɔ̀ "marcheur"
  dìràntɛ́ "qui est marchant" (prêt à partir)
  dìràyǎ̰ "action de marcher"
  dǐrǎndì "faire marcher"
  dìrǎàw "marche"

fṹnắ	"l'être vivant"
fùnàkṍò	"un vivant"
fùnàntế	"qui est vivant"
fùnắyắ̰	"action de vivre"
fṹnắndì	"faire vivre, soigner"
fùṹndì	"vie"

COMPOSITION

4.32. Par comparaison avec les phénomènes de dérivation envisagés précédemment, la composition utilise très peu de procédés spécifiques.

La raison essentielle en est que les composés, dans leur majorité, sont construits sur le modèle d'une relation de détermination, ou d'une relation syntaxique courante dans la langue.

Cette situation n'est pas exceptionnelle puisque c'est souvent après le figement d'un syntagme que naît le composé.

Seuls quelques exemples présentent des modifications tonales qui ne relèvent pas des changements automatiques dégagés au chapitre 2 (Phonologie).

Par conséquent les *critères* qui peuvent nous permettre de décider que nous avons affaire à un composé et non à un syntagme sont les suivants :

1) *le sens du résultat du composé* n'est pas la somme des éléments du composé, mais un nouveau signifié original;
2) le composé constitue un tout *insécable* de la même façon qu'un lexème simple et unique sur le plan de la commutation et de la combinaison avec d'autres termes;

   soit l'exemple **fắrkắ - hắngắ** "plante *(sp.)*"
   /âne . oreille/

   l'ordre de détermination est déterminant - déterminé.

   Ce terme commute avec des termes simples :

à dí fắrkắ	"Il voit un âne"
à dí fắrkắ.hắngắ	"Il voit une plante" ("oreille d'âne")

De plus, il ne nous est pas possible d'insérer entre fǎrkǎ et hǎngǎ des déterminants tels que des déictiques, le spécifique ou autres, ces déterminants s'ajouteront après hǎngǎ.

4.33. Nous préciserons une autre caractéristique de la composition en zarma : ce procédé intéresse surtout les Bases notionnelles type gǎ:sǔ "calebasse" et les Bases descriptives (concernant les numéraux).

Nous avions pu penser qu'il existait des interrogatifs,des fonctionnels, des déictiques et même des régisseurs composés; en fait, rien ne nous permet, dans l'état actuel de la langue,de décider qu'il s'agit de composés plutôt que de syntagmes dans les exemples que nous avons pu trouver (nous renvoyons aux chapitres concernés par ces syntagmes).

Ces cas sont malgré tout révélateurs d'une situation où la relation de détermination est prédominante et non encore figée dans bien des cas.

BASES NOTIONNELLES

COMPOSÉS À CARACTÈRE SYNTAXIQUE

4.34. Ces composés présentent un type de construction qui ne diffère pas de celui des syntagmes ou des énoncés rencontrés dans la langue. A la limite, il peut être délicat de décider si l'on a affaire à un composé ou à un syntagme déterminatif. C'est donc pour des raisons sémantiques qu'on les considère comme des composés, comme nous l'avons indiqué plus haut, également du fait du caractère insécable du composé.

a) Composés de deux éléments

La formule est la suivante :

Base notionnelle + Base notionnelle

Ce type de composé est relativement fréquent dans la langue et permet encore actuellement d'enrichir le vocabulaire.

La détermination est semblable à celle que l'on rencontre dans le syntagme déterminatif, ordre déterminant - déterminé; nous y retrouvons les mêmes règles tonales. Ces composés appartiennent au vocabulaire des parties du corps des animaux, des plantes, des humains, des objets.

bɔ̰̀.gắ:sắ	"crâne"	/tête.calebasse/
cè.mò	"cheville"	/pied.oeil/
bắndắ.dắ:rí	"dos"	/dos.lit/
mɛ̃́è.hắmní	"moustache"	/bouche.poil/
nìnè.bàrí	"os du nez"	/nez.cheval/
hàm.kàrìjí	"porc-épic"	/viande.épine/
gànjì.yɔ̃́ɔ̀	"girafe"	/brousse.chameau/
címí.fǘù	"tombeau"	/vérité.maison/
bà:bà.wắddè	"oncle paternel"	/père.égal/
bà:bà.ízè	"cousin"	/père.fils/
fắrkắ.hắngắ	"plante" *Terminalia avicennoides* Guill. et Perr. (Combretaceae)	/âne.oreille/
hắnsì.bắndè [7]	"champignon"	/chien.verge/
gòròŋò.cìrì	"ver que mange les poules"	/poule.sel/
tɔ̃́ndɔ̀ɔ́.bɔ̰̀	"Quartier de Dosso"	/pierre +*spéc*..sur/
gà:nì.bắndắ	"5ème mois de l'année"	/ gà:nì .après/
gǘrǘ.bàrí	"bicyclette"	/fer.cheval/
bɛ̃́:nɛ̃́.hì	"avion"	/ciel.pirogue/
mò.díjí	"lunette"	/oeil.miroir/
fǘù.ɲắà	"maîtresse de maison"	/maison.mère/
bɛ̃́:nɛ̃́.hắrí	"pluie"	/ciel.eau/
mɛ̃́.hàw [8]	"haleine"	/bouche.vent/

Remarques :

1. Comme nous l'avons mentionné, dans les composés s'appliquent les mêmes règles tonales qu'au niveau du syntagme déterminatif :

---

[7] |bàndè| R. 1

[8] |mɛ̃́è.hàw| R. 1

Règle 1 :

kù:bű.gőrőŋò	|kù:bű.gòròŋò|	"Poule sauvage" /*Combretum micranthum*.poule/ (Combretaceae)
cà̰ắ.kắ:bè	|cà̰ắ.kà:bè|	"plante" (*non id.*) /rat.barbe/
tà:mű.nínè	|tà:mű.nìnè|	"Bride de chaussure" /chaussure.nez/

Règle 2 :

fű.sàrì	|fűù.sàrì|	"Pilier de soutien de la case" /case.bâton/

Règle 3 :

yò.kắríjí	|yòő.kắríjí|	"plante" *Argemone mexicana* L.(Papaveraceae) /chameau.épine/

2. Dans un certain nombre d'exemples, il nous paraît difficile de trancher en faveur de l'interprétation d'un composé plutôt qu'en faveur d'un syntagme de type déterminatif

főllắ - ízè	"initié"	/possession.enfant/
tế:là - ízè	"tailleur"	/machine à coudre.enfant/
hắnsì - ízè	"chiot"	/chien.enfant/
jàndí - kàkőò	"conteur"	/conte.celui qui enlève/
hì - fùnùkőò	"piroguier"	/pirogue.conducteur/
tế:là - tàkőò	"tailleur"	/machine à coudre.celui qui coud/

3. Quelques termes présentent la particularité d'être constitués d'un élément qui ne semble pas être attesté isolément dans la langue. On pourrait alors se demander s'il ne s'agit pas d'un phénomène de dérivation plutôt que d'un composé.

wày "femelle, femme" n'apparaît pas seul dans la langue.

On a, par ailleurs :

ízé.wày [9]	"fille"	/enfant.femelle/
ɲàlà.wày	"belle-femme"	/briller.femme/
wày.bòrő	"femme"	/femme.être humain/
wắy.hí:jí [10]	"jeune mariée"	/femelle.le marier/
wắy.cè [10]	"co-épouse"	/femelle ?/

4. Le cas présenté par kwắy est intéressant. On a :

kwắy "chef" / kwắày "qui possède"

[9] |ízè| R. 1

[10] |wày| ce changement tonal pourrait être un indice de composition.

en premier lieu, nous constatons un phénomène de dérivation par changement tonal ; cependant, le terme kwắày n'apparaît pas isolément dans la langue, mais seulement en composition, soit :

wíndí.kwày [11]	"maître de la concession"
fắrkắ.kwày	"conducteur d'âne"
fű.kwày [12]	"épouse"

BASE NOTIONNELLE + BASE DESCRIPTIVE

4.35. Ce type de composé est tout à fait syntaxique puisqu'il reprend l'ordre déterminant - déterminé attesté dans le syntagme déterminatif quand le déterminé est une Base descriptive; de plus, les mêmes règles tonales que dans le syntagme se manifestent dans ces composés.

sắnní.bíì	"grand parleur" (dont la parole est obscure)	/parole.noire/
gűrú.círày	"cuivre"	/fer.rouge/
hắw.bì [13]	"buffle" *Syncerus caffer* (Sparrman)	/vache.noire/
bo̰.fùtő	"malchanceux"	/tête.méchant/
fòóy.yùttő	"plante *sp.*	/sauce.gluante/
cè.bè:rì	"éléphant"	/pied.grand/
ca̰á̰.bé:rì [14]	"rat de Gambie"	/rat.grand/
gàắ:rì.kắynắ	"chevalet de la vièle monocorde"	/selle.petite/
hắn.bắ:rì [15]	"vendredi"	/jour.grand/
kàmbè.sàndő	"avare"	/main.dure/
mò.kò:gő	"insolent"	/oeil.sec/
gùndè.gù:ső	"glouton"	/ventre.profond/
hìnjè.sàndő	"entêté"	/dent.dur/
ɲắ.fùmbő [16]	"marâtre"	/mère.qui sent mauvais/
cè.kònnő	"5ème mois de l'année"	/pied.chaud/

Parmi ces composés, on rencontre des termes désignant des animaux, des plantes, des termes de parenté, des qualités, etc..

---

[11] |kwắày| R. 1

[12] |fűù-kwắày|

[13] |hắw.bíì| R. 3

[14] |ca̰á̰.bè:rì| R. 1

[15] |hắn.bè:rì| R. 1

[16] |ɲắà.fùmbő| R. 2

4.36. D'autres composés, moins nombreux, sont constitués des éléments suivants :

modalité personnelle + Base notionnelle

írì.kwáày "Dieu" /notre.maître/

Base notionnelle + fonctionnel

bűrő.rá "jeu d'enfant" /nuage.dans/
appelé aussi màdàrâmâdârà (consistant à voler du maïs

Base notionnelle 1 + défini

gàndè.fő "mesure de longueur"/poitrine.certaine/
(milieu de la poitrine au bout de la main)

Base notionnelle + Base comportative

4.37. On peut également considérer cette structure comme relevant de la détermination (ordre déterminant - déterminé) qui se manifeste dans le syntagme énonciatif (cf. chapitre 5.).

à gà - bǫ̀ - háw	"Il attache une tête" //il / vers | tête | l'attacher//
bǫ̀.háw	"Bride du cheval sur le devant de la tête" /tête.l'attacher/
bǫ̀.kùngà	"Bord d'une natte" /tête.l'ourler/
fòóndò.kùbáy	"Croisement" /chemin.le rencontrer/
tőndì.fàrá	"Arbre (*non id.*) /pierre.le fendre/
kàmbè.kàsé:tà	"Index" /main.le gronder/
kàmbè.kár	"Coudée" /main.le frapper/
kàmbè.càbé	"Signe du doigt" /main.le montrer/
wáynó.gàná [17]	"*Crotalaria sp.* (Fabaceae) /soleil.le suivre/

[17] |wáynò.gàná| R. 1

wi̋ndi̋.ma̋rgű	"coiffure" /concession.le rassembler/
hàynì.dò:rű	"serpent *sp.*" /mil.le couler/
ha̋ri̋.műn	"urine" /eau.le couler/
ha̋w.be̋:ri̋	"serpent *sp.*" (s'attaquant aux vaches) /vache.le couper/

Remarque :

Dans le composé ha̋ndày.hűmbűra̋ndì "lune des 15ème et 16ème jours du mois" /veaux.le faire peur/, la Base 2 est à la forme factitive. On notera, de plus, la modification tonale de la Base notionnelle : |ha̋ndàa̋y.hűmbűra̋ndì|. L'explication donnée à ce terme est que la lune à ce moment du mois est ronde et rougeâtre si bien qu'elle fait peur aux veaux.

Base comportative + Base notionnelle

Structure : ordre déterminant - déterminé.

fűfű.tőndì	"pierre à moudre" /le moudre.pierre/
gùrűsù.tőndì	"pierre à égrener" /l'égrener.pierre/
ha̋y.tù [18]	"matrice" /l'enfanter.récipient/

4.38. COMPOSES DE PLUS DE DEUX ELEMENTS

Structure : syntagme déterminatif.

modalité personnelle + Base notionnelle + Base notionnelle + Base notionnelle

ǐrī.kwa̋y.hàntűm.i̋zè dt dé dt dé dt dé	"grain de beauté" (considéré comme la marque de Dieu) /notre.maître.écriture.petit de/

Base notionnelle + coordinatif + modalité personnelle + Base notionnelle

gòròŋò.da̋.ńgà.i̋zè	"Les Pléiades" /poule.et.son.petit/

18 |ha̋y.tűù| R. 3

Base notionnelle + Base notionnelle + Base notionnelle
Fonctionnel

bàngù.bọ̰.sùbù	"herbe" *Echinochloa colona* L. (Poaceae) /mare.sur.herbe/
tőndí.bọ̰.hàynì [19]	"plante" *Croton amabilis* Muell. Arg. (Euphorbiaceae) /pierre.sur.mil/
hắrí.rắ.hắnsì	"loutre" /eau.dans.chien/

Structure :

La structure des composés suivants correspond à une succession Prédicat + Complément : le prédicat est lui-même constitué d'une relation de détermination (cf. Fonctions).

tắbắ.dạ̰.mẽè [20]	"chique" /tabac.le mettre.bouche/
cè.dạ̰.wíndí	"formalité qui permet au jeune homme de rendre officielles ses fiancailles et de rentrer dans la maison de sa future femme" /pied.le mettre.concession/

Structure :

Il s'agit, dans les deux exemples ci-dessous, d'un modèle de structure juxtaposée avec le régisseur kắ (cf. chapitre Transition).

wắ:sű.kắ.hĩ:jĩ	"coiffure de femme" /se presser. et .se marier/ (souhait qu'on fait à la jeune fille pour qu'elle se marie vite)
fòòy.kắ.wàymắ	"maladie des boeufs" /passer la journée. et.passer l'après-midi/ (maladie très passagère comme l'étranger qui passe la journée et s'en va le soir)

Structure :

Syntagme déterminatif = déterminant - déterminé

cè.fő.fő.kòlőntò	"jeu de cloche-pied" /pied.un.un.coq géant *sp.*/ (ce coq se tient quelquefois sur une patte)

---

[19] |tőndì.bọ̰.hàynì| R. 1

[20] |tắbà.dạ̰.mẽè| R. 1

4.39. Certains composés constituent de véritables énoncés tels :

bày.kàrí.sí ká:ní.gấnjì[21] "herbe à mouton" *(non id.)*
/cheval.monter.ne pas.coucher.brousse/
(les épines de cette plante empêchent le cavalier de dormir par terre en brousse)

kúrúɲè.sí.ká:ní.táráy "sorte de couverture blanche et noire à dessins géométriques"
/mari.ne pas.coucher.dehors/
(abrite le mari dans son sommeil)

wà.kà:rù.ròbwấày "jeu d'enfant"
/*inj.* .monter.lièvre/
(sorte de colin-maillard)

Remarque :

On pourrait, d'après nos informations, inférer le sens du composé : í.bà.dɔ́ɔ̀ "oiseau mange-mil" *(non id.)* en restituant un n qui serait tombé à l'initiale, ce qui nous donnerait : ní.bà.dɔ́ɔ̀ /tu.vaux.criquet/. La petite taille de cet oiseau serait rapprochée de celle du criquet et serait estimée juste à peine plus grande que celle de l'insecte.

COMPOSÉS À CARACTÈRE ASYNTAXIQUE

4.40. Le caractère asyntaxique de certains composés se manifeste essentiellement :

- par des modifications tonales des termes du composé par rapport aux termes isolés de la langue.

Modifications tonales

Les différents termes des composés présentent des tons qu'ils n'ont pas quand ils sont isolés. Ces changements tonaux ne correspondent pas non plus aux règles tonales rencontrées dans le syntagme déterminatif. Quand nous avons pu dégager ces règles tonales, nous l'avons mentionné.

Par ailleurs, la structure des composés ne diffère pas de la structure d'un syntagme déterminatif (ordre déterminant - déterminé).

---

21 |bày.kàrí.sí.ká:ní.gànjì| R. 1

Base notionnelle + Base notionnelle

On observe une simplification des tons du composé.

Tons haut

a̋nnása̋ra̋.kűmbű	|ànnàsa̋ra̋.kűmbű|	"charrue" /européen.instrument de sarclage/
bíné.ha̋sára̋w	|bìnè.ha̋sa̋ra̋w|	"tristesse" /coeur.danger/
kőkőrő.bűndű	|kőkőrő.bùndù|	"tourniquet à écheveaux" /écheveau.bois/

Tons haut-bas

ha̋rí.kwa̋:yì	|hárí.kwàa̋:yì|	"imperméable" /eau.vêtement/
cé̋.gù	|cè.gű|	"cheval ayant quatre pattes blanches et un trait blanc sur le front" /pied.cinq/
ka̋ri̋ji̋.kà	|ka̋ri̋ji̋.kàa̋|	"arbre *sp. (non id.)*" /épine.l'enlever/

Tons bas-haut

fà:dà.ŋà:ri̋	|ƒá:dà.ŋàá:rì|	"courtisan" /cour du chef.nourriture/
tìrà.fő:lő	|tírà.fòő:lò|	"sac des élèves coraniques" /coran.sac/
mè.kà:nő	|mé̋è.kà:nő|	"parleur" /bouche.douce/
wàynò.kàŋa̋ày	|wàa̋ynò.kàŋa̋ày|	"ouest" /soleil.chute/

tons haut-bas-haut

da̋ra̋fa̋ndà.kàyna̋	|da̋ra̋fa̋ndà.ka̋yna̋|	"petite perdrix" *sp.* /perdrix.petite/

Tons bas-bas

fù.mè	|fűù.mé̋è|	"nombril" /case.bouche/
bòrò.wì	|bòrő.wí|	"assassin" /homme.le tuer/

Base notionnelle + Base comportative

4.41. Ces exemples pourraient être, soit des énoncés injonctifs, soit une succession courante dans la langue d'ordre déterminant - déterminé.

La règle tonale est la suivante : quels que soient les tons des termes de base, le composé a toujours des tons hauts.

gűnde̋.ka̋r	|gùndè.ka̋r|	"colique" /ventre.le frapper/
tʃra̋.ha̋w	|tʃrà.ha̋w|	"mariage" /coran.l'attacher/
me̋.fe̋:ri̋	|me̋è.fé:ri̋|	"mois suivant le ramadan" /bouche.l'ouvrir/
me̋.ha̋w	|me̋è.ha̋w|	"mois de ramadan" /bouche.le lier/
ma̋.ga̋:rű	|ma̋à.ga̋:rú|	"surnom" /nom.le traverser/
főndő.fa̋y	|fòőndò.fa̋y|	"croisement" /chemin.le séparer/
bi̋ne̋.ta̋y	|bìnè.ta̋y|	"nausée" /coeur.le mouiller/
mő.za̋ŋa̋y	|mò.za̋ŋa̋y|	"maladie des yeux" /oeil.l'être malade/
wa̋y.hi̋:ji̋	|wày.hi̋:jì|	"nouvelle mariée" /femelle.le marier/
ha̋nsi̋.ka̋:rú	|ha̋nsì.kà:rù|	"chien enragé" /chien.le monter/
a̋rú.hi̋:ji̋	|a̋rú.hi̋:jì|	"nouveau marié" /homme.le marier/
ha̋ri̋.zűrű	|ha̋ri̋.zùrű|	"déferlement d'eau" /eau.le courir/

Quelques composés présentent, en plus d'une modification tonale des termes, une modification vocalique d'un des termes en particulier de la Base comportative.

- *voyelle* -a

cè.kàndǎà	|cè.kàndě|	"étranger" /pied.l'apporter/
nò:rí.dě:sǎ	|nò:rí.dě:sì|	"termite ailée" /fourmi.le voler/
-i		
gà:sù.kàrí	|gǎ:sǔ.kǎr|	"joueur de calebasse" /calebasse.le frapper/
sày.kǎrí	|sǎy.kǎr|	"serpent" *sp.* /serpent.le frapper/
bǒ̰.sǎrí	|bò̰.sǎr|	"maux de tête" /tête.le sauter/

Il s'agit d'une adjonction de la voyelle i.

4.42. Autres cas

Base notionnelle + fonctionnel

L'énoncé est incomplet (pas de sujet, ni de complément), pas de terme régi par le fonctionnel cìré.

dà̰.cìré	"vêtement de dessous" /le mettre.sous/
kòkòrò.bǎndǎ	"le dernier" /l'être en arrière.derrière/

Base notionnelle + Base notionnelle

Il y a une juxtaposition des termes dans l'exemple :

lùtù.bě:bé	"sourd-muet" /sourd.muet/

Remarques :

1. Le composé kǔnà.hǎàw "ceinture sous le poitrail du cheval", présente une construction asyntaxique puisque le fonctionnel précède la Base 2; de plus, le ton de la Base est modifié. On aurait |kǔnà.hǎw| /dans l'attacher/.

2. Le composé bàmbá.zíkà "pélican" /grande.poche/ comporte une inversion des termes déterminé + déterminant attestée dans le syntagme déterminatif. De même pour le composé cárá.gá "groupe d'entraide" /ensemble.l'aider/ dont la formule est fonctionnel + Base 2. Les tons de chaque élément sont modifiés; on aurait |càré.gà|. On note enfin le changement de e → a dû à l'harmonie vocalique.

3. Le composé kámbá.ŋá:rí "main droite" /main.nourriture/ semble présenter, en plus d'un changement tonal de chaque élément |kàmbàá.ŋą̀á:rì|, une construction asyntaxique, due à l'inversion de l'ordre déterminant - déterminé, si l'on pense que le sens est plutôt : la main de la nourriture, c'est-à-dire la main avec laquelle on mange.

4. Les composés wày.bòrò |wày.bòró| "femme" /femelle.être humain/ et àlbòrò.nà.wáy.bǒrǒ "hermaphrodite" /homme.?.femme/ présentent à la fois une juxtaposition des termes et un changement tonal.

5. hángá.sí.hàm "arrière grand-père" /oreille.ne pas.le toucher/ (parent éloigné dans le temps que l'on n'a pas connu vivant le plus souvent, dont on n'a pu toucher l'oreille).

L'énoncé correct serait : sí.hángá.hàm

BASES DESCRIPTIVES

4.43. Une partie des Bases descriptives à valeur numérale est constituée de composés.

Plusieurs structures sont possibles.

1) juxtaposition de deux éléments :

Base descriptive + Base descriptive

wáy.gû		"cinquante"	/dix.cinq/
wáy.dù		"soixante"	/dix.six/
wáy.yè		"soixante-dix"	/dix.sept/
wá.hákù	|wáy-áhákù|	"quatre-vingt"	/dix.huit/
wáy.gà	|wáy-yággà|	"quatre-vingt-dix"	/dix.neuf/

2) juxtaposition de trois éléments :

Base descriptive + Base comportative + Base descriptive

wáy.cìndí.fǒ	"onze"	/dix.le rester.un/
wáy.gú.cìndí.hínzà	"cinquante trois"	/dix.cinq.le rester. trois/

Base descriptive + Base descriptive + Existentiel

wǎ.hǎkù.àfǒ.sǐ	"soixante dix neuf"	/dix.huit.un.n'être pas/
zàngǘ.ìgǘ.sǐ	"soixante quinze"	/cent.cinq.n'être pas/

Dans tous les cas, le sens du composé est différent du sens des éléments qui le constituent; de plus, le composé est inséccable : on ne peut introduire de déterminants entre les éléments qui le constituent.

Remarque :

Un certain nombre de composés n'ont pu être identifiés complètement, l'un des termes le constituant, ou les deux restant inconnus. Nous indiquons entre parenthèses le terme qui a pu être identifié.

bǫ̀.sǎlǐdò	"tempe" (bǫ̀ : tête)
fǒrrǒ.fě:jǐ	"hippotrague" (fè:jì : mouton)
cą̀ą́.mǎnìà	"rat *sp.* (museau pointu)" (cą̀ą̌ : rat)
kàtà.bǘkà	"coiffure de femme" (?)
àlmà.hǎàw	"tourbillon de vent" (hàw : vent)
àrmà.jǒllò	"tabac à priser" (?)
àlmà:rì.kǒtǒ	"chauve-souris" (àlmá:rì : soir)
àlfà.bǐrǐ	"papillon" (?)
bǐrì.kà:mà	"cartilage" (bǐrǐ : os)
kàmbè.gàá:bà	"mesure de longueur" (écartement entre le pouce et le majeur) (kàmbè = main)
hǐnà.bù:nǒ	"impuissant, sans force" (hǐnáà = pouvoir)
tàtàrǐ.zǘgǎ	"lit fait en tige de mil" (tàtàrǐ = natte)
bǫ̀.jòrò	"poutre maîtresse" (bǫ̀ : tête, jòrò < jàrǎàw : le porter ?)
hǎw.gǎrè	"sac en natte" (hǎw : l'attacher)
fùrùkǘ.ǹdǎ.lànděě	"chose de peu de valeur" babiole
tùbǎrì.kǎllǎ	"tout plein"
kǎrmàn.kǎ:nǐ	"poison qui endort" (kǎ:nǐ: le dormir)
tàwày.kàsǐnà	"jumeaux" (tàwày : jumeaux)
ɲà.kà.fòsǐnà	"matrilinéaire" :(ɲǎà : mère)

4.44. En conclusion, les phénomènes de composition semblent plus limités qu'il n'y paraissait lors d'une première approche.

Ils ne concernent en réalité que la formation de certaines Bases notionnelles et descriptives.

Dans le cas des Bases notionnelles, les éléments du composé sont de nature assez variées sans que le résultat concernant la nature du composé diffère.

Ainsi, ce chapitre est en liaison étroite avec le chapitre qui va suivre et qui a pour objet l'étude des Syntagmes de la langue.

V

SYNTAGMATIQUE

INTRODUCTION

5.1. **a) DÉFINITION**

L'objet de ce chapitre est l'étude détaillée des syntagmes de la langue.

Nous rappellerons la définition du syntagme donnée par A. MARTINET :

"On désigne sous le nom de syntagme toute combinaison d'unités de première articulation".

La syntagmatique sera donc l'étude de la combinatoire des monèmes ou des synthèmes répartis dans des classes de mots ou *syntaxèmes*.

Cette définition appelle plusieurs remarques justifiant et explicitant la place de ce chapitre par rapport aux chapitres précédents et même par rapport à l'ensemble de l'ouvrage.

Nous avons effectué jusqu'à présent le classement des monèmes simples et complexes de la langue, en les répartissant à l'intérieur d'un certain nombre de syntaxèmes.

Le chapitre syntagmatique vient directement en complément du chapitre 3 qui est la définition des syntaxèmes de la langue.

Nous avons procédé, à plusieurs reprises, à l'*expansion* de l'*énoncé minimum* par l'adjonction d'autres termes appartenant ou n'appartenant pas à l'énoncé minimum.

Cette opération nous a donc amenée à effectuer des combinaisons de certains syntaxèmes entre eux.

5.2. b) HIÉRARCHIE DES TERMES DANS LE SYNTAGME

Nous tirerons deux conséquences de ces opérations d'expansion et de combinaison effectuées dans le cadre de l'énoncé minimum; ces conséquences sont importantes pour l'étude du chapitre et pour l'ensemble du système zarma.

1) *La combinaison des syntaxèmes résultant d'une opération expansive implique un ordre hiérarchique.*

Si nous prenons comme énoncé de base l'énoncé minimum contenant le minimum d'unités nécessaires à l'existence et à l'indépendance d'un énoncé, tout élément qui viendra s'ajouter à cet énoncé irréductible est un élément expansif[1] et par là même secondaire, en ce sens qu'il représente un élément annexe s'ajoutant au noyau initial;

Exemple de l'énoncé minimal en zarma :

1 2	
gá:sú - nò	"C'est une calebasse" //calebasse | ce//
1 3 2	
gá:sú - dìín - nóò	"C'est cette calebasse" //calebasse | ce-là || ce//

Ainsi l'adjonction de dìín à l'énoncé minimal est un élément secondaire et facultatif qui ne modifie pas le rapport préexistant entre les termes gá:sú et nò.

Nous préciserons donc la définition précédente en ajoutant que la syntagmatique sera l'étude des combinaisons des syntaxèmes en tenant compte du fait que cette combinatoire s'organise entre :

un noyau	/ un centre	/ ou encore	un élément déterminé
et	et		et des
des éléments annexes ou périphériques	des expansions		déterminants

[1] L'*expansion* au niveau secondaire se définit comme "tout élément ajouté à l'énoncé qui ne modifie pas les rapports mutuels et la fonction des éléments préexistants".

Ces deux composantes de la relation syntagmatique mettent en évidence le fait qu'il existe une relation de *subordination* entre ces termes, l'un étant subordonné à l'autre ou, si l'on peut dire, l'un *présupposant* l'autre: en effet, la notion de *centre* ne peut avoir de sens que par rapport à l'*existence présupposée* d'éléments non centraux qui gravitent autour.

L'élément POSE impliquant un élément PRESUPPOSE.

On voit, dès lors, la *solidarité* qui se manifeste entre les composants de la relation syntagmatique.

2) *Hypothèse : l'ordre hiérarchique établi entre les termes d'un syntagme est généralisable à l'énoncé* passage du niveau secondaire au niveau primaire).

En reprenant les différentes expansions pratiquées à partir de l'énoncé minimum, nous pouvons constater qu'il existe deux types d'expansions possibles :

- une expansion qui se rattache à un des éléments de l'énoncé minimum ou à un segment de l'énoncé, c'est l' *expansion secondaire*.

Exemple :

hánsì-wó kà[2] "Ce chien vient" //chien | ce / le venir//

- une expansion qui se rattache à l'ensemble de l'énoncé, c'est l'*expansion primaire* :

	hánsí kà fúù[3]	"Le chien vient dans la maison" //chien / le venir / maison //
soit	hánsí kà	"Le chien vient" //chien / le venir//
	hánsì-wó kà	"Le chien vient" //chien | ce / le venir//
	hánsí kà fúù	"Le chien vient à la maison" //chien / le venir / maison//

Le dénominateur commun entre ces deux types d'adjonction est d'être un élément facultatif qui s'ajoute à un centre nécessaire.

Cette relation essentielle entre un élément nécessaire et un élément facultatif s'applique donc à plusieurs niveaux de la description.

---

[2] |wóò| R. 1

[3] |hánsì| R. 1

Au niveau secondaire, on étudiera le rapport entre :

un déterminé + déterminants

Centre expansions

Au niveau primaire, on examinera le rapport entre :

un élément central, nécessaire — expansions, facultatives ou non

prédicat — sujet, complément

Le parallélisme entre ces rapports est renforcé en zarma par le fait que cette relation entre un centre et des expansions est caractérisée par un certain nombre de marques formelles qui sont les mêmes aux différents niveaux et, par conséquent, le passage du niveau secondaire au niveau primaire semble se faire de façon imperceptible [4].

Exemples :

marque séquentielle identique et expansion identique

déterminant - déterminé : le déterminant est la modalité personnelle

niveau secondaire	à-fúù	"sa maison" /il | maison/
niveau primaire	à kà	"Il vient" "venir de lui" //il / le venir//

déterminé - déterminant le déterminant est un déictique nòò "ce, c'est"

niveau secondaire	bòró-nò	"Cet homme" /homme | ce/
niveau primaire	bòró-nò	"C'est un homme" //homme | ce,c'est//

4 C. HAGEGE. *La langue Mbum*, p. 288.
"Le mot détermination, que l'usage a réservé à la désignation de l'expansion secondaire, pourrait être appliqué aux deux niveaux hiérarchiques, au rapport essentiel qui lie toujours un centre nécessaire et une expansion facultative".

régisseur + { -monème, syntagme
identique { -énoncé

niveau secondaire	kàlá-gándà	"jusqu'en bas" /jusqu'à | bas/
niveau primaire	kàlá à tó gándà	"jusqu'à ce qu'il atteigne le sol" /jusqu'à / il / l'atteindre / bas/

5.3. c) CONTENU DU CHAPITRE SYNTAGMATIQUE

Cette situation pourrait nous faire envisager une *définition élargie* de la notion de syntagme telle que la donne SAUSSURE, en concevant l'étude syntagmatique comme une étude des combinaisons de monèmes au niveau de la phrase entière, la phrase étant conçue comme un *vaste syntagme* : "La notion de syntagme s'applique, non seulement aux mots, groupes de mots, aux unités complexes de toute dimension et de toute espèce (mots dérivés et composés), aux membres de phrases et à la phrase entière" [5].

Cependant, bien qu'étant consciente du parallèlisme des rapports existant aux différents niveaux de l'analyse et gardant à l'esprit cette particularité de la langue zarma de posséder certaines structures identiques aux niveaux primaire et secondaire, nous *ne traiterons dans ce chapitre syntagmatique que les expansions de type secondaire,* réservant au chapitre des *Fonctions* l'*étude des relations de type primaire.*

En effet, l'identité des rapports entre ces niveaux ne doit pas nous amener à les confondre, mais plutôt à identifier clairement les différents points d'incidence de cette relation à l'intérieur de l'énoncé; l'ensemble de la phrase présente une série d'éléments emboités, le centre ou l'expansion d'un énoncé pouvant être chacun analysé comme un centre et une expansion sur un autre plan, de niveau inférieur à l'autre.

---

[5] F. SAUSSURE, *Cours de linguistique générale*, p. 172.

Exemple :

niveau primaire	Expansion	Centre
"Un chien vient"	hánsí chien	kà [3] le venir
niveau secondaire	expansion-expansion-centre	expansion-centre
"Mon grand chien va venir" // mon | chien | grandeur/ vers | le venir//	àáy - hánsì - bé:rì dt dt dé	gá - kà dt dé
niveau primaire	déterminant expansion	déterminé centre

Nous ajouterons que si l' *analogie des rapports* existe effectivement aux niveaux primaire et secondaire , le *résultat* de la relation de détermination présente une différence évidente, à savoir qu'au niveau primaire, la relation de détermination suffit, à elle seule, à *fonder l'énoncé*; au niveau secondaire, la relation de détermination présente un certain nombre de variétés de combinaisons possibles autour d'un centre, mais *l'ensemble ne constitue jamais un énoncé.*

5.4. d) CRITÈRES DE DISTINCTION DANS L'ÉTUDE DES DIFFÉRENTS SYNTAGMES

Nous prendrons en considération plusieurs critères pouvant nous permettre de définir des types différents de syntagmes.

MARQUES DU SYNTAGME

A) si l'on prend en considération les marques qui caractérisent la relation syntagmatique en zarma, nous sommes amenées à établir trois grandes divisions :

1) - le syntagme caractérisé uniquement par une *marque séquentielle*, c'est-à-dire par la position de l'élément déterminé par rapport au déterminant; deux positions sont attestées en zarma :

a) déterminé - déterminant

b) déterminant - déterminé

2) - le syntagme caractérisé par la *présence d'un morphème qui relie les termes du syntagme*; nous le désignerons comme un élément déterminatif ou joncteur. Nous en distinguerons deux en zarma :

- a - déterminatif préposé aux termes du syntagme (*joncteur* nà "à,de")

- b - déterminatif inséré entre les termes du syntagme (*déictique-relatif* kā̰à̰ "ce que").

3) - le syntagme comprend un *élément régi* et des *régisseurs*. Dans ce cas, il s'agit moins d'une relation de détermination proprement dite entre un centre et des expansions, que d'un *lien nécessaire* entre un *régisseur* et des *éléments régis*. cf. Syntagme énonciatif.

CENTRES DU SYNTAGME

B) <u>si l'on prend en considération la nature du centre du syntagme</u>, c'est-à-dire le noyau autour duquel s'organisent les expansions, on distinguera des centres lexicaux et des centres grammaticaux.

1. Centres lexicaux :-BASE Ø type cɪ́mɪ́ "vérité, dire vrai"
   -BASE 1 type gá:sú "calebasse"
   -BASE 2 type kà "le venir"
   -BASE 3 type ɪ́-hànnó "le beau"
   -BASE 4 type bɪ́ɪ̀ "hier"

2. Centres grammaticaux :
   -Modalités personnelles types à, ńgà "il, lui"
   -Déictiques dans leur ensemble
   -Fonctionnels type rá "dans"

Ce dernier type de centre grammatical, où c'est le fonctionnel qui est le déterminé, représente un cas particulier que nous traiterons en détail. cf. Le Syntagme fonctionnel.

A partir de cette liste, on remarque que toutes les bases lexicales peuvent être un centre de syntagme, ce qui n'est pas le cas de tous les grammèmes.

De plus, cette variété possible des centres s'ordonne en considération des marques précédemment citées, ce qui nous permet d'établir la répartition suivante des centres de syntagme :

1 - *Syntagmes déterminatifs à marque séquentielle*

Les centres de syntagme sont :

- Base Ø non différenciée, bivalente
- Base 1 Entités
- Base 3 Descriptifs
- Base 4 Conjoncturels
- Modalité personnelle
- Déictiques
- Fonctionnels

Pour l'ensemble de ces centres, on notera une restriction de leur emploi dans le syntagme suivant leur position dans le syntagme cf. § 5.8 et suivants.

2 - *Syntagmes déterminatifs marqués par la présence d'un monème déterminatif*

Deux cas se présentent :

a) le monème nà *déterminatif-complétif* "à, de"

Le centre des syntagmes où figure nà est la BASE 2 ou Ø (comportative ou bivalente)

b) le monème kậ̀à *déictique-relatif* "ce que"

Les centres de ce syntagme sont :

- Base Ø
- Base 1
- Syntagmes déterminatifs
- Modalité personnelle
- Déictique wɔ́ò

3 - *Syntagmes régis*

Les éléments régis sont :

Base Ø (bivalente)
Base 2 (comportative)
Syntagme déterminatif complétif

une nouvelle répartition s'effectuera suivant la nature des régisseurs (cf. le syntagme énonciatif).

Nous excluons dans ce chapitre le cas des régisseurs mixtes qui seront étudiés dans un chapitre différent (chapitre 6).

EXPANSIONS DU SYNTAGME

c) Si l'on prend en considération la nature de l'expansion, on remarquera qu'il existe des expansions "*monovalentes*" [6] c'est-à-dire qui ne peuvent apparaître dans l'énoncé qu'en liaison avec un centre, ce sont:

- le spécifique / générique
- le défini

Nous ajouterons que les *régisseurs* sont toujours *monovalents* :

soit :

- les particules énonciatives **gà** "vers", **mà** "de"
- les négations **màná, sí**
- le joncteur **nà** "à"
- le déictique relatif **k̰áà̰** "ce que"

Il existe par ailleurs des expansions *polyvalentes* qui peuvent, en dehors de leur apparition avec un centre, apparaître en fonction primaire, ce sont par exemple :

- les bases Ø, 1, les modalités personnelles, les déictiques.

Enfin, nous remarquerons que certaines expansions sont elles-mêmes des syntagmes de type déterminatif et même des énoncés (énoncé relatif).

---

[6] terme emprunté à M. HOUIS, utilisé également par C. HAGEGE dont nous donnons la définition.

5.5. **e) CLASSEMENT**

Il nous a donc semblé plus intéressant, dans le cas du zarma, de prendre comme point de départ, un classement des types de syntagmes par rapport à la marque formelle qui les caractérise, soit :

1. Syntagme déterminatif à marque séquentielle
2. Syntagme déterminatif à marque jonctive
3. Syntagme régi

A l'intérieur de ces divisions, nous envisagerons alors les différents types de centre et d'expansions pouvant figurer, plutôt que de procéder à la démarche inverse consistant à partir de l'étude des éléments déterminés et de leurs expansions possibles en tenant ensuite compte des marques de syntagmes définies ci-dessus.

Le choix de cette option a pour but de mettre en valeur la structuration d'ensemble de la relation syntagmatique et son unité, pour ne pas éparpiller cet aspect dans la présentation atomisée d'une multitude de centres et inversement de ne pas regrouper sous un même centre l'étude de ses substituts et des sous-variétés.

Le plan du chapitre est donc le suivant :

I - SYNTAGME DETERMINATIF

1) Marque séquentielle

A. déterminé + déterminant
B. déterminant + déterminé

2) Marque jonctive

Syntagme complétif 1. déterminatif + déterminant + déterminé
nà "de, à"

Syntagme relatif 2. déterminé + déterminatif + déterminant
kā̰à̰ "ce que"

II - SYNTAGME REGI

Régisseurs + élément régi =

déterminatif - déterminant - déterminé

III - SYNTAGME APPOSITIF

Type particulier de syntagme où l'expansion a la même fonction que le centre.

Nous verrons en détail la nature des éléments déterminés et déterminants, ainsi que les types variés d'éléments régis et des régisseurs.

Commentaires :

On pourra s'étonner que, dans le choix du plan chapitre, on n'ait pas retenu des divisions à partir des syntaxèmes, telles que la Base notionnelle, la Base comportative, la Base Bivalente, la Base Descriptive, etc.. C'est après réflexion que nous avons décidé de procéder à un classement mettant en relief les différents rapports entre les éléments du syntagme. Cela ne signifie pas que tous les syntaxèmes envisagés dans la relation syntagmatique se combinent également avec tout. Il existe des combinaisons préférentielles et même des exclusions entre certains déterminants et certains centres de syntagmes;

en particulier :

- le *spécifique* ne se combine pas avec les Bases comportatives;
- les *énonciatifs* se combinent généralement avec les Bases comportatives et les Bases Bivalentes, mais ceci n'est pas réellement exclusif, comme on le voit dans les exemples suivants:

1. à nà-hày-kű̀lù — "Il fait tout"
   //il / à | chose | tout//
2. ì gòó gà-jíríbì-í:yè — "Ils restent sept jours"
   //ils / être / vers | jour | sept//

Ces deux exemples sont particulièrement intéressants puisque les éléments régis par le joncteur nà (1) et la particule énonciative gà (2) ne sont ni des bases comportatives ni des bases bivalentes, mais simplement un syntagme de type déterminatif avec un centre totalisateur (1) descriptif en 2.

Cependant, au-delà des restrictions combinatoires qui existent et qui ne sont pas négligeables, il est remarquable de constater la prédominance d'une relation de détermination dans l'ordre déterminant-déterminé qui s'impose, quelle que soit la nature catégorielle envisagée, Base comportative, Base notionnelle, Base descriptive.

Nous ajouterons que cela ne signifie pas non plus qu'il n'y ait aucun type de rapport dans l'ordre déterminé-déterminant; cet ordre existe, lui aussi, de façon assez limitée, alors que l'ordre inverse s'étend à une plus grande variété de syntaxèmes et à différents niveaux de la description grammaticale; c'est ce que nous voulons signifier en disant que c'est une relation prédominante et qu'elle est intéressante à faire ressortir, puisqu'elle dépasse les limites de la syntagmatique; elle est révélatrice d'une tendance générale de la langue.

5.6. f) RELATIONS SYNTAGMATIQUES ET VALEUR SÉMANTIQUE

Si nous voulions faire ressortir la relation exprimée sur un plan sémantique par ces rapports syntagmatiques, nous pourrions donner le schéma général suivant :

Structure	relation exprimée
SYNTAGME DETERMINATIF	
1. DETERMINANT - DETERMINE	
a) - simple juxtaposition	→ détermination spécifique / générique → déixis
b) - avec déterminatif inséré (déterminé + déterminatif + déterminant)	→ détermination relative
2. DETERMINANT - DETERMINE	
a) - simple juxtaposition	→ détermination - { possession, provenance, qualification, localisation spatio-temporelle }
b) - avec déterminatif ou régisseur préposé	(déterminé = fonctionnel)
nà + déterminant - déterminé	→ détermination complétive
SYNTAGME REGI	
régisseur + régi { = terme simple, = déterminant + déterminé }	énonciation - { directionnel, délocutif, négation } coordination

5.7. g) UNITÉ SYNTAGMATIQUE ET RÈGLES TONALES

Il est important de préciser que l'unité syntagmatique entre un centre et son expansion, quelle qu'en soit la nature est renforcée par le fait que les règles tonales dégagées au chapitre 2 s'appliquent toujours dans les limites d'un syntagme.

Nous signalerons,chaque fois qu'il y a lieu, ces variations en indiquant entre barres droites la forme reconstituée suivie du numéro de la règle s'y rapportant.

En voici quelques exemples :

forme reconstituée			forme courante
| wɔ́ɔ̀-nèɛ́ |	R.1	"ceci"	→ wɔ́-nèɛ́
| ńgà-cè |	R.1	"son pied"	→ ńgá-cè
| tà:m-ɔ̀ɔ́-rá |	R.3	"dans la chaussure"	→ tà:mɔ̀: rá
| fúù-hànnɔ́ |	R.1	"belle case"	→ fú-hànnɔ́
| ńgà-ɲáà-kwàrà |	R.1	"le village de sa mère"	→ ńgà-ɲá-kwàrà
| ì nà wàndɛ́-fúù-cìná |	R.1	"ils ont construit la maison de la femme"	→ wàndɛ́-fú-cìná
| írì gà-dí |	R.1	"nous voyons"	→ írí gà dí
| àáy gà-kà |		"je viens"	→ ày gá kà
\` ´ ´ \`	R.1		
\` ´ \`	R.3		

LE SYNTAGME DÉTERMINATIF

5.8. Nous regrouperons maintenant les types de syntagmes dans lesquels le rapport entre les termes du syntagme est d'ordre hiérarchique entre un déterminé et un déterminant.

Cette relation entre un Centre et son expansion est marquée de deux façons en zarma :

1) marque séquentielle
2) monème déterminatif ou joncteur

Nous étudierons successivement ces deux types de rapports syntagmatiques.

1) SYNTAGME DÉTERMINATIF À MARQUE SÉQUENTIELLE

Ce syntagme procède par *juxtaposition* des éléments déterminés et déterminants. Il est caractérisé par la position respective du centre et de ses expansions. En zarma, deux possibilités sont attestées:

a) Ordre déterminé + déterminant
b) Ordre déterminant + déterminé

A. ORDRE DÉTERMINÉ - DÉTERMINANT

Il y a dans ce cas plusieurs types de Déterminés ou Centres de syntagme. Ce sont :

Bases lexicales	:	- Base Ø bivalente	type	cɩ́mɩ́	"vérité, dire vrai"
		- Base 1 notionnelle	type	gá:sú	"calebasse"
		- Base 3 descriptive	type	ɩ́hànnó	"le beau"
		- Base 4 conjonctu-relle	type	bìɩ́	"hier"
Grammèmes	:	- Modalités personnelles emphatiques et non emphatiques	-type	à	"il"
			-	ŋ́gà	"lui"
		- Déictiques	type	wóò	"ce"
		- Totalisateur	type	kúlù	"tout"

Le déterminé le plus fréquemment attesté est la BASE 1 gá:sú "calebasse", c'est aussi celui qui admet le plus grand nombre de déterminants possibles dans cet ordre.

Les déterminants figurant dans cet ordre de détermination sont les suivants :

- *déterminants monovalents :* le spéficique / générique
  le défini
- *déterminants polyvalents :* les déictiques
  les assertifs

Nous présenterons les combinaisons possibles selon la nature des centres.

a) DETERMINATION SIMPLE

Nous entendons par *détermination simple* une relation où l'expansion n'est constituée que d'un monème par opposition à une *détermination complexe* ou *successive* où l'expansion est elle-même déterminée par un monème ou plusieurs.

On a les formules suivantes :

- Pour un centre de type

Base ∅ bivalente	cɪmɪ	"vérité, dire vrai"
Base 1 notionnelle	gá:sú	"calebasse"
Base 3 descriptive	ɪhànnó	"le beau"
Totalisateur/singulatif	kúlù	"tout, totalité"

- on a les déterminants ci-dessous :

a) spécifique / générique	òó, -àáy, -yá̰
b) défini	fó
c) déictiques	wóò, nóò, dìɪn, yàá
d) assertifs	dáy

En prenant l'exemple de la BASE 1, type gá:sú "calebasse", nous aurons les exemples :

a) gá:s - ó	"la calebasse"
gá:s- áy	"les calebasses"
gá:sú - yá̰	"des calebasses
b) gá:sú - fó	"une certaine calebasse"

c) gá:sú - wò [7] "cette calebasse"
gá:sú - nò [8] "la calebasse en question"
gá:sú - dìín "cette calebasse-là"
gá:sú - yàá "une calebasse certes"

d) gá:sú - dáy "une calebasse donc"
gá:sú - móò "une calebasse aussi"

Nous ferons plusieurs remarques à propos de ces exemples.

DU POINT DE VUE DES EXPANSIONS

EN CE QUI CONCERNE LE SPECIFIQUE/GENERIQUE

A - VALEUR SEMANTIQUE

5.9. L'adjonction du *spécifique/générique* à une Base lexicale présente un certain nombre de variantes formelles que nous dégagerons plus loin.

La valeur des déterminants *spécifique/générique* indique une opposition entre :

Générique[9]		Spécifique
vision globale	/	vision singulative
non déterminée	/	déterminée
non marquée	/	marquée
non comptable	/	comptable
continu	/	discontinu

Chacun de ces déterminants comprend lui-même une opposition interne entre :

---

[7] |wóò| R. 3

[8] |nóò| R. 3

[9] La désignation de *générique* nous paraît plus exacte qu'indéfini puisque le terme auquel se postpose le générique peut être tout à fait défini et précisé. -yá̰ insiste sur l'idée de globalité,d'ensemble.
Exemple : ní bá:bà háwyá̰ "Les vaches de ton père" /ton | père | vache + -yá̰ /

unité / ensemble — unité / plusieurs unités

voyelle radicale / -yá̰ — -òó / -àáy

Nous ajouterons que la forme la plus fréquente est celle du *générique singulatif* qui se présente comme une forme non marquée; la forme la moins fréquente est celle du *générique pluralisateur* (-yá̰).

Nous donnerons une série d'exemples essayant d'illustrer la valeur sémantique de cette détermination.

Exemples d'emploi du générique :

singulatif :

jìrìbì gà-kwáy, jìrìbì gà-yéè
"Les jours passent et repassent"
// jour / vers | l'aller ⧣ jour / vers | le revenir//

ì kà fúù
"Ils viennent à la maison"
// ils / le venir / maison//

ì kwáy hábú
"Ils vont au marché"
// ils / l'aller / marché//

ízàáy nà-à-nó hárí
"Les enfants lui donnent de l'eau"
// enfant + *spéc.* / à | lui | le donner / eau//

C'est cette valeur non marquée qui subsiste, même quand la base lexicale est déterminée par une modalité personnelle.

ní-fù-nèé [10]
"Voici ta maison"
// toi | maison | ici//

à nà-à-dàké ńgá-jàsè-gá [11]
"Il le met sur son épaule"
// il / à | lui | le mettre / son | épaule | à//

à kà ká ká:rù ńgá-bàrí [12]
"Il vient monter sur son cheval"
// il / le venir ⧣ et | le monter / son | cheval//

pluralisateur

à nà-ńgà-jísímá-yá̰ dùmá fà:rì rá jísím-áy k̃à ká nínísí
"Il sema de l'oseille de Guinée dans le champ (alors) l'oseille vint à mûrir"
// il / à | son | oseille + *générique* | le semer / champ | dans// oseille + *spéc.* / le venir ⧣ et le murir//

[10] |fúù| R. 1

[11] |ńgà| R. 1

[12] |kà:rù| R. 1

àáy kò-yá, wà-té hárí-dùngó íz-àáy tùún "Mes enfants, faites chauffer de l'eau, alors les enfants se lèvent"
//mon | enfant + *générique* / *inj.* | le faire / eau | chaude// enfant + *spéc.* / le lever//

On remarquera, dans ces deux exemples, le passage du *générique* au *spécifique*.

ì mà-gùná bòró-ádálì-yá "Qu'ils cherchent des hommes honnêtes"
//ils / *déloc.* | le chercher / homme | honnête + *générique*//

Exemples comparés du spécifique et du générique

ì né wàybòr-àáy mà-kwáy hàynì-sàfá bàrì-òó-sè, ì nà-hàyn-òó-sàfá ì kàndé bàrí-háyn-òó, ì kàndé hárí, à gò gá-ká bàrì-òó-dò [13]

"Ils dirent aux femmes (*spécifique*) d'aller piler du mil (*générique*) pour le cheval (*spécifique*); elles pilèrent le mil (*spécifique*), elles apportèrent le mil (*spécifique*) du cheval (*générique*), elles apportèrent de l'eau (*générique*), elles s'approchèrent du cheval (*spécifique*).

//ils / le dire // femme + *spéc.* / *déloc.* | l'aller / mil | le piler / cheval + *spéc.* | pour// elles / *joncteur* | mil + *spéc.* | le piler// elles/ l'apporter / cheval (*génér.*) | mil + *spéc.*// elles / l'apporter / eau (*génér.*)// elle / être / vers | le venir / cheval + *spéc.* | lieu//

bùréymá nà-bò-sámbú yá-cíné ká gùnà bé:né à nà-bòŋòó-yè gándà [15]

"Bourema souleva la tête (*génér.*) pour regarder en haut, puis il rebaissa la tête (*spéc.*) ".

//Bourema / *joncteur* | tête (*génér.*)| le prendre / ce | pareil// et | le regarder / haut// il / *joncteur* | tête + *spéc.* | le refaire / bas//

Remarque :

Nous ajouterons qu'une valeur possible du générique est celle d'un *ensemble* familial.

Exemple :

kúmbò-yá kwárà gáàndá búkà [14] "Chez les Koumbo il y avait une case en banco"
//Koumbo + *génér.* | village / être /+avec | case//

B - REMARQUE A PROPOS DE L'EXISTENCE D'UN SUFFIXE GENERIQUE-SINGULATIF

5.10. Nous avons identifié, au chapitre 3, un syntaxème, le spécifique-générique, dont nous venons de préciser la valeur sémantique.

---

[13] |néè| R. 3 |sée| R. 3
|dóò| R. 3 |hàynòó| R. 1
|gòó gà| R. 1

[14] |kwà:rà| R. 1

[15] |yéè| R. 3

Formellement, le *spécifique* se caractérise par un suffixe -ɓő ou -àá au singulier et un suffixe -àáy au pluriel.

Le détail de ses variantes tonales et vocaliques sera étudié au paragraphe suivant.

Le *générique* , lui, est caractérisé par un suffixe -yą̃ qui indique une pluralisation; nous n'avons pas, jusqu'à présent, dégagé un suffixe pour la forme singulative du générique qui serait la forme parallèle du singulier spécifique.

Le problème s'est alors posé à nous d'envisager effectivement l'existence d'un suffixe caractérisant la forme du générique au singulier, cette forme étant d'ailleurs une des plus fréquentes.

On supposerait alors qu'il existe, par exemple pour le terme fè:jì "mouton", le suffixe -ì pour la forme générique (singulier) soit:

fè:j- ì	"mouton"	- générique (singulatif)
fè:j-ì- yą̃	"des moutons"	- générique (pluralisation)
fè:j- ɓő	"le mouton"	- spécifique (singulatif)
fè:j- àáy	"les moutons"	- spécifique (pluralisation)

On pourrait donc, à titre d'hypothèse, envisager l'existence de suffixes qui expliqueraient cette forme radicale (non marquée et fréquente) des Bases ∅ (bivalentes), des Bases 1 (notionnelles), des Bases 3 (descriptives).

On postulerait les suffixes suivants :

générique		spécifique	
unité /	ensemble	unité /	ensemble
-i			
-a	-yą̃	-ɓő	-àáy
-u			
-∅			
-ṽ			
-e		-ɓő (-àá)	
-o		-àá	

On pourrait également préciser que pour la forme du générique singulatif, il y a, soit amalgame du suffixe avec la voyelle de la Base quand on a un radical CV (1), soit adjonction du suffixe quand le radical est CVC ou CVCVC (2).

cas n° 1	bì	<	|bì-ì|	"blessure"
cas n° 2	fè:jì	<	|fè:j-ì|	"mouton"

Ces amalgames peuvent trouver une justification dans le fait que ces déterminants suffixaux sont vocaliques, alors que les autres types de déterminants sont à initiale consonantique; de plus la fréquence d'emploi de ces déterminants est très grande, ce qui expliquerait les amalgames.

5.11. La présence de suffixes caractérisant le singulatif-générique nous amène également à évoquer le problème de l'existence ancienne possible d'un système de classes nominales qui expliquerait d'une part des formes apparemment très irrégulières, telles que **mɛ́ɛ̀** "une bouche" et **máyɔ̀ɔ́** "la bouche", d'autre part qui rendrait compte d'une répartition sémantique du vocabulaire selon les suffixes envisagés.

Cette répartition sémantique n'est pas systématique ni régulière, il s'en faut de beaucoup; mais il est intéressant de constater, par exemple, que la majorité des termes de la Base 1 terminés par la voyelle -e désigne des parties du corps et des termes de parenté.

Remarque :

Il est évident que l'on ne peut parler de langues à classes dans le cas du zarma; cette langue ne présente aucun phénomène d'accord caractéristique de ce type de langues. On signalera seulement ce que note le Père PROST dans *La langue soṅay* (pp. 42-43).

Les termes à finale :

-ay comprennent
- collectifs, arbres à fruits et fruits
- plantes à sauce
- groupes humains

-e comprennent
- arbres sans fruits
- noms de parenté
- noms de parties du corps

-i
- masse collective / indistincte
- abstraits

-u
- collectifs dont on prend une partie

-o
- races humaines
- animaux
- plantes
- divers

-a
- parenté
- noms de pays / noms géographiques
- objets empruntés, noms de poissons

Sans chercher à remettre en question les principes de ce classement, ni à essayer de retrouver nous-même un contenu sémantique correspondant à chaque finale vocalique, nous constaterons simplement que ces regroupements se vérifient également en zarma, sans que nous puissions en tirer d'autres conclusions jusqu'à maintenant.

C - COMPORTEMENT DU SPECIFIQUE-GENERIQUE AVEC LES BASES Ø (BIVALENTES) 1 (NOTIONNELLES) 3 (DESCRIPTIVES)

5.12. Le spécifique

Le spécifique -òó (àá) ou -àáy s'ajoute après la voyelle ou la consonne finale des monosyllabes de type CV ou CVC; en ce qui concerne les dissyllabes et trisyllabes, il se substitue à la voyelle finale ou s'ajoute à la consonne finale lorsqu'il s'agit de termes du type CVCVC.

Nous essayerons de restituer, dans ces exemples, le suffixe supposé de la forme neutre (générique singulatif).

Exemples :

CV	bì	|bì-ì|	"blessure"
	bì-òó		"la blessure"
	bì-àáy		"les blessures"
CVC	yàw	|yàw-ø|	"étranger"
	yàw-òó		"l'étranger"
	yàw-àáy		"les étrangers"

CVCV	fè:j-ì	|fè:j-ì|	"mouton"
	fè:j-òó		"le mouton"
	fè:j-àáy		"les moutons"
CVCVCV	dàmàr-ì	|dàmàr-ì|	"poison"
	dàmàr-òó		"le poison"
	dàmàr-àáy		"les poisons"

1 - Variations tonales :

L'adjonction du spécifique aux Bases Ø, 1, 3 de type CV́ (CV́CV́) (CV́CV́CV́), CV̂, CV̌, obéit à certaines modifications tonales que nous présenterons ci-dessous et qui correspondent aux règles dégagées précédemment.

5.13. Bases à ton haut de type CV́, CV́CV́, CV́CV́CV́

Le spécifique est à ton haut

(CV́CV́)CV́ + òó, àáy

→ CV́ + ó, áy

CV́C+ ó, áy

Exemples :

CV	zú	|zú-ú |	"bande de tissu"
	zú-ó	|zú-òó|	"la bande de tissu"
	zú-áy	|zú-àáy|	"les bandes de tissu"
CVC	háw	|háw-ø|	"vache"
	háw-ó	|háw-òó|	"la vache"
	háw-áy	|háw-àáy|	"les vaches"
CVCV	díj-í	|díj-í|	"miroir"
	díj-ó	|díj-òó|	"le miroir"
	díj-áy	|díj-àáy|	"les miroirs"
CVCVCV	túrúm-í	|túrúm-í|	"pièce de pagne"
	túrúm-ó	|túrúm-òó|	"la pièce de pagne"
	túrúm-áy	|túrúm-àáy|	"les pièces de pagne"

CV̀CV́CV́ même comportement que CV́CV́CV́

Exemples : mùzúrú "chat sauvage", mùzúr-ó, mùzúr-áy.

5.14. Bases de type CV́V̀,CV́CV̀CV́

(CV́CV̀ et CV̀CV́CV̀ ne présentent pas de caractéristiques particulières).

Exemples :

CV́V̀ + òó, àáy → CV́ -òó , CV́ -àáy
CV́CV̀CV́ + òó, àáy → CV́CV́C(V)-òó , CV́CV́C -àáy

Exemples :

CV	fúù	|fúù-ù| ou |fú-ù|	"maison"
	fú-òó	|fúù-òó| ou |fú-òó|	"la maison"
	fú-àáy	|fúù-àáy| ou |fú-àáy|	"les maisons"

Si l'on effectue l'analyse en mores on a :

fúù-òó
1ère règle fúú-òó
2ème règle fúú-òó → fú-òó

CV̄C	cíìn	|cín-ì|	"nuit"
	cín-òó	|cín-òó|	"la nuit"
	cín-àáy	|cín-àáy|	"les nuits"
CVCVCV	bámbàn-í	|bámbàn-í|	"corde"
	bámbán-òó	|bámbàn-òó|	"la corde"
	bámbán-àáy	|bámbàn-àáy|	"les cordes"

L'adjonction du spécifique -òó, -àáy, à une BASE 1 de type CV́V̀, CV́CV̀, CV́CV̀CV́, s'effectue selon les règles 1 et 2.

Rappelons que cette règle (1) entraîne une modification des tons, de telle sorte que l'on n'ait jamais la succession haut-bas-bas, mais haut-haut-bas partant de la dernière syllabe du déterminant. De plus, on notera cette seconde règle : une succession haut-haut ne peut exister sur un monosyllabe, elle se réduit à un ton haut (cf. R. 2).

5.15. Bases de type CV̀V́,CV̀CV́, CV̀CV̀CV́, CV̀CV́CV̀

L'adjonction du spécifique aux monosyllabes de type CV̀V́, CV̀V́C, s'effectue selon la règle suivante : (R. 4)

C̀V̀V́+ òó, àáy   C̀V -òó , C̀V -àáy

Le ton modulé devient bas quand il est suivi du spécifique montant (bas-haut).

En ce qui concerne les dissyllabes et trisyllabes à finale vocalique, le spécifique se substitue normalement à cette voyelle finale; si la finale est consonantique, le spécifique s'ajoute sans modification formelle pour la Base.

C̀V̀CV́	+	òó, àáy	→	C̀V̀C -òó	C̀V̀C -àáy
C̀V̀C̀V̀CV́	+	òó, àáy	→	C̀V̀C̀V̀C -òó	C̀V̀C̀V̀C -àáy
C̀V̀CV́CV̀	+	òó, àáy	→	C̀V̀CV́C -òó	C̀V̀CV́C -àáy

Exemples :

CV	gùú	|gùú-ú| ou	|gù-ú|	"tas"
	gù-òó	|gùú-òó|	|gù-òó|	"le tas"
	gù-àáy	|gùú-àáy|	|gù-àáy|	"les tas"
CVC	zàám	|zàm-ú|		"forgeron"
	zàm-òó	|zàm-òó|		"le forgeron"
	zàm-àáy	|zàm-àáy|		"les forgerons"
CVCV	kùsú	|kùs-ú|		"marmite"
	kùs-òó	|kùs-òó|		"la marmite"
	kùs-àáy	|kùs-àáy|		"les marmites"
C̀V̀C̀V̀CV́	hùmbùr-ú	|hùmbùr-ú|		"mortier"
	hùmbùr-òó	|hùmbùr-òó|		"le mortier"
	hùmbùr-àáy	|hùmbùr-àáy|		"les mortiers"

2 - Variations vocaliques

5.16. Le spécifique singulier se présente sous deux formes -òó et àá qui semblent en distribution complémentaire; la répartition est la suivante :

- pour les Bases dont la voyelle finale est i, u ou consonne, on adjoint, ou on substitue, le spécifique -òó; c'est le cas le plus fréquent.

- pour les Bases dont la voyelle finale est -o, on adjoint, ou on substitue, le spécifique -àá.

Exemples :

mò	|mò-ò|	"oeil"
mw-àá	|mò-àá|	"l'oeil"
dò	|dò-ò|	"sauterelle"
dw-àá	|dò-àá|	"la sauterelle"
zòllò	|zòll-ò|	"calebasse-gourde"
zòll-àá	|zòll-àá|	"la calebasse-gourde"
cúr-ò	|cúr-ò|	"oiseau"
cúr-àá	|cúr-àá|	"l'oiseau"
bòtògó	|bòtòg-ó|	"argile"
bòtòg-àá	|bòtòg-àá|	"l'argile"

- pour les Bases dont la voyelle finale est -e, il semble que l'on puisse adjoindre, soit le spécifique -òó, soit -àá :

Exemples : (cf. Règle 4)

tánj-é	"cuisse"	tánj-á, tánj-ó	"la cuisse"
cáms-é	"ongle"	cáms-á, cáms-ó	"l'ongle"
cáll-é	"tissu"	cáll-á, cáll-ó	"le tissu"
kárr-é	"gorge"	kárr-á, kárr-ó	"la gorge"
cál-è	"amie"	cál-àá, cál-òó	"l'amie"

pour d'autres, il semble que l'on utilise, ou bien -òó, ou bien -àá :

káyn-è	"petit frère"	káyn-òó	"le petit frère"
dúnd-è	"crottin"	dúnd-òó	"le crottin"
gòj-é	"vièle"	gòj-àá	"la vièle"
sès-é	"flûte"	sès-àá	"la flûte"
kùréj-é	"écureuil"	kùréj-á	"l'écureuil"
fùn-è	"trou"	fùn-àá	"le trou"

- pour les Bases dont la voyelle finale est -a, on adjoindra soit le spécifique -òó, soit -àá :

kùnt-á	"couverture"	kùnt-àá, kùnt-òó	"la couverture"
zà:m-à	"couteau"	zà:m-àá, zà:m-òó	"le couteau"
tìt-à	"tabouret"	tìt-àá, tìt-òó	"le tabouret"
tàngár-á	"natte"	tàngár-àá, tàngár-òó	"la natte"

Le spécifique pluriel est le même dans tous les cas (-àáy).

Remarque :

L'ensemble des exemples choisis concerne les BASES 1, mais l'adjonction du spécifique/générique est possible aussi à la suite des bases descriptives et bivalentes (BASES 3 et BASES Ø).

Cas particuliers :

1. Certains monosyllabes présentent un amalgame entre la voyelle finale du radical et le spécifique singulier et pluriel qui s'expliquent par les incompatibilités vocaliques de la langue.

Exemples :

cè	"pied"	càá	|cè-àá|	"le pied"	càáy	|cè-àáy|	"les pieds"
dò	"sauterelle"				dòóy	|dò-àáy|	"les sauterelles"
bà	"part"				bàáy	|bà-àáy|	"les parts"
mò	"oeil"				mòóy	|mò-àáy|	"les yeux"

Rappelons que les combinaisons e + a, o + a, a + a, n'apparaissent pas dans la langue.

Quelques exemples présentent des formes plus difficilement explicables :

méè	"bouche"	má-y-òó	"la bouche"	mé-y-àáy	"les bouches"
máà	"nom"			má-y-àáy	"les noms"
ɲáà	"mère"	ɲá-ŋ-òó	"la mère"	ɲá-ŋ-àáy	"les mères"

2. Dans les exemples à voyelle finale nasale, la consonne nasale-finale disparue réapparaît lors de l'adjonction du spécifique.

bò̰	"tête"	|bòŋ|-òó	"la tête"	|bòŋ| -àáy	"les têtes"
dà̰á̰	"scorpion"	|dàŋ|-òó	"le scorpion"	|dàŋ| -àáy	"les scorpions"
cà̰á̰	"rat"	|càŋ|-òó	"le rat"	|càŋ| -àáy	"les rats"
jà̰á̰	"furoncle"	|jàŋ|-òó	"le furoncle"	|jàŋ| -àáy	"les furoncles"
cècfyá̰	"recherche"	|cècfyáŋ|-ó	"la recherche"	|cècfyáŋ|-áy	"les recherches"

3. Le spécifique singulier ou pluriel semble ne pas pouvoir s'adjoindre à quelques Bases, quelquefois pour des raisons sémantiques . Nous donnerons des exemples parmi les monosyllabes :

gǎ "le corps", wà "le lait", dà "le caractère", kàá "cheval gris", kóò "enfant", láà "condiment", fìlá:nà "un tel, une telle", à-fállá̰ "un seul"

Ces bases ne se combinent ni avec le spécifique singulier , ni avec le pluriel.

bà	"part"	ne se combinent pas avec le spécifique singulier
gàá	"parc à animaux	
dìà	"messager"	

jàw	"soif"	ne se combinent pas avec le spécifique pluriel
jáàw	"saison sèche"	
mòó	"riz"	
táy	"bile"	
hán	"temps, jour"	

4. Deux exemples attestent un changement vocalique et consonantique dans le radical lorsque l'on ajoute le spécifique singulier ou pluriel :

kwáy	"chef"	kóyó	"le chef"	kóyáy	"les chefs"
gwáy	"travail"	góyó	"le travail"	góyáy	"les travaux"

5. Parmi les Bases dissyllabiques à ton haut, à finale **o** et **e**, quelques-unes présentent une flexion tonale particulière; le ton haut du radical devient bas lorsqu'on ajoute le spécifique.

mólló	"lézard"	mòll-àá	"le lézard"
		mòll-àáy	"les lézards"
bé:né	"ciel"	bè:n-àá	"le ciel"
tónkó	"piment"	tònk-àá	"le piment"
		tònk-àáy	"les piments"
kwóndó	"nuque"	kwònd-àá	"la nuque"
		kwònd-àáy	"les nuques"
bé:bé	"muet"	bè:b-àá	"le muet"
		bè:b-àáy	"les muets"
bóndó	"boule de mil cuite"	bònd-àá	"la boule de mil cuite"
		bònd-àáy	"les boules de mil cuites"

bóttó	"bouc châtré"	**bòtt-àá**	"le bouc châtré"
		bòtt-àáy	"les boucs châtrés"

6. Il peut exister des doublets; ainsi le terme **fárká** "âne" possède deux formes au spécifique singulier et deux au spécifique pluriel :

fárká	"un âne"	**fárkàá**	"l'âne"
ou **fárkáy**			
		fárk-àáy ou **fàrkày-àáy**	"les ânes"

On notera, de plus, l'irrégularité des flexions tonales quand on combine le spécifique au terme **fárká**.

7. On trouve quelques exemples dans lesquels le spécifique s'ajoute au lieu de se substituer à la voyelle finale :

bàrí	"cheval"
bàrìóó et non **bàròó**	
tàsàbáà	"chapelet"
tàsàbáàá	"le chapelet"

5.17. Le générique

Le générique **-yá̰** s'ajoute après la voyelle ou la consonne finale de la Base; la seule règle intervenant dans l'adjonction du générique concerne les monosyllabes à ton montant. Quand le générique s'adjoint à un terme de type CV̀V́, le ton modulé devient bas devant le ton haut, soit :

CV̀V́ + yá̰ CV̀ -yá̰ R. 3

Exemples :

dà̰á̰	|dà̰á̰ŋ-Ø|	"scorpion"
dà̰-yá̰	|dà̰á̰-yá̰|	"des scorpions"
kòó	|kòó-ó| ou |kò-ó|	"fruit de baobab"
kò-yá̰	|kòó-yá̰| ou |kò-yá̰|	"des fruits de baobab"

Pour le reste des Bases concernées (Ø, 1, 3), l'adjonction du générique se fait de la façon suivante :

zú	|zú-ú|	"bande de tissu"
zú-yá̰		"des bandes de tissu
kwáy-ó	|kwáy-ø|	"chef"
kwáy-yá̰		"des chefs"
fùnè	|fùn-è|	"trou"
fùnè-yá̰		"des trous"
fè:jì	|fè:j-ì|	"mouton"
fè:jì-yá̰		"des moutons"
bòró	|bòr-ó|	"homme"
bòró-yá̰		"des hommes"
hùmbùrú	|hùmbùr-ú|	"mortier"
hùmbùrú-yá̰		"des mortiers
fúù	|fú-ù|	"maison"
fúù-yá̰		"des maisons"
cúrò	|cúr-ò|	"oiseau"
cúrò-yá̰		"des oiseaux
gúrúbì	|gúrúb-ì|	"place"
gúrúbì-yá̰		"des places"

Remarque :

Le comportement des autres déterminants grammaticaux (définis, assertifs, déictiques) cités ne présentent pas de caractéristiques particulières, à l'exception de l'application des règles tonales énoncées au chapitre 2.

EN CE QUI CONCERNE LES DEICTIQUES (EXEMPLES C)

5.18. La valeur sémantique des déictiques est quelquefois difficile à dégager; on se reportera au tableau général des déictiques. (chapitre 3) qui fait ressortir les principales oppositions sémantiques entre les déictiques.

Cependant, nous donnerons quelques exemples illustrant l'opposition sémantique de wóò et dìín (ce et ce-là).

á̰rá̰-sùbù-fú-àáy-dìín bìsá àáy-sè fúù-wóò[16]

"Vos maisons en paille valent mieux à mon avis que cette maison"

//vos | paille | maison + *spéc.* | celle -là / le dépasser / moi | pour / maison | cette//

hán-dìín á̰rá̰-nò:róò-wóò ì gá-à-tà [17]

"Ce jour-là, votre argent, ils le prendront"

//jour | celui-là / votre | argent + *spéc.* | ce || / ils / vers ||| lui | le prendre//

bòr-àáy-dìín-nò ì né wò-ká̰ hày-óò dá-àfó ? [18]

"Parmi ces hommes, lequel dépasse l'autre ?"

//homme + *spéc.* | celui-là | ce / ils / le dire// ce | que / chose + *spéc.* / avec | un//

Remarques :

1. Nous rappellerons que dìín a une valeur sémantique plus précise que wóò; ils se différencient comme déictique ponctuel et déictique neutre. Ils ne s'opposent pas véritablement puisqu'ils peuvent co-exister.

Exemples : wó-dìín "celui-là"

et même wó-dìín-wò /celui-là-ce/

La fréquence de ces deux déictiques dans le discours est à peu près équivalente; il semble toutefois que wóò soit un peu plus fréquent que dìín.

2. La succession Base + wóò peut s'amalgamer :

kòrbàáy wóò → kòrbàyóò "cette bague"

Il semblerait même que l'on puisse utiliser wóò de façon redondante: Base + wóò amalgamé -wóò.

Exemples :

dày-ò-wóò-rá	"dans ce puits"
et dày-óò-wóò-rá	"dans ce puits, celui-là" /puits | + ce | ce | dans/
bòróò-wóò	"Cet homme, celui-là" /homme | + ce | ce/
nò:róò-wóò	"Cet argent, celui-là" /argent | + ce | ce/
hìnóò-wóò	"A ce moment-là" /maintenant | + ce | ce/

---

16 |árà̰| R. 1
|séè| R. 3

17 |árà̰| R. 1

18 |néè wóò|

Les déterminants nɔ́ɔ̀ et fɔ́, qui jouent également un rôle au niveau primaire comme actualisateurs permettant d'accéder à l'énoncé, peuvent, au niveau de l'expansion secondaire, n'être que des déterminants.

Exemples :

hùnkɔ́ná-nɔ̀ kákáw-ɔ́ gà-fɛ́:rí[19]
"Aujourd'hui la discussion va commencer"
//aujourd'hui | ce / discussion + *spéc.* / vers | l'ouvrir//

àlcábɔ̀ɔ́-nɔ̀ kã̰ã̰ yá ![19]
"Voilà l'étrier qui tombe !"
//étrier + *spéc.* | ce / le tomber / certes//

zá:rì-nɔ́ ì gà-fákáráy[20]
"Le jour, ils causent galamment"
//jour | ce / ils / vers | le parler galamment//

hán-fɔ́ à kà
"Un certain jour, il vint"
//jour | certain / il / le venir//

nɔ́ɔ̀ a une valeur d'insistance, de mise en relief.

DU POINT DE VUE DU CENTRE

EN CE QUI CONCERNE LA BASE 3 "DESCRIPTIVE"

5.20. La base descriptive type íhànnɔ́ "le beau" ou íbíì "le noir" supporte tous les déterminants cités :

íkwá-ràỳ-ø	"blancheur"	/blancheur + *générique* /
íkwá:ráy-ɔ̀ɔ́[21]	"la blancheur"	/blancheur + *spéc. sg.* /
íkwá:ráy-ààý	"les blancheurs"	/blancheur + *spéc. pl.* /
íkwá:ràỳ-yã́	"des blancheurs"	/blancheur + *générique pl.*/

Dans les exemples suivants, nous aurons une double détermination:

zàá:rà-kwá:ráy- ɔ̀ɔ́ "la blancheur du pagne"
dt → dé ← dt = le pagne blanc /pagne | blancheur | *spéc.*/

---

19 |nɔ́ɔ̀| R. 3
20 |nɔ́ɔ̀| R. 1
21 |íkwá:ràỳɔ̀ɔ́| R. 1

zàá:rà kwá:ràу-ó	"pagne blanc"
zàá:rà kwá:ráy-òó	"le pagne blanc"
zàá:rà kwá:ráy-àáy	"les pagnes blancs"
zàá:rà kwá:ràу-yą́	"des pagnes blancs"

Ce n'est que la référence à l'adjectif français, son rôle de déterminant et sa position après le nominal (dans l'exemple cité) qui pourrait nous faire penser que nous avons en zarma un ordre de détermination semblable, soit : déterminé + déterminant ; mais la combinatoire de la Base descriptive en zarma, sa possibilité en particulier d'être suivie par tous les déterminants qui affectent la BASE 1 type gá:sú "calebasse", nous amènent à la considérer comme l'*élément déterminé du syntagme*.

Sa caractéristique est d'être une base toujours dépendante, c'est-à-dire de ne jamais pouvoir apparaître seule, mais toujours avec un déterminant, ici la BASE 1, ou encore sous une forme dérivée (avec le préfixe i-).

Remarque :

Nous rapprocherons cette interprétation de ce que dit A. MARTINET à propos du basque (p. 211, *La linguistique synchronique*).

"La construction du "syntagme adjectival" semble faire exception à la règle de la pré-position du déterminant : "maison neuve" se dit etxe berri avec ce qui nous paraît être le déterminant, berri "neuf" venant en seconde position. Mais il faut se garder de fonder notre interprétation du syntagme sur sa traduction en français.... Pour mieux comprendre la structure de la langue, on aurait intérêt à traduire etxe berri comme "nouveauté de maison", plutôt que comme "maison neuve". Le traitement de ce qui est dans nos langues un adjectif épithète, comme le déterminé d'un syntagme de détermination est attesté dans de nombreuses langues, et bien qu'il nous paraisse étrange, il n'est pas inconnu en français où amour d'enfant a volontiers le sens d'"enfant aimable".

Formule : dt → dé ← dt

bànkàràу-càdànt-àá	"le vêtement cher" /vêtement | cherté + *spéc.*/
jí:rí-íyànt-àá [22]	"la septième année" /année | septième + *spéc.*/
hárí-zí:b-àá [23]	"l'eau sale" /eau | saleté + *spéc.*/

---

[22] |ìyàntàá| R. 1

[23] |zì:bàá| R. 1

Nous donnerons d'autres exemples de combinaisons avec les déictiques et le défini.

bòró-hínká-dìní	"ces deux hommes" /homme | deux | ce/
kwáy-hínká-fó	"Deux chefs" /chef | deux | certain/
wándíó-bóbò-fó	"plusieurs jeunes filles" /jeune fille | beaucoup | certain/

5.21. Dans ces exemples, il s'agit, comme précédemment, d'une double détermination. Il est en effet plus rare de trouver des Bases descriptives seules préfixées, non pas que la langue ne le permette pas sur un plan formel, mais sémantiquement cette possibilité semble moins fréquente; dans ce cas, la Base préfixée fait toujours référence à un déterminant évoqué ou cité auparavant.

Exemples :

íbàmbât-àây	"Les grands"	/le grand + *spéc.*/
íbí-òó	"Le noir"	/le noir + *spéc.*/

Remarque :

Les descriptifs, à sens numéral, admettent les mêmes expansions que kwá:ràỳ, à l'exception de la combinaison avec le générique pluralisateur, pour une raison sémantique.

On aura, par contre :

dé - dt

ìhìnkànt-é	"le deuxième"
ìhìnkànt-àá	"le deuxième"
ìhìnkànt-àáy	"les deuxièmes"
°ìhìnkàntè-yá̰	n'est pas attesté
ìgú	"cinq"
ìgú-ó	"cinq + *spéc. singulier*"
ìgú-áy	"cinq + *spéc. pluriel*"
°ìgú-yá̰	n'est pas attesté
zà:mà-gú	"cinq couteaux" /couteau | cinq/
zà:mà-gú-ó	"les cinq couteaux" /couteau | cinq + *spéc.*/
zà:mà-gú-áy	"les cinq couteaux" /couteau | cinq + *spéc.*/

°zà:mà-gú-yá̰ n'est pas attesté.

EN CE QUI CONCERNE LE TOTALISATEUR

5.22. Nous rappellerons que ce centre ne supporte pas l'adjonction du spécifique :

gá:sú-kúlù "toute la calebasse"
/calebasse | totalité/
° kúlù + òó, àáy

- Pour un centre de type bìí "hier" = Base conjoncturelle

5.23. La seule formule possible est :

Base type bìí "hier" + { - déictiques (wóò, yàá, nóò)
conjoncturelle { - modalités assertives type dáy

Exemples :

a) súbà-wóò àáy-ɲà gá-kà [24] "Demain, ma mère va venir"
//demain | ce / ma ¦ mère / vers | le venir//

b) súbà-yàá " " //demain | çà /ma|mère/ vers | le venir//

c) súbà-nóò " " //demain | voilà /ma| mère/ vers | le venir//

d) súbà-dáy " " //demain | certes/ ma|mère/ vers | le venir//

Remarque :

sóŋò "maintenant" peut avoir pour déterminant le déictique dìín. Il semble qu'il s'agisse là d'un syntagme quelque peu figé et que dìín ne puisse déterminer d'autres Bases conjoncturelles.

Exemple :

sóŋó-à-dìín [25] "maintenant, à ce moment"

On peut supposer que le -à suivant sóŋò est à rapprocher du suffixe opposant, dans un état antérieur, "le maintenant" |sóŋò-àá| à sóŋò "maintenant".

---

[24] |ɲáà| R. 3

[25] |sóŋò| R. 1

- Pour un centre de type modalité personnelle emphatique ou non emphatique

5.24. On a la formule suivante :

Modalité personnelle { - non emphatique / - emphatique } + { Déictiques nɔ́ɔ̀, wɔ́ɔ̀, yàá / Assertif type dɔ́y }

La répartition est la suivante :

a) Modalité personnelle emphatique + { dɔ́y "certes" / nɔ́ɔ̀ "ce, voilà" / wɔ́ɔ̀ "ce" / yàá "çà" }

b) Modalité personnelle + { yàá "çà" / dɔ́y "certes" }

Nous remarquons que la modalité personnelle non emphatique admet moins de déterminants de type déictique que la modalité emphatique.

Exemples :

a)	ɦgá-mò [26]	"lui aussi" /lui | aussi/
	ɦgá-yàá, ɦgà-dɔ́y nò, ɦgá gà-báà [27]	"Quant à elle, c'est lui qu'elle aime" //elle | ce ‖ / lui | certes | ce / ‖ elle / vers | l'aimer//
a)	nfìn-nɔ́ɔ̀ nèέ-wò [28]	"Te voilà ici" //toi | ce / ici | ce//
b)	ày-dɔ́y nè-yá [29]	"Me voilà!" //moi | certes / ici | ce//
b)	nf-yàá nè-dɔ́y [30]	"Te voilà" //tu | çà / ici | certes//
	ɦgà-wɔ́ɔ̀ ɦgá màná-wá:nf sánnf [26]	"Quant à elle, elle ne sait pas parler" //elle | ce ‖ elle / ne pas / le savoir / parole//

---

26 |ɦgà| R. 1
27 |nɔ́ɔ̀| R. 3
28 |ẁɔ́ɔ̀| R. 3
29 |nèέ| R. 3
29 |yàá| R. 3
29 |àɔ́y| R. 3
30 |nèέ| R. 3

- Pour un centre comme bìí "hier" ou à "il"

L'adjonction d'un déictique ou d'une modalité assertive sert à mettre en valeur ou à insister sur la modalité personnelle ou la base conjoncturelle; la valeur sémantique de dǎy et de yàá est assez proche, nous semble-t-il, et difficile à traduire.

De même, le résultat sémantique correspondant à l'adjonction de nóò "ce, voilà" et wóò "ce" nous paraît assez voisin. Leur utilisation est fréquente avec la modalité personnelle.

- Pour un centre de type déictique

5.25. Suivant le déictique, on a les formules suivantes :

a) wóò "ce" { + déictiques (nèé "ici", dìín "ce-là", nóò "ce", yàá "çà")
+ générique (-yã́)
+ assertifs (type dǎy "certes)

b) nóò "ce, voilà" + déictiques (dìín "ce", yàá "çà")

c) nèé "ici" + déictiques (wóò "ce", yàá "çà")

d) yàá "çà" { + déictiques (wóò "ce", dìín "ce")
+ assertifs (dǎy "certes")

Il est intéressant de constater les possibilités combinatoires entre les déictiques. Ce sont des phénomènes fréquents; les différences sémantiques entre certains syntagmes sont difficiles à évoquer et à saisir en français.

Exemples :

yàá-wò [31]	"ainsi, çà"	/çà | ce/
yá-dìín [32]		/çà | ce-là/
nèé-wò [31]	"ici donc"	/ici | ce/
nè-yá [33]		/ici | çà/

---

[31] |wóò| R. 3

[32] |yàá-dìín|

[33] |nèé yàá|

Autres exemples illustrant les formules précédentes :

a)	wó-nèé kà[34]	"Celui-ci vient" // ce | ici / le venir//
	wó-nè-nóò	"C'est ceci" // ce | ici ‖ voici//
	wó-dìn káynà [35]	"Celle-là est petite" // ce | ce - là / l'être petit//
	wóò-yą́-nò [36]	"C'est ceux-ci" // ce | *générique* ‖ voici, ce//
	wóò-nó à dáày[37]	"C'est celui que j'ai acheté" // ce | voici, ce / il / l'acheter//
b)	bòró-nò-yá [38]	"C'est un homme" // homme | ce | çà//
	à kà nó-dìín	"Il vient là" // il / le venir / ce | ce-là//
c)	à kà nèé-wò [39]	"Il vient ici" // il / le venir / ici | ce//
	à kà nè-yá [40]	"Il vient ici" // il / le venir / ici | çà//
	nèé-wò - nóò	"C'est ici" // ici | ce ‖ voici//
	bàrí nè-yá	"Voici un cheval" // cheval | ici | çà//
d)	yá-dìín-nò [41]	"C'est ainsi" // çà | ce - là ‖ voici//
	yàá-wò - nóò	"C'est çà" // çà | ce ‖ voici//
	yà-dáy - nò [41]	"C'est çà certes" // çà | certes ‖ voici//

Remarques :

1. Il existe des doublets à **wó-nèé** et **wó-dìín** sous la forme **wáy-nèé, wáy-dìín**; le terme **wáy** n'est pas attesté, à notre connaissance, isolément, sans être déterminé. A l'origine, il pourrait résulter d'une pluralisation °**wóò + àáy** qui n'est pas attestée à l'heure actuelle avec **wóò** "ce".

34	|wóò-nèé|	R. 1	38	|yàá|	R. 3
35	|dìín|	R. 3	39	|wóò|	R. 3
36	|nóò|	R. 3	40	|nèé-yàá|	R. 3
37	|nóò|	R. 1	41	|yàá|	R. 3

2. Nous avions pensé précédemment, pour des raisons sémantiques, que pour la plupart des cas représentés par le centre Déictique, nous avions affaire, non pas à des syntagmes, mais à des composés :

Exemples :

wɔ́-nɛ̀ɛ́ "celui-ci" [42]

wɔ́-dìín "celui-là" [43]

yá-dìín "ainsi" [44]

nɔ́-dìín "là" [45]

Nous n'avons pas retenu cette interprétation, uniquement fondée sur des critères sémantiques par rapport au français, qui nous amenait à multiplier l'existence de syntaxèmes pour rendre compte, en particulier des différences de comportement entre wɔ́ɔ̀ "ce", wɔ́-nɛ̀ɛ́ "celui-ci, dìín "ce-là", wɔ́-dìín "celui-là" et nɔ́-dìín "là".

De plus, les possibilités d'association entre les déictiques eux-mêmes et les déictiques avec les assertifs sont suffisamment variées pour mettre en doute le statut de composés de ces combinaisons.

b) DETERMINATION SUCCESSIVE

5.26. *COMBINATOIRE DU SPECIFIQUE/GENERIQUE ET DES AUTRES DETERMINANTS (DEICTIQUES ET ASSERTIFS).*

On distinguera deux cas. Selon la nature des déictiques, le générique va être postposé au centre du syntagme ou postposé aux déictiques ou au défini.

La différence sémantique entre certains de ces syntagmes n'apparaît pas toujours nettement en français pour deux raisons :

- d'une part, du fait de la faible différenciation sémantique entre les déictiques nɔ́ɔ̀ et wɔ́ɔ̀ (ce, voici) et (ce) et entre yàá (certes)et dáy (donc, certes, alors).
- d'autre part, parce qu'il est difficile de rendre en français l'association, soit contradictoire, soit redondante, du spécifique et du générique avec les déictiques.

---

[42] |wɔ́ɔ̀-nɛ̀ɛ́| R. 1

[43] |wɔ́ɔ̀-dìín| R. 1

[44] |yàá-dìín| R. 3

[45] |nɔ́ɔ̀-dìín| R. 1

Les formules suivantes sont attestées :

a) Bases lexicales Ø, 1, 3 + spécifique/générique + { nɔ́ɔ̀, yàá } déictiques ; { dáy } assertifs

Exemples :

gá:s -ɔ́	nɔ̀ (+yàá, dáy)	"Cette calebasse en question"
gá:s-áy		"Ces calebasses en question"
gá:sú-yá̰		"Des calebasses en question"

b) Bases lexicales Ø, 1, 3 + spécifique + { wɔ́ɔ̀, dìín } déictiques ; { fɔ́ } défini

Exemples :

gá:s-ɔ́ +	wɔ̀ [46]	"Cette calebasse"
gá:s-áy	dìín	"Ces calebasses là"
	fɔ́	"Certaines calebasses"

c) Bases lexicales Ø, 1, 3 + { déictiques, défini } + générique

Exemples :

gá:sú wɔ́ɔ̀-yá̰	"Ces calebasses"
gá:sú dìnì-yá̰ [47]	"Ces calebasses là"
gá:sú fɔ́-yá̰	"Des calebasses"

Nous en tirerons les conclusions suivantes : le *spécifique* ne se postpose pas aux déterminants déictiques ni assertifs, mais toujours au centre du syntagme.

Le *générique* peut se postposer aux déterminants déictiques lorsque ce sont wɔ́ɔ̀, dìín fɔ́ mais non nɔ́ɔ̀, yàá, dáy.

5.27. *COMBINAISONS DES DEICTIQUES, MODALITES ASSERTIVES ET DEFINI*

La combinaison des déictiques et des modalités assertives avec

[46] |wɔ́ɔ̀| R. 3

[47] |dìní| R. 3

un centre de type 1 gá:sú "calebasse", un centre type címí "vérité, dire vrai" (Base Ø bivalente), un centre : modalités personnelles , est fréquente en zarma; elle correspond en effet à une insistance et une mise en valeur que cette langue utilise volontiers.

Nous ne pouvons prétendre donner tous les exemples de combinaisons possibles entre ces divers déterminants. Nous présenterons les exemples les plus fréquents, en essayant de rendre compte dans la traduction de la valeur de ces combinaisons et en indiquant les restrictions combinatoires s'y rapportant, ainsi que l'ordre de succession préférentielle.

5.28. Les possibilités de combiner les déterminants obéissent, en général, aux restrictions suivantes :

1) - On remarquera que l'on dépasse rarement dans le discours courant plus de trois déterminants.

2) - Le spécifique et le générique s'excluent.

3) - Les déictiques dìín et nèé s'excluent.

4) - Les déictiques moins précis (type wóò) figurent généralement avant des déictiques plus précis (type dìín ou nèé).

5) - nóò "ce" admet plusieurs emplacements possibles.

6) - dáy "certes" admet aussi plusieurs emplacements possibles.

7) - L'ordre de succession générale des déterminants est représenté par le schéma ci-dessous; il est évident qu'il s'agit d'une grille qui n'est jamais exploitée complètement.

SCHEMA GENERAL

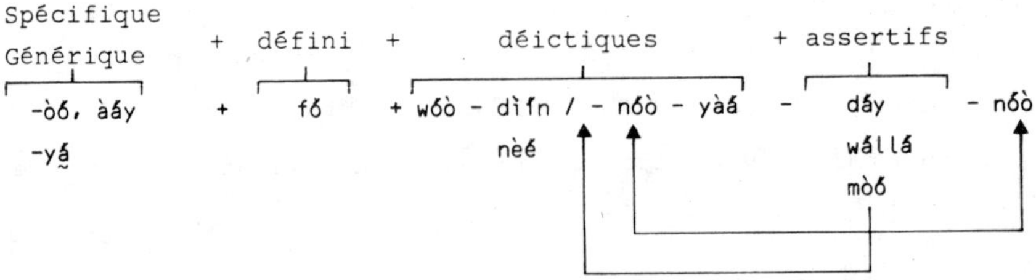

5.29. Quelques exemples :

Pour un centre BASES Ø (bivalente) ou 1 (notionnelle) on peut avoir les formules suivantes :

BASES Ø / 1 } + défini + assertif

bòró-fó-dáy (nò-yá)[48] "C'était un homme"
//homme | certain | certes / ce | donc//

\+ BASES Ø / 1 } + assertif + déictique

zàmbá-dáy-nò (à tế àáy sè)[49] "C'est une ruse qu'elle m'a faite"
//ruse | certes | ce / il / le faire / moi | à//

\+ BASES Ø / 1 } + déictique + déictique

gá:sú-wó-yàá[50] "Cette calebasse certes"

gá:sú-dìín-yàá "Cette calebasse là certes"

\+ BASES Ø / 1 } + déictique + déictique + déictique

gá:sú-wó-dìín-wò[50] "Cette calebasse là en question"
/calebasse | ce | ce-là | ce/

\+ BASES Ø / 1 } + déictique + déictique + générique + assertif

gá:sú -wó-nèé-yá̰-dáy[50] "Ces calebasses ci certes"

gá:sú -wó-dìín-yá̰-dáy "Ces calebasses là certes"

---

[48] |nóò-yàá| R. 1

[49] |nóò| R. 3

[50] |wóò| R. 1

5.30. Pour un centre : modalité personnelle

La formule est la suivante :

Modalité personnelle + déictique + assertif

a) àáy-yà-dáy[51] } (àáy gà-bá à-rá)
b) àáy-yà-wállá }
c) àáy-wò-wállá[52] }

Le sens nous paraît assez proche entre ces différentes possibilités.

"Quant à moi, certes je l'aime"
// je | certes | donc || je / vers | l'aimer / lui | dans//
ou // je | certes | vraiment || je / vers | l'aimer / lui | dans//
ou // je | ce | vraiment || je / vers | l'aimer / lui | dans//

5.31. Pour un centre déictique

Deux formules possibles :

1) Centre + déictique + assertif + (déictique)
2) Centre + déictique + déictique + (déictique)

1)	yá-dìn - dáy-nò[53]	"Certes c'est ainsi" // çà | là | certes || ce, voilà//
1)	nó-dìín-dáy-nò[54]	"Certes c'est là" // ce | là | certes || ce, voilà//
	wó-dìín-mò-nóò[55]	"C'est celui-là aussi" // ce | là | aussi || voilà//
2)	wó-dìín-wó:-(nò)[56]	"C'est celui-là en question" // ce | là | ce || voici//

---

51 |yàá| R. 3
52 |wóò| R. 3
53 |yàá-dìín-dáy nóò| R. 3
54 |nóò|
55 |wóò| R. 3
56 |wóò-nóò| R. 4

B. ORDRE DÉTERMINANT - DÉTERMINÉ

5.32. Le déterminé est représenté dans ce cas par des bases lexicales ou grammaticales, soit :

- Base Ø bivalente
- Base 1 notionnelle
- Base 3 descriptive
- le déictique wɔ́ɔ̀ "ce"
- le totalisateur kʊ́lʊ̀ "tout"
- les fonctionnels

Nous traiterons séparément le cas où le fonctionnel de type rɔ́ "dans" est le déterminé (cf. Le Syntagme fonctionnel, 5.47.)

Les déterminants venant en expansion de ces centres sont :

- des déterminants polyvalents : Base Ø bivalente
  Base 1 notionnelle
  déictique
  syntagme déterminatif
- Un déterminant monovalent : modalité personnelle.

a) DETERMINATION SIMPLE

5.33. Pour un centre Base Ø et Base 1, on a les formules suivantes :

déterminant + déterminé

a) modalité personnelle
b) déictique
c) Base Ø bivalente
   Base 1 notionnelle

\+ Base Ø bivalente
  Base 1 notionnelle

Exemples :

a) à-mɔ́à "son nom"
/son | nom/

	àáy-kò [57]	"mon enfant" /mon | enfant/
	àáy-còró	"mon ami" /mon | ami/
	íri-fúù	"notre maison" /notre | case/
	ní-ɲà [58]	"ta mère" /ta | mère/
	à-cíné	"son semblable" /son | pareil/
	ní-cè	"ton pied" /ton | pied/
	ŋ́gà-kúrúɲè	"son mari" /son | mari/
	ní-wáddè	"ton égal" /ton | égal/
	à-kàyã́	"son arrivée" /son | arrivée/
b)	wóò-hánsì	"Chien de celui-ci" /ce | chien/
	yà-cíné [59]	"également, de la même façon" /çà | égalité/
c)	kóy-ó-wàndé	"épouse du chef" /chef | épouse/
	mú:sú-bọ̃ [60]	"tête de lion" /lion | tête/
	fè:jì-jìndè	"cou de mouton" /mouton | cou/
	sósó-gá:sú	"calebasse de natron" /natron | calebasse/
	sùbù-fúù	"case en paille" /paille | case/
	wúrà-kórbáy	"bague en or" /or | bague/

Remarques :

1. Il n'existe pas , en zarma, de modalités particulières différentes des modalités personnelles pour exprimer la possession.

---

[57] |kóò| R. 3

[58] |ɲáà| R. 3

[59] |yàá| R. 3

[60] |mú:sù| 3. 1

La relation de possession est donc exprimée par une relation de détermination où le déterminant est la modalité personnelle :

àáy-còró signifie "ami de moi"

soit le mot-à-mot /moi, je | ami/

Cependant, pour être plus clair, dans le mot-à-mot français, nous traduirons, dans tous les cas, la modalité personnelle par un possessif, soit : /mon | ami/.

2. On notera que la préposition de la modalité personnelle à une Base bivalente ou notionnelle entraîne, dans certains cas, une combinaison du centre du syntagme avec le *spécifique*.

On comparera les exemples suivants :

a) °ày-gá:sú / ày-gá:s-ó[61] "ma calebasse" /ma | calebasse + *spéc.*/

°ày-dá:rí / ày-dá:r-ó "mon lit" /mon | lit + *spéc.*/

°ày-tánjɛ́ / ày-tánj-á "ma cuisse" /ma | cuisse + *spéc.*/

b) àáy-ɲà et non àáy ɲáŋ-òó[62] "ma mère" /ma | mère/

àáy-còró " " àáy còr-àá "mon ami" /mon | ami/

àáy-ɾzè " " àáy ɾz-òó "mon enfant" /mon | enfant/

Dans les exemples (a), le centre du syntagme est suivi du spécifique ; dans les exemples (b), la présence du spécifique n'est pas nécessaire.

Il pourrait s'agir d'une différence marquée entre une possession naturelle, exemple : "ma mère" (b) et une possession attribuée, exemple : "ma calebasse" (a).

3. Nous ajouterons que, contrairement à ce que nous avions pensé précédemment, il n'existe pas de *possessif indépendant* formellement représenté par un composé :

ày-wánè[61] "le mien" /moi | possession/

Il s'agit, tout au plus, d'un syntagme déterminatif nécessaire puisque -wánè ne semble pas pouvoir apparaître sans déterminant. Il ne s'agit pas d'un composé, puisque le déterminant est variable et qu'il est possible d'intercaler entre la modalité personnelle et -wánè une modalité déictique de type yàá; par exemple :

---

61 |àáy| R. 3 62 |ɲáà| R. 3

àáy-yà-wánè [63]	"le mien certes" /ma | çà | possession/
ńgà-mò-wánè	"le sien aussi" /sa | aussi | possession/
ày-wánè-wóò [61]	"le mien, celui-ci" /ma | possession | ce/
ńgà-wóò-wánè	"le sien" /sa | ce | possession/

4. L'expression de l'ipseïté est exprimée par une relation syntagmatique nécessaire où l'élément déterminé ne semble pouvoir apparaître sans déterminant :

ńgá-bùmbòó "lui-même" ńgáy-bùmbàáy "eux-mêmes" [64]
dt dé

5.34. Pour un centre Base descriptive, on a la formule qui suit :

Base Ø bivalente }
Base 1 notionnelle } + Base descriptive

Exemples :

fú-bàmbátà [65]	"grande maison" /maison | grandeur/
dùllú-kwá:rày	"fumée blanche" /fumée | blancheur/
hàrì-hínzà	"trois choses" /chose | trois/
hánsì-bíì	"chien noir" /chien | noirceur/
cè-hínká	"deux fois" /fois | deux/
kwá-yí-bè:rì [66]	"grande chemise" /chemise | grandeur/

La relation exprimée par ces exemples et les précédents (5.33., 5.34.) est celle d'une possession, d'une provenance, une relation de matière, une contenance, une qualification, une destination, une quantification.

---

63 |yàá| R. 3

64 |ńgà| R. 1

65 |fúù| R. 1

66 |kwá:yì| R. 1

Remarque :

La préposition directe d'une modalité personnelle devant la Base descriptive ne semble pas possible; on a recours, dans ce cas, à une succession de détermination pour exprimer un rapport de possession.

ày-wánè-kwá:rày-òó	"Mon blanc" /ma | possession | blancheur + *spéc.*/
ày-wáné-zè:n-àá [67]	"L'ancien qui m'appartient" /ma | possession | le vieux + *spéc.*/

5.35. Pour un centre totalisateur

On a la formule suivante :

modalité personnelle
Bases Ø et 1
syntagme déterminatif
Base descriptive
} + totalisateur

írì-kúlù	"Nous tous"
àlbòrò-kúlù	"Chaque homme"
hán-kúlù	"Chaque jour"
fúù-kúlù	"Toute la maison"
kwà:rà-bándá-kúlù	"Tout l'arrière du village" /village | arrière | tout/
àfó-kúlù	"Chacun" /un | tout/

Remarque :

Le centre peut être le déictique wóò; nous en avons trouvé peu d'exemples; soit l'exemple suivant où le déterminant est un syntagme déterminatif :

dàbíríjò-dò-wó-nò [68] dt → dé←dt	"C'est celui qui est à l'endroit de la porte" //porte + *spéc.* | lieu | ce-ci || ce//

5.36. b) DETERMINATION SUCCESSIVE

Nous ferons quelques remarques à propos des déterminations successives, selon que l'on considère la nature de l'expansion envisagée et selon l'ordre dans lequel s'effectuent ces expansions.

---

[67] |wáně| R. 1

[68] |dàbíríjòó dóò wóò nóò| R. 3

Deux ou plusieurs des déterminants lexicaux (Base 1 ou 0, Base descriptive) peuvent se succéder et coexister. Toutefois, il semble qu'il soit rare de dépasser 3 ou 4 déterminants d'une même catégorie dans un syntagme.

Plusieurs formules sont possibles suivant le type d'expansion lexicale ou grammaticale et suivant la nature du centre du syntagme.

Le schéma de base est :

déterminant → + déterminant → + déterminé

5.37. Nous envisagerons les cas où le centre du syntagme est une Base lexicale (notionnelle) type 1 (gá:sú "calebasse"), ou une Base bivalente type Ø (címí "vérité, dire vrai").

On peut avoir les formules :

A. Déterminants lexicaux

a) Base 1 (ou Ø) + Base 1 (ou Ø) + centre (=Base 1, Base Ø)

b) Base 1 (ou Ø) + Base 3 descriptive + centre (Base 1, Base Ø)

Exemples :

a) wà-káwí-gá:sú "Calebasse de bouillie de lait"
dt → dt → dé /lait | bouillie | calebasse/

b) wà-gàní-gá:sú "Calebasse de lait frais"
dt → dt → dé /lait | fraîcheur | calebasse/

b) jìrìbì-í:yè-méè "La fin des 7 jours"
dt → dt → dé /jour | sept | fin/

B. Déterminants grammaticaux et lexicaux

On a la formule :

modalité personnelle + Base 1 ou Ø + Centre (=Base 1 ou Ø)

Exemples :

àáy-cà̰á̰-bò̰ "La tête de ma souris"
dt → dt → dé̃ /ma | souris | tête/

árə̀-ɲá-wà [69]	"Le lait de votre mère
dt → dt → dé	/votre | mère | lait/
ŕgáy-bà:bà-bànkàrày [70]	"l'habit de leur père"
dt → dt → dé	/leurs | père | habit/

5.38. Le centre du syntagme est une Base descriptive 3 type ĭkwá:rày "blancheur", on a les formules :

a) Base 1 ou ∅ + Base 1 ou ∅ + centre (=Base 3)

b) Base 1 ou ∅ + Base 3 + centre (=Base 3)

c) Modalité personnelle + Base 1 ou ∅ + centre (=Base 3)

Exemples :

a)	dò:nú-bò̰-hĭ:nzà	"Trois boules de mil"
	dt → dt → dé	/mil | tête | trois/
	wà-gá:sú-hĭnká	"Deux calebasses de lait"
	dt → dt → dé	/lait | calebasse | deux/
	mòó-tù-fó	"Un plat de riz"
	dt → dt → dé	/riz | plat | un/
b)	gá:sú-bé:rì-gú [71]	"Cinq grandes calebasses"
	dt → dt → dé	/calebasse | grandeur | cinq/
	kwáy-bé:rì-zè:nó [71]	"Un chef grand et vieux"
	dt → dt → dé	/chef | grandeur | vieillesse/
c)	ńgà-ĭzé.wày-hĭ:nzà [72]	"Ses trois filles"
	dt → dt → dé	/sa | fille | trois/
	ńgáy-bòró-hĭnkà [70]	"Leurs deux hommes"
	dt → dt → dé	/leurs | homme | deux/

Remarques :

1. Il est possible d'avoir une succession de Bases descriptives, de même que l'on a des successions de Bases notionnelles ou de Bases bivalentes. L'ordre de détermination est le même.

Exemples :

	tàngárà-kwá:ráy-bàmbátà [73]	"Une grande natte blanche"
	dt → dt → dé	/natte | blancheur | grandeur/
ou	tàngárà-bàmbátà-kwá:rày	"Une natte blanche et grande"
	dt → dt → dé	/natte | grandeur | blancheur/

---

[69] |ɲáà| R. 1

[70] |ńgày| R. 1

[71] |bè:rì| R. 1

[72] |ĭzè| R. 1

[73] |kwá:rày| R. 1

Il est vraisemblable qu'une différence dans l'ordre de succession des Bases descriptives corresponde à une insistance portée sur la Base qui est au centre du syntagme. Ainsi, dans l'exemple 1, c'est bàmbắtà qui est au centre, dans l'exemple 2, c'est kwắ:rày.

Un syntagme peut comporter trois Bases descriptives successives; il semble que ce soit un maximum, en réalité peu fréquent, dans le discours courant.

Une succession de Bases descriptives sera plus volontiers remplacée par une Base comportative ou une relative.

bàrì-bíì-hínká, ì gà-wárgá [74]	"Les deux chevaux noirs, ils sont gros" // cheval | noirceur | deux || ils / vers |l'être gros//
bàrì-bíì-hínká ká̰ gà-wárgá [75]	"Deux chevaux noirs qui sont gros ..." /cheval | noirceur | deux # qui / vers |l'être gros/

2. Il existe un synchrétisme formel entre (à)fő Base descriptive de sens numéral "un" et fő "défini", signifiant "certain"; ces deux syntaxèmes distincts sur un plan synchronique, sont identiques par leur forme et sans doute par leur origine.

Dans certains exemples, il peut y avoir une ambiguïté entre les deux syntaxèmes (exemple 1), dans d'autres la distinction est nette (exemple 2).

1.	fùmà-bàmbắtà-fő dt → dé ← dt ou dt → dt → dé	"Un grand nombril" ou "un certain grand nombril" /nombril | grandeur | un/
2.	kwắy-hínká-fő dt → dé ← dt	"Deux chefs" /chef | deux | certain/

5.39. Le centre du syntagme est le totalisateur

La formule est :

Base 1 ou Ø + Base 1, Ø, 3 + Centre (Totalisateur)

gá:sú-hínká-kúlù dt → dt → dé	"toutes les deux calebasses" /calebasse | deux | totalité/
gá:sú-bé:rì-kúlù [71] dt → dt → dé	"Toute la grande calebasse" /calebasse | grandeur | totalité/

---

[74] |bàrí| R. 3

[75] |ká̰à̰| R. 1

5.40. Nous avons, jusqu'à présent, considéré les syntagmes avec deux déterminants, nous donnerons des exemples de syntagmes comprenant trois déterminants et même quatre ou cinq déterminants (lexicaux ou grammaticaux), ce qui paraît être un maximum possible dans la langue.

Trois déterminants :

Formule :

modalité personnelle + Base 1 ou Ø + Base 1 ou Ø ou 3 + centre de syntagme :
- Base notionnelle 1
- Base bivalente Ø
- Base descriptive 3

ńgà-ɺzé-bò̰.bìndɺ́-kɔ́rbáy[76] "l'anneau au milieu de la tête de son enfant"
dt → dt → dt → dé /son | enfant | tête.milieu | anneau/

ɺ-dè:lì-kàyá̰-dò[77] "le lieu où on récolte la gomme"
dt → dt → dt → dé /notre | gomme | arrachage | lieu/

wà-gànɺ̃-gòmbó-fáḻḻá̰ "Une seule calebasse de lait"
dt → dt → dt → dé /lait | frais | calebasse | seul/

Quatre déterminants :

Formule :

Modalité personnelle + Base 1 + Base 1 + Base 1 + Centre de syntagme :
- Base notionnelle 1
- Base bivalente Ø

àáy-bá:bà-wúrà-mú:sú-[78] bòŋ-àáy "Les têtes de lion en or de mon père"
dt → dt → dt → dt → dé ← dt /mon | père | or | lion | tête + *spéc.*/

---

[76] |ɺzè| R. 1

[77] |dɔ́ò| R. 3

[78] |bà:bà| R. 1

[78] |mú:sù| R. 1

Dans le dernier exemple, le déterminé est également caractérisé par un déterminant postposé (le spécifique). Il est en effet courant que, dans un syntagme déterminatif, se combinent des déterminants préposés ou postposés.

Nous rappellerons en effet que les déterminants postposés sont essentiellement les déictiques, les assertifs et le spécifique / générique, tous d'emploi très fréquent et qu'ils apparaissent à la suite du centre du syntagme et (ou) à la suite des expansions du syntagme.

Ces possibilités sont envisagées au paragraphe qui suit.

c) SYNTAGME DETERMINATIF COMBINANT LES DEUX POSITIONS DE DETERMINATION

Nous distinguerons deux situations, selon que l'on considère le point de vue du déterminé ou du déterminant.

1. POINT DE VUE DU DETERMINE

5.41. Il s'agit des cas très fréquents où le déterminé est accompagné de deux (ou plus) déterminants, les uns préposés au déterminé, les autres postposés; on a donc le schéma général suivant :

déterminant → déterminé ← déterminant

Formules :

a) Base 1 / Ø → { Base Ø / Base 1 / Base 3 } ← { spécifique / générique, déictique, assertif, défini }

b) modalité personnelle → { Base Ø / Base 1 } ← { spécifique, déictique, assertif, défini }

Exemples :

a) dt-dé-dt

wà:gá:s-ó "La calebasse de lait
/lait | calebasse + *spéc.*/

wà-gá·s-áy "Les calebasses de lait"
/lait | calebasse + *spéc.*/

wà-gá:sú-yá̰ — "Des calebasses de lait"
/lait | calebasse + *génér.*/

wà-gá:sú-dìín — "Cette calebasse de lait-là"
/lait | calebasse | ce-là/

wàybòrò - zè:nó-fó — "Certaine vieille femme"
/femme | vieillesse | certaine/

fzé-bè:r-òó [76] — "Le fils aîné"
/enfant | grandeur + *spéc.*/

b) ày-fú-òó [79] — "Ma maison"
/ma | maison + *spéc.*/

ày-fú-àáy — "Mes maisons"

ńgáy-bà:bà-wóò [80] — "Leur père"
/leurs | père | ce/

à-méè-fò — "Plein"
/sa | bouche | certaine/

nf-bìn-àá — "Ton coeur"
/ton | coeur + *spéc.*/

C. DETERMINANT → DETERMINANT → DETERMINE ← DETERMINANT

kóyó-fzé.wày-káyná-fó[81] — "La petite fille du chef"
dt → dt → dé ← dt — /chef + *spéc.* | enfant.femelle | la petite | une/

háw-áy-kúlù-árúkús-òó — "La plus vieille de toutes les vaches"
dt → dt → dé ← dt — /vache + *spéc.* | tout | l'ancien + *spéc.*/

L'existence de cette double détermination préposée et postposée correspond à certaines restrictions dans la nature du déterminé.

Les exemples et les formules montrent qu'il ne s'agit que de déterminés de type Base ∅ (bivalente) ou base 1 (notionnelle) ou encore de la Base descriptive avec des limitations supplémentaires dans son emploi (ces limitations ont été exposées lors de la détermination simple).

---

79 |fúù| R. 4

80 |ńgày| R. 1

81 |fzè| R. 1

5.42. Successions de déterminants

Comme nous l'avons mentionné précédemment, les déterminants peuvent se succéder dans l'ordre dégagé au paragraphe 5.28.

Nous donnerons quelques exemples illustrant ces successions de détermination.

Formule :

déterminant(s) → Centre ← déterminants

Base Ø, 1 → {Base 1, Base 3} ← spécifique + déictique + assertif

dt → dé ← dt ← dt

ƒrì.kwấy - tàm-ààý - wò[82] dt → dé ← dt ← dt	"Ces animaux de Dieu" /Dieu | animal + *spéc.* | ce/
yòố - jíng-àá - dìín [83] dt → dé ← dt ← dt	"Ce cou de chameau" /chameau | cou + *spéc.* | ce-là/
gố:rà.ƒzé - gù-òó - wò [84] dt → dé ← dt ← dt	"Ces dix noix de kola" /kola.fruit | cinq + *spéc.* | ce/
bòró tác-òó - dìní - mò [85] dt → dé ← dt ← dt ← dt	"Ces quatre hommes aussi" /homme | quatre + *spéc.* | ce-là | aussi/

Modalité personnelle → {Base 1, Ø} ← spécifique - déictique

árạ̃ - sùbù - fú-ààý - dìín [86] dt → dt → dé ← dt ← dt	"Vos maisons en paille" /votre | paille | maison + *spéc.* | ce-là/
ààý - wàndé - wấy-nèé dt → dé ← dt ← dt	"Cette femme qui est la mienne" /ma | femme | ce | ici/
ààý - c-àá - dìín dt → dé ← dt ← dt	"Ce pied qui est le mien" /mon | pied + *spéc.* | ce-là/

---

[82] |wóò| R. 3

[83] |jìngàá| R. 1

[84] |ƒzè| R. 1

[84] |wóò| R. 3

[85] |tàcòó| R. 1

[86] |árạ̃| R. 1

[86] |fúù| R. 4

2. POINT DE VUE DU DETERMINANT

5.43. Il est également fréquent que lors d'une succession de déterminants, dans un syntagme de type déterminant-déterminé, l'un de ces déterminants soit lui-même déterminé à un autre niveau de détermination, et dans l'ordre inverse, ce qui nous donne le schéma suivant :

$$\overrightarrow{(\text{déterminant})} + \overrightarrow{\text{déterminant}} + \text{déterminé}$$
$$= \overleftarrow{\text{dé-dt}} \qquad = \overleftarrow{\text{dé-dt}}$$

Exemples :

Formule :	déterminant		Centre
Base 1 } Ø }	spécifique / générique	+	{ Base 1, Ø { Totalisateur

Dans ces cas, le déterminant est lui-même déterminé par un seul déterminant, le centre du syntagme peut être, comme nous l'avons déjà indiqué, soit une Base 1, une Base Ø, ou le totalisateur.

1 - Un déterminant

sánn-ó -mè [87] dé ←dt dt → dé	"Fin de l'histoire" /parole + *spéc.* | extrémité/
fú-òó - mè [87] dé←dt dt → dé	"Porte de la maison" /maison + *spéc.* | extrémité/
gwáy - fò - dúmí dé ← dt dt → dé	"Sorte de travail" /travail | certain | sorte/

2 - Deux déterminants

fà:rì - kóy-ó - kùntíjì dé←dt dt → dt → dé	"Le luth du propriétaire du champ" /champ | propriétaire + *spéc.* | luth/

[87] |méè| R. 3

bà:bà - gáráw-ó - bànáyá̰ "Paiement de la dette du père"
dé - dt /père | dette + *spéc.* | paiement/
dt → dt → dé

ńgá - hí:j-àá - hánè [88] "Le jour de son mariage"
dé - dt / son | mariage + *spéc.* | jour/
dt → dt → dé

àáy - c-à - kúlù [89] "Tout mon pied"
dé-dt /mon | pied + *spéc.* | tout/
dt → dt → dé

àáy - bárí-ò - wáddè [90] "Un cheval comme le mien"
dé-dt /mon | cheval + *spéc.* | pareil/
dt → dt → dé

hár-ó - fáttànt-àá - wátè [91] "Le moment où l'eau s'écoule"
dé-dt dé - dt /eau + *spéc.* | sortie + *spéc.* | temps/
dt → dt → dé

3 - Trois déterminants

ní - íz-òó - hì:jày - nò:rú "L'argent du mariage de ton fils"
dé-dt /ton | enfant + *spéc.* | mariage | argent/
dt → dt → dt → dé

ńgà - fúnd-ó - fùnfyá - hánè "Le jour de la fin de sa vie"
dé-dt /sa | vie + *spéc.* | sortie | jour/
dt → dt → dt → dé

ní - bá:bà - gáráw-ó - bànáyá̰ [92] "Le paiement de la dette de ton père"
dé dt /ton | père | dette + *spéc.* | paiement/
dt → dt → dt → dé

4 - Quatre déterminants

ńgá-bà:bà-wàngù-jínáy-áy-kúlù [93] "Toutes les affaires de guerre de ton père"
dé-dt / son / père | guerre | affaire + *spéc.* | tout/
dt → dt → dt → dt → dé

---

88 |ńgà| R. 1
89 |càá| R. 3
90 |bàrìòó| R. 1 - 3
91 |fàttàntàá| R. 1
92 |bà:bà| R. 1
93 |ńgà| R. 1

Remarques :

1. Nous noterons un syntagme à valeur d'insistance utilisé couramment dans la principale de l'énoncé subordonné à sens temporel.

hán - dìn - hánè - nóò [94]	"Ce jour-là
dé - dt dé - dt	/jour | ce-là | jour | ce/
dt → dé	

2. Le déterminant est lui-même déterminé par une relative.

àáy-wò káà cí wàybòrà - làákàl [95]	"La patience de moi qui suis sa femme"
dé ≠ ˜.˜ dt = relative	/moi | ce | ≠ qui / être | femme ≠ | intelligence/
dt → dé	

5.44. Le déterminant peut aussi être affecté d'une double détermination, selon le schéma suivant :

Base / Ø, 1 + spécifique ← + déictique ← + Base

dt → dé

1 = Un déterminant

bòró - wáy-nèé - dò [96]	"L'endroit où est cet homme"
dé ← dt-dt	/homme | ce | ici | lieu/
dt → dé	
kòrf-àá - dìn - kúlù [97]	"Toute cette corde"
dé-dt ← dt	/corde +*spéc.* | ce | tout/
dt → dé	

2) Deux déterminants

	"L'ensemble de ces quatre quartiers"
kúráy - tàc-óò - wóò - kúlù	/quartier | quatre + *spéc.* | ce | tout/
dé ← dt dt	
dt → dt → dé	

Le déterminant peut être un déictique. On a la formule :

déictique ← déictique →+ Base

---

[94] |dìín| R. 3

[95] |wóò| R. 3

[95] |wàybòràá| R. 3

[96] |dóò| R. 3

[97] |dìín| R. 3

Exemples :

wɔ́ - dìnĩ - mè [98] "La fin de celui-ci"
dé ← dt /ce | ce-là | fin/
dt → dé

yá - dìnĩ - cĩnɛ́ [99] "Pareillement à cela"
dé ← dt /çà | ce-là | pareil/
dt → dé

SCHÉMA GÉNÉRAL

5.45. En résumé, nous dirons qu'il peut y avoir une détermination du déterminé et une détermination du déterminant. Ces déterminations successives observent l'ordre dégagé précédemment à propos de la détermination simple, à savoir que les

déterminants { spécifique/générique, déictique, défini } sont toujours postposés au centre du syntagme et que tous les autres déterminants sont antéposés,ce qui nous donne le schéma récapitulatif suivant :

dt	→	[dé]	←	dt	←	dt	dt	→	[dé]	←	dt	←	dt
a) modalité personnelle	→	Base 1 Ø	←	spécifique générique	←	déictique	modal. pers.	→	Base 1 Ø	←	spéc. génér.	←	déict.

dt (modalité personnelle … déictique) → dé (modal. pers. … déict.)

b) modalité personnelle + Base 1 + Base descriptive + Base descriptive + spé.+déic. gén.

dt → dt → dt → [dé] ← dt

---

[98] |wɔ́ɔ̀| R. 1 [98] |mɛ́ɛ̀| R. 3

[99] |yàá| R. 4

Exemples :

dǎy-ò - hǎr-ó [100] "L'eau du puits"
dé-dt dé-dt /puits +*spéc.* | eau + *spéc.*/
dt → dé

fà:r-òó - jǎr-àá [101] "La moitié du champ"
dé-dt dé-dt /champ +*spéc.* | moitié +*spéc.*/
dt → dé

àlbòrò - kóy-ó - dìín - ízé - hày - jìn-àá [102]
dé - dt - dt
dt → dt → dt → dt → dé ← dt
"Le fils aîné de celui qui avait des garçons"
/homme | possesseur + *spéc.* | ce | enfant | aîné +*spéc.*/

LE SYNTAGME À FONCTIONNEL

5.46. L'insertion de ce type de syntagme, dans le cadre du syntagme déterminatif, demande à être justifié.

La présence d'un fonctionnel de type rá "dans" dans le syntagme ferait plutôt penser que nous avons affaire à un syntagme caractérisé par un régisseur précédé d'un élément régi plutôt qu'à un syntagme de type déterminatif, comme les précédents, où il existe une relation entre un centre et une expansion.

Le fonctionnel indique en effet la fonction du syntagme et lui confère une certaine autonomie, comme l'attestent les exemples suivants :

à kàndé hìncìnì-fó kóyó-sè [103] "Il apporte une chèvre au chef"
//il / l'apporter / chèvre / une / chef | au//

à kàndé kóyó-sé hìncìnì-fó [104] "Il apporte au chef une chèvre"

kóyó-sè à kàndé hìncìnì-fó "Au chef, il apporte une chèvre"

---

100 |dǎy-òó| R. 3

101 |jàràá| R. 1

102 |ízè| R. 1

103 |séè| R. 3

104 |séè| R. 1

L'antéposition du syntagme correspond à une mise en valeur.

Cependant, la possibilité pour ces fonctionnels de commuter avec des lexèmes -indicateurs de lieu en général, existant par ailleurs dans le discours et entrant dans une relation de détermination (déterminant-déterminé), nous permet de considérer qu'il s'agit plutôt là d'un syntagme de type déterminatif dont le déterminé est d'un type particulier, qui est un *fonctionnel*.

5.47. Les Fonctionnels

Nous expliciterons ce point en donnant tout d'abord une liste des fonctionnels du zarma.

séè	"pour, à, par, à cause de"	indique l'attribution, la cause
rá	"dans"	indique la localisation (temps-espace)
gá	"contre, à grâce à, par"	indique une localisation (temps-espace, un moyen)
cìré	"sous"	indique une localisation
kònè	"chez, à l'inrieur de"	indique une localisation

A notre connaissance, ces fonctionnels n'ont pas de correspondant lexical actuel dans la langue.

Les plus fréquents sont **séè, rá, gá** c'est-à-dire ceux qui ont un champ sémantique large, peu précis par rapport à une localisation.

5.48. Les éléments régis

Ce sont { un monème grammatical
un monème lexical
un syntagme

soit a) la modalité personnelle
b) les déictiques
c) la Base ∅ et 1 (bivalente et notionnelle)
d) un syntagme déterminatif
e) le déictique relatif
f) l'interrogatif

La formule est la suivante :

déterminant → déterminé
(= fonctionnel)

Le déterminant peut être :

+ *une modalité personnelle :*

(à nέὲ) à-sέὲ	"(il) lui (dit)" //il / le dire / lui | à//
à-sέὲ (nɔ́ɔ̀)	"(c'est) pour cela" /ce | pour | voilà//
àáy-sè	"pour moi" /moi | pour/
ày-rá [105]	"dans moi" /moi | dans/
à-gá	"contre lui" /lui | contre/
à-cìré	"sous lui" /lui | sous/
à-kònè	"chez lui" /lui | chez/
(à làmbá) à-gá	"(il s'approche) de lui" //il / l'approcher / lui | à//

+ *une Base Ø ou 1 (bivalente ou notionnelle)*

jásáy - sè [106]	"à cause de son dénuement" /dénuement | à cause de/
kɔ́yɔ́ - sè	"pour le chef" /chef + *spéc.* | à/
kwà:rà - rá	"dans le village" /village | dans/
kùsʊ́ - rá	"dans une marmite" /marmite | dans/
sʊ́sʊ́bà - rá	"le matin" /matin | dans/
(à gɔ́) jásà - gá [107]	"il est contre son épaule" //il / être / épaule + *spéc.* | à//
cà - gá [108]	"au pied" /pied + *spéc.* | à/

---

[105] |àáy| R. 3

[106] |sέὲ| R. 3

[107] |jàsàá| R. 1 - R. 3

[108] |càá| R. 3

dá:ró - ciré	"sous le lit" /lit + *spéc.* | sous/
sùú:rú - kònè [109]	"chez Sourou" /Sourou | chez/
ɲáŋòó - kónè [110]	"chez la mère" /mère + *spéc.* | chez/

\+ *un syntagme déterminatif*

bòrà - kúlù - <u>séè</u> [111]	"pour tout homme" /homme + *spéc.* | tout | pour/
bòrò - fó - <u>sè</u> [112]	"pour un homme" /homme | un | pour/
ńgá - càá - <u>sè</u> [106]	"pour sa jambe" /sa | jambe + *spéc.* | pour/
ní - ízòó - wò - <u>séè</u> [113]	"à ton enfant" /ton | enfant + *spéc.* | ce | pour/
bòrò - fó - fúlà - círày - <u>séè</u>	"à cause du bonnet rouge de quelqu'un" /homme | un | bonnet | le rouge | à/
gú:só - máyò: - <u>gá</u> [114]	"au bord du trou" /trou + *spéc.* | bord + *spéc.* | à/
kò - gú:só - járè - <u>gá</u> [115]	"près du trou du baobab" /baobab | trou + *spéc.* | côté | à/
háró - mè: - <u>gá</u> [116]	"au bord de l'eau" /eau + *spéc.* | bord | à/
wátí - dìn - <u>gá</u> [117]	"à ce moment-là" /temps | ce | à/
kòtíàá - jíndàá - <u>gá</u> [118]	"au cou de l'enfant" /enfant | cou + *spéc.* | à/
à - jí:rí - í:yè - <u>gá</u>	"à sept ans" /son | année | sept | à/
kóyó - wúndó - mè: - <u>gá</u>	"à la porte de la concession du chef" /chef + *spéc.* | concession + *spéc.* | porte | à/
bàrí - súb-ò - <u>rá</u> [119]	"dans la paille du cheval" /cheval | paille + *spéc.* | dans/

---

109 |sùú:rù|	R. 1	113 |wóò|	R. 3	116 |mée|	R. 3
110 |kònè|	R. 1	114 |máyòó|	R. 3	117 |dìín|	R. 3
111 |bòràá|	R. 3	115 |kòó|	R. 3	118 |jìndàá|	R. 1
112 |bòró fó séè|	R. 3	115 |jàrè|	R. 1	119 |sùbòó|	R. 1 - R. 3

ì - kúlú - nìnè - rá	"dans le nez de tous" /leurs | tout | nez | dans/
à háwǎy - rá	"parmi ses vaches" /sa | vache + *spéc.* | dans/
ǹdùɲó - wóò - rá	"dans ce monde" /monde | ce | dans/
àáy - mè: - rá 116	"dans ma bouche" /ma | bouche | dans/
sùbù - fúù - rá	"dans une case en paille" /paille | case | dans/
gàngànɪ́ - ɪ́zè - fő - rá	"dans un petit terrain" /terrain | petit | un | dans/
kòó.ɲà-bàmbátá-fő-cìré 117	"sous un grand baobab" /baobab.mère | grandeur | un | sous/

+*Le Déictique - relatif*

Le terme déterminant peut être le déictique - relatif kã̰à̰ "ce que" (cf. le syntagme relatif). On a :

déictique-relatif + fonctionnel
dt dé

sámbú nɪ́ - dúngúròó - nò - yá kã̰à̰ - séè nɪ́ gòó àáy - bándá nóò 121

"Prends les haricots à cause desquels tu me suivais"
// le prendre / ton | haricot / voici / là # ce que | pour / tu / être / moi | derrière / ce//

kòóptóò - kã̰ - cìré ày bárà wóò, mà -fó:bù 122

"Cette feuille sous laquelle je suis, arrache-là ! "
// feuille + *déict.* # ce que | sous / je / être / ce # de | l'arracher//

+ *L'interrogatif*

interrogatif + fonctionnel
dt dé

ɪ́fò - rá - nò ì gà - dã́ 123 "dans quoi le mettra-t-on ?"
dt dé
// quoi | dans | ce # ils / vers / le mettre//

---

120 |ɲáà| R. 3
121 |nóò| R. 3
122 |kã̰à̰| R. 1
122 |àáy| R. 3
123 |nóò| R. 3

5.49. *PROBLEME DE L'EXISTENCE DE NEO-FONCTIONNELS EN ZARMA*

Nous avions présenté, à côté des fonctionnels n'ayant pas de représentant lexical dans la langue, une liste de *"néo-fonctionnels"* ayant actuellement un représentant lexical dans la langue, soit en particulier :

bò̰	"sur" "à cause de"	ayant pour correspondant lexical le terme **bò̰** "tête"
dǒò	"vers, là, au lieu de, à l'endroit de"	correspondant lexical, le terme **dǒò** "lieu, endroit"
kǘnǎ	"dans" "intérieur de"	correspondant lexical **kǘnǎ** "bas - ventre"
kwà:rà	"chez"	ayant pour correspondant lexical le terme **kwà:rà** "village"
mɛ́ɛ̀	"au bord de"	correspondant lexical **mɛ́ɛ̀** "bouche, bord, extrémité"
gàndè	"en face de"	ayant pour correspondant lexical le terme **gàndè** "poitrine, devant du corps"
bǎndǎ	"derrière" "si ce n'est"	ayant pour correspondant lexical le terme **bǎndǎ** "le dos, le derrière du corps"
jìnè	"devant"	ayant pour correspondant lexical le terme **jìnè** "le devant"
sǎbbù	"à cause de"	ayant pour correspondant lexical le terme **sǎbbù** "cause, raison"
wìndàntàǎ	"autour de"	ayant pour correspondant lexical le terme **wìndí** "tourner"
hǎrày	"vers, du côté de"	ayant pour correspondant lexical le terme **hǎrày** "côté de"

Ces termes commutent avec les fonctionnels précédemment cités et entrent, par conséquent, dans la relation de détermination dont l'ordre est déterminant - déterminé.

Exemples :

à kà { dǎ:ró - cìré — "Il vient sous le lit"
//il / le venir / lit + *spéc.* | sous//

à kà { dǎ:ró - bò̰ — "Il vient sur le lit"
//il / le venir / lit + *spéc.* | sur//

à - kwà:rà
"chez lui"
/son | village/

àáy - wíndàntáà [124]
"autour de moi"
/moi | qui est autour/

írí - jìnè [125]
"devant nous"
/notre | devant/

ní - bándá
"derrière toi"
/ton | dos/

wáynèé - jínè [126]
"devant celui-ci"
/ce-ci | devant/

wóò-bándá [127]
"derrière cela, après"
/ce | derrière/

kóyó - kwá:rà [128]
"chez le chef"
/chef + *spéc.* | chez/

kó:ró - kwà:rà [129]
"chez l'hyène"
/hyène | chez/

tú:ròó - bò̰
"sur l'arbre"
/arbre + *spéc.* | sur/

dáyó - wíndàntàá
"autour du puits"
/puits + *spéc.* | autour/

bòràáy - gándè [130]
"en face des hommes"
/homme + *spéc.* | devant/

hárí - dò [131]
"vers l'eau"
/eau | lieu/

gùnàkóò - fó - dò [131]
"chez un devin"
/celui qui voit | un | lieu/

fúò - jíná - háràỳ [132]
"vers le devant de la maison"
/case + *spéc.* | devant | vers/

à - bò̰
"sur lui, à cause de cela"
/lui | sur, à cause de/

ńgá - cè - bò̰ [133]
"sur son pied"
/lui | pied | sur/

fúlá - cècíyá̰ - bò̰ [134]
"à la recherche d'un bonnet"
/bonnet | recherche | sur/

bòró - wò - fú-ò - kúná [135]
"dans la maison de cet homme"
/homme | ce | maison + *spéc.* | dans/

---

124 |wìndàntàá| R. 1
125 |írì| R. 1
126 |jìnè| R. 2
127 |wóò| R. 2
128 |kwà:rà| R. 1
129 |kó:rò| R. 1
130 |gàndè| R. 1
131 |dóò| R. 3
132 |fúòó| R. 3
133 |ńgà| R. 1
134 |fúlà| R. 1
135 |wóò| R. 3
135 |fú-òó| R. 3

kòó - bɛ́:rì - dìn - kúná[136]	"dans ce grand baobab" / baobab | grandeur | ce | dans/
dánjí - kúná	"dans le feu" /feu | dans/
nè - háràỳ[137]	"de ce côté-ci" /ici | côté/

5.50. Cependant, contrairement à ce que nous pensions auparavant, il nous paraît difficile d'estimer qu'à l'heure actuelle ces éléments lexicaux (appartenant généralement à la catégorie des Bases 1 notionnelles) soient grammaticalisés; rien dans leur comportement ne nous permet d'en faire des néo-fonctionnels, et ceci pour les raisons suivantes :

1. Ils entrent normalement en tant que Base 1 dans une relation de détermination = déterminant-déterminé;
2. Ils peuvent être utilisés, pour la plupart, bien qu'avec des fréquences variables selon les termes, comme sujet dans l'énoncé;
3. Leur signifié est identique, ou très voisin, selon leur utilisation, dans le discours ou dans la relation de détermination;
4. Ils peuvent être eux-mêmes régis par les fonctionnels n'ayant pas de correspondant dans la langue :

sábbù sɛ́è	"à cause de" /cause | à/
fàr-ààý bíndò rá[138]	"au milieu des champs" /champ + *spéc.* | milieu + *spéc.* | dans/
hár-ó mè gá[139]	"au bord de l'eau" /eau + *spéc.* | bord | à/
búkà járè gá	"près de la case" /case | côté | à/

5.51. CONCLUSION

Il se peut que ces lexèmes soient en voie de grammaticalisation mais cette évolution n'est pas encore effectuée puisque rien ne nous autorise à les considérer autrement que comme des lexèmes. Dans bien

---

136 |bè:rì| R. 1
136 |dìín| R. 3
137 |nèé| R. 3
138 |bìndòó| R.1. - R. 3
139 |méè| R. 3

des cas, il serait impossible de faire la différence entre le lexème et le fonctionnel.

Exemple :

ńgà-ízè-dóò-ńòò ńgá kà[140] "C'est là où est son fils qu'il est venu"
//son | fils | lieu | ce ⫽ il / le venir// (à l'endroit où)

Remarques :

1. Nous traiterons à part d'un autre type de fonctionnel préposé à l'élément régi et n'entrant pas dans la relation de détermination, comme c'est le cas ici. Ces particules peuvent se combiner avec les fonctionnels. Elles peuvent régir, non seulement des monèmes et des syntagmes déterminatifs comme les fonctionnels, mais également des énoncés. cf. Chapitre Transition.

Exemple :

kàlá + monème régi + fonctionnel

kàlá wíndí-máyò-gá[141] "jusqu'à la porte de la concession"
/jusqu'à | concession | porte + *spéc.* | à/

2. Nous avons fréquemment noté un allongement vocalique entre le fonctionnel et le déterminant.

gámè-rá [gámè:rá] "dans l'intervalle"
/intervalle | dans/

méè-gá [méè:gá] "au bord de"
/extrémité | à/

3. Le syntagme àáy-bọ̀ séè /ma | tête | pour/
est utilisé dans le sens de "moi-même".

2) SYNTAGME DÉTERMINATIF AVEC MONÈME DÉTERMINATIF

5.52. Nous traiterons dans ce chapitre deux types particuliers de syntagmes déterminatifs dans lesquels la relation de détermination entre un centre et son expansion est introduite ou reliée par un *monème déterminatif spécifique*. Il s'agit :

---

140 |ńgà| R. 1

141 |máyòó| R. 3

1) du déterminatif ou joncteur nà "de, à" qui est préposé à la relation de détermination déjà envisagée (ordre déterminant-déterminé).

Ce type de relation syntagmatique est en étroite liaison avec le syntagme énonciatif que nous étudierons plus loin.

Ce n'est qu'une raison de présentation et de clarté qui nous amène à séparer ces deux chapitres, indissociables dans la réalité de la langue.

2) du déterminatif ou déictique-relatif kàà "ce que" qui s'insère entre le déterminé et le déterminant.

Nous étudierons successivement les particularités de ces syntagmes.

A. LE SYNTAGME COMPLÉTIF

1. LES FAITS

5.53. Ce syntagme se caractérise par l'antéposition d'un joncteur nà que l'on pourrait traduire par "à, de, avec" à la relation de détermination courante dans l'ordre déterminant-déterminé.

On a donc la formule suivante :

nà + déterminant + déterminé

Nous ajouterons que, dans ce cas, *le déterminé est le plus souvent une base bivalente* Ø type címí "vérité, le dire vrai" ou une Base comportative (2) type kà "le venir" (cf. Remarque).

Les déterminants sont très variés, ce sont :

- la modalité personnelle
- les déictiques
- la Base 1 notionnelle type gá:sú "calebasse"
- le syntagme déterminatif
- le syntagme relatif

Exemples :

à nà + ì - bè:rì — "Il le coupe"
dtf dt dé — //il / à | les | le couper//

déterminant = 1 terme

ì nà-à-wì — "Ils le tuent"
dt dé — //ils / à | lui | le tuer//

à nà-zàá:rá - kàá [142] — "elle enlève le pagne"
dt dé — //elle / à | pagne | l'enlever//

déterminant = 1 syntagme

à nà-waý - dìnì - kár [143] — "Il frappe cela"
dt dé — //il / à | cela | le frapper//

à nà-àlfág-ày - mârgú [144] — "Il réunit les marabouts"
dt dé — //il / à | marabouts +*spéc.* | le réunir//

à nà-túrúyáŋ-ó - té — "Elle tresse les cheveux"
dt dé — //elle / à | tressage + *spéc.* | le faire//

à nà-ńgà - tákúbà - sámbú [145] — "Il prend son épée"
dt dé — //il / à | son | épée | le prendre//

à nà-bà:bòó - yàá:jò - sámbú — "Il prend la lance du père"
dt dé — //il / à | père+ *spéc.* | lance+*spéc.* | le prendre//

ì nà-jìrìbì - í:yè - té — "Cela a duré sept jours"
dt dé — //ils / à | jour | sept | le faire//

à nà-ńgà - fú - bàmbátá - cìná [146] — "Il construit sa grande maison"
dt dé — //il / à | sa | maison | grandeur le construire//

ì nà-wúrà - mú:sú - bòŋ-ǒò - gárâw càrè - gá [147]
dt dé

"Ils échangent la tête de lion en or entre eux"
//ils / à | or | lion | tête + *spéc.* | l'échanger | entre eux | à//

à nèè ńgá nà-írì.kwáày - dá - ńgá -dìà - sá:bú [148]
dt dé

"Il dit qu'il remercie Dieu et son prophète"
//il / le dire ≠ il / à | Dieu | et | son | messager | le remercier//

---

142 |zàá:rà| R. 1
143 |dìńí| R. 3
144 |àlfágàáy| R. 3
145 |yàá:yòó | R. 3
146 |fúù bàmbátà| R. 1
147 |mú:sù| R. 1
147 |càré| R. 3
148 |ńgà| R. 1

à nà -tàs-òó - dá - hárá kàá — "Il enlève le sable et l'eau"
(dt : à nà -tàs-òó - dá - hárá ; dé : kàá)
//il / à | sable + *spéc.* | et | eau + *spéc.* | l'enlever//

Remarque :

Dans la majorité des exemples, le déterminé est une base bivalente (Ø) ou comportative (2), type címí "vérité, le dire vrai", type kà "le venir".

Nous avions donc pensé en conclure que c'était là une caractéristique même de ce type de syntagme et que, par suite, il y avait une distinction nette entre les possibilités combinatoires des Bases notionnelles en particulier, et des Bases comportatives, c'est-à-dire entre les termes de type gá:sú "calebasse" et ceux de type kà "le venir" (les Bases bivalentes ayant les caractéristiques des deux).

Quelques exemples plus rares attestent cependant qu'il n'est pas impossible, dans la langue, que le déterminé soit d'une autre nature que les bases bivalentes ou comportatives, comme le montre l'exemple suivant :

à nà -hày -kúlù — "Il fait toute chose"
//il / à | chose | totalité//

Dans un cas comme celui-ci, le joncteur nà est suivi d'une relation de détermination dans laquelle ne figure ni base comportative, ni base bivalente, mais le totalisateur, avec pour déterminant une base notionnelle.

Un tel exemple nous incite à apporter plus de nuances dans la limitation de la nature du déterminé de ce type de syntagme; il nous permet aussi de dire que les divergences combinatoires entre des syntaxèmes qui sembleraient aussi opposés que "calebasse" (gá:sú) et "le venir" (kà), sont finalement assez limitées en zarma, c'est-à-dire qu'une des caractéristiques de cette langue est sa *tendance* à offrir les mêmes possibilités combinatoires pour différents syntaxèmes ou encore si l'on veut, sa tendance à présenter peu de spécificité entre les différents syntaxèmes lexicaux en particulier. Nous n'irons pas jusqu'à dire que tout se combine avec tout, mais simplement nous constatons que la marge qui oppose les syntaxèmes lexicaux (voire grammaticaux) entre eux est souvent assez faible, contrairement à ce qu'on pourrait attendre.

2 - INTERPRETATION

5.54. Nous avons supposé que ce joncteur nà, apparaissant le plus fréquemment sans être précédé des particules de l'énonciation, commutait avec elles et, par conséquent, excluait la présence des autres.

1 - à nà zàá:rá - kàá commutant avec //elle / à | pagne | l'enlever//
2 - à gà zàá:rá - kàá //elle /vers | pagne | l'enlever//
3 - à mà zàá:rá - kàá //elle | de | pagne | l'enlever//

Traductions :

1 - "Elle enlève le pagne"

2 - "Elle va enlever le pagne"

3 - "Elle enlevait le pagne"
ou "Qu'elle enlève le pagne"

nà paraissait donc régir le déterminé Base 2 ou ∅ de la même façon que gà, mà et s'intégrer au même paradigme et au même syntaxème des régisseurs de l'énonciation (cf. le syntagme énonciatif" 5.60 et suivants).

Par suite, nà semblait en rapport direct avec la Base bivalente et comportative, de la même façon que gà et mà (particules énonciatives); à la différence cependant que la présence de nà entraînait *nécessairement* celle d'un élément antéposé à la Base comportative ou bivalente, ce qui n'était pas le cas pour gà et mà.

°à <u>nà</u> kàá n'est pas possible, on ne peut avoir que :

à <u>nà</u> { <u>à</u> kàá "Elle l'a enlevé" ou "Elle l'enlève"
{ Base ∅, 1, syntagme

alors que :

à <u>gà</u> kàá est possible "Elle enlève"

à <u>mà</u> kàá "Qu'elle enlève"

On en venait alors à conclure à la discontinuité d'un groupe de telle sorte que l'on ait :

particules -------- Base ∅, 2
nà, gà, mà ⇧__________⇧

L'élément inséré entre les deux jouait le rôle d'un complément de type particulier, puisqu'il était inséré à l'intérieur des termes nécessaires d'un syntagme discontinu. En plus, dans le cas de nà, cet élément était obligatoire par opposition à gà et mà qui admettaient des constructions non discontinues.

Or, un certain nombre d'exemples, moins fréquents que ceux où nà apparaît seul, nous ont permis de constater que la présence des particules d'énonciation (gà, mà) n'excluait pas celle de nà.

Il se trouve que, en présence d'un syntagme déterminatif du type cité (déterminant-déterminé -avec les réserves que nous avons faites sur la nature du déterminé. cf. Remarque paragraphe 5.53), lorsque la particule d'énonciation est absente, le joncteur **nà** est toujours représenté, tandis que lorsque les particules d'énonciation régissant le syntagme sont présentes (monème **gà** ou **mà**), le joncteur n'est que rarement représenté.

Nous avons trouvé cependant suffisamment d'exemples pour attester que **nà** est un *joncteur nécessaire à la relation de détermination où le déterminé est une Base 0 ou 2*; indépendamment de la présence de la particule d'énonciation après laquelle il n'est pas toujours exprimé.

A partir de ces nouvelles constatations, il est devenu évident que la particule **nà** "de, avec" était de nature différente par rapport à **gà** "vers", **mà** "de", et que **nà** était le *joncteur nécessaire* (même si non exprimé) *du déterminant d'une relation de détermination* ayant pour *centre* une Base bivalente ou comportative; dans cette perspective , les particules énonciatives régissaient l'ensemble du syntagme.

Cette interprétation fournit une cohérence beaucoup plus grande et plus satisfaisante du système de la langue que l'hypothèse d'éléments discontinus, puisqu'il est clair que la présence de **nà** est liée à celle d'un déterminant et que, par suite, en l'absence d'une relation syntagmatique, **nà** disparaît, il n'a plus de "discontinuité", mais seulement un régisseur (**gà**, **mà**) et un élément régi (Base comportative ou bivalente).

5.55. Nous pouvons schématiser cette situation en plusieurs formules :

1er cas : le syntagme déterminatif est précédé du joncteur **nà**, il n'y a pas de particule d'énonciation, dans ce cas **nà** (à, de) est effectivement obligatoire.

2ème cas: le syntagme déterminatif est précédé du joncteur **nà** et également de la particule d'énonciation.
Dans ce cas, **nà** n'est pas obligatoirement représenté ; en fait, il ne l'est pas dans la majorité des cas.

3ème cas : il n'y a pas de syntagme déterminatif, mais seulement un élément régi par des Régisseurs.

nà n'apparaît pas

Ce cas sera étudié en détail aux § 5.60. et suivants dans le chapitre : Syntagme Régi.

Régisseur d'énonciation	déterminatif + syntagme complétif
1) Ø +	nà + {déterminant - déterminé (Base Ø et 2
2) gà (mà, mànǎ́, kǎ́) sí +	(nà) + {déterminant - déterminé (Base Ø et 2
3) Régisseur d'énonciation gà, mànǎ́, kǎ́, sí mà +	pas de syntagme déterminatif élément simple régi (Base Ø, 2)

SCHÉMA RÉCAPITULATIF

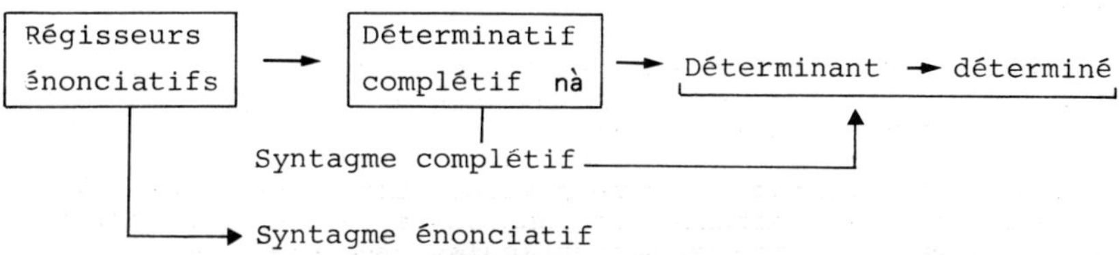

Nous donnerons quelques exemples où la particule d'énonciation et le joncteur nà "de, avec" sont représentés.

àу gá nà - ì - kúlù - fé:rí árà̰ - séè[149]
R dtif dt dé

"Je vais tout vous expliquer"
// je / vers | ã, avec | eux | tout | l'ouvrir / vous | ã//

à gà nà - à - dì
R dtif dt dé

"Je vais l'attraper"
// je / vers | ã | lui | l'attraper//

149 |àáy gà| R. 1 - R. 3

à mà nà - à - dà̰ ńgà - màfâày - ŕá [150]
R dtif dt dé

"Qu'elle le mette dans ses condiments !"
//elle / de | avec | lui | le mettre / son | condiment + *spéc.* | dans//

à sí nò gá nà - ì - kúngù [151]
R dtif dt dé

"Cela ne les rassasie pas"
//il / n'être pas / ce / vers | à | eux | le rassasier//

à mà nà - ì - zàdóò
R dtif dt dé

"Qu'il te les prenne"
// il / de | avec | eux | le prendre//

à kwáy ká nà - ì - sámbú
R dtif dt dé

"Elle part lesprendre"
//elle / le partir // et | avec | eux | le prendre//

Remarques :

1. Les amalgames sont fréquents entre le joncteur et la modalité personnelle qui le suit = nà + ì → nì, ou même entre la particule énonciative et le joncteur gá + nà → gán

2. Nous n'avons pas trouvé d'exemples de successions màná + nà (régisseur de la négation + joncteur); sans doute peut-on considérer qu'il y a un amalgame entre ces deux particules màná + nà → màná.

3. Nous n'avons pas trouvé d'exemples de successions de l'injonctif + nà.

4. Nous aurions pu considérer que nà était un régisseur suivi nécessairement d'un élément régi; cependant cet élément régi se trouve être toujours un déterminant suivi d'un déterminé puisque nà ne peut être suivi d'un seul terme; il introduit toujours un syntagme déterminatif.

nà + { élément régi = déterminant + déterminé

---

150 | mà fáàáy | R. 3

151 | nóò gà | R. 3 - R. 1

5. Le déterminé, comme nous l'avons souligné, est le plus fréquemment une Base 2 faisant nécessairement partie du sous-groupe 2 qui admet un déterminant préposé, type sámbú "le prendre". Nous rappellerons que la préposition d'un déterminant est impossible pour une Base 2, sous-groupe 1, type kà "le venir".

B. LE SYNTAGME RELATIF

5.56. Nous appelons syntagme relatif un type de syntagme particulier parce qu'il représente une expansion secondaire d'un élément primaire de l'énoncé (Base 1 ou ∅, modalité personnelle ou déictique).

Le fait même que l'expansion secondaire est toujours une proposition, nous amènera à développer et à détailler l'étude de cette expansion au chapitre des énoncés. Cependant nous présenterons rapidement ici, sur un plan syntagmatique, comment se fait le lien entre l'élément déterminé et son expansion relative.

L'ordre des éléments du syntagme est le suivant :

déterminé + déterminatif (déictique-relatif) + déterminant.

Le déterminant est toujours une expansion propositive. Nous distinguerons, parmi les déterminés, des éléments lexicaux et grammaticaux. Le déterminatif est le déictique-relatif kа̰́а̰̀.

Nous ajouterons plusieurs remarques à propos de ce syntagme :

1) le déterminatif kа̰́а̰̀ "ce que" est désigné comme un *déictique-relatif*, car il s'agit plus en effet d'un déictique spécialisé dans la structure relative que d'un vrai relatif. Comme les déictiques wóò et dìín, il admet la postposition du générique kа̰́а̰̀ + yа̰́ "ces que", il peut aussi, comme nous l'avons vu à propos des fonctionnels, être le déterminant dans un syntagme fonctionnel :

kòóptò - kа̰́ - cìré àáy gòó [152]
dt dt dé

"La feuille sous laquelle je suis"
/feuille | ce que | sous / je / être/

2) Nous ajouterons que les limites de la relative sont souvent balisées par des déictiques (cf. le chapitre de l'Enoncé relatif).

---

[152] |kа̰́а̰̀| R. 1

3) Il est intéressant de remarquer l'unité syntagmatique du syntagme relatif qui se manifeste en particulier par l'application des règles tonales dégagées précédemment et qui affectent : ce qui précède le déictique-relatif, le déictique-relatif lui-même et ce qui le suit.

Exemple :

bòrà ká̰ kà bìí kóyó-káynè-nóò

|bòràá - ká̰à̰ - kà| R. 3, R. 1

dé dtif dt

"L'homme qui est venu hier est le petit frère du chef"
//homme + *spéc.* ≠ qui / le venir / hier ≠ chef + *spéc.*| petit frère | ce//

Nous examinerons quels sont les différents types de déterminés possibles :

+ *le déterminé est lexical*

5.57. La formule est la suivante :

Base Ø Bivalente Base 1 notionnelle	+ ká̰à̰ "ce que" + expansion propositive

Exemples :

hánsò - ká̰ ày dí [153]

"Le chien que j'ai vu"
/chien + *spéc.* ≠ que / je / le voir/

bòrà - ká gòó bándá-rá [154]

"L'homme qui est sur le dos"
/homme + *spéc.* ≠ ce qui / être / dos | sur/

bòrà - ká̰ àáy gà-hí:rí dìín ày gá-dì [155]

"L'homme pour qui je prépare ce piège, je l'attraperai"
//homme + *spéc.* ≠ ce que / je / vers | le préparer / ce ≠ je / vers | l'attraper//

---

[153] |hánsòó ká̰à̰ àáy| R. 3 - R. 1 - R. 3

[154] |bòràá ká̰à̰| R. 3 - R. 1

[155] |àáy gà| R. 1

+ le déterminé est grammatical

5.58. La formule est :

modalité personnelle } + k̰á̰à̰ + } déterminant =
déictique : wɓ́ò "ce" } } expansion propositive

Exemples :

àá́y kà̰ cí bà:bà - bè:rì - ízòɓ́[156]

"Moi qui suis le fils du vieux père"
/moi ≠ qui / être / père | grandeur | enfant + *spéc.*≠

nɪ́ìn k̰á̰à̰ cí íbé:rò

"Toi qui est l'aînée"
/toi ≠ qui / être / la grande≠

wɓ́ò ká̰ kà bìí [157]

"Celui qui est venu hier"
/celui ≠ qui / le venir / hier≠

+ le déterminé est un syntagme

5.59. La formule est :

Syntagme déterminatif + k̰á̰à̰ + expansion propositive

ŋ́gà sí ǹdá - àrwàsù - kɷ́lù k̰á̰à̰ ŋ́gá gà - bá́à kàlá́ - á́ày [158]

"Il n'y a aucun garçon qu'elle aime, sauf moi"
//elle / ne pas être / avec | garçon | tout ≠ que / elle / vers l'aimer≠ sauf | moi//

gàw - fɓ́ k̰á̰à̰ kwá́y fɓ́yá̰

"Un chasseur qui est parti à la chasse"
/chasseur | un ≠ qui / le partir / chasse≠

írì dí hàrì - hínzà ká̰ nà - írì - bítí[159]

"Nous avons vu trois choses qui nous ont troublé"
//nous / le voir / chose | trois ≠ qui / à | nous | le troubler//

yùlùbàá́ - dìn k̰á̰à̰ ní zàá́ ... [160]

"Cette touffe que tu as prise"
/touffe + *spéc.* | cette ≠ que / tu / le prendre≠

---

156 |k̰á̰à̰| R. 3

157 |k̰á̰à̰| R. 1

158 |ŋ́gà| R. 1

159 |k̰á̰à̰| R. 1

160 |dìín| R. 3

Remarque :

Le relatif, comme nous l'avons dit, peut se combiner avec le générique :

> **bòró - tácí ká̰ày̰á̰ tá:rí sí - fùún ì - méè - rá**
>
> "Quatre hommes qui ne mentent pas"
> /homme | quatre ≠≠ qui + *génér.*/mensonge / ne pas | le sortir / eux | bouche | dans/

Nous renvoyons maintenant au chapitre des Enoncés pour une étude détaillée de l'énoncé relatif.

3) LE SYNTAGME RÉGI

A. PRÉSENTATION

5.60. L'intitulé de ce chapitre nous indique tout d'abord que nous sommes amenée à envisager maintenant un nouveau type de formation syntagmatique de structure différente qui ne relève pas véritablement du syntagme déterminatif analysé précédemment, bien qu'il puisse l'inclure, comme nous le verrons.

La structure de ce syntagme se distingue du fait que le rapport existant entre les termes du syntagme est plus un rapport entre des régisseurs et un élément régi qu'un rapport de détermination car l'élément régi peut être un terme simple unique ou un syntagme.

On a la formule :

régisseur (s) + = élément régi
- 1 terme
- 1 syntagme déterminatif complétif avec le déterminatif **nà** + déterminant + déterminé.

Nous avons qualifié ce syntagme d'*énonciatif*. Nous entendons par là que l'ensemble de ce syntagme a un signifié commun, marqué par les régisseurs qui donnent *le point de vue du locuteur ou de l'énonciateur sur l'évènement ou le comportement, en fonction de repères décidés par lui*[161].

a) Les régisseurs

Les régisseurs sont ces *points de repère de l'énonciation* en zarma : ce sont des particules définies au chapitre 3, en différents syntaxèmes. On y dénombre :

1) les particules énonciatives **gà** *"directionnel"* "vers"
mà *"délocutif"* "de"

2) la particule injonctive Ø / **wà**

3) les particules négatives **mànǽ** *"négation rétrospective"*
sí *"négation prospective"*

Ces régisseurs sont *monovalents*, c'est-à-dire qu'ils sont *liés* à l'élément régi et ne peuvent jamais apparaître isolément; nous avons essayé de donner un équivalent français à ces régisseurs ; il s'agit d'une approximation; nous donnerons plusieurs exemples pour permettre de dégager la valeur sémantique de ces particules.

Nous constaterons enfin que ces régisseurs énonciatifs sont peu nombreux.

Bien qu'appartenant à des syntaxèmes différents, ces particules ont le même comportement syntagmatique, mais la particule injonctive n'apparaît que dans des énoncés marqués.

b) L'élément régi

1 - le régi est un terme unique (monème ou synthème) :

Base 2 type **kà** "le venir" (groupe 1)
Base Ø type **címí** "vérité, le dire la vérité"

2 - le régi est un syntagme déterminatif complétif :

nà + déterminant + déterminé
(= Base 2, groupe 2) type **sámbú** "le prendre"

---

161 cf. B. POTTIER

Nous remarquerons que ces deux possibilités correspondent en particulier aux deux groupes distingués à l'intérieur de la Base 2 comportative :

a) groupe admettant un déterminant préposé

Exemple :

dáày	**à nà - cíí - dáày**
"l'acheter"	"Il achète un poisson //il / à | poisson | l'acheter//"

b) groupe n'admettant pas de déterminant préposé type **kà** "le venir"

à kà hábú	"Il vient au marché" //il / le venir / marché//

et non °**à nà hábú kà**

B. CARACTÉRISTIQUES GÉNÉRALES

5.61. Nous avons déjà vu que les régisseurs de ce syntagme étaient suivis d'un terme simple qui peut être une *Base comportative* type **kà** "le venir" (groupe 1) ou **ŋàá** "le manger" (groupe 2), ou encore une *Base bivalente* type **címí** "dire la vérité, vérité", et même un syntagme déterminatif dont le centre est une des deux bases citées, ou encore une *Base descriptive*.

L'ordre des éléments du syntagme est :

régisseur + { terme régi
syntagme régi }

Exemples :

a) l'élément régi est un terme unique : Base Ø, Base 2 :

à mànǎ kà	"Il n'est pas venu, il ne vient pas" //il / ne pas | le venir//
à gà kà	"Il va venir" //il / vers | le venir//
à mà kà	"Qu'il vienne" //il / de | le venir//
Ø kà	"Viens" /Ø | le venir/
wà kà	"Venez" /*inj.* | le venir/

b) l'élément régi est un syntagme déterminatif dont l'ordre des éléments est déterminant-déterminé.

Le déterminé est une Base Ø ou une Base 2 (bivalente ou comportative).

Nous ajouterons aussi que, dans ce cas, la relation de détermination est précédé du complétif **nà** qui présente certaines restrictions dans sa représentation, comme nous l'avons souligné dans l'étude du syntagme déterminatif (cf. 5.52 - 5.55).

Rappelons que, le plus souvent, **nà** déterminatif - complétif, n'est pas représenté après un régisseur d'énonciation. Nous l'indiquons entre parenthèses dans les exemples suivants. Cependant,par la suite, nous ne le restituerons pas dans les exemples où il n'apparaît pas.

Exemples :

a)

négation	**à mànɔ́ (nà)-gàɔ́:rì-dɔ́ɔ̀y** jonct. └──┘ └─┘ └─┘ └─ dt ─ dé ┘ Régis. Régi	"Il n'achète pas une selle" // il / ne pas | à | selle | l'acheter//
directionnel	**à gà (nà)-gàɔ́:rì - dɔ́ɔ̀y**	"Il va acheter une selle" // il / vers | à |selle | l'acheter//
interlocution	**à mà (nà)-gàɔ́:rì - dɔ́ɔ̀y**	"Qu'il achète une selle" // il / de | à | selle | l'acheter//

b)

injonction	**(nà) gàɔ́:rì - dɔ́ɔ̀y**	"Achète une selle"
	wà (nà) gàɔ́:rì - dɔ́ɔ̀y	"Achetez une selle"
		//*inj.* | à | selle | l'acheter//

5.62. Le syntagme énonciatif se caractérise par les traits suivants :

1) - le caractère nécessaire de la relation entre le régisseur et son régi, puisque l'un ne peut apparaître sans l'autre;
2) - l'exclusion réciproque des régisseurs entre eux;
3) - la combinatoire possible des régisseurs énonciatifs avec le régisseur négatif **sí**, selon la répartition suivante :

directionnel gà "vers"/ Ø + sí gà n'est pas représenté
délocutif mà "de" / mà + sí
injonctif wà / wà + sí

- màná et sí s'excluent (cf. tableau général)
- Rien ne peut s'insérer entre le régisseur et la négation.

C. VALEUR SÉMANTIQUE

5.63. Avant de dégager la valeur sémantique de ce syntagme, en donnant des exemples, il nous a paru nécessaire de prendre comme point de départ la Base isolée, type kà "le venir" ou ŋàá "le manger" ou címí "dire la vérité, vérité", précédée de la modalité personnelle. Cette Base comportative ou bivalente, est au centre du syntagme régi (régisseurs). Elle peut être régie par un certain nombre de particules, mais elle peut aussi apparaître à l'état isolé , c'est même le cas le plus fréquent; du moins à l'intérieur de notre corpus (soit 50 % des cas).

Nous pouvons donc avoir :

	à kà	"Il vient" //il / le venir//
différent de	à gà kà	"Il va venir" //il / vers | le venir//
	à nà - cíff -dáày	"Il achète du poisson" //il / à | poisson | l'acheter//
	à gà-(nà)-cíff-dáày	"Il va acheter du poisson" //il / vers | à | poisson | l'acheter//

c'est-à-dire que nous pouvons avoir la formule suivante :

1) absence de régisseurs + } Base ou syntagme complétif lexicale
2) présence de régisseurs }

Nous pourrions considérer que nous avons affaire, dans le cas de la Base isolée, à un régisseur Ø zéro, mais il nous a paru plus juste de considérer qu'il s'agissait, en fait, d'une Base seule ou même d'un syntagme seul qui a la possibilité d'être régi par des particules énonciatives lui donnant une certaine valeur sémantique disférente du signifié exprimé par l'absence de régisseurs.

Nous essayerons de dégager ces différentes valeurs :

1) Absence de régisseurs	Base isolée syntagme isolé

5.64. L'absence de régisseurs correspond à une *actualisation de la Base ou du syntagme avec une valeur neutre*, c'est-à-dire que le signifié correspondant à l'absence de régisseurs en zarma indique que le terme seul, ou le syntagme seul, est *posé, actualisé, nommé* en dehors de toutes préoccupations temporelles, aspectuelles, modales; il s'agit d'une *représentation non marquée* de l'énonciation rendue en français dans le mot-à-mot, le plus exactement possible par un *infinitif nominalisé* (le venir, le manger, le tenir, le chanter, etc..).

Nous essayerons de donner des exemples représentatifs en zarma :

Exemples :

1) bì̋ì ày kwa̋y dò:ső [162]

"Hier je suis allé à Dosso"
// hier / je / le partir / Dosso//

2) ày - ha̋wő bű [162]

"Ma vache est morte"
// ma | vache + *spéc.* | le mourir//

3) ì nà - hì:jà - te̋ [163]

"Ils se sont mariés"
// ils / à | mariage + *spéc.* | le faire//

4) tòbwa̋y nà - fòőndò - ka̋yna̋ - dìn - sa̋mbű [164]

"Le lièvre prend ce petit chemin"
// lièvre / à | chemin | petit | ce | le prendre//

5) ka̰̋ à jì:sí, írì.kwa̋y te̋, à mànà - bű [165]

"Quand elle s'est noyée, Dieu a fait en sorte qu'elle ne meurt pas"
// quand / elle / le noyer # notre.maître / le faire # elle / ne pas | le mourir//

162 |àa̋y| R. 3

163 |hì:jàa̋| R. 3

164 |dìín| R. 3

165 |ka̰̋à̰| R. 1

165 |màna̋| R. 3

6) dá nı́ kwa̋y nı́ má - zà fòőndò - ízè - ka̋yná [166]

"Quand tu seras parti, prends le tout petit chemin"
// quand / tu / le partir ⧣ tu / de | le prendre / chemin | enfant | petit//

7) bà̰ - ka̰̋à̰ ha̋y a̋lbòrò, bòràa̋ - dìín mà - kà ka̋ - tà ńgà - ga̋ráwő [167]

"Celui qui aura un garçon, qu'il vienne prendre son gage"
// celui || ⧣ qui / l'engendrer / mâle ⧣ || homme + *spéc.* | ce-là / de | le venir ⧣ et | le prendre / son | gage + *spéc.* //

Exemple d'un début de conte :

8) kwa̋y - fő - da̋y - nò - ya̋, à nà - ńgá - fà:rì - te̋, fà:rì - bàmbátà
à dùmá, à nìíngà - jísímáyá̰ - dùmá à - rá, ì nà - hàynày - wí ...
ì nà - jìsìmày - wí [168]

"C'était un chef, il avait fait son champ, un grand champ; il sema, il sema de l'oseille de Guinée dedans; on récolta le mil, on récolta l'oseille de Guinée".
// chef | un | donc | ce | certes // il / à | son | champ || le faire / || champ | grandeur//
// il / le semer // il / à | + son | oseille + *génér.* | le semer / lui | dans // ils / à | mil + *spéc.* | le récolter // il / à | oseille + *spéc.* | le récolter//

Remarque :

D'après les exemples, dans le discours, à travers la traduction française, il semblerait que l'énonciation sans régisseurs corresponde à : des *comportements discontinus, ponctuels, non habituels*, ou encore, à une vision *retrospective* et *antérieure*. A notre avis, il s'agit là d'une interprétation faussée par la traduction et donnant une vue quelque peu ethnocentrique des faits.

2) Présence d'un régisseur :

Particule gà "vers" "directionnel"

5.65. Le Régisseur gà "vers" précède la Base isolée ou le syntagme déterminatif complétif.

---

[166] |mà| R. 1
[167] |àlbòrò| R. 1
[168] |nőò yàa̋| R. 3
[168] |ńgà| R. 1
|hàynàa̋y| R. 3
|jìsìmàa̋y| R. 3

Cette particule exprime, dans le temps et l'espace, un *déroulement, une tension vers*;ellecorrespondrait à la préposition "vers".

Nous l'avons désigné comme un *directionnel*.

Nous rappellerons que lorsque gà se combine avec la négation sɪ́, il n'est pas représenté : °gà + sɪ́ n'est pas attesté, on a ∅ sɪ́.

Nous donnerons quelques exemples illustrant le mieux possible la valeur du syntagme régi par le directionnel.

1) hùnkʊ́ná - nò kákáwó gà - fé:rɪ́[169]

"Aujourd'hui la discussion va finir"
//aujourd'hui | ce / discussion + *spéc.* / vers | l'ouvrir//

2) sʊ́bà àáy gà - kwáy dò:só

"Demain j'irai à Dosso"
//demain / je / vers | l'aller / Dosso//

3) ɪ́fò nɪ́ gà - té ?

"Que fais-tu ?"
//quoi / tu / vers | le faire//

4) sɪ́ - cɪ̀ à gà - ɪ́rɪ̀ - wɪ́

"Ne parle pas, il va nous tuer"
//ne pas | le parler ## il / vers | nous | le tuer//

5) ǹdʊ́ɲà sɪ́ - dʊ́:mɪ̀

"Le monde ne sera pas éternel"
//monde / ne pas | l'être éternel//

6) à néè ńgá gà - bá à - rá[170]

"Elle dit qu'elle l'aimait"
//elle / le dire ## elle / vers | l'aimer / lui | dans//

7) wàáyɪ̀ kò.ɲáɲòó nɪ́ - kòóptó gà - ká:nù[171]

"Eh! Baobab, que ta feuille est bonne !"
//eh / baobab + *spéc.* / ta | feuille / vers | l'être bonne//

8) árà̰ sɪ́ - dɪ́ à

"Vous ne le verrez pas"
//vous / ne pas | le voir / lui//

9) kwáy - wáynèé - mò à gà - hḛ́ cɪ́ná, à gà - hḛ́ zá:rɪ̀[172]

"Ce chef, il pleure nuit et jour"
//chef | ce | aussi || il / vers | le pleurer / nuit + *spéc.* //
il / vers | le pleurer / jour//

---

[169] |nóò| R. 3

[170] |ńgà| R. 1

[170] |báà| R. 1

[171] |kòóptò| R. 1

[171] |kòő| R. 3

[172] |móò| R. 3

[172] |cɪ́nàá| R. 3

10) dá màn - cí ní - àlfórmá, dǫ́ ày <u>gá - à - wí</u>[173]

"Si ce n'était le respect que je te dois, je l'aurais tué"
//si / ne pas | être / ton | respect // alors / je / vers
|le | le tuer//

Remarque :

A travers ces exemples et la traduction que l'on peut en donner en français, nous serions tentée de dire que, en contraste avec la valeur indiquée par la Base non régie, l'énonciation marquée par gà indique à peu près :

- une continuité, un comportement habituel
- une vision prospective, postérieure.

Toutefois, nous ferons à ce sujet les mêmes réserves que précédemment (cf. Remarque § 5.64).

Particule mà "de" "délocutive"

5.66. Le Régisseur mà "de" précède la Base isolée ou le syntagme déterminatif complétif. Cette particule exprime, de façon générale, *la non référence à une relation interpersonnelle (délocution* s'opposant ainsi à l'*interlocution).*

Nous l'avons désigné comme un régisseur *délocutif.*

Nous ajouterons que mà peut se combiner avec la négation sí, l'ordre de succession est mà + sí.

Nous présenterons quelques exemples parmi les plus représentatifs.

Remarque :

A travers la traduction française, l'énonciation marquée par mà "de" semble exprimer le plus souvent :

- une dépendance
- une injonction
- une narration.

Nous renvoyons aux remarques précédentes 5.64. - 5.65.

---

173 |màná|

173 |dǫ́ǫ̀ àáy gà| R. 1 - R. 3

Exemples :

1) àáy gà - bá àáy mà - kwáy házàáy - dò [174]

"Je veux aller à l'endroit des richesses"
//je / vers | le vouloir // je / de | l'aller / richesses + *spéc.* | lieu//

2) à màn - dí, ɲá mà - kà [175]

"Elle n'a pas vu la mère venir"
//elle / ne pas | le voir // mère / de | le venir//

3) mà - kwáy dáy

"Pars donc"
// de | le partir / donc//

4) kà, írí mà - kwáy jìsìmàá - dò [176]

"Viens, allons là où se trouve l'oseille de Guinée"
// *inj.* + le venir // nous / de | l'aller / oseille +*spéc.* | lieu//

5) à néè; mà - té àáy - sé fùlà [177]

"Elle dit : fais-moi un bonnet"
//elle / le dire // de | le faire / moi | pour / bonnet//

6) kà, írí mà - írí - wàtè - ŋàá [178]

"Viens, profitons de la vie"
// *inj.* + le venir // nous / de | notre | temps | le manger//

7) hárí mà - sí - ày - táyándì [179]

"Que la pluie ne me mouille pas !"
//eau / de | ne pas | moi | le faire mouiller//

8) cíìn - kúlùú, wàndòó mà - kwáy ká - háynì - kàá [180]

"Chaque nuit la femme allait prendre du mil"
//nuit | toute / femme + *spéc.* | de | le partir // et | mil | le prendre//

9) dá wúcírí.kámbú tó, àfó mà - kwáy tùú:rì, àfó mà - kwáy fòóy

"Quand le soir arrive, l'une part chercher du bois, l'autre cherche la plante à sauce"
//quand / crépuscule.côté / l'atteindre // l'une / de | le partir / bois // l'autre / de | le partir / plante à sauce//

---

[174] |báà| R. 1
[174] |dóò| R. 3
[175] |màná| R. 3
[175] |ɲáà| R. 1
[176] |írì| R. 1
[176] |dóò| R. 3
[177] |séè| R. 1
[178] |írì| R. 1
[179] |àáy| R. 3
[180] |hàynì| R. 1

Particule injonctive ∅ / wà

5.67. Cette particule se distingue sur un plan catégoriel des régisseurs précédents. En plus, elle se caractérise par l'existence de deux formes différentes préposées à la base ou au syntagme déterminatif, opposant un singulier et un pluriel.

On a donc :

∅ + Base ou syntagme pour le singulier
wà + Base ou syntagme pour le pluriel

La particule négative peut se combiner avec la particule injonctive dans l'ordre exclusif suivant :

∅ + sí ⎫ + Base ou syntagme
wà + sí ⎭

Cette particule exprime essentiellement l'injonction (l'ordre et le souhait).

Exemples :

1.	kà	"Viens" // le venir //
2.	wà - kà	"Venez" // *inj.* | le venir//
3.	wà - mɔ́sɔ́mɔ́sɔ́	"Faites doucement" // *inj.* | le faire doucement//
4.	sí - kà	"Ne viens pas" // ne pas | le venir//
5.	sí - cì	"Ne parle pas" // ne pas | le parler//
6.	wà - sí - kà	"Ne venez pas" // *inj.* | ne pas | le venir//
7.	cècí bòrò - fɔ́ [181]	"Cherche quelqu'un !" // le chercher / homme | un//
8.	wà - tɛ́ hárí - dùngɔ́	"Faites de l'eau chaude" // *inj.* | le faire / eau | chaleur//
9.	à nɛ́ɛ̀:kwáy kòàá - dìín - dò [182]	"Elle dit : va vers le baobab !" // elle / le dire ≠ l'aller / baobab + *spéc.* | ce | lieu//

---

181 |bòrɔ́| R. 3

182 |dɔ́ò| R. 3

10.	wà-hìnsé àáy - báríòó [183]	"Préparez mon cheval !" // *inj.* | le préparer / mon | cheval + *spéc.*//
11.	àáy - bàrìòó - wó nã̀ [184]	"Laisse mon cheval !" // mon + cheval + *spéc.* | ce | laisser//

Remarques :

1. Le syntagme exprimant l'injonction est souvent suivi de modalités assertives telles que :

dáy, mèé	"donc, certes"
sèé:dà dáy ká má	"Soyez donc témoin et écoutez !" // l'être témoin / donc ⧺ et | l'écouter//
wàlláà:hí wà kà dáy	"Par Dieu, venez donc !'" // par Dieu / *inj.* | le venir / donc//

2. La structure de l'énoncé injonctif sera envisagé au chapitre des énoncés.

Particules de négation **màná** - négation rétrospective (neutre)
sí - négation prospective

5.68. Nous avons pu constater que la particule négative **sí** se combinait avec les différents régisseurs présentés jusqu'ici, soit **gà, mà** et Ø / **wà**.

màná est également une particule de négation qui exclut **sí** et ne peut régir que la base isolée ou un syntagme déterminatif, c'est-à-dire que **màná** ne se combine jamais avec les régisseurs précédents.

On a la formule :

$$\text{màná} + \begin{cases} \text{Base} \\ \text{Syntagme} \end{cases}$$

Exemple :

bìí à màná - kà	"Il n'est pas venu hier" // hier / il / ne pas | le venir//

---

[183] | bàrìòó | R. 1 [184] | wóò | R. 1

D. SCHÉMA GÉNÉRAL DE L'ÉNONCIATION: ESSAI D'INTERPRÉTATION

5.69. Si nous regroupons quelque peu différemment les régisseurs du syntagme énonciatif, non plus par rapport à une liste catégorielle, mais par rapport à leur valeur sémantique, en essayant de dégager le schéma de l'énonciation en zarma, nous pouvons poser tout d'abord une opposition entre les deux formes de l'énonciation les plus fréquentes, soit la Base isolée (ou le syntagme) et la particule gà suivie d'une Base ou d'un syntagme :

Base isolée	+ gà + Base / Syntagme
Neutre	directionnel
Actualisation	déroulement spatio-temporel
Non continu	continu
Non défini	défini

En replaçant ces éléments dans un schéma général, nous aurions :

Premier tableau

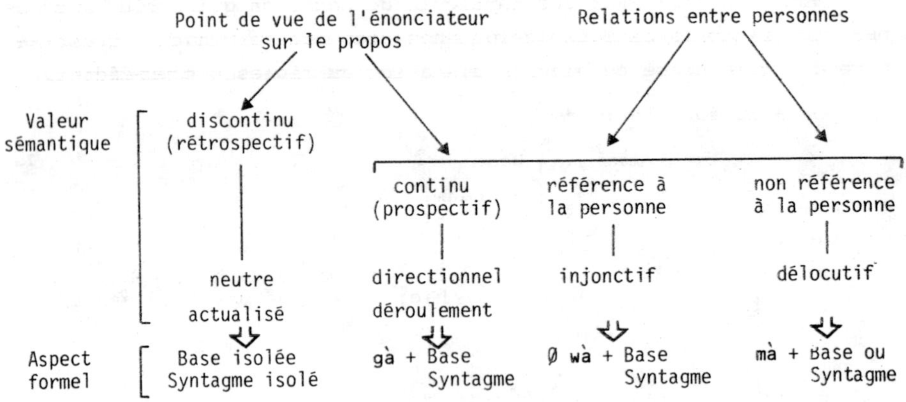

Nous rappellerons que nous avons défini la valeur du syntagme énonciatif comme étant une *manifestation de je énonciateur sur le propos*, c'est-à-dire comme l'expression du passage d'un contenu notionnel abstrait à une actualisation dans le discours, au moyen de certains points de repères.

Quels sont ces points de repères en zarma ? Il nous semble que le discours zarma s'oriente fondamentalement autour des points suivants :

> - la notion d'existence
> - l'actualisation d'un comportement (DEFINI / NON DEFINI)

Nous présenterons donc un deuxième tableau en incluant l'existentiel élément n'entrant pas dans une relation syntagmatique puisqu'il est le prédicat par excellence, mais faisant partie intégrante de l'énonciation puisqu'il admet en expansion directe le syntagme énonciatif (cf. Fonctions).

Nous y adjoindrons également les particules négatives **màná** et **sí**.

Deuxième tableau

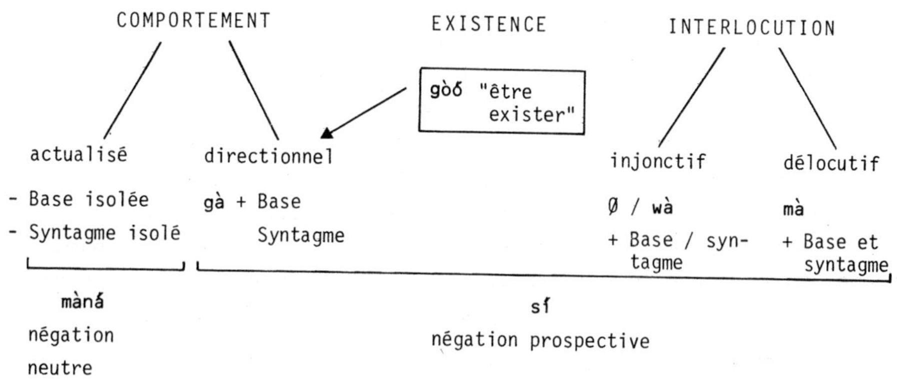

5.70. Il est tout à fait remarquable de noter qu'en zarma l'expression du temps exclut toute marque d'un temps ponctuel, aspectuel ou modal, que ce soit sous des formes flexionnelles ou sous la présence de modalités.

Il paraît clair que le zarma se caractérise par une absence totale de morphologie au niveau des Bases comportatives ou bivalentes qui sont neutres et invariables dans tous les cas, et, au niveau des modalités ou régisseurs qui se limitent à deux, plus un injonctif.

Ces deux particules (gà "vers", mà "de") ont, de ce fait, un champ sémantique très vaste qui ne correspond pas à une expression temporelle ni aspectuelle, mais à une notion beaucoup plus large qui serait comme *un comportement actualisé non défini* (Base seule) par opposition à *un comportement actualisé défini* (gà) et *un comportement en relation* (injonctif), ou *absence de relation avec autrui* (mà délocutif).

L'expression du temps ponctuel ou de la durée est précisée par des bases conjoncturelles ou des syntagmes (bìí "hier", mánnà̰ "l'année pprochaine, yé:sì "l'année passée", hán-fó "un jour", wùcìrì-kámbù " le soir", síʊ́síʊ́síʊ́ "longtemps").

L'expression de la durée réside dans la combinatoire au niveau primaire de l'existentiel et du syntagme énonciatif ou déterminatif :

Exemples :

à gò zéyáŋó - gá [185]	"elle jure" (elle est au jurement) //elle / être / jurement | à//
à gò gá - kà [186]	"Il vient" (il est venant) //il / être / vers | le venir//

La durée peut également être exprimée au niveau de l'énoncé par l'utilisation répétée de régisseurs tel que kàlá "jusqu'à" le plus souvent et la succession par l'utilisation multiple dans un énoncé du régisseur ká (cf. chapitre 6). La juxtaposition de plusieurs Bases Ø ou 2 indique également une suite logique de comportements dans le temps, mais nous renvoyons pour cette étude au chapitre des Enoncés. Car il ne s'agit pas là de phénomènes d'ordre syntagmatique.

5.71. DISCUSSION

L'interprétation des faits présentés sous le chapitre du syntagme énonciatif peut prêter à discussion.

Nous prendrons de nouveau quelques exemples pour cerner le problème :

---

[185] |gòó| R. 3

[186] |gòó gà| R. 3 - R. 1

1. à ɲúmày "Il lave" (le laver de lui)
//il / le laver//

2. à gà - ɲúmày "Il va laver" (vers le laver de lui)
//il / vers | le laver//

3. à gà - ƒzò - ɲúmày[187] "Il lavera l'enfant" (vers le laver de l'enfant)
//il / vers | enfant + *spéc.* | le laver//

Partant d'une Base comportative (Base 2) dont la majorité des membres admettent (Groupe 2, cf. chapitre 3) l'antéposition directe d'un terme ou d'un syntagme qui s'intercale donc entre la particule énonciative et complétive et la Base comportative, l'interprétation de l'énoncé 3 peut être comprise diversement :

à gà ƒzò ɲúmày

soit que l'on considère qu'il s'agit :

1) d'un syntagme discontinu dans lequel **gà** est un élément du syntagme relié à **ɲúmày**, autre élément de ce syntagme, ces deux termes étant séparés par une expansion qui serait d'ordre primaire et qui comprendrait un terme ou un syntagme entier, complément de la Base.

2) soit que le découpage de cet énoncé fasse de **gà** l'élément prédicatif nous renvoyant à l'étude des fonctions et considérant comme syntagme déterminatif le groupe **ƒzò-ɲúmày**, comme complément.

à gà ƒzò ɲúmày = S + P + C

3) soit que l'ensemble **gà-ƒzò-ɲúmày** puisse être considéré comme un syntagme d'un type particulier, avec la présence d'un régisseur admettant comme élément régi un syntagme déterminatif ou simplement un monème unique.

à gà - ƒzò - ɲúmày //il / vers | enfant + *spéc.* | le laver//

à gà - ɲúmày //il / vers | le laver//

C'est le choix que nous avons fait. L'étude fonctionnelle de cet ensemble sera envisagée au chapitre des fonctions.

Le choix de cette interprétation correspond à un ensemble de considérations autour de l'identité de la Base 2 ou de la Base Ø qui est

---

[187] |f́zòó| R. 3

au centre de ce syntagme d'une part, et d'autre part à la logique de la langue qui utilise, de façon généralisée, la relation déterminant-déterminé à différents niveaux.

Cette interprétation est donc celle, nous semble-t-il, qui rende le mieux compte de l'économie du système et de l'unicité profonde d'une langue qui privilégie une relation syntagmatique en l'appliquant pratiquement à toutes les relations secondaires, puis primaires entre les termes. Il y a un parallélisme évident entre ces deux énoncés :

fzò - gá:sú "calebasse de l'enfant"
fzò - ɲúmày "le laver de l'enfant"

parallélisme accentué lorsque le déterminé est une Base bivalente :

fzòó tà:mú "chaussure de l'enfant"
"le marcher de l'enfant"

parallélisme également renforcé du fait de l'absence de toutes flexions spécifiques des Bases comportatives et bivalentes.

Remarque :

Nous soulignerons que nous n'avons pas cherché une interprétation aprioriste ou encore une interprétation simplifiée des faits d'une langue, nous avons essayé, au contraire, de rendre compte au plus près et de façon optimale d'une conception du temps différente, après avoir longtemps cru pouvoir retrouver des catégories traditionnelles et plus familières (telles que l'accompli, l'inaccompli, l'aoriste , etc..) dans une langue pour laquelle ces notions ne sont pas pertinentes.

5.72. A PROPOS DE L'EXISTENTIEL

Nous n'avons pas lieu de parler de l'existentiel dans ce chapitre consacré à la syntagmatique. En effet, l'existentiel ne constitue pas une composante dans une relation de type secondaire, il supporte essentiellement des expansions de type primaire.

Nous l'avons fait apparaître cependant dans le schéma de l'énonciation par le fait qu'il admet, en expansion directe, le syntagme énonciatif avec le directionnel gà (cf. Fonctions).

à gòó + gả kà "Il est venant"

Remarque :

Nous avons crû précédemment qu'il existait un type de syntagme particulier constitué de deux Bases comportatives ou bivalentes successives, dont la première jouait le rôle d'une sorte d'auxiliaire.

Exemples :

à kà ká bé:rì	"Il a grandi" // il / le venir ⧺ et | le grandir//
à kwáy té wú	"Il se met à crier hou" // il / l'aller ⧺ le faire hou//
à yéè kwáy kwá:rà [188]	"Il retourne au village" // il / refaire ⧺ l'aller / village//
à gò:ró ká fárú [189]	"Il est cultivateur" // il / le demeurer ⧺ et | le cultiver//
à nà - à - dà̰ à gwáy	"Il l'a obligé à travailler" // il / avec | lui | le mettre ⧺ il / le travailler//
à dì ká fó	"Il continue à chasser" // il / le continuer ⧺ et | le chasser//
à síntìn ká kà	"Il commence à venir" // il / le commencer ⧺ et | le venir//
à gà báà ká háy	"Elle va accoucher" // elle / vers | le vouloir ⧺ et | l'accoucher//
à zá ká nìnì	"Il va mûrir" // il / le prendre ⧺ et | le murir//
à dù ká gò:ró	"Il peut s'asseoir" // il / le trouver ⧺ et | l'asseoir//
à sòbwáày ká hḛ́	"Il continue à pleurer" // il / le continuer ⧺ et | le pleurer//

Ces bases, comme le montrent les exemples, sont soit consécutives, soit reliées par un régisseur ká "et, de, pour".

Nous constatons, de plus, que les bases que nous considérions comme des auxiliaires, sont toutes des Bases comportatives existant par ailleurs dans la langue, avec un sens pratiquement identique, même si elles ont tendance à se grammaticaliser :

Exemple : kà "le venir", kwáy "le partir", yéè "le refaire", gò:ró "le demeurer, dì "le continuer", síntìn "le commencer", báà "le vouloir", dù "le trouver, avoir", sòbwáỳ "le continuer", hín "le pouvoir", nà̰ "le laisser", hő "le pouvoir", dà̰ "le mettre", etc..

En réalité, effectivement, rien ne différencie ces hypothétiques auxiliaires de Bases comportatives :

- leur valeur sémantique est identique
- leur combinatoire est identique

---

[188] |kwà:rà| R. 1

[189] |fàrù| R. 1

On peut seulement constater que l'on a affaire à des successions de bases plus fréquentes que d'autres, dont le premier élément à tendance à se grammaticaliser, mais cette évolution n'est pas effectuée.

Ces successions nous renvoient, plus justement, à des phénomènes de juxtaposition et même de subordination que nous examinerons au chapitre des énoncés, mais qui n'ont pas leur place dans la syntagmatique.

4) LE SYNTAGME APPOSITIF

5.73. Ce syntagme diffère de ceux que nous avons étudié jusqu'à présent. Il se caractérise par le fait qu'il n'existe pas réellement une relation de détermination entre les éléments constitutifs du syntagme, puisque l'expansion du centre d'un syntagme appositif à la même fonction que le centre lui-même[190].

La valeur du syntagme appositif est essentiellement de mettre en relief un élément de l'énoncé ou même un syntagme entier.

Ce procédé est très utilisé en zarma où plusieurs appositions peuvent se succéder dans un énoncé, modifiant ainsi complètement la structure de celui-ci. C'est pourquoi nous renverrons au chapitre de l'énoncé emphatique pour compléter les remarques que nous allons faire sur l'apposition en envisageant alors l'étude de ces phénomènes sur le plan de la structure générale de l'énoncé, et non plus par rapport à une formation syntagmatique, comme nous le ferons ici.

Nous distinguerons plusieurs types possibles de syntagmes appositifs :

1. Le syntagme appositif procédant par *juxtaposition* des éléments éventuellement séparés par une pause.
2. Le syntagme appositif procédant par *une discontinuité ou éloignement du centre et de l'expansion.*

---

[190] Ce type d'expansion est désigné par C. HAGEGE, d'après la terminologie de M. HOUIS, comme une expansion homofonctionnelle en opposition avec les expansions hétérofonctionnelles dont les fonctions diffèrent du centre du syntagme.

Dans ce cas, il se peut que l'expansion précède le centre et soit rappelée à son emplacement habituel par une modalité personnelle.

3. *La mise en valeur* d'un élément d'un syntagme déterminatif *postposé* en finale d'énoncé après une pause.

5.74. Dans le premier cas, on a la formule suivante :

Base ∅, 1 modalité personnelle syntagme déterminatif	+	modalité personnelle
= Centre	+	Expansions

Exemples :

wándíó-bé:ròó à néè [191]

"La grande fille, elle dit ..."
// fille | grandeur + *spéc.* || elle / + le dire//

ńgáy-bà:bà-wóò à sí-bà ńgáày [192]

"Leur père, il ne les aime pas"
// leur | père | ce || il / ne pas | l'aimer / eux//

ńgà-ízè-yàggóò-wóò à nà-ì-kúlù-hí:jándì

"Ses neuf enfants, il les a tous mariés"
// son | enfant | neuf | ce || il / à /|| eux | tous | le faire marier//

árà̰ wóò árà̰-kúlù sà:múyá̰-nò [193]

"Vous, vous tous êtes des idiots"
// vous | ce || vous | tout / idiot + *génér.* / ce//

Il n'y a pas de confusion possible ici avec un syntagme de type déterminatif puisque la modalité personnelle ne peut figurer en deuxième position dans le cas du syntagme déterminatif (cf. § 5)

---

191 |bè:ròó| R. 1

192 |ńgày| R. 1

192 |báà| R. 3

193 |nóò| R. 3

5.75. Dans le deuxième cas, on a la formule :

Base ∅ ou 1 Syntagme Déterminatif	- rappel par une modalité personnelle emphatique (ou non) suivi (ou non) d'un déictique à sa place normale.

= Expansions - Centre

Dans ce cas l'expansion précède le centre et peut être séparée par d'autres éléments.

Cette antéposition correspond, le plus souvent, à une mise en valeur.

fzòó ká̰ gòó gúndà-rá ńgà-nóò gò gá-nàmá yàwày-gá [194]

"Le petit qui est dans le ventre, c'est lui qui aboie contre les étrangers"
//petit + *spéc.* || ≠ qui / être / ventre + *spéc.* | dans ≠ || lui | ce / être / vers | l'aboyer / étranger + *spéc.* | contre//

wúrà-mú:sú-bòŋàáy ì nà-ì-nó à-séè [195]

"Ce sont les têtes de lion en or qu'ils lui ont apportées"
//or | lion | tête + *spéc.* || / ils / à || eux | le donner / lui | à//

5.76. Un élément du syntagme est postposé en fin d'énoncé pour une raison de mise en valeur.

Exemples :

ì nà-dómsí-tárá-dìnì-té, fbàmbátà [196]

"Ils ont fait un champ d'arachide, un grand"
//ils / à | arachide | champ || ce | le faire/|| un grand//

au lieu de :

ì nà dómsí - tárá - bàmbátà - dìnì - té
dt dt dé dt

Dans ce cas, il n'y a pas de représentation de l'élément mis en valeur, à sa place normale.

194 |ká̰à̰| R. 1
194 |gùndàá| R. 1 - R. 3
194 |gòó gà| R. 1 - R. 3
194 |yàwàáy| R. 3
195 |mú:sù| R. 1
196 |dìnì| R. 3

Remarques

On notera les cas suivants que nous développerons au chapitre de l'énoncé emphatique, parce qu'il ne s'agit pas à proprement parlé d'apposition (cf. § 9.1.)

a) L'élément mis en valeur peut être suivi du déictique nɔ́ɔ̀;il y a une inversion de l'ordre habituel quand l'élément mis en valeur est un complément.

Exemples :

kwá:rí.bò̰ -nɔ́ à gà - sámbʊ́ [197]

"C'est une botte de mil qu'il prend"
//tige de mil.tête | ce / il / vers | le prendre//

b) La Base 1, ou le dernier élément du syntagme mis en valeur, a un ton final montant suivi d'une pause.

Exemples :

bàrìàáy -mɔ̀ɔ́, hày.jìnàá - nɔ̀ gá nà - ì - kʊ́lʊ̀ - kʊ́:rʊ̀ [198]
"Les chevaux aussi, c'est l'aîné qui les nourrit tous"
// cheval + *spéc.* | aussi || / naître-devant + *spéc.* | ce / vers | à || eux | tout / le nourrir//

àáy - ɲá - mɔ̀ɔ́, sʊ̀ʊ́:rʊ̀ -nɔ́ɔ̀ à gà - nɛ́ɛ̀ àáy - sè [199]

"Ma mère aussi, c'est Sourou qu'elle m'appelait"
//ma | mère | aussi || / Sourou | ce / || elle / vers | le dire/ moi | à//

5) LE SYNTAGME COORDINATIF

5.77. Ce type de syntagme nous paraît original, bien qu'il partage un certain nombre de caractéristiques avec d'autres types de syntagmes, en particulier le syntagme appositif et les syntagmes régis.

Nous essayerons de préciser ces caractéristiques en donnant des exemples illustrant ces deux possibilités.

1) Le syntagme coordinatif se rapproche des syntagmes régis du fait qu'il se caractérise par l'existence d'un régisseur dá / ǹdá "et,avec" suivi d'un élément régi (monème) ou d'un syntagme déterminatif.

---

197 |kwá:rì| R. 1
197 |nɔ́ɔ̀| R. 1
198 |nɔ́ɔ̀| R. 3
199 |ɲáà| R. 1
199 |sɛ́è| R. 3

La formule est la suivante :

dá	+	Base ∅, 1 (bivalente ou notionnelle)
(ǹdá)		Modalité personnelle
		Syntagme déterminatif

Les éléments régis fonctionnent donc comme un complément indirect du prédicat. En ce sens, le syntagme coordinatif se rapproche des syntagmes envisagés au chapitre 6, à cette différence près que dá ne régit pas des énoncés, comme c'est le cas pour les régisseurs mixtes.

Exemples =

à dìrà ǹdá - à
"Il part avec lui"
// il / le partir / avec | lui//

kwáy - fìlá:nà sí: ǹdá - ízè
"Le chef untel n'a pas de fils"
// chef | untel / n'être pas / avec | enfant//

ày sí - à - báy dá - ízé.àrù[200]
"Je ne savais pas qu'il avait un fils"
// je / *direct. nég.* | le | le savoir / avec | enfant.mâle//

fúlà sí - kà kwá:rà ńdá: - wà[201]
"Le Peul n'entre pas dans le village avec du lait"
// Peul / ne pas | le venir / village / avec | lait//

ì mà - sí - gò:ró dá - ńgáy - bà:bà - àlmánàáy[202]
"Ils ne vont pas rester avec le bétail de leur père"
// ils / *déloc.* | *nég.* | le rester / avec | leur | père | bétail + *spéc.*//

5.78. Le syntagme coordinatif peut aussi relier,par l'intermédiaire de dá "et, avec", des éléments ayant une même fonction, ce qui l'apparente dès lors au syntagme appositif.

Formule :

Base 1 / ∅		Base 1 / ∅
Modalité personnelle	+ dá +	Modalité personnelle
Syntagme déterminatif		Syntagme déterminatif

---

200 |àáy| R. 3
200 |ízè| R. 1
201 |kwà:rà ǹdá| R. 1
202 |ńgày| R. 1

ńgá - ǹdá - ká:yì - dànàwòó[203]

"Lui et son grand-père aveugle"
/ lui | et | grand-père | aveugle + *spéc.*/

ńgá - ǹdá - ńgá - wàymè gá - gò:ró [204]

"Lui et sa soeur se sont installés"
// lui | et | sa | soeur / vers | l'installer//

zànkà - fó - dá - ńgá - àrmè gòó sá:jò: -kúná [205]

"Un enfant et son frère sont dans la brousse"
//enfant | un | et | son | frère / être / brousse + *spéc.* | dans//

méè - dá - à - méè

"Complètement, d'un bout à l'autre"
/fin | avec | sa | fin/

cáráw - dá - bìrí - gámè: - rá

"Entre la côte et l'os"
/côté | et | os | entre | dans/

háàyśántù - dá - kwáy - wàndé - bé:r-òó té fúù bárámáy [191]

"Haïsantou et la première femme du chef ont échangé leur maison"
// Haïsantou | et | chef | femme | grandeur + *spéc.* / le faire /
maison | l'échanger//

fùúndí - hìnkàá - dá - bàrí - hínkà bú [206]

"Deux vies humaines et deux chevaux ont disparu"
// vie | deux | et | cheval | deux / le mourir//

Remarques :

1. Dans sa fonction de complément indirect, le syntagme peut exprimer un comparatif ou un superlatif en français :

à té bánkàrày dá - níìn [207]

"Il a plus de vêtements que toi"
// il / le faire / habit / avec | toi//

à bá dà - bé:né, à bá dà - gándà [208]

"Il dépasse le ciel, il dépasse la terre"
// il / le dépasser / avec | ciel ⧣ il / le dépasser / avec |
terre//

---

[203] |ńgà| R. 1
[203] |kà:yì| R. 1
[204] |ńgà| R. 1
[205] |sá:jòó| R. 3
[206] |fùúndì| R. 1
[206] |hìnkàá| R. 1 - R. 3
[207] |bànkàrày| R. 1
[208] |báà dá| R. 1

2. Plusieurs syntagmes coordinatifs peuvent se succéder.

On pourrait se poser la question de savoir, en fait, dans les deux exemples suivants, si l'on considère qu'il y a plusieurs syntagmes successifs ou un syntagme coordinatif complexe.

kòtfàá̈ mò gà - háwáy - kúlù - árkúsó - ŋáyándì dá - sósó dá - dò:bú [209]

"La petite fait manger la plus vieille des vaches avec du natron et du son"
// enfant | aussi / vers | vache + *spéc.* | tout | ancienne + *spéc.* | le faire manger / avec | natron / avec | son//

kòtfàá tùn ká fúrò dá - wáymòó dá - àlmánàáy sàá:jò - yá [210]

"L'enfant se lève et entre dans la brousse avec sa soeur et les animaux"
// enfant / le lever # et | l'entrer / avec | soeur + *spéc.* | avec | animaux + *spéc.* / brousse + *spéc.* | dans//

3. Jusqu'à présent, nous n'avons pas dégagé clairement à quoi correspond l'apparition des deux formes dá / ǹdá.

---

209 |árkúsòó| R. 3
210 |tùún| R. 3
210 |wàymòó| R. 1
210 |sàá:jòó| R. 3

VI

TRANSITION:

passage de l'expansion secondaire à l'expansion primaire

ÉTUDE DES RÉGISSEURS MIXTES

6.1. Nous venons d'examiner différents types d'expansion secondaire à partir des syntaxèmes de l'énoncé minimum.

L'ensemble des relations expansives se ramène donc, comme nous l'avons dit, à deux groupes :

- Relation séquentielle (relation de détermination)
- Relation impliquant la présence d'un régisseur ou d'un déterminatif.

Il s'agissait, dans tous les cas, d'expansion de type secondaire ne modifiant pas la structure de base de l'énoncé.

Nous abordons un nouveau chapitre consacré à l'étude de quelques régisseurs d'un type particulier, que nous désignerons comme des *régisseurs mixtes* parce qu'ils peuvent régir également des syntagmes et des énoncés.

Ce chapitre constitue donc une *transition*, par l'intermédiaire des régisseurs mixtes, *entre le niveau secondaire et le niveau primaire de l'énoncé.*

Nous aurions pu présenter successivement, sous le chapitre "Syntagmatique", puis sous le chapitre des énoncés, ces différents régisseurs.

Nous avons préféré regrouper ce type particulier de fonctionnels sous un même chapitre pour mettre en évidence qu'il ne s'agissait pas de deux sortes différentes de régisseurs[1] , mais que l'ensemble régi,

---

[1] Les uns régissant des syntagmes et les autres des énoncés.

qu'il appartienne ou non au même niveau linguistique (monème, syntagme ou énoncé) représente en zarma *une seule unité*.

6.2. Nous ajouterons que nous regroupons sous le terme de régisseurs mixtes deux syntaxèmes différents qui ont un fonctionnement commun (celui de régir une expansion secondaire ou primaire) mais qui sont distincts au plan catégoriel.

Ce sont les régisseurs type I comme kàlá̋ "jusqu'à"
type II kā̋ "et, pour, de"

L'ensemble régisseurs et éléments régis (type I) peut être défini sur un plan fonctionnel comme un complément indirect, le complément étant soit un syntagme ou un terme, soit un énoncé. L'ensemble régisseur et éléments régis de type II peut être défini, soit comme prédicat complexe dans un énoncé indépendant ou principal, soit comme prédicat complexe constituant à lui seul un énoncé dépendant.

Il s'agit donc, on le voit, de situations assez différentes.

Nous essayerons cependant de justifier la place du régisseur kā̋ dans ce chapitre.

LES RÉGISSEURS TYPE I
(kàlá, hálà, dàngá, sànkú, wàlá, zàá, báà)

6.3. La liste de ces régisseurs est la suivante :

a) 1.	kàlá̋	a) "jusqu'à"	indique une localisation spatiale ou temporelle
		b) "sauf, si ce n'est"	indique une restriction
2.	há̋là	"jusqu'à, à"	indique une localisation spatiale ou temporelle
3.	dàngá̋	"comme"	indique une comparaison
4.	sànkú̋	"d'autant plus"	exprime une nuance concessive
b) 5.	wàlá̋	"ou bien"	exprime une alternative
6.	zàá̋	"depuis, dès que"	indique une localisation temporelle
7.	bá̋à	"même"	exprime une nuance concessive

Ces fonctionnels peuvent régir un terme, un syntagme ou un énoncé. Ils sont préposés aux éléments régis.

La formule est la suivante :

Régisseur + { une Base Ø, 1, bivalente ou notionnelle
modalité personnelle
syntagme déterminatif
énoncé }

Les syntagmes ou les propositions introduites par les régisseurs ont une certaine autonomie qui permet, pour des raisons de mise en valeur, une antéposition du complément régi.

Pour chacun de ces régisseurs, nous donnerons des exemples dans lesquels le complément régi est de type secondaire (un terme ou un syntagme) et de type primaire (un énoncé). (Nous renvoyons aux Enoncés pour compléter ce chapitre § 8.27. et suivants).

kàlá "jusqu'à, à"

6.4. Ce régisseur appelle quelques remarques :

- Tout d'abord c'est un des régisseurs les plus fréquemment employés en tant que régisseur d'énoncé, mais il peut également régir des termes uniques ou des syntagmes.

Exemple :

1. à kà ká bo̰ ɲá:jín dày-ò rá { kàlá - gándà[2]
kàlá à kwáy gándà }

"il vient introduire la tête dans le puits (jusqu'en bas"
(jusqu'à ce qu'il arrive en bas"
//il / le venir ⧣ et | tête | l'introduire / puits + *spéc.* |dans / jusque | bas//
⧣ jusque / il / le partir / bas//

- Prédécé d'un énoncé contenant un prédicat négatif kàlá prend alors un sens contraire à celui que nous avons indiqué;il signifie alors: "sauf que, si ce n'est que, sauf si, rien que".

---

[2] |ɲàá:jìn| R. 3 - R. 1
[2] |dàyòɓ| R. 3
[2] |gàndà| R. 1

a) EXPANSION SECONDAIRE

kàlǎ + { 1 terme / 1 syntagme }

E POSITIF / kàlǎ "jusqu'à"

2. (hǎns - òǒ nǎ - kòtíàǎ - dùm) kàlǎ - fǔù[3]

"(Le chien accompagne l'enfant) jusqu'à la maison"
// chien + *spéc.* / à | enfant | l'accompagner / jusque | maison//

E NEGATIF / kàlǎ "si ce n'est, sauf"

3. fǔnǎ sí kàlǎ - kǔmbò

"La vie n'existe pas sans Koumbo"
// vie + *spéc.* / n'être pas / sans | Koumbo//

4. ì sí nǎ à - sě kàlǎ - mǒ - bùrěymà[4]

"Ils ne l'appellent pas autrement que Boureyma"
// ils / vers + *nég.* | le dire / lui | à / sauf | aussi | Boureyma//

5. bày - kǔlù sí wí kàlǎ -zímà[5]

"Personne ne fera le sacrifice sinon le prêtre"
// homme | tout / vers + *nég.* | le tuer / sauf | prêtre//

Nous ajouterons que kàlǎ, comme la plupart des régisseurs mixtes, peut régir un syntagme déterminatif dans lequel le déterminé est un fonctionnel.

Exemples :

6. kàlǎ wíndí - mǎy - ò gǎ[6]

Rég. dt - dt - dé
= fonctionnel

"Jusqu'à la porte de la concession"
/ jusqu'à | concession | porte + *spéc.* | à/

7. à nà -kàmbè -ɲá:jìn kàlǎ fǎtá -rǎ fó:là: -rǎ[7]

Rég. dt dé
= fonctionnel

"Il enfonce le bras jusqu'à l'aisselle dans le sac"
// il / à | bras | l'enfoncer / jusqu'à | l'aisselle | dans / sac + *spéc.* | dans//

---

[3] |nà| R. 1

[4] |něè| R. 1

[4] |sěè| R. 1

[4] |mǒò| R. 1

[5] |zìmà| R. 1

[6] |mǎyòǒ| R. 3

[7] |ɲàá:jìn| R. 3

[7] |fòó:làá| R. 3

6.5. Nous rappellerons que nous avons été amenée ainsi à distinguer deux types de fonctionnels correspondant à deux syntaxèmes distincts et, par suite, à deux syntagmes différents.

- un *fonctionnel postposé* (type **rà** = dans) à l'élément régi qui constitue en fait un syntagme déterminatif d'un type particulier (cf. § 5.46.) où le déterminé est un fonctionnel, mais qui se rapproche du type déterminatif par sa structure (cf. le Syntagme fonctionnel).

Exemple :

máyò - gá "à la porte" /porte + *spéc.* | à/

- un *fonctionnel (au régisseur) préposé* (type **kàlǎ** = jusqu'à) à l'élément régi qui constitue un *véritable syntagme régi* , et même un énoncé régi, comme nous l'avons souligné (Régisseurs mixtes).

Exemple :

kàlǎ mǎyòó "jusqu'à la porte" /jusque | porte + *spéc.*/

Les exemples que nous avons trouvés attestent, de plus, que ces deux types de syntagme peuvent se combiner entre eux (exemples 6 et 7).

b) EXPANSION PRIMAIRE

kàlǎ + énoncé

8. **à tùún kàlǎ á kà**[8]

R ε

"Il se lève et vient"
//il / le lever # jusqu'à / il / le venir//

9. **à nà -fòónd-à -sámbú kàlá á mà:nù kwà:rà- bándá**[9]

R ε

"Il suit le chemin jusqu'au moment où il arrive derrière le village"
//il / à | chemin + *spéc.* | le suivre # jusqu'à / il / l'approcher / village | derrière//

---

[8] |à| R. 1

[9] |fòóndàá| R. 3

[9] |à| R. 1

Remarque :

L'élément régi par kàlǎ peut être déterminé par une relative. C'est le cas, en particulier, du terme nàngù "lieu, moment" qui apparaît également sous une forme abrégée : nà dans le syntagme suivant :

R. + Base 1 + relative

kàlǎ - nàngù - kǎà "jusqu'au moment (lieu) où"

kàlǎ - nà - kǎà

Ce syntagme tend à se figer en une conjonction composée. Toutefois cette évolution en cours n'est pas encore parvenue à son terme et l'on ne peut parler jusqu'à présent de conjonction.

Exemples :

1. nfîn hǎmpà kàlǎ - nà - kǎà nî gòǒ gà - kwǎy

"Monte sur mon dos jusqu'au lieu où tu vas"
// toi / le monter / jusqu'au | lieu ≠ que / tu / être / vers | le partir//

2. à dì kǎ ŋàǎ kàlǎ - nà - kǎ à tě gàngǎ[10]

"Elle mange jusqu'au moment où elle devient comme un tambour"
// elle / le tenir ≠ et | le manger / jusqu'à | moment ≠ que / elle / le faire/ tambour//

3. ì nà - bòŋò - tǔrú kǎ tálǎm kàlǎ - nà - kǎ à bò:rî[11]

"Ils l'ont coiffé et orné jusqu'à ce que cela soit bien"
// ils / à | tête + *spéc.* | le coiffer ≠ et / l'orner / jusqu'à | moment ≠ que / il / l'être bon //

hǎlà "jusqu'à, à"

6.6. Ce régisseur a plusieurs points communs avec le régisseur précédent kàlǎ; sa valeur sémantique est voisine dans bien des cas, indiquant une direction dans l'espace, une durée ou une situation dans le temps.

Cependant, il présente quelques divergences, comme nous le verrons au chapitre des Enoncés, sur le plan de la combinatoire.

a) EXPANSION SECONDAIRE

hǎlà + { 1 terme / 1 syntagme }

---

[10] |kǎà| R. 1

[11] |bòŋòǒ| R. 3

[11] |kǎà| R. 1

1. à kwǎy kǎ fǘrò hǎlà-gǎndà kǎ-nǎgù [12]

"Il part et entre jusqu'au fond pour se cacher"
//il / le partir # et | l'entrer / jusqu'au | bas # et | le cacher//

2. à sǐ-kò:mǎ hǎlà-ǎbǎdà

"Il ne s'échappera jamais"
//il / vers +*nég.* | l'échapper / jusqu'à | jamais//

3. hǎw-hǎlǎ-zàngǘ [13]

"Des vaches par centaine"
/ vache / jusqu'à | cent/

4. tòbwǎày-mǒ kà hǎlà-zǎ:rì[14]

"Le lièvre aussi est venu à midi"
//lièvre | aussi / le venir / à | midi//

Comme précédemment, hǎlà peut régir un syntagme déterminatif (5)

5. hǎlǎ-kwà:rà-bǎndǎ [15]

Rég. dt dé

"Jusque derrière le village"
/ jusque | village | derrière/

ainsi qu'un syntagme fonctionnel (6).

6. hǎlǎ-kwà:rà-rǎ [15]

Rég. dt dé

"Jusque dans le village"
/jusque | village | dans//

b) EXPANSION PRIMAIRE

hǎlà + Enoncé

7. à mà-gò:rǒ hǎlà ńgǎ gà - kwǎy kà [16]

R ε

"Il s'installe jusqu'à ce qu'il revienne"
// il / *déloc.* | le demeurer # jusqu'à / il / vers | le partir # le venir//

---

[12] |gàndà| R. 1

[12] |nàgù| R. 1

[13] |hálà| R. 1

[14] |mǒò| R. 1

[15] |hǎlà| R. 1

[16] |ńgà| R. 1

8. ì nà - à -tǚtǚbǚ hǎlǎ à yǎy[17]

R ɛ

"Il la frappe jusqu'à ce qu'elle meurt"
//il / à | lui | le frapper ≠ jusqu'à / elle / l'être froid//

9. à nà - gàǎ:rò - cǎndí hǎlǎ à bò:rí[18]

R ɛ

"Il installe la selle jusqu'à ce que cela soit bien"
//il / à | selle + *spéc.* | l'ajuster ≠ jusqu'à / elle / l'être bien//

Remarque :

Parallèlement au syntagme déterminé par une relative envisagé à propos de kàlǎ - nàngù ≠ kǎ̰à̰ "jusqu'au moment où", nous trouvons également la même situation avec hǎlà (cf. Remarque 6.5.).

Exemple :

à kà kǎ bùréymǎ - zì:rì hǎlǎ nà̰ kǎ̰ à bò:rí[19]

(a) R Base≠ relative

(b) conjonction S P

"Elle frotte Bureyma jusqu'à ce que cela soit bien"
//elle / le venir ≠ et | Boureyma | le frotter ≠ jusqu'à | lieu ≠ que / il / l'être bien//

Deux interprétations seraient possibles :	Le Régisseur + déterminé + relative (a)
	Conjonctif composé → conjonctive (b)

Il ne semble pas que l'évolution vers un conjonctif soit réalisée actuellement, comme nous l'avons souligné dans la précédente remarque à propos de kàlǎ.

Les Régisseurs présentés maintenant ont une fréquence beaucoup moins importante que kàlǎ et hǎlà. Ce sont :

dàngǎ "comme"

---

[17] |hǎlà| R. 1

[18] |gàǎ:ròǒ| R. 3

[18] |hǎlà| R. 1

[19] |bùrěymà| R 1

[19] |hǎlà nà̰ kǎ̰à̰| R. 1

6.7. a) EXPANSION SECONDAIRE

dàngá + { 1 terme
1 syntagme }

Exemples :

1. nī -wǘndő gā - dùngù dàngā -bìòó -dìīn-cīnē [20]

"Ta case est brûlante comme cette ombre"
// ta | case + *spéc.* / vers | l'être chaude / comme | ombre + *spéc.* | cette | semblable//

2. à zùrú dàngá - ày [21]

"Il court comme moi"
// il / le courir / comme | moi//

3. dàngá - dò:só - cīné

dt dé

"Comme la ville de Dosso"
/ comme | Dosso | pareil/

On notera que dàngá apparaît souvent avec la Base 1 cīné "semblable, égal" comme élément déterminé du syntagme régi par dàngá.

b) EXPANSION PRIMAIRE

dàngá + 1 énoncé (ε)

4. wàybòrà tē dàngá ńgà sī ǹdá - bà:nī [22]

R ε

"La femme fait semblant d'être malade"
//femme + *spéc.* / le faire // comme / elle / n'être pas / avec | santé//

C'est le seul exemple de dàngá suivi d'un énoncé que nous ayons trouvé.

sànkú (sànkú-fàá) "d'autant plus, à plus forte raison"

6.8. a) EXPANSION SECONDAIRE

sànkú + { 1 terme
1 syntagme }

---

[20] |gà| R. 1

[21] |àá:yì| élocution rapide

[22] |wàybòràá| R. 3

1. nɪ́ hɪ́n mò sànkʊ́ -àá:yì [23]

"Tu en es capable à plus forte raison moi (aussi)"
// tu / le pouvoir / aussi / d'autant plus | moi//

2. à sɪ́ - fùnʊ́ à - rá sànkʊ́fàá - bàrɪ́

"Il n'en sortira pas vivant, d'autant plus si c'est un cheval"
// il / *nég.* | le sortir / lui | dans / d'autant plus | cheval//

b) EXPANSION PRIMAIRE
sànkʊ́ + 1 énoncé

3. nɪ́ sɪ́ -gwáy sànkʊ́ mà - dù nò:rʊ́

R ε

"Tu ne travailles pas, donc tu n'auras pas d'argent"
// tu / vers + *nég.* | le travailler // d'autant / de | l'avoir | argent//

wàlá "ou bien"

6.9. a) EXPANSION SECONDAIRE
wàlá + { 1 terme / 1 syntagme }

1. àáy - háynì wàlá nɪ́ - háynì, nɪ́ - háynì wàlá áy - wánèé [24]

R Syntagme R Syntagme

"Mon mil ou ton mil, ton mil ou le mien"
// mon | mil | ou | ton | mil // ton | mil | ou | ma | possession//

2. wà nó nɪ́ - sé wàlá jɪ́ [25]

"Tu as du lait ou de l'huile ?"
// lait | ce / toi | à / ou | huile//

b) EXPANSION PRIMAIRE
wàlá + énoncé

---

23 |mɔ́ò| R. 1

24 |hàynì| R. 1

24 àáy élocution rapide

25 |nɔ́ò| élocution rapide

25 |séè| R. 1

3. bòrò gɔ́ - bòrò - wí à mànɔ́ - tàlí - tɛ́ ní - sè wàlɔ́ bòrò gɔ́ - bòrò - wí màɔ́n - dù à - gɔ́ fòɔ́ndò [26]

"Un homme ne peut en tuer un autre s'il ne lui a pas fait du mal ou encore un homme ne peut tuer un homme sans raison"
// homme / vers | homme | le tuer # il / *nég.* | mal | le faire / toi | à # ou / homme / vers | homme | le tuer # *nég.* | a / lui | à /chemin//

L'énoncé 3 est relativement complexe, il se schématise comme suit:

E = Principale (S + P) / ε / εx (juxtaposé) (S + P + C) / wàlɔ́ εx S+P / εx (juxtaposé) (P + C + C)

4. ɔ́rɔ̰́ gà - bɔ́à frì wàlɔ́ ɔ́rɔ̰̀ sí - bɔ́à frì ? [27]

"Vous nous aimez ou vous ne nous aimez pas ?"
// vous / vers | l'aimer / nous # ou / vous / *nég.* | l'aimer / nous//

zàɔ́ "depuis, dès que"

6.10. a) EXPANSION SECONDAIRE

zàɔ́ + { 1 terme / 1 syntagme }

1. zàɔ́ - fàɔ́rm - ò - gɔ́ [28]

"Depuis le moment de la culture"
/depuis | culture + *spéc.* | à/

2. zàɔ́ - nè - hɔ́rày [29]

"Depuis ce côté"
/depuis | ici | côté/

3. (càrràɔ́ kà kɔ́ dì zàɔ́) zàɔ́ - súkútɔ́ - mè (kàlɔ́ à kwɔ́y kɔ́ zùzúgù kwɔ́ndɔ́) [30]

"La cigale se met à ronger depuis l'extrémité du front jusqu'à la nuque"
// cigale + *spéc.* / le venir # et | le continuer / depuis | front + *spéc.* | bord # jusqu'à / elle / le partir # et | l'entamer / nuque + *spéc.*//

---

26 |bòrɔ́ gà|
26 |sɛ́è|
27 |ɔ́rɔ̰̀|
28 |fàɔ́rmòɔ́|
29 |nèé|
30 |zàɔ́|
30 |mɛ́ɛ̀|

b) EXPANSION PRIMAIRE

Dans les exemples trouvés, la proposition régie est antéposée. Mais on soulignera qu'il est toujours possible d'antéposer un syntagme ou un énoncé dans un but de mise en valeur. Ces syntagmes ou énoncés régis ont donc, de ce fait, une certaine autonomie.

zà ńí yà dí à - còkɔ́sɔ̀ɔ́, ắrà̰ bấy dấy ŋ́gấ kà ŋ́gấ - hàrì - té [31]

R S P C # S P C # S P

E = εx # ε # εx

"Dès que vous avez vu ses excréments, vous avez su qu'elle avait fait sa chose"

// dès que / tu | certes / le voir / son | excrément # vous / le savoir / donc # elle / le venir # sa | chose | le faire//

bấà "même"

6.11. Ce régisseur présente la particularité, par rapport aux autres régisseurs, d'introduire un syntagme qui n'est pas toujours complément du prédicat mais qui peut être sujet (cf. exemple 5). Malgré cette divergence, nous l'inclurons dans l'ensemble des régisseurs mixtes.

Dans l'exemple 4, il ne s'agit que d'une mise en relief, par antéposition du complément régi.

Lorsque le complément régi est un énoncé, il est généralement antéposé dans les exemples trouvés.

1. à mànấ tɔ́ bấ - àlbòrò [32]

"Il n'est pas encore un homme"
// il / *nég.* | l'atteindre / même | homme//

2. à mànấ - mé - dà̰ bấ - àfɔ́ - rấ [33]

"Il n'a pas mis la bouche même à une seule chose"
// il / *nég.* | bouche | le mettre / même | un | dans//

---

[31] |zàấ| R. 3
[31] |yàấ| R. 3
[31] |ŋ́gà| R. 1
[32] |bấà| R. 1
[33] |mée̍| R. 3

3. ńgà - wɔ́ɔ̀ sí bɔ́ - kwà:rà - rɔ́[32]

"Elle n'était même pas dans le village"
//elle | ce / n'être pas / même | village | dans//

4. bɔ́ - dò:bòó- nò à gà -ŋɔ́[34]

"Elle mange même le son"
//même | le son | ce / elle / vers | le manger//

5. bɔ́ - àfɔ́ màn - tɔ́n[35]

"Même un seul n'a pas brûlé"
//même | un / *nég.* | le brûler//

EXPANSION PRIMAIRE

bɔ́à + Enoncé

bɔ́à ní nà - àɔ́y - da̰ dɔ́njí - kúnɔ́ àɔ́y gà - bɔ́à

R ɛx ⫽ ɛ

"Même si tu me mets dans le feu, je l'accepte"
//même si / tu / à | moi | le mettre / feu | dans ⫽ je / vers | le vouloir//

LE RÉGISSEUR TYPE II
(ká)

6.12. Nous rangeons dans le chapitre des régisseurs mixtes, le régisseur kɔ́ que nous pourrions essayer de traduire par "et, de, pour".

Ce régisseur présente des divergences importantes par rapport au type des régisseurs mixtes tels que kàlɔ́ "jusqu'à". Cependant, il nous paraît posséder le point commun suivant : à savoir sa possibilité de régir un terme ou un syntagme qui, suivant son apparition dans un énoncé simple ou complexe, sera identifié comme un syntagme ou comme un énoncé à lui seul.

Exemples :

hàrày - mɔ́ɔ̀ kɔ́ - té — S + P — "C'était le temps de la famine" //famine | aussi / kɔ́ | le faire//

---

[34] |nɔ́ɔ̀|

[34] |ŋàɔ́|

[35] |mànɔ́|

[35] |bɔ́à|

à wɔ́ngù kǎ - tù — "Il refuse de répondre"
ε + εx — //il / le refuser ≠ kǎ | le répondre//

Nous présenterons tout d'abord les faits avant d'essayer de donner une interprétation et de fournir des explications possibles de ce phénomène qui apparaît avec une très grande fréquence dans le discours zarma.

A/ LES FAITS

a) *NATURE DES ELEMENTS REGIS*

Les éléments régis par kǎ sont les suivants :

1 - Base 2 comportative type kà "le venir"

2 - Existentiel gòɗ "être"

3 - Bases ∅ et 1 bivalente et notionnelle type gǎ:sǔ "calebasse"
cími "dire la vérité, vérité"

4 - Syntagme déterminatif

Ces éléments sont présentés dans l'ordre de fréquence décroissante; la Base 2 comportative est, de loin, celle qui est le plus souvent attestée.

On voit, par rapport aux régisseurs précédents, que kǎ régit des termes de nature différente et qu'il ne régit pas d'énoncé, mais que l'ensemble du syntagme régi peut constituer lui-même un énoncé.

b) *SITUATION DU SYNTAGME REGI DANS L'ENONCE*

Deux cas se présentent :

1) - Le syntagme régi apparaît dans un énoncé simple, indépendant ou dans la proposition principale d'un énoncé complexe, il constitue donc un syntagme ayant généralement la fonction de prédicat;

2) - Le syntagme régi apparaît dans un énoncé dépendant où il constitue à lui seul l'énoncé dépendant.

Remarque :

Nous noterons que le régisseur kǎ ne se combine pas avec les particules négatives, ni avec les particules énonciatives gǎ "vers", mà "délocutif".

6.13. CAS 1

kắ + Existentiel

1. wắndfő - fő kắ - gòő nò kắà ńgà - ǹdắ - ńgắ - àrmòő bắ:bà - fő [36]

"C'était une jeune fille qui avait un frère de même père qu'elle"
//jeune fille | une / de | être / ce # qui / elle | avec | son | frère + *spéc.* / père | un//

kắ + S. déterminatif

2. à néè bòràắ - dìn kắ - ńgà - kűrűɲè [37]

"Elle dit cet homme sera son mari"
//elle / le dire # homme + *spéc.* | ce / de | son | mari//

kắ + Base 2

3. mắy kắ - nế, ày sí nò [38]

"Qui a dit que je n'étais pas là ?"
//qui / de | le dire # je / n'être pas / ce//

4. à néè : kwắy, dűngűrì - wáynèế - nò kắ - bő:sù cế - hínkắ [39]

"Elle dit : Chef, le haricot va fleurir deux fois"
//elle / le dire # chef / haricot | ceci | ce / de | le fleurir / fois | deux//

5. à néè : kwắy - fìlắ:nà kắ - kà nèế - wò [40]

"C'est le chef untel qui est venu ici"
//elle / le dire # chef | un tel / de | le venir / ici | ce//

6. àrwàsòő - mà kắ - cí bùrếymà [41]

"Le nom du jeune homme est Boureyma"
//jeune homme + *spéc.* | nom / de | être / Boureyma//

7. ífò kắ - dù ắà ? [42]

"Qu'est-ce qu'elle a ?"
//quoi / de | l'avoir / elle//

---

[36] |nőò| R. 3
[36] |ńgà| R. 1
[36] |bà:bà| R. 1
[37] |dìín| R. 3
[38] |néè| R. 1
[38] |àắy| R. 3
[38] |nőò| R. 3
[39] |nőò| R. 3
[39] |bò:sù| R. 1
[39] |cè| R. 1
[40] |wőò| R. 3
[41] |mắà| R. 3
[42] |à| ton descendant non expliqué

8. wa̋ndi̋ő - bőbò - fő - nò <u>ka̋ - ma̋rgú̋ - kwa̋y</u> bàngù - fő - dò kú̋rú̋màya̰̋[43]

"Plusieurs jeunes filles s'étaient réunies pour aller se laver à la mare"
// jeune fille | beaucoup | certaine | ce / de | le réunir | l'aller / mare | une | lieu / action de se laver//

9. àa̋y - nò <u>ká - dù</u> a̋à[44]

"C'est moi qui l'ai eu"
// je | ce / de | l'avoir / la//

La valeur du syntagme régi en proposition indépendante ou principale est un peu difficile à dégager. Dans les exemples rencontrés ce syntagme régi exprime une assertion, la constatation d'un fait, d'une situation dans sa réalité, une action affirmée en dehors de toute considération temporelle et aspectuelle.

6.14. CAS 2

L'utilisation de ka̋ en proposition dépendante est très fréquente; nous en préciserons les caractéristiques.

- *valeur sémantique*

La valeur du syntagme régi dans ce cas exprime :

une simultanéité une succession une conséquence un but	en relation et par rapport à l'action et au contenu de la proposition principale. En français, il se traduit souvent par "pour, et, à".

- *structure de l'énoncé dans lequel s'insère le syntagme*

On remarquera que le sujet de la proposition principale et celui de la subordonnée est identique et non répété.

De plus, on notera la multiplicité possible (3 ou 4 fois) du régisseur suivi des éléments régis dans un énoncé (exemples 4, 6 et 7).

---

43 |nőò| R. 3
43 |dőò| R. 3
43 |bòbò| R. 1

44 |nőò| R. 3

E = ε / ká εx

Exemples :

1. à ŋá́, ká́ - bá́n [45]

ε εx

"Il finit de manger"
//il / le manger # et | le finir//

2. à tùn, ká́ - díɾà [46]

"Il se lève et s'en va"
//il / le lever # et | le partir//

3. à sá́r, ká́ - ká:rù bàrìòó́ - bò̰ [47]

"Il saute pour monter à cheval"
//il / le sauter # et | le monter / cheval + *spéc.* | sur//

4. írí kà ká́ - nè írí gà - fúró à - cìré ká́ - fúlánzám [48]

"Nous nous sommes dits que nous allions aller sous lui (arbre) pour nous reposer"
//nous / le venir # et | le dire # nous / vers | l'entrer / lui | sous # et | le reposer//

→ Structure ε / ká́ εx /
εx / ká́ εx

5. mà - sí - díɾà ká́ - àá́y - nà̰ [49]

"Ne pars pas en me laissant"
//*déloc.* | *nég.* | le partir # et | me | le laisser//

6. tùn, ká́ - má́:nù ká́ - ká́ nèé́ - wò [50]

"Lève-toi, approche et viens ici"
//le lever # et | l'approcher # et | le venir / ici | ce//

→ Structure ε / ká́ εx / ká́ εx
P P + C

On voit, par cet exemple que les successions des Bases 2, précédées de ká́ peuvent être multiples dans un énoncé.

---

[45] |ŋàá́| R. 3
[46] |tùún| R. 3
[46] |dìrà| R. 1
[47] |kà:rù| R. 1
[48] |frì| R. 1
[48] |néè| R. 3
[48] |fúrò| R. 1
[49] |dìrà| R. 1
[50] |tùún| R. 3
[50] |mà:nù| R. 1
[50] |ká́ kà| R. 1
[50] |wóò| R. 3

7. ì mà - bɾ́á <u>ká</u> - gàá:rí - <u>dà̰</u> bàrìày - gǎ <u>kǎ</u> - tě ànɾ́à <u>kǎ</u> - kwǎy - ɾzě - <u>dùm</u>[51]

"Qu'ils se préparent à seller les chevaux et à accompagner la fille du chef"

// ils / de | le préparer ⫽ et | selle / le mettre / cheval + *spéc.* à ⫽ et | le faire | préparation ⫽ et | chef | enfant | l'accompagner//

→ Structure <u>ɛ</u> / kǎ <u>ɛx</u> / kǎ <u>ɛx</u> / kǎ <u>ɛx</u>

S+P P+C P+C P (= dt-dé)

B/ INTERPRETATION

6.15. Nous pourrions poser le problème de l'interprétation de ce type de syntagme en nous demandant, tout d'abord, si nous avons affaire au même régisseur dans le cas de l'énoncé indépendant et dans le cas de l'énoncé dépendant; on pourrait envisager, malgré l'identité formelle des termes, qu'il s'agit, dans le premier cas, d'une particule énonciative dont le comportement serait à rapprocher de celui des particules énonciatives envisagées au chapitre syntagmatique, à ceci près que le régisseur kǎ admet différents types d'éléments régis (notamment il peut régir l'existentiel, ce qui n'est pas le cas des particules énonciatives citées); dans le deuxième cas, nous aurions affaire à un régisseur qui serait une sorte de propositif avec une valeur sémantique quelque peu différente.

De plus, dans ce dernier cas (le cas où kǎ apparaît en énoncé dépendant), on pourrait se demander s'il y a lieu de considérer le syntagme régi comme une expansion propositive ou comme faisant partie d'un syntagme plus complexe dans lequel le régisseur ká coordonnerait les Bases suivant la formule :

Base + kǎ + Base

---

51 |gàá:rì| R. 1
|bàrìàǎy| R. 3
|ɾzè| R. 1

Exemple :

írí kà ká̋ nè[52]

"Nous sommes venus dire ..."

1. Syntagme complexe //nous / le venir | et | le dire//

ε

2. Enoncé dépendant //nous / le venir #et | le dire//

ε εx

Dans certains cas, l'interprétation de l'ensemble kà - ká̋ - nè comme un syntagme complexe, semble plus satisfaisante pour des raisons sémantiques, l'ensemble du syntagme semble former une unité où l'on serait tentée de considérer que certaines Bases 2 précédant le Régisseur sont en voie de grammaticalisation.

Exemples :

bà:b.òő kà ká̋ - bű

"Le père vient de mourir"
//père + *spéc.* / le venir # et | le mourir//

à gà bǎà ká̋ - hǎy

"Elle va accoucher"
//elle / vers | le vouloir # et | l'accoucher//

à dì ká̋ -jìríbì

"Il continue à dormir"
//il / le tenir # et | le dormir//

à síntìn ká̋ - kà

"Il commence à venir"
//il / le commencer # et | le venir//

à dù ká̋ -gò:ró

"Il trouve à s'asseoir"
//il / le trouver # et | l'asseoir//

à nà - à - nà̰ ká̋ - kà

"Il le laisse venir"
//il / à | le | le laisser # et | le venir//

à yěè ká̋ - kà

"Il revient"
//il / le recommencer # et | le venir//

---

52 |írì| R. 1

52 |néè| R. 3

à kà kắ-tế ắlbòrò[53]
"Il devient un homme"
//il / le venir ⧺ et | le faire / homme//

En fait, cette construction ne diffère pas de celle que nous avons envisagée jusqu'à présent; ce n'est que la traduction française qui peut nous amener à interpréter cette série de base de type 2, d'emploi fréquent suivi du régisseur kắ, comme des bases grammaticales (néo-auxiliaires par exemple). En effet, il se peut que, progressivement, ces bases aient une valeur moins pleine et tendent à se grammaticaliser, mais à l'heure actuelle rien ne nous permet d'envisager cette interprétation et d'affirmer que nous avons des syntagmes complexes d'un type particulier.

6.16. Dans d'autres cas, également très fréquents, où l'énoncé est complexe, où les régisseurs kắ sont multiples et, par conséquent, éloignés de ce que l'on pourrait considérer comme le premier élément d'un syntagme, il paraît plus juste de considérer les successions : Base + kắ + Base + kắ + Base comme des successions propositives plutôt que comme un syntagme à plusieurs déterminations qui constituerait un énoncé à lui seul.

Exemple :

kúlú à nà-ńgà - tàngắrà - kwắ:ráy - bàmbắtà - sắgǘ kắ ńgắ - làbǘ - kǘ, kắ - dằ à-mḗè - fố, kắ - tế hắwgắrè, kắ - yḗè, kắ - jìsí ńgà - fǘù - mḗè - gắ[54]

"Alors, elle fait un sac avec une grande natte blanche et elle ramasse du sable pour le remplir complètement, puis elle fait un sac en natte et revient le poser à la porte de la maison"

//alors / elle / à | + sa | natte | la blanche | la grande | le faire ⧺ et | sa | terre | le ramasser ⧺ et | le mettre / son | bord | un ⧺ et | le faire / sac en natte ⧺ et | le repartir ⧺ et | le reposer / sa | maison | entrée | à//

→ Structure $\frac{\varepsilon}{S+P}$ / kắ $\frac{\varepsilon x}{P}$ / kắ $\frac{\varepsilon x}{P+C}$ / kắ $\frac{\varepsilon x}{P+C}$ / kắ $\frac{\varepsilon x}{P}$ / kắ $\frac{\varepsilon x}{P+C}$

---

53 |àlbòrò| R. 1

54 |kwắ:rày| R. 1

54 |ńgà| R. 1

54 |kúlù| R. 1

Nous avons donc considéré que, dans les deux cas présentés, nous avions affaire à un seul syntaxème, que kǻ apparaisse en énoncé indépendant ou dépendant; tout au plus nous pourrions envisager de faire deux sous-catégories pour faire ressortir la position et le sens différent que peut prendre kǻ dans l'énoncé zarma.

Remarque :

Dans quelques exemples, toujours en énoncé dépendant, il apparaît que le régisseur kǻ peut être omis :

kòóptàǻ fùnǘ kǻà ou kòóptàǻ fùnǘ kǻ - kǻà

"La feuille se détache et tombe"
// feuille + *spéc.* / le détacher # et | le tomber//

Il en est de même pour :

à mà -sámbǘ, kwǻy, jìsǐ

"Elle prend, et part pour le poser"
// elle / de | le prendre # le partir # le poser//

ɲǻŋò fǻttǻ, kà[55]

"La mère est sortie et venue"
// mère + *spéc.* / le sortir # le venir//

ì kwǻy, cǐ màygàrǐ - sè[56]

"Ils vont parler au chef"
// ils / le partir # le parler / chef | au//

Dans ces exemples, le sujet de deux Bases comportatives est identique. On peut rapprocher ces énoncés des énoncés juxtaposés subordonnés (cf. chapitre Enoncés juxtaposés § 8.17).

Exemple : juxtaposition : sujet identique (modalité répétée)

à kwǻy, ǻ tà ńgǻ - bà:bà - gǻrǻwǒ [57]

"Il part prendre le dû de son père"
// il / le partir # il / le prendre / son | père | gage + *spéc.*//

---

[55] |ɲǻŋòó| R. 3

[56] |sèè| R. 3

[57] |à| R. 1

[57] |ńgà| R. 1

VII

LES FONCTIONS ET RAPPORTS PRIMAIRES

FONCTIONS ET SYNTAXÈMES

7.1. L'étude et l'identification des syntaxèmes de la langue nous a permis de définir les unités syntaxiques qui constituent l'énoncé.

Ainsi, dans l'énoncé minimal **bòró gòó** "l'homme existe, il y a un homme", on a pu identifier et définir un syntaxème Base notionnelle représenté par **bòró** "homme" et un syntaxème Existentiel représenté par **gòó** "être".

L'étude des fonctions que nous abordons maintenant cherche, sur un autre plan, à étudier les *rapports* existant entre ces unités et les *fonctions* que ces syntaxèmes peuvent avoir dans l'énoncé. En reprenant le même exemple, on distinguera :

- un élément central, centripète, sans lequel l'énoncé n'est pas possible; il s'agit du prédicat représenté ici par **gòó** "être";
- un élément venant en expansion de l'élément central pour l'actualiser. Il s'agit du sujet représenté ici par la Base notionnelle **bòró** "homme".

On verra par la suite que la définition des différentes fonctions doit être élargie et précisée en zarma; en particulier :

1) - le prédicat peut être représenté par un *élément simple* (monème) ou *complexe* (syntagme).

2) - le prédicat, qu'il soit simple ou complexe, *peut constituer un énoncé à lui seul*.

3) - Dans d'autres cas, il est le *noyau central* accompagné d'une ou de plusieurs expansions.

Ces expansions sont le *sujet* et le *complément*;

ces deux autres fonctions peuvent également être représentées par des éléments simples ou complexes, mais elles ne peuvent jamais constituer un énoncé à elles seules, elles viennent toujours en *expansion* d'un centre prédicatif.

Le sujet représente, par rapport au complément, une expansion privilégiée, mais pas toujours nécessaire.

7.2. L'identité du syntaxème diffère de sa fonction puisque différents syntaxèmes peuvent assurer la même fonction et que différentes fonctions peuvent être assurées par le même syntaxème. Par exemple, la fonction sujet peut être assurée par les syntaxèmes :Base notionnelle, Base descriptive, modalité personnelle, déictique, etc. (à kà "il vient, bòró kà "l'homme vient", wáynèé kà "celui-ci vient", ĩhĩnkànté kà "le deuxième vient", etc..)
et, par ailleurs, le même syntaxème : Base notionnelle, peut avoir la fonction de sujet, la fonction de complément. (bòró kà "l'homme vient", à dĩ bòró "il a vu un homme").

Nous noterons, en outre, qu'en zarma, à l'exception de l' *existentiel* qui est *toujours prédicatif*, il n'existe pas de syntaxèmes spécialisés dans la fonction de prédicat.

On voit, dès lors, qu'il y a, entre les unités catégorielles et les unités fonctionnelles, une complémentarité évidente et étroite qui ne signifie pas pour autant que nous pouvons les confondre ni les définir l'une par l'autre.

La méthodologie adoptée pour identifier les syntaxèmes ne fait pas appel à des critères fonctionnels et réciproquement la reconnaissance des principales fonctions *prédicat / non prédicat* ne se fonde pas sur des critères positionnels et combinatoires, comme pour la définition des syntaxèmes.

- Les unités fonctionnelles sont définies par rapport à un *axe syntagmatique* : les fonctions dégagent les relations des monèmes dans la chaîne.

- Les unités catégorielles (ou syntaxématiques) sont définies par rapport à un *axe paradigmatique* : les syntaxèmes se définissent par rapport au système organisé des monèmes (et synthèmes) de la langue[1].

STRUCTURE DE L'ÉNONCÉ ZARMA

7.3. L'étude des fonctions se situe au niveau de la structure primaire de l'énoncé, c'est-à-dire au niveau où les différents éléments considérés de l'énoncé ont entre eux un rapport fondamental et nécessaire qui implique que "la présence ou l'absence de telle relation de détermination modifie la structure de l'énoncé ou peut l'abolir".

Parallèlement à la relation de détermination existant au niveau syntagmatique entre le déterminé et le déterminant, on peut considérer que la relation existant entre les termes de l'énoncé au niveau primaire est également une relation de détermination, qui relie un centre obligatoire à une expansion facultative.

L'énoncé correspond alors à une structure :
- prédicat + complément (centre + expansion)
- sujet + prédicat (expansion + centre)

Cependant, dans le cas où le sujet et le complément n'apparaissent pas, il est difficile de définir le prédicat dans cette perspective de détermination.

Le prédicat, dans ce cas, *fonde* l'énoncé, mais ne se définit pas par rapport à d'autres éléments périphériques. On ne peut, en effet, dire qu'il est le déterminé dans un contexte où il n'existe pas de déterminants; il représenterait plutôt, dans ce cas, le *noyau de base* de l'énoncé, le *fondement de l'énoncé* en dehors d'un rapport hiérarchique de détermination, puisque, dans ce cas, *il est l'énoncé à lui seul*.

7.4. Si nous voulions résumer la structure de base de l'énoncé zarma, nous pourrions dire qu'il est constitué des éléments suivants :

[1] Cf. J. THOMAS et L. BOUQUIAUX, Introduction linguistique C. HAGEGE, Les Universaux du langage, *B.S.L.P.*, 1979 (cf. Bibliographie).

prédicat 1) élément-noyau de l'énoncé = énoncé } simple ou complexe
2) élément déterminé, jamais déterminant }

non prédicat : éléments déterminants

expansions du prédicat 1) - expansion privilégiée
2) - expansion facultative complémentaire : le complément

soit en zarma les deux types fondamentaux de structure attestée 1) Prédicat (=noyau - simple ou complexe)

niveau primaire	2) sujet	+	prédicat	+	complément
	déterminant privilégié	+	déterminé	+	déterminant complémentaire
niveau secondaire	déterminé + déterminants		déterminé + déterminants		déterminé + déterminants

1) DANS LE PREMIER CAS, LE PREDICAT =
- *l'élément-noyau de l'énoncé* : il se suffit à lui seul

2) DANS LE DEUXIEME CAS =
- c'est *l'élément déterminé ou l'élément-centre* d'une relation qui inclut des éléments *déterminants ou périphériques.*

Nous étudierons successivement quels types de syntaxèmes remplissent quels types de fonctions, puis quelles sont les relations possibles de ces fonctions entre elles.

1. FONCTION PRÉDICATIVE

7.5. Le prédicat se définit comme étant le centre de l'énoncé, que ce centre soit composé d'un élément unique (monèmes de différents syntaxèmes) ou de plusieurs éléments (syntagmes). Sans prédicat, il n'y a pas d'énoncé, et un énoncé peut être constitué du seul prédicat. Il représente donc l'élément de base de l'énoncé, c'est-à-dire, soit le *noyau-central*, soit l'*élément déterminé* de l'énoncé auxquels se rattachent différents types d'expansion primaire.

a) APTITUDES À LA FONCTION PRÉDICATIVE: ASPECT FORMEL

7.6. En zarma, la fonction prédicative peut être assumée par des syntaxèmes ou des syntagmes (syntagmèmes) dont nous donnons la liste ci-dessous.

SYNTAXEMES :	structure	Sujet + prédicat
L'EXISTENTIEL		
1.	bòró <u>gòó</u>	"L'homme est là" //homme / être//
2.	má:sá <u>gòó</u> [2]	"Voilà un beignet" //beignet / être//
3.	dà hànnó <u>sí</u>	"(Son) caractère n'est pas bon" //caractère | bonté / n'être pas//
BASE Ø BIVALENTE		
BASE 2 COMPORTATIVE		
4.	à <u>címí</u>	"Il dit la vérité" //il / le dire la vérité//
5.	bòró <u>tá:rí</u>	"L'homme ment" //homme / le mentir//
6.	à <u>bàmbátà</u>	"Il est grand" //il / l'être grand//
7.	à <u>há:rú</u>	"Il rit" //il / le rire//
8.	à <u>kà</u>	"Il vient" //il / le venir//
9.	wàybòrà <u>dúrú</u> [3]	"La femme pile" //femme + *spéc.* / le piler//

---

[2] |má:sà| R. 1 [3] |wàybòràá| R. 3

SYNTAGMEMES : structure Sujet + prédicat

SYNTAGME ENONCIATIF

	structure	
10.	à gà - kà	"Il va venir" //il / vers | le venir//
11.	à gà - à - sàfá	"Elle va le piler" //elle / vers | lui | le piler//
12.	à gà - hàynì - sàfá	""Elle va piler le mil" //elle / vers | mil | le piler//
13.	à nà - nóyáŋó - té	"Il fait un don" //il / à | don + *spéc.* | le faire//
14.	à nà - kwá:yòó - dà̰	"Il met la chemise" //il / à | chemise + *spéc.* | le mettre//

SYNTAGME DETERMINATIF AVEC DEICTIQUES OU INDEFINI

	structure	Prédicat (=syntagme)
15.	ńgà - nóò	"C'est lui" //lui | ce//
16.	bòró - nò[4]	"C'est un homme" //homme | ce//
17.	wándíó - fó	"C'est une certaine jeune fille" //jeune fille | une//
18.	kúmnáyá̰ - nò[4]	"C'est le ramassage" //ramassage | ce//
19.	yá - dìín - nò[4]	"C'est ainsi" // çà | cela ‖ ce //
20.	wáynèé - nò[4]	"C'est celui-ci" //celui-ci | ce//
21.	íhànnó - nò[4]	"C'est beau" //le beau | ce//
22.	ífò - nóò	"Qu'est-ce que c'est ?" //quoi | ce//
23.	kwà:rà - rá - nò	"C'est dans le village" //village | dans ‖ ce//
24.	ní - fú - nèé[5]	"Voici ta maison" //ta | maison ‖ ici//

---

4 |nóò| R. 3

5 |fúù| R. 1

25. <u>nín - nèé</u> [6] "Te voici"
//toi | ici//

26. <u>à - dóò - nóò</u> "C'est sa place"
//sa | place || ce//

AUTRES CAS

BASE NOTIONNELLE

SYNTAGME DETERMINATIF

La structure de l'énoncé est, dans ce cas :

Sujet	+ Prédicat	exemple 27
Complément	+ Prédicat	exemples 28 - 29
Prédicat	+ (énoncé dépendant)	exemple 30

Nous trouvons également des exemples moins fréquents que les précédents où le prédicat peut être représenté par une Base 1 type **gá:sú** "calebasse" ou un syntagme déterminatif n'impliquant pas la présence d'un déictique en tant qu'actualisateur.

Exemples :

27. à hày - kúlù
"Il fait tout"
//il / chose | toute//

28. jìrìbì - f:yè dìráàw
"(Ils) marchent pendant sept jours"
//jour | sept / marche//

29. wátì - kúlù yá- dìn - dáy [7]
"(Cela continuait) longtemps ainsi"
//temps | tout / ce | là | certes//

30. yá - dìn yá - dìn kàlá fákárây ká:nù
"Cela (dura ainsi) jusqu'à ce que la causerie soit agréable"
//ce | là / ce | là ⫽ jusqu'à / causerie / être agréable//

BASE CONJONCTURELLE 2

Structure :

Sujet + Prédicat

---

[6] |nììn| R. 1

[7] |yàá dììn| R. 3

31. à mósómósó
"Il fait doucement"
//il / doucement//

Commentaires

7.7. Le choix de l'interprétation de ce qui est prédicat ou non peut se discuter, notamment si l'on considère les exemples illustrant la structure sujet-prédicat.

Si l'on prend l'exemple suivant :

à gà hàynì sàfá "Elle pile le mil"
elle, vers, mil, le piler,

théoriquement plusieurs hypothèses se présentent :

1) à gà - hàynì - sàfá
S P
{ sujet = modalité personnelle
prédicat = syntagme:régisseur+dt-dé

2) à gà hàynì - sàfá
S P C
{ sujet = modalité personnelle
prédicat = modalité type gà
complément = syntagme : dt-dé

3) à - gà hàynì -sàfá
P C
{ prédicat = ensemble modalité personnelle - modalité type gà
complément = syntagme dt-dé

4) à gà hàynì sàfá
S P C P
{ sujet = modalité personnelle
prédicat discontinu gà .... sàfá
complément = inséré entre le prédicat

5) à - gà - hàynì - sàfá
P
{ prédicat = ensemble syntagmatique : dt-dt-dt-déterminé

Nous avons, au chapitre Syntagmatique, discuté de l'intérêt de ne pas interpréter l'ensemble gà-hàynì-sàfá comme faisant partie d'un prédicat discontinu; par suite, nous laisserons de côté l'interprétation 4.

Le choix d'une interprétation ne peut se faire qu'en considération d'un certain nombre d'énoncés, pour déterminer quelle formule peut rendre compte du plus grand nombre d'énoncés possibles; nous examinerons quelques nouveaux énoncés, en essayant de leur appliquer les formules précédentes :

1) à gà tế àáy - sè kwá:yí - bè:rì [8]

S P Cl C2 C3 a)

P Cl b)

P Cl C2 c)

S P Cl C2 d)

"Elle me fait une grande chemise"
//elle, vers, le faire, moi, pour, chemise, la grande//

2) kúrúŋòó ná hàndú - hìínzà - kúlù - tế gánjì [9]

S P Cl Clocatif a)

P b)

S P c)

"Le mari passe trois mois en brousse"
//mari, à, lune - trois - tout, le faire, brousse//

3) à gòó gá jàndí - kà ní - sè [10]

S P Cl C2 a)

P # P Cl C2 b)

S P Cl C2 c)

"Il va te dire un conte"
//il, être, vers, conte, l'enlever, toi, à//

pour ce dernier exemple, si l'on envisage l'interprétation a), on va dans le même sens que pour les exemples 1 et 2; si l'on envisage l'interprétation b), on a un énoncé dépendant. En fait, l'interprétation c) paraît être la plus satisfaisante, d'autant que l'on sait que gòó "existentiel" est toujours prédicat.

Le problème qui reste à résoudre est celui de savoir si :

l'énoncé = sujet + prédicat
ou l'énoncé = prédicat

Si l'on prend des exemples pour illustrer ces deux interprétations on a :

---

8 |sée| R. 3
|kwá:yì| R. 1

9 |nà| R. 1
9 |gànjì| R. 1
10 |gà| R. 1 |sée| R. 3
10 |kàá| R. 3

E = S P	E = P	
à címí S P	à - címí P	"Il dit la vérité" //il, vérité//
à gà - kà S P	à - gà - kà P	"Il vient" //il, vers, le venir//
à gà - hàynì - sàfá S P	à - gà - hàynì - sàfá P	"Elle pile le mil" //elle, vers, mil, le piler//

dans ce dernier cas, lorsqu'on interprète E = P, le prédicat est égal à = modalité personnelle + régisseur + syntagme.

L'interprétation, considérant que l'énoncé = sujet + prédicat, est plus intéressante et s'applique à un plus grand nombre de cas. Nous la retenons donc comme étant la mieux adaptée à l'ensemble des énoncés de la langue.

b) CARACTÈRES DE LA FONCTION PRÉDICATIVE

7.8. Dans l'énoncé minimum à deux termes, le prédicat est soit l'existentiel, soit une Base Ø ou 2. Il se trouve, dans ce cadre, en deuxième position, précédé du sujet. La séquence est donc la suivante :

sujet + prédicat

Nous ajouterons que le prédicat peut également être suivi d'un complément apparaissant en troisième position :

à gò bɛ́:nɛ́[11]	"Il est en haut" //il / être / haut//
à kà fúù	"Il vient à la maison" //il / le venir / maison//

Cependant, lorsque le deuxième terme de l'énoncé minimum est un déictique de type nɛ̀ɛ́ ou nɔ́ò ou encore l'indéfini fɔ́, le prédicat n'est plus caractérisé par sa position par rapport à un sujet puisque, dans ce cas, il n'y a pas de sujet et c'est le *syntagme dans son entier* qui est prédicatif.

Nous pouvons donc poser, dans ce cas :

prédicat = monème ou syntagme } + déictique, nɛ̀ɛ́ ; nɔ́ò "ici", "ce" / fɔ́ indéfini

[11] gòɔ́ R. 3

Il serait en effet difficile de décider dans le syntagme :

bòró - nò[12] "C'est un homme"
//homme | ce//

bòró - nèé "Voici un homme"
//homme | ici//

que c'est bòró le prédicat, plutôt que nóò ou le contraire, puisque nóò déictique déterminant bòró l'actualise également dans cet énoncé: bòró dans ce cas ne peut, à lui seul, constituer un énoncé et nóò ne peut apparaître seul.

Si l'on s'en tient à un critère de position, c'est nóò qui est le prédicat parallèlement à l'ensemble des cas précédents de l'énoncé minimum où le prédicat apparaît généralement en deuxième position, après le sujet bòró nò.
1 2

Par contre, si l'on considère la hiérarchie des termes en présence, c'est bòró qui paraît être l'élément central, ou encore l'élément déterminé nóò n'étant que le déterminant et par conséquent il n'est pas le prédicat.

En fait, il semble plus juste de considérer que c'est l'ensemble qui est en fonction prédicative, bòró et nóò, dans ce cas,constituent un syntagme dont on ne peut dissocier les éléments qui remplissent ensemble la fonction prédicative.

Ces constatations nous amènent à penser que la position du prédicat et l'antéposition du sujet par rapport au prédicat, ne sont pas des critères suffisants pour déterminer le prédicat.

L'antéposition du sujet, quand il figure dans l'énoncé, est en effet un critère, mais cette antéposition n'est pas toujours directe.

Si l'on a plusieurs prédicats pour un seul sujet, le sujet n'est pas nécessairement répété et, de ce fait, le prédicat n'est plus caractérisé par sa position après le sujet.

Exemple :

bòró kà ká gánà ká háy àlbòrò zállé
S P // P // P C

"L'une n'a mis au monde que des garçons"
//celle-ci / le venir // et | le suivre // et| le mettre au monde/ garçon | seul//

12 |nóò| R. 3

7.9. La fonction de prédicat peut être remplie par différents syntaxèmes, comme on a pu le voir, mais aussi par des syntagmes.

Cependant, parmi ces divers syntaxèmes apparaissant, en fonction de prédicat, l'*existentiel seul* a toujours la fonction de prédicat, il est le prédicat par excellence.

Il est le seul à fonctionner toujours comme un prédicat.

Les termes Base Ø et Base 2, bivalentes et comportatives, sont des prédicats dans le cadre de l'énoncé minimum, dans des énoncés marqués, ou encore dans le syntagme énonciatif, mais ils peuvent aussi avoir la fonction de complément :

à gà - jìríbì S P	"Il dort" // il / vers | le dormir//
à gòó gándà gà - jìríbì[13] S P C C	"Il dort par terre" // il / être / terre / vers | le dormir//

De même, les syntagmes déterminatifs avec les déictiques nèé, nóò, et l'indéfini fó n'ont pas toujours une fonction prédicative :

wándíó - fó P	"C'était une jeune fille"
wándíó - fó kà S P	"Une jeune fille vient" // jeune fille | une certaine / le venir//
wàngù - nóò P	"C'est la guerre" // guerre | ce//
à kwáy wángù - nóò[14] S P C	"Il part à la guerre" // il / le partir / guerre | ce//

7.10. Il n'existe pas réellement de critères formels nous permettant de définir le prédicat, ni la position variable du prédicat, ni l'antéposition du sujet par rapport au prédicat, fréquente mais non nécessaire, ne suffisent pas à l'identifier.

Nous caractériserons plutôt la fonction prédicat d'après les différents types de prédicats.

---

13 |gàndà| R. 1

14 |wàngù| R. 1

1. *L'existentiel*

- Il est toujours prédicat
- Il suit généralement le sujet et précède le complément
- Il supporte différents types d'expansion primaire (monème, syntagme).

2. *La Base 0 bivalente et la Base 2 comportative*

- En fonction prédicative, ces bases suivent généralement le sujet
- Ces bases sont susceptibles d'expansion primaire (représentée par différents types de compléments et toujours postposée au prédicat)
- Elles peuvent faire partie d'un syntagme prédicatif de type déterminatif.

3. *Le syntagme déterminatif avec déictiques et indéfini*

- Ce syntagme constitue le prédicat, il ne comporte pas de sujet, il peut admettre une expansion de type primaire avec moins de possibilités que les prédicats précédemment cités.

4. *Base 1 notionnelle, ou syntagme déterminatif*

- Peuvent apparaître en fonction de prédicat sans sujet ou sans complément.

En résumé, nous énumérerons les différents types de prédicat en indiquant pour chacun dans quelle structure ils s'intègrent.

Les parenthèses signifient que, selon le prédicat considéré, les autres fonctions sujet et complément ne sont pas nécessairement présentes.

PREDICAT	STRUCTURE		
Base 1 notionnelle ou syntagme	(S) P (C) -	à hày-kǘlù	"Il fait tout"
Base Ø (bivalente)	-	à címí	"Il dit la vérité"
Base 2 (comportative)	(S) P (C) -	à̄ kà	"Il vient"
Existentiel	S P (C) -	à gòő	"Il est"
Syntagme énonciatif	S P (C) -	à gà̆-kà	"Il va venir"
Syntagme (avec déictique)	(S) P (C) -	címí-nò	"C'est la vérité"

Les prédicats les plus fréquents sont, par ordre décroissant, la Base comportative, le syntagme énonciatif, l'existentiel, le syntagme déterminatif avec nóò, nèé, fó, le syntagme déterminatif, la Base notionnelle.

Remarque :

Dans les énoncés marqués, le prédicat ne se différencie pas des types présentés plus haut.

Base comportative = kà "Viens" //le venir//

Base notionnelle = bò̰-sárí "mal à la tête" (en réponse) //tête-sauter//

Syntagme = máy-nò ? "Qui est-ce ?" //qui | ce//

2. FONCTION SUJET

7.11. Le sujet se définira par rapport au prédicat dont il est le déterminant privilégié; sa fonction est d'actualiser le prédicat. Toutefois, en zarma, la présence d'un sujet n'est pas nécessaire à cette actualisation du prédicat. Il existe des énoncés sans sujet, en particulier dans les énoncés marqués, ou même encore dans des énoncés constitués d'un syntagme déterminatif avec le déictique nèé ou nóò, par exemple.

Nous définirons donc le sujet comme un complément privilégié, mais non obligatoire du prédicat.

Sur le plan sémantique, le sujet est souvent le participant actif ou passif à l'évènement, dont le prédicat est le centre.

a) APTITUDES À LA FONCTION SUJET: ASPECT FORMEL

7.12. La fonction sujet peut être représentée par différents syntaxèmes ou par des syntagmes, mais jamais par l'existentiel, ni la Base comportative 2, type kà "le venir", ni le syntagme énonciatif (ex. gá kà /vers | le venir/).

SYNTAXEMES — Structure = Sujet + Prédicat

- *BASE ∅ BIVALENTE* type címí "vérité, dire vrai"
- *BASE 1 NOTIONNELLE* type gá:sú "calebasse"

1. <u>tà:mú</u> bé:rì — "La chaussure est grande"
   //chaussure / l'être grand//
2. <u>bòró</u> kà — "L'homme vient"
   //homme / le venir//
3. <u>bàrì-òó</u> kòmá — "Le cheval s'échappe"
   //cheval + *spéc.* / l'échapper//
4. <u>fàrgànté</u> kà — "L'homme fatigué vient"
   //celui qui est fatigué / le venir//
5. <u>háyyá̰</u> kà ká tě — "L'accouchement a eu lieu"
   //accouchement / le venir ≠ et | le faire//
6. <u>gùnáyáŋó</u> tùún — "Le regard se lève"
   //regard + *spéc.* / le lever//

- *MODALITE PERSONNELLE*

7. <u>à</u> bán — "Il finit" ou "C'est fini"
   //il / le finir//
8. <u>à</u> kà — "Il vient"
   //il / le venir//

- *BASE DESCRIPTIVE*

9. <u>íhínkànté</u> kà — "Un deuxième vient"
   //deuxième / le venir//
10. <u>àfó</u> kà — "L'un vient"
   //un / le venir//

- *BASE CONJONCTURELLE*

11. <u>hùnkúná</u> gà-càdá ní -gá — "Aujourd'hui te coûterait cher"
   //aujourd'hui / vers | le coûter / toi | à//

SYNTAGMEMES — Structure = Sujet + Prédicat

- *SYNTAGME DETERMINATIF*

12. ńgá-hì:jàá-hánè (S) gá-kà[15] (P) — "Le jour de son mariage viendra"
   //son | mariage + *spéc.* | jour / vers | le venir//

---

15 |ńgà| R. 1
|gà| R. 1

13. dò:nú-bóŋày-kúlù gà-fársá[16] "Toutes les boules de mil sont fendues"
S P
//boule de mil | tête + *spéc.* | tout / vers | le fendre//

14. ì - kúlú kà [17] "Eux tous viennent"
S P
//eux | tous / le venir//

15. à - kàyá̰ mà:nú "Son arrivée approche"
S P
//son | arrivée / l'approcher//

16. wáy-nèé kà "Celui-ci est venu"
S P
//celui-ci / le venir//

17. wó-dìín nà-bìnè-túnándì[18] "Cela le fâche"
S P
//cela / à | coeur | le faire lever//

18. kwàrà-rá gòó ǹdá-fóllá-ízè-fó "Dans le village il y avait un possesseur"
S P C
//village | dans / être / avec | possession | petit | un//

- *SYNTAGME RELATIF*

19. árà̰ - wóò - ká̰ - kà - ká áy - há̰ árà̰ sí dí à[19]
S

"Vous qui venez me le demander, vous ne le verrez pas"
//vous | ce ≠ qui / le venir ≠ et | moi | le demander ≠ vous / *nég.* | le voir / lui//

- *SYNTAGME COORDINATIF*

20. zànkà - fó - dá - ńgá - àrmè gòó sá:jó - kúná [20]
S P C

"L'enfant et son frère sont dans la brousse"
//enfant | un | et | son | frère / être / brousse | dans//

- *SYNTAGME REGI*

21. bá - àfó màná - tón "Pas un seul n'a brûlé"
S P
// même | un / *nég.* | le brûler//

---

16 |bòŋàáy| R. 1 - R. 3

17 |kúlù| R. 1

18 |wóò| R. 1

19 |ká̰à̰| R. 1

19 |àáy| R. 3

20 |ńgà| R. 1

20 |sàá:jòó| R. 3

Il est à remarquer que nous considérons ici comme sujet des syntagmes à fonctionnels (exemple 18), ou même des syntagmes régis (exemple 21) qui, généralement, ont une fonction de complément.

Nous rappellerons que le syntagme à fonctionnel, en zarma, n'est qu'un type particulier de syntagme déterminatif et,comme tel,il n'est pas impossible qu'il ait la fonction de sujet. Le cas est plus rare en ce qui concerne le syntagme régi.

b) CARACTÈRES DE LA FONCTION SUJET

7.13. - Dans l'énoncé minimum à deux termes, le sujet précède toujours le prédicat. Il apparaît donc en première position, sauf dans les exemples de type **bòró-nò** qui ne contiennent pas de sujet.

- Nous ajouterons que rien ne peut s'intercaler entre le sujet et le prédicat.

Cependant, le sujet n'est pas nécessairement le premier terme de l'énoncé, soit que l'énoncé ne contienne pas de sujet, soit que les compléments précèdent le sujet, comme nous le verrons dans l'étude des compléments.

- Quand il y a plusieurs prédicats se rapportant au même sujet,le sujet précède le premier prédicat, les autres prédicats sont reliés entre eux par un propositif (ou non), mais le sujet n'est pas répété.

Exemple :

à tùnú kwáy dò:nòó - gùná

//S / P ∦ P / C //
(dt - dé)

"Elle se lève et part regarder la boule de mil"
//elle / le lever ∦ le partir / boule de mil + *spéc.*| le regarder//

- Certains exemples montrent une discontinuité possible du sujet :

1. **bàtùkwá, àrù - bíòó, à nέè**

S || S || S / P

"Le gardien, l'homme noir, il dit ..."
//gardien + *spéc.* || homme | le noir + *spéc.* || il / le dire//

2. àáy - wò, àáy gà - jísímá - fá:rú [21]

S || S / P

"Moi, je vais vanner l'oseille de Guinée"
//je | ce || je / vers | oseille | le vanner//

3. à zó:rú ńgá - mò [22]

S ||/ P / || S

"Il défriche lui aussi"
//il ||/le défricher / || lui | aussi//

4. ày - yá wó - nè - nóò àáy gà - báà [23]

S || / C / || S P

"Quant à moi, c'est cela que je veux"
//je | certes||/ ce | ci | ce / ||je / vers | le vouloir//

- Parmi les différents types de sujet possible, la modalité personnelle semble être le seul syntaxème à fonctionner toujours comme sujet. De plus, c'est le syntaxème le plus fréquent dans cette fonction.

Ensuite viennent, par ordre décroissant, la Base 1 notionnelle les syntagmes déterminatifs, relatifs et, plus rarement, le syntagme déterminatif avec un fonctionnel.

3. FONCTION COMPLÉMENT

7.14. Le complément se définit comme un *déterminant expansif du prédicat*. Son existence n'est pas indispensable à l'énoncé. Il apparaît toujours dans l'énoncé expansif après le prédicat.

La fonction complément n'est jamais représentée par l'existentiel. Elle est représentée par les syntaxèmes et les syntagmes suivants :

---

21 |wóò| R. 3

22 |ńgà| R. 1

23 |àáy yàá| R. 3

23 |wóò nèé| R. 1 - R. 3

a) APTITUDES À LA FONCTION COMPLÉMENT: ASPECT FORMEL

SYNTAXEMES

- *BASE Ø BIVALENTE*
- *BASE 1 NOTIONNELLE*

Structure = (S) + P + C
(sujet) + Prédicat + Complément

1.	ì kàndé tà:mú	"Ils apportent une chaussure" //ils / l'apporter / chaussure//
2.	ì má jàw	"Ils ont soif" //ils / l'entendre / soif//
3.	à gà-kwáy nárúyá̰	"Il part en voyage" //il / vers | le partir / voyage//
4.	ní wúndó gà-síntìn sáràyá̰	"Ta maison commence à se détériorer" //ta | maison + *spéc.* / vers | le commencer / détérioration//

Structure = P + C
Prédicat + Complément

5.	súbà - nóò (P) kòlíòó (C)	"C'est demain la chasse" //demain | ce / chasse + *spéc.*//

Structure = S + P + C
Sujet + Prédicat + Complément

- *MODALITE PERSONNELLE 2*

6.	à dí à	"Il le voit" //il / le voir / lui//

- *BASE CONJONCTURELLE*

7.	à kà kwàá:ynè	"Il vient encore" //il / le venir / encore//
8.	à kà mósómósó	"Il vient doucement" //il / le venir / doucement//
9.	à kà bìí	"Il est venu hier" //il / le venir / hier//

- *DEICTIQUES*

10. à kà nèe̋ — "Il vient ici"
//il / le venir / ici//

11. à gòő nò[24] — "Il est"
//il / être / ce//

- *MODALITES ASSERTIVES*

12. à kà da̋y — "Il vient certes"
//il / le venir / certes//

13. nı̋ má wàlla̋ — "Tu entends vraiment"
//tu / l'entendre / vraiment//

- *BASE DESCRIPTIVE*

14. à dı̋ ı̋-be̋:rò — "Il voit le grand"
//il / le voir / le grand//

SYNTAGMEMES

Structure = (Sujet) + Prédicat + Complément

- *SYNTAGME DETERMINATIF* : tous les types sont possibles

15. hày - fő (S) gòő (P) nı̋ - jı̋sı̋mà - rá[25] (C) — "Il y a quelque chose dans ton oseille"
//chose | une / être / ton | oseille | dans//

16. wa̋y - dìı́n (S) tà (P) ńga̋ - zàa̋:rà[26] (C) — "Celle-la prend son pagne"
//celle-la / le prendre / son | pagne//

17. ì (S) gòő (P) càré - ba̋ndà[27] (C) — "Il se suivent"
//ils / être / l'un l'autre | derrière//

18. màn - cí (P) a̋lbòrò - nőò[28] (C) — "Ce n'est pas un homme"
//ne pas | être / homme | ce//

19. à (S) gò (P) ja̋ntè - ga̋[29] (C) — "Il a la fièvre"
//il / être / fièvre | à//

20. à (S) gò (P) zéya̋ŋő - ga̋[29] (C) — "Il jure"
//il / être / jurement + *spéc.* | à//

---

24 |nőò| R. 3

25 |jìsìmàa̋| R. 1

26 |ńgà| R. 1

27 |bàndà| R. 1

28 |àlbòrò| R. 1

29 |gòő| R. 3

21. à kà:rù bàrìòɓ - bọ̰
S P C

"Il monte sur le cheval"
//il / le monter / cheval + *spéc.* | sur//

22. à mà - zà fòɓndò - káyná
S P C

"Qu'il prenne le petit chemin"
//il / *déloc.* | le prendre / chemin | le petit//

23. à kwáy dánjó dìín - kàyáŋɓ
S P C

"Il va prendre ce feu"
//il / le partir / feu + *spéc.* | ce | la prise + *spéc.*//

24. ì dù sánní - hínká
S P C

"Ils trouvent deux vérités"
//ils / le trouver / parole | deux//

25. ì kàndé bàrí - háynòɓ [30]
S P C

"Ils apportent le mil du cheval"
//ils / l'apporter / cheval | mil + *spéc.*//

26. à dí wɓ - nèé [31]
S P C

Il voit ceci"
//il / le voir / ce | ici//

27. à gòɓ yá - dìín [32]
S P C

"Il est ainsi"
//il / être / çà | là//

- *SYNTAGME RELATIF*

28. írì dí hárì - hínzà - ká̰ nà-írì - bítí [33]
S P C

"Nous avons vu trois choses qui nous ont troublés"
//nous / le voir / chose | trois ≠ ce que / à | nous | le troubler//

29. ày má gwáy - ká̰à̰ - ní - té [34]
S P C

"J'ai vu le travail que tu as fait"
//je / l'entendre / travail ≠ ce que / tu / le faire//

- *SYNTAGME ENONCIATIF*

30. háwɓ gòɓ gà - núkùm
S P C

"Le boeuf donne des coups de corne"
//boeuf + *spéc.* / être / vers | le donner les coups//

31. àáy gòɓ gà - hángán
S P C

"J'écoute"
//je / être / vers | l'écouter//

---

30 |hàynòɓ|
31 |wɓò-nèé|
32 |yàá|
33 |ká̰à̰|
33 |hàrì|
34 |àáy|

32. bùréymà gò gá - à - árwásáy[35] "Bourema la courtisait"
S P C
//Bourema / être / vers | la | le courtiser//

SYNTAGME REGI

33. ì kà ká sàláàm kwáy dángà - ízày - gá [36]
S P ≠ P ≠ P C

"Il saluent le chef et ses enfants"
//ils / le venir ≠ et | le saluer / chef | et | son | enfant + *spéc.* | à//

SYNTAGME COORDONNANT

34. à kà dáy à néè
S P C

"Il vient alors il dit"
//il / le venir ≠ alors / il / le dire//

SYNTAGME SUBORDONNANT

35. à kà ká fúlánzám
S P C

"Il vient se reposer"
//il / le venir ≠ et | le reposer//

b) CARACTÈRES DE LA FONCTION COMPLÉMENT

7.15. - L'énumération des syntaxèmes et des syntagmes remplissant la fonction de complément, montre une plus grande variété que pour la fonction sujet.

- La fonction complément n'est pas représentée dans l'énoncé minimum, mais dans l'énoncé expansif à trois éléments.

- Les compléments sont situés après le prédicat, les compléments locatifs, temporels ou indirects ont une certaine autonomie. Cependant, il est toujours possible, en zarma, de mettre en relief un certain nombre de compléments en les plaçant à l'initiale ou en finale d'énoncé ,

---

35 |gòó| R. 3

36 |ízàáy| R. 3

en les rappelant à leur place normale par une modalité personnelle . (cf. l'énoncé emphatique).

- Plusieurs compléments peuvent se succéder selon un ordre plus ou moins fixe.

- Nous examinerons plus précisément les rapports entre le prédicat et le complément, car la nature du prédicat détermine certains types de compléments (cf. Rapports : Prédicat - Complément).

Cependant, on peut dire que, d'une manière générale, la hiérarchie des compléments s'organise selon un ordre précis dépendant de la nature du prédicat.

Nous distinguerons deux cas, suivant que le prédicat est l'existentiel ou non, la nature des compléments et leur ordre d'apparition en sont quelque peu différents. En particulier, nous rappellerons que l'existentiel admet un type de complément que n'admettent pas les autres prédicats, à savoir le syntagme énonciatif, ou la Base 2 type kà "le venir".

1ER CAS : LE PRÉDICAT N'EST PAS L'EXISTENTIEL

7.16. L'Ordre préférentiel des compléments est le suivant :

1. Modalité personnelle, Base Ø bivalente, 1 notionnelle , syntagme déterminatif non fonctionnel, non circonstantiel, Base descriptive.
2. Syntagme régi
3. Syntagme fonctionnel
4. Syntaxèmes / syntagmes déterminatifs (non fonctionnels) à valeur circonstantielle.
   a) locatif
   b) temporel
   c) autre circonstance
   d) base conjoncturelle
5. Déictique
6. Modalité assertive
7. Juxtaposée

8. Coordonnée
9. Subordonnée.

Cet ordre admet cependant certaines interversions possibles entre le complément fonctionnel et le complément régi par exemple,entre le locatif et le temporel. De plus, le complément personnel, même s'il est fonctionnel, est prioritaire.

Exemples :

bàrìòɔ́ màná - mɛ́ - dà̰ bá - àfɔ́ - rá jìrìbì - í:yè - mɛ́è[37]

S P C 2/3 C 4

"Le cheval n'a touché à rien de toute la semaine"
//cheval / *nég.* | bouche | le mettre / même | une | dans / jour | sept | fin//

ì nà - à-hí:jándì kùmàndáà - wɔ́ò - sɛ́è dá - gá:bì yá - cíné

S P C 3 C 2 C 4

"Ils l'ont marié au commandant, de force, ainsi"
//ils / à | la | le marier / commandant | ce | à / avec | force / ce | pareil//

ì kàndɛ́ à - tɛ́:là hábú

S P C 1 C4

"Ils apportent sa machine à coudre au marché"
//ils / l'apporter / sa | machine / marché//

ì nɛ́è ńgáy mà - sí - gò:rɔ́ dá - ńgáy - bà:bà - àlmánǎáy kwà:rɔ́ò - wɔ́ò - rǎ[38]

S P # S P C 2 C 3

"Ils disent qu'ils ne vont pas rester avec le bétail de leur père dans ce village"
//ils / le dire #ils / *déloc.* | *nég.* | le rester / avec | eux | père | bétail + *spéc.* / village | ce | dans//

à màná - dí báríòɔ́ kàlǎ - wíndí - máyò - gá [39]

S P C1 C2 + 3

"Il n'a pas vu le cheval à la porte de la concession"
//il / *nég.* | le voir / cheval + *spéc.* / jusque | concession | porte + *spéc.* | à//

---

37 |mɛ́è| R.

38 |ńgày| R. 1

39 |bàrìòɔ́| R. 1

39 |máyòɔ́| R. 3

àу sí - bá àrwàsù - kúlù kàlá áy - ármòó - dìín [40]

S P C1 C2

" Je n'aime aucun garçon à part mon frère"
// je / *nég.* | l'aimer / garçon | tout / sauf | mon | frère + *spéc.* | ce--là//

à nà - hàynì - dà à - séè jí:rí - í:yè

S P C3 C4

"Il lui a donné du mil pendant 7 ans"
//il / à | mil | le mettre / lui | à / année | sept//

ì dí nííìn dá - zàngú - fó

S P C1 C2

"Ils voient tes 5000 frs."
//ils / le voir / toi / avec | cinq mille | un//

ì mà - kwà:rà - bándá - té ńgà - séè kàrángàllé

S P C3 C1

"Qu'ils fassent pour lui une clôture derrière le village"
//ils / *déloc.* | village | derrière | le faire / lui | à / clôture//

Dans ce dernier cas, il y a une priorité du complément personnel par rapport au non-personnel.

à kwáy ká té hàndú - hínzá gànjì [41]

S P # P C4 (temporel) C4 (locatif)

"Il part 3 mois en brousse"
//il / le partir # et | le faire / mois | trois / brousse//
/Temporel - conjoncturel - locatif/

sóŋó - yàá kwàá:ynè bùréymà yéè nó - dìín [42]

C4 C4 S P C4

"Maintenant encore, Boureyma retourne là-bas"
//maintenant | çà / encore / Boureyma / le retourner / ce | là//

ká:búyáŋó - dìnì - gá à dí kúmbò [43]

C3 S P C1

"Au moment du recensement, il a vu Koumbo"
//comptage + *spéc.* | ce | à / il / le voir / Koumbo//

---

40 |àáy| R. 3
40 |báà| R. 1
40 |àáy àrmòó| R. 1 - R.3

41 |hínzà| R. 1
42 |sóŋò| R. 1
|nóò-dìín| R. 1 [dìn] réalisation fréquente en finale.

43 |dìní| R. 3

Remarque :

A l'injonctif, lorsqu'il y a deux modalités personnelles dans l'énoncé, elles encadrent la Base comportative.

Exemple :

àáy - càbé à — "Montre-le moi"

P C — //moi | le montrer / le//

On peut considérer que le véritable complément est à, àáy entre dans une relation de détermination dont le centre est càbé "le montrer".

7.17. COMBINAISONS PREFERENTIELLES

Parmi les diverses possibilités de combinaisons, on a pu remarquer les combinaisons préférentielles suivantes :

a) - non fonctionnel - fonctionnel

b) - personnel - non personnel

c) - non locatif - locatif

d) - non circonstantiel - circonstantiel

La succession non fonctionnel - fonctionnel semble avoir la priorité dans bien des cas même sur la succession personnel - non personnel qui apparaît moins fréquemment.

a) *NON FONCTIONNEL - FONCTIONNEL*

L'ordre non fonctionnel - fonctionnel ne sera pas respecté si le non fonctionnel est un locatif ou un temporel qui se situera alors après le complément fonctionnel.

à kà:rù ńgá - bàrí kàlá - kwáy - wáynèé - dò [44]

S P C1 C2

"Il monte sur son cheval jusqu'à la maison du chef"
//il / le monter / son | cheval / jusqu'à | chef | ce | lieu//

ì mà - kwáy hàynì - sàfá bàrìòó - sè [45]

S P C1 C3

"Qu'ils aillent piler le mil pour le cheval"
//ils / à | l'aller / mil | le piler / cheval + *spéc.* | à//

---

44 |ńgà| R. 1

44 |dóò| R. 3

45 |séè| R. 3

à cìndì wàymòó dá - ńgá - còró [46]

S P C1 C2

"Il reste la soeur et son amie"
// il / le rester / soeur + *spéc.* | et | son | amie//

b) *PERSONNEL - NON PERSONNEL*

mà - té àáy - sè kwá:yí - bè:rì [47]

P C3 C1

"Fais-moi un grand boubou"
// de | le faire / moi | pour / chemise | la grande//

àáy - mó gà - té ní - sè zàmbá [48]

S P C3 C1

"Moi aussi je t'ai fait une ruse"
// je | aussi / vers | le faire / toi | pour / ruse//

ày dí ní - sé wàndé [49]

S P C3 C1

"J'ai vu une femme pour toi"
// je / le voir / toi | pour / femme//

c) *NON LOCATIF - LOCATIF*

à gà - kwáàndá àrzàkà - kúlù ńgà - wíndí

S P C1 C4

"Elle emporte toute la richesse dans sa concession"
// elle / vers | l'emporter / richesse | toute / sa | concession//

à kàndé à fúù

S P C1 C4

"Il l'a apporté à la maison"
// il / l'apporter / le / maison//

---

46 |ńgà| R. 1
47 |séè| R. 3
47 |kwá:yì| R. 1

48 |móò| R. 1
48 |séè| R. 3
49 |àáy| R. 3
49 |séè| R. 1

Remarque :

On remarquera que parmi les compléments locatifs, certains sont des fonctionnels, d'autres non. Lorsque deux locatifs coexistent dans un énoncé, le non fonctionnel précède le fonctionnel.

à kà nɔ́ - dìɪ́n à - dɔ́ò [50]

S P C4 C4

"Il vient là chez elle"
//il / le venir / ce | là / elle | lieu//

à kwáy fúrò nɔ́ - dìɪ́n kò - gú:sɔ́ - kúná [51]

S P # P C4 C3

"Il est parti entrer là-bas dans le trou du baobab"
//il / le partir # l'entrer / là-bas / baobab | trou + *spéc.* | dans//

à kà ká zúmbù kwà:rà - rá té:là - ízè - fɔ́ - dò [52]

S P # P C3 C4

"Il s'est arrêté dans le village chez un tailleur"
//il / le venir # et | le descendre / village | dans / machine à coudre.enfant | un | lieu//

à kà ká - bọ̀ - ɲá:jín dàyò - rá kàlá gándà [53]

S P # P C3 C2

"Elle vient enfoncer la tête dans le puits jusqu'en bas"
//elle / le venir # et | tête | l'enfoncer / puits | dans / jusqu'en | bas//

d) *NON CIRCONSTANTIEL - CIRCONSTANTIEL*

ì té wángù cè - hínká [54]

S P C1 C4

"Ils font la guerre deux fois"
//ils / le faire / guerre / fois | deux//

Cas particulier

Nous trouvons un cas où c'est le fonctionnel qui précède le non-fonctionnel. Il semble qu'il s'agisse là d'une mise en relief de la Base descriptive ídùngɔ́·

---

[50] |nɔ́ò| R. 1
[51] |kòɔ́| R. 3
[52] |zùmbù| R. 1
[52] |dɔ́ò| R. 3
[53] |dàyòɔ́| R. 3
[53] |gàndà| R. 1
[53] |ɲá:jìn| R. 1
[54] |wàngù| R. 1

mà - sí - dà̰ àáy - mè:rá ídùngó

P C3 C1

"Ne met rien de chaud dans ma bouche"
//de | ne pas | le mettre / ma | bouche | dans / le chaud//

7.18. *Remarques*

1. Quelques types de complément ont une place relativement plus mobile à l'initiale ou en finale de l'énoncé.

a) *LE SYNTAGME DETERMINATIF A CENTRE DEICTIQUE*

àbíndé yá - cíné wàngáà:rí - ká̰à̰ - má má - kà[55]

C4 C4 S (+ relative) P

"Ensuite, un guerrier qui avait entendu la nouvelle est venu"
//ensuite / ce | pareil / guerrier ≠ qui / l'entendre ≠ de | le venir//

ì mà - té ńgà - sé yá - dìn - cíné[56]

S P C3 C4

"Qu'ils fassent pour lui la même chose ainsi"
//ils / de | le faire / lui | pour / ce | la | pareil//

b) *LE CONJONCTUREL*

hìnóò à yéè kwáy áfàá - dò kwàá:ynè[57]

C4 S P ≠ P C1 C4

"Maintenant il retourne vers un autre (tas) encore"
//maintenant / il / le retourner ≠ le partir / un + *spéc.* | lieu / encore//

sóŋó - yàá kwàá:ynè cínòó bò:rí[58]

C4 C4 S P

"Maintenant encore la nuit est agréable"
//maintenant | ce / encore / nuit + *spéc.* / l'être bonne//

La Base conjoncturelle liée au prédicat qui précède ne semble pas pouvoir se déplacer.

---

55 |mà | R. 1 57 |dóò| R. 3 58 |sóŋò| R. 1
56 |séè yàá-dìín| R. 1 - R. 3 |à-fàá| R. 1

Exemples :

à sàllą̀ gűmő — "Il parle beaucoup"
// il / le parler / beaucoup//

ì gàa̋y sí̋úsí̋úsí̋ú — "Ils restent longtemps"
// ils/ le rester / longtemps//

c) *LE TEMPOREL*

Le temporel a une certaine autonomie par rapport aux autres compléments; il peut se situer à l'initiale ou en finale d'énoncé; dans les cas où coexistent plusieurs compléments temporels, ils encadrent l'énoncé. Le complément temporel peut être fonctionnel ou non fonctionnel.

à - ka̋yą̋ ńgá mànà - fűrò à - fűù - rá [59]

C4 S P C3

"depuis son arrivée, il n'est pas entré chez lui"
// son | arrivée / il / *nég.* | l'entrer / sa | maison | dans//

hùnkűná ka̋ka̋wő gà - fé:rí

C4 S P

"Aujourd'hui, la discussion va finir"
// aujourd'hui / discussion + *spéc.* / vers | l'ouvrir//

í sí - dí fűù ḥùnkűná [60]

S P C1 C4

"Nous ne verrons pas la maison aujourd'hui"
// nous / vers + *nég.* | le voir / maison / aujourd'hui//

cínò - ra̋ kő:ràa̋ tùún [61]

C3 S P

"Dans la nuit l'hyène s'est levée"
// nuit + *spéc.* | dans / hyène + *spéc.* / le lever//

à - jí:rí - í:yè - ga̋ bá:bòő kà ka̋ bú [62]

C3 (4) S P C9

"Quand il eut sept ans, son père vint à mourir"
// son | année | sept | à / père + *spéc.* / le venir # et | le mourir//

---

59 |ńgà| R. 1
59 |màná| R. 3
60 |í| → |írí|
61 |cínòő| R. 3
62 |bà:bòő| R. 1

d) *SYNTAGME FONCTIONNEL*

wáy - dìní - sè ní gà - hḛ́[63]

C3 S P

"C'est à cause de cela que tu pleures"
//cela | pour / tu / vers | le pleurer//

e) *LOCATIF + TEMPOREL*

kwà:ràá - dìín jí:rí - kúlù wándíó - nó ì gá - sàrágà dàyòó - sè[64]

C4 C4 C1 S P C3

"Dans ce village, chaque année, ils sacrifient une jeune fille au puits"
//village | ce / année | toute / jeune fille | ce / ils / vers / le donner / puits + *spéc.* | au//

Pour ce dernier exemple, nous renvoyons au chapitre de l'énoncé emphatique.

Nous avons ici une antéposition d'un complément locatif, temporel et d'un élément du syntagme énonciatif (**wándíó**).

L'énoncé courant serait **ì gà - wándíó - sàrágà**
"Ils sacrifient une jeune fille"
//ils / vers | jeune fille | le donner//

Nous verrons donc qu'il est toujours possible de mettre en relief un complément (ou un autre élément) non temporel, non locatif, non conjoncturel en le mettant à l'initiale de l'énoncé, ceci pour des raisons d'insistance

Cas particuliers :

Quelques compléments temporels présentent certaines particularités.

1) Le cas de **bíndé̌** "ensuite, en ce moment" est intéressant parce que l'on pourrait supposer qu'il provient d'un énoncé figé qui aurait été **à bíndé̌** ou **à bíné** "il continue, il poursuit", trace que l'on retrouve encore dans certains exemples où **bíndé̌** fonctionne comme prédicat précédé d'un sujet(modalité personnelle ou autre)

Exemples 3 et 6.

Dans d'autres exemples, il fonctionne comme complément temporel avec une position à l'initiale ou en finale d'énoncé.

Exemples 1, 2, 4, 5.

---

63 |sée̍| R. 3

64 |nóò| R. 1

64 |séè| R. 3

Sur un plan catégoriel **bíndé** appartient aux Bases conjoncturelles car, même dans les cas où il fonctionne encore comme prédicat **bíndé** n'a aucune des possibilités combinatoires des Bases 1, 2 ou Ø (notionnelles, comportatives ou bivalentes).

Ajoutons que **bíndé** a une grande fréquence dans la langue.

Exemples :

1. à kà bíndé ou bíndé à kà
   S P C C S P
   "Il est venu ensuite"
   //il / le venir / ensuite//

2. ì gòó nò yá-dìín kàlá bíndé ì kà ká bé:rì [65]
   S P C C Rég. C S P ⫽ Rég.+ P
   "Ils demeurèrent ainsi jusqu'à ce qu'ils grandissent"
   //ils / être / ce / ce | là ⫽ jusqu'à / alors / ils / le venir ⫽ et | le grandir//

3. kó:rò bíndé à sámbú fòóndó - bè:ròò [66]
   S P ⫽ S P C
   "L'hyène ensuite a pris le grand chemin"
   //hyène ||/ ensuite / ||elle / le prendre / chemin | le grand//

4. sóŋó.á.dìn bíné à tùún
   C C S P
   "Maintenant alors il s'est levé"
   //maintenant / alors / il / le lever//

5. írí.kwày kà ká té ńgà - wǎnè à té kásí bíndé
   S P⫽ Rég.+P C ⫽S P C C
   "Dieu est venu la rappeler à lui, elle est décédée ensuite"
   //Dieu / le venir ⫽ et | le faire / sa|possession ⫽ elle / le faire | décès / ensuite//

6. à - bíndé à gòó nò à gòó nò kàlá bíndé cínò bé:rì [67]
   S P ⫽S P C ⫽S P C ⫽Rég. Ct S P
   "Ensuite il reste là, il reste là jusqu'à ce qu'alors la nuit paraisse"
   //il /le poursuivre⫽ il / être/ce ⫽ il / être / ce ⫽ jusqu'à / alors / nuit + *spéc.* / le grandir//

---

[65] |nóò| R. 1
[65] |yàá| R. 3
[66] |fòóndò| R. 1
[67] |nóò| R. 3
[67] |cínòó| R. 3

2) wátòó "ensuite, à ce moment" (wátì = le temps)

wátòó est à considérer également comme un complément temporel employé sans doute à l'origine avec un fonctionnel : wátòó - gá, comme l'attestent encore certains exemples (exemple 2).

(1) ì ɲúmày wátòó ì kà sékòó - dò[68]

"Ils se lavent ensuite ils vont chez Sekou"
//ils / le laver // ensuite / ils / l'aller / Sekou + *spéc.* | chez//

Structure S P // Ct S P C

(2) wátò - gá à mà - té gőndì ká fáttá[69]

"Ensuite il devient serpent et sort"
//moment | à / il / de | le faire / serpent // et | le sortir//

On rapprochera aussi de wátòó les successions suivantes :
gátò - gá, gátí - dìn - gá[70]
"Alors, à la suite de quoi"

(même origine que wátòó "temps", probablement, on notera le changement consonantique w → g

Structure C ||/ P // S P // Rég. P || C // gátò-gá-nò // S P // P

(3) kő:ròó nà̰ áy má - hàyòó - zà ká sárkù ní - gá gátò - gá - nò írí gà - wásű kwáy[71]

"Hyène, laisse que j'accroche cela à toi pour que nous allions vite"
//hyène / le laisser // je / *déloc.* | chose | le prendre // et | l'accrocher / toi | à // moment | à | ce// nous / vers | l'aller vite// le partir//

(4) ì gá - à - főnnáy à gá - fùn fűù - hárày gátí - dìn - gá kűmbó nà-à-kősőráy[72]

"Ils l'apercurent qui sortait de la maison, alors Koumbou accourut vers lui"

//ils / vers | le | l'apercevoir // il / vers | le sortir / maison | vers // moment | ce | à / Koumbo / à | le | l'accourir//

Structure : S P // S P C // Ct S P

---

68 |dóò| R. 3
69 |wátòó gá| R. 3
70 |gátì dìín| R. 1
71 |àáy mà| R. 3 - R. 1 |sàrkù| R. 1
71 |írì| R. 1
72 |fùún| R. 3
72 |kúmbò| R. 1

Dans l'exemple 3, le syntagme gấtò-gấ suivi du déictique constitue un énoncé dépendant : "c'est à ce moment que". On rapprochera ce cas de ceux énumérés au chapitre des énoncés (cf. gấ-nò, dấy-nò qui constituent également un énoncé dépendant à eux-seuls). Dans l'exemple 4 gấtí-dìn-gấ a une fonction de complément temporel.

2ÈME CAS : LE PRÉDICAT EST L'EXISTENTIEL

7.19. Nous traitons à part le cas où l'existentiel est le prédicat. L'ordre de successions des compléments est différent dans cette situation pour plusieurs raisons (cf. rapport Prédicat - complément):

- l'existentiel n'admet pas tous les types de compléments précédemment cités, notamment il n'admet pas la postposition directe de la modalité personnelle.
- l'existentiel admet d'autres types de complément, soit la Base 2 comportative, telle que kà "le venir" et le syntagme énonciatif.

Rappelons que l'existentiel est le seul syntaxème à avoir toujours la fonction de Prédicat.

L'ordre des compléments énoncé pour le cas 1 reste valable si l'on y ajoute en priorité :

1. Déictiques nóò, nèé, yàá
2. Modalités assertives type dấy "certes"
3. Base 2 comportative ou syntagme énonciatif

la suite des compléments reste la même :

4. Base Ø bivalente, 1 notionnelle, syntagme déterminatif non fonctionnel, modalité personnelle
5. Syntagme régi
6. Syntagme fonctionnel
7. Circonstantiel

Nous ajouterons cependant que cet ordre est modifiable dans quelques cas; en particulier les déictiques et les modalités assertives peuvent se trouver en dernière position.

Il s'agit d'un ordre théorique, les exemples ne comprennent pas la totalité de cette combinatoire et même certaines associations s'excluent entre elles; c'est le cas pour la Base 2 comportative et le syntagme énonciatif.

Nous présenterons d'abord des exemples et nous donnerons ensuite des commentaires concernant les contraintes d'emploi dans l'ordre de ces compléments.

à	gòó	nò	gá - gò:ró [73]	"Il s'asseoit" //il / être / ce / vers | l'asseoir//
S	P	C1	C3	

(cet énoncé exprime une continuité, une durée).

à	gòó	nò	nó - dìín [74]	"Il est là" //il / être / ce / ce | là//
S	P	C1	C7	

à	gò	dáy	yá - dìín [75]	"Il reste ainsi" //il / être / certes / çà | là//
S	P	C2	C7	

à	gòó	gà - kwáy	fúù	"Il part à la maison" //il / être / vers | le partir / maison//
S	P	C3	C7	

à	sí	gà - dí	à	"Il ne le voit pas" //il / n'être pas / vers | le voir / lui//
S	P	C3	C4	

àáy	gòó	nò	né - nó	gà - káày [76]	"Je demeurais ici" // je / être / ce / ici | ce / vers le rester//
S	P	C1	C4	C3	

àáy	gò	gá - jàndí - kàá	ní - sè [77]	"Je vais te dire un conte" // je / être / vers | conte | l'enlever / toi | à//
S	P	C3	C6	

à	gò	dáy	gá - gò:ró	té:làá: - dò [78]	"Il est assis près de la machine" //il / être / certes / vers | l'asseoir / machine | lieu//
S	P	C2	C3	C7	

7.20. Commentaires

1) Possibilité d'inversion :

- La succession complément énonciatif + complément locatif peut être inversée, comme l'attestent les exemples suivants :

---

73 |nóò| R. 3

74 |nóò| R. 3

74 |nóò| R. 1

75 |ŋòó| R. 3

76 |nóò nèé nóò| R.3 - R.1

77 |gòó gà| R. 3 - R. 1

77 |séè| R. 3

78 |gòó| R. 3

78 |dóò| R. 3

à gò nó - dìn gá - sámbù[79]

C7 C3

"Il est là accroupi"
//il / être / ce | là / vers | l'accroupir//

à gò gá - sámbù nó - dìn

C3 C7

"Il est accroupi là"
//il / être / vers | l'accroupir / ce | là//

hánsí gòó à - dó gà - kání[80]

C7 C3

"Le chien est près de lui couché"
//chien / être / lui | lieu / vers | le coucher//

hánsí gòó gà - kání à - dóò

C3 C7

"Le chien est couché près de lui"
//chien / être / vers | le coucher / lui | lieu//

ì gòó gándà gà - jìríbì[81]

C7 C3

"Ils sont par terre couchés"
//ils / être / terre / vers | le coucher//

ì gòó gà - jìríbí gàndà[82]

C3 C7

"Ils sont couchés par terre"
//ils / être / vers | le coucher / terre//

2) La succession du déictique nóò ou de la modalité assertive type dáy "certes" et du syntagme énonciatif appellent les remarques suivantes concernant :

a - l'ordre d'apparition et de succession de ces compléments;

b- la solidarité entre le prédicat et les compléments qui se manifeste dans l'application de règles tonales entre ces deux fonctions et sur le plan sémantique par la valeur exprimée par cette combinaison prédicat complément qui évoque une continuité, une durée.

---

79 |gòó nóò dìín gà| R.3 - R.1

80 |hánsì| R. 1

80 |dóò| R. 1

81 |gàndà| R. 1

82 |jìríbì| R. 1

Exemples :

1. à gòó gà - gò:ró

C3

"Il s'asseoie"
// il / être / vers | l'asseoir//

2. à gòó nò gà - gò:ró[83]

S P Cl C3

"Il est en train de s'asseoir"
// il / être / ce / vers | l'asseoir//

Il est possible, dans cet exemple, de déplacer nóò en fin d'énoncé.

3. à gòó gà - gò:ró nò

S P C3 Cl

"Il s'asseoie certes"
// il / être/vers | l'asseoir / ce//

Il y a un déplacement également de l'insistance qui portait sur l'existentiel vers la Base 2, ou même vers l'ensemble de l'énoncé.

La succession nóò "ce" + Base 2 comportative type kà "le venir" est contraignante, en ce sens qu'il n'est pas possible d'en changer l'ordre pas plus qu'il n'est possible de supprimer nóò et la Base 2 comportative.

Exemple :

à gòó nó gò:ró[84]

Cl C3

"Il s'asseyait"
// il / être / ce / l'asseoir//

3) Plusieurs syntagmes énonciatifs peuvent se succéder; on peut alors se poser le problème de leur interprétation comme successions de compléments identiques : existentiel + syntagme énonciatif + syntagme énonciatif, ou comme juxtaposition d'un énoncé dépendant après une succession :

existentiel + syntagme énonciatif + énoncé dépendant

à gò gá - dírà gà - hẽ́[85]

S / P / C3 / C3

S P C3 # P

"Il marche en pleurant"
// il / être / vers | le marcher #
vers | le pleurer//

[83] |nóò| R. 3
[84] |nóò| R. 1
[85] |gòó gà dìrà| R. 1

4) Il est intéressant de noter que dans les différents cas prédécents où l'existentiel a pour complément un syntagme énonciatif ou un déictique nɔ́ɔ̀ suivi d'une Base comportative, il semble y avoir une certaine unité sur le plan sémantique exprimant une durée, soit dans les exemples :

gɔ̀ɔ́ + syntagme énonciatif → progression à gɔ̀ɔ́ gà - kà

gɔ̀ɔ́ + { nɛ̀ɛ́ / nɔ́ɔ̀ + syntagme énonciatif / modalité assertive } → continuité à gɔ̀ɔ́ nò gà - kà

gɔ̀ɔ́ + nɔ́ɔ̀ + { Base comportative / bivalente } → durée à gɔ̀ɔ́ nò kà

Nous avions pu penser précédemment que nous avions affaire, dans ces différents cas, à un système de particules ou de régisseurs composés à valeur durative, continuative ou progressive régissant des Bases comportatives ou bivalentes type kà "le venir", ou címí " le dire vrai". Cependant, la possibilité de faire commuter les différentes parties de ces composés et, par suite, l'examen de toute la combinatoire existante entre ces particules, nous a permis d'envisager une solution plus économique et s'intégrant à l'ensemble de l'interprétation de la langue, puisque l'énoncé minimum à gɔ̀ɔ́ est attesté et que tous les éléments qui viennent en expansion de ce terme font partie d'une combinatoire et non d'un *système figé* en composés :

{ gɔ̀ɔ́ - nɔ́ɔ̀ (gà) / sí - nɔ́ɔ̀ (gà) }
{ gɔ̀ɔ́ gà- / sí gà- }
{ gɔ̀ɔ́ - dáy (gà) / sí - dáy (gà) }
+ Base comportative ou bivalente

Les nuances sémantiques correspondant à ces combinaisons sont difficiles à exprimer en français.

Nous donnerons des exemples pris dans des textes pour illustrer ces différentes valeurs.

En particulier :

gɔ̀ɔ́ + nɔ́ɔ̀ + Base comportative / bivalente

gɔ̀ɔ́ + nɔ́ɔ̀ + gà + Base comportative / bivalente

- gòó + nóò + BASE COMPORTATIVE / BIVALENTE

1. à gó: nò kó:sú kàlá gà - dánjí - fónnáy àlmá:rò - kúná [86]
"Elle arrachait (la plante) quand elle aperçut du feu dans le crépuscule"
//elle / être / ce / l'arracher // jusqu'à / vers | feu | l'apercevoir / crépuscule + *spéc.* | dans//

2. ízòó - nó gòó nó kà yá [87]
"Voilà le fils qui arrive"
//enfant + *spéc.* | ce / être / ce / le venir / certes//

3. à né: ì gòó nó kà ká - áy - háŋándì [88]
"Il dit : ils viennent me faire boire"
//il / le dire // ils / être / ce / le venir // et | moi | le faire boire//

4. à né: ì gó: nò bíá ká - kàndé mú:sú - bòŋàáy, ká - bàná ní - sè [89]
"Elle dit : ils se préparent à apporter les têtes de lion pour te payer"
//elle / le dire // ils / être / ce / le préparer // et | l'apporter / lion | têtes + *spéc.* // et | le payer / toi | à//

5. à gó: nò kwáy kàlá à kà, ká - tó kwá:rà- fó - dò [90]
"Il partit jusqu'à ce qu'il atteigne un village"
//il / être / ce / le partir // jusqu'à / il / le venir // et | l'atteindre / village | un | lieu//

6. ní sí - gùná, hàká ì gó: nò té ká - kà írì - gá - nò [91]
"Tu ne vois pas ce qu'ils font en venant vers nous"
//tu / vers + *nég.* | le voir // ce que / ils / être / ce / le faire // et | le venir / nous | à | ce//

7. àrwàsày sí nò kwáy nárúyá [92]
"Les jeunes gens ne partent pas en voyage"
//jeunes gens + *spéc.* / n'être pas / ce / le partir / voyage//

---

86 |gòó nóò| R. 3
86 |àlmá:ròó| R. 3
87 |nóò| R. 1 |yàá| R. 3
88 |néè| R. 1
88 |nóò| R. 1
88 |àáy| R. 3
89 |néè| R. 1
89 |gòó nóò| R. 3
89 |mú:sù| R. 1
89 |séè| R. 3
90 |kwà:rà| R. 1
90 |dóò| R. 3
91 |nóò| R. 3 |hàkáà| R. 1
92 |àrwàsàáy| R. 3
92 |nóò| R. 3

gòɓ + nóò + gà + BASE COMPORTATIVE / BIVALENTE

1. dúmí - fóyá gòɓ nò gá - kà, kấyá - sèé ì gà - né ànnàsárá[93]
"Une race est venue que l'on appelle européen"
//race | une + *génér.* / être / ce / vers | le venir# que + *génér.* | à / ils / vers | le dire | européen//

2. bòrò - fó - nò gòɓ nó gà - frí - bìtà tà frì - gá [94]
"Il y a quelqu'un qui nous prend notre bouillie"
//homme | un |ce/ être / de/vers | notre | bouillie | le prendre / nous | à//

3. ì gòɓ nó gà - dánjí - dà fúòó - gá
"Ils mettent le feu à la maison"
//ils / être / ce / vers | feu | le mettre / maison + *spéc.* | à//

4. ì gòɓ nó gà - kwáy, kàlá í kà, ká - gàr wàngù tùún kwá:rà - rá[95]
"Ils partent jusqu'à ce qu'ils s'aperçoivent qu'une guerre a éclaté dans le village"
//ils / être / ce / vers | le partir # jusqu'à / ils / le venir# et | le trouver # guerre / se lever / village | dans//

Pour les exemples illustrant les successions gòɓ + syntagme énonciatif, nous renvoyons au paragraphe 7.28. Remarque où nous donnons une série d'exemples.

5) L'existentiel, suivi du coordinatif dá / ǹdá a le sens de "posséder, avoir" /être / avec | .../.

Il s'amalgame souvent sans que l'on puisse en conclure qu'il s'agisse d'un composé.

gòɓ ǹdá → [gáà:ǹdá]	"avoir" " posséder", "être avec"
à gòɓ ǹdá ńgà - ízé - wày - fó [96]	"Il avait une fille" //il / être / avec | son | enfant-fille | une//
à gòɓ ǹdá árwàsù [97]	"Elle a un fiancé" //elle / être / avec | garçon//

93 |nóò| R. 3
93 |káà-yá| R. 3 + ton montant marquant que l'énoncé n'est pas fini
93 |néè| R. 1
94 |bòró| R. 3
94 |nóò| R. 3
94 |nóò| R. 1
94 |írì| R. 1
95 |kwà:rà| R. 1 |ì| R. 1
96 |ízè| R. 1
97 |àrwàsù| R. 1

RAPPORTS PRIMAIRES

7.21. Précédemment nous avons envisagé les possibilités pour les différents syntaxèmes ou les syntagmes (syntagmèmes) de remplir la même fonction. De plus, nous avons vu qu'un même syntaxème,ou un même syntagme pouvait avoir des fonctions différentes. Les fonctions ont été étudiées indépendamment les unes des autres.

Il reste à examiner les possibilités ou impossibilités de combinaisons entre ces fonctions. N'importe quel type de sujet ne se combine pas avec n'importe quel type de prédicat, de même que les différents types de prédicat ne se combinent pas avec n'importe quel complément.

Nous examinerons successivement les possibilités de combinaisons existant dans les deux principaux rapports :

1. SUJET - PREDICAT
2. PREDICAT - COMPLEMENT

RAPPORTS SUJET-PRÉDICAT

7.22. Les syntaxèmes et les syntagmes (syntagmèmes) remplissant la fonction de sujet et de prédicat ont été présentés au chapitre précédent.

Nous avons vu qu'il pouvait y avoir différents types de prédicat, ainsi que différents types de sujet. Ainsi, selon la nature du prédicat, nous aurons certains types de sujet. Les compatibilités sont les suivantes :

1er CAS

SUJET	PREDICAT
1. Base ∅ bivalente	- Base ∅ bivalente, type cími "vérité, dire la vérité"
Base 1 notionnelle type gá:sú	
2. Modalité personnelle	- Base 2 comportative, type kà "le venir"
3. Base descriptive	- Syntagme énonciatif
4. Syntagme déterminatif	- Existentiel
5. Syntagme relatif	
6. Syntagme régi	

Exemples :

1. wáyn - àá fùún (S: wáyn - àá; P: fùún) — "Le soleil s'est levé" //soleil + *spéc.* / le lever//

   címò ká:nù [98] (S: címò; P: ká:nù) — "La nuit est agréable" //nuit + *spéc.* / être agréable//

   fúlánzámyáŋó màná - té (S: fúlánzámyáŋó; P: màná - té) — "Il n'y a pas eu de repos" //repos + *spéc.* / ne pas | le faire//

   fàrgàntè kà (S: fàrgàntè; P: kà) — "L'homme fatigué vient" //homme fatigué / le venir//

2. à gà - tá:rí (S: à; P: gà - tá:rí) — "Il ment" //il / vers | le mentir//

   à ŋàá (S: à; P: ŋàá) — "Il mange" //il / le manger//

   à màná - bú (S: à; P: màná - bú) — "Il n'est pas mort" //il / ne pas | le mourir//

3. àfó kà (S: àfó; P: kà) — "L'un vient" //un / le venir//

4. wó - dìín kàyná [99] (S: wó - dìín; P: kàyná) — "Celle-là est petite" //celle-là / l'être petite//

   wáy - nèé wàsá (S: wáy - nèé; P: wàsá) — "Cela suffit" //ceci / le suffire//

---

[98] |címòó| R. 3 [99] |wóò-dìín| R. 1

	fìlá:nà - ízòó kà S P	"Le fils d'un tel vient" //un tel | enfant + *spéc.* / le venir//
	àáy - cà̰á̰ - bò̰ ká̰à̰ S P	"La tête de ma souris tombe" //ma | souris | tête / le tomber//
	gànjì - fó gà - kà S P	"Un génie arrive" //génie | certain / vers | le venir//
5.	wóò - ká̰ - kà gà - dò:nù [100] S P	"Celui qui vient chante" //celui # qui / le venir # vers | le chanter//
6.	ńgá-ǹdá-à-mò nà-àlwá:sí - zá S P càré:-sè [101]	"Lui et elle ont prêté serment entre eux" //lui | avec | elle | aussi / à | serment | le prendre / entre eux | pour//

7.23. Commentaires

a) Sur l'ensemble des exemples illustrant le premier cas, nous n'avons pas présenté d'exemples où l'existentiel est un prédicat.

En effet, il semble relativement moins fréquent de rencontrer l'existentiel non suivi d'un complément; c'est pourquoi, s'il est possible de trouver des exemples avec l'existentiel et les différents types de sujet présentés plus haut, tels que :

bòró gòó	"Il y a un homme"	// homme / être//
fú gòó [102]	"Il y a une maison"	// maison / être//
à gòó	"Il existe, il est là"	// il / être//
àáy - jàndí gòó	"C'est mon conte"	// mon | conte / être//

etc..

le plus souvent l'existentiel gòó est suivi d'un complément (cf. prédicat / complément).

b) Les combinaisons les plus fréquentes sont :

la modalité personnelle { + Base 2 comportative, type kà "venir"
+ Syntagme énonciatif }

Les moins fréquentes sont celles où la Base descriptive ou le syntagme régi est le sujet.

---

[100] |káà| R. 1 [101] |séè| R. 3

[101] |ńgà| R. 1 |zà| R. 1 [102] |fúù| R. 1

c) Nous avons trouvé un exemple de Base conjoncturelle en fonction sujet. Nous remarquerons cependant, dans cet exemple, que le prédicat est d'origine haoussa, il pourrait s'agir d'une formule proverbiale quelque peu figée.

hùnkúná gà - càdá ní - gá "Aujourd'hui te coûterait cher"
//aujourd'hui / vers | le coûter cher / toi | à//

2ème CAS

7.24. Sujet	Prédicat
1. Syntagme déterminatif 2. Syntagme relatif	- Base Ø type címí "vérité, dire la vérité" - Base 1 type gá:sú "calebasse" - Syntagme déterminatif (avec ou sans déictiques)

1. ní - yàá (S) àlbòrò - nóò (P) — "Tu es l'homme"
//toi | certes / homme | ce//

árà̰ - kúlú (S) sàmúyá̰ - nò[103] (P) — "Vous êtes tous des idiots"
//vous | tout / idiot + *génér.* | ce//

ày - dáy (S) nè: -yá[104] (P) — "Me voici"
//je | certes / ici | donc//

wó - nèé (S) ày - wánè - nóò[105] (P) — "Celui-ci, c'est le mien"
//ce | ci / ma | possession | ce//

dùràyyá̰ - yà (S) sánní - nò[106] (P) — "Le soupir est un langage"
//soupir | certes / parole | ce//

àrmòó - má (S) sàmbó[107] (P) — "Le nom de mon frère est Sambo"
//frère + *spéc.* | nom / Sambo//

fìlá:nà - ízòó - yàá (S) íhànnó - fó - nò[108] (P) — "Le fils d'un tel est beau"
//un tel | enfant + *spéc.* | certes / le beau | un | ce//

---

103 |nóò| R.3 |kúlù| R.1
104 |àáy| R. 3
104 |nèé yàá| R. 3
105 |wóò| R. 1
105 |àáy| R. 3
106 |yàá| R. 3
106 |nóò| R. 3
107 |máà| R. 1
108 |nóò| R. 3

nî - bá:bà - wóò wàngáà:rí - nò [109] "Ton père est un guerrier"
//ton | père | ce / guerrier | ce//

S P

àáy - wò nî - ká:yì - dànàw - nóò [110] "Je suis ton grand père aveugle"
//je | ce / ton | grand père | aveugle | ce//

S P

2. bòrà - ká̰ - kà kóyó - káynè - nóò [111] "L'homme qui vient est le petit frère du chef"
//homme ≠ qui / le venir ≠ chef + *spéc.* | frère cadet | ce//

S P

Dans la majorité des cas présentés, on retrouve le *syntagme déterminatif* (avec *les déictiques* nóò ou nèé) qui a été défini comme *noyau prédicatif de base* lors de la présentation du Prédicat § 7.6.

7.25. Commentaires

De l'ensemble des compatibilités présentées ressortent un certain nombre de caractéristiques que nous résumerons ici :

La première caractéristique importante à noter est que le rapport sujet / prédicat est un *rapport de contiguité* ou encore d'*ordre séquentiel.*

Le sujet précède le prédicat. On a donc la séquence :

sujet + prédicat
ou
expansion privilégiée + centre

Cette dernière formulation nous amène logiquement à établir un parallèle avec les rapports de détermination dégagés au niveau secondaire dans le chapitre syntagmatique et à ajouter que ce rapport sujet + prédicat pourrait également se ramener à un rapport de détermination dans l'ordre déterminant - déterminé.

Nous sommes conduite d'autant plus à interpréter ce nouveau type de rapport en termes de détermination que dans le cas 1 la modalité personnelle sujet est la même que la modalité personnelle (déterminant) dans le syntagme à valeur possessive et que la nature de la Base 1 gá:sú "calebasse" est proche de celle de la Base 2 type kà "le venir" sur un plan formel, combinatoire et fonctionnel.

---

[109] |bà:bà| R. 1 [110] |wóò| R. 3 [111] |bòràá ká̰à̰| R. 3 - R. 1
[109] |nóò| R. 3 [110] |kà:yì| R. 1

à fúù "sa maison"
à kà "son venir"

Dans le cas 2 (§ 7.24.) rien ne différencie la structure et même la nature des éléments des énoncés cités d'une relation syntagmatique courante de détermination.

árà̰ - kúlú sàmúyá̰ - nò "Vous êtes tous des idiots"
dt → dé dé ← dt //vous | tout / idiot + *génér.* | ce//
dt → dé

Nous ajouterons qu'il n'est pas possible d'insérer normalement un élément entre le sujet et le prédicat.

Un seul sujet peut avoir plusieurs prédicats successifs, soit que le sujet est rappelé devant chaque prédicat, soit que les prédicats se succèdent, précédés ou non du régisseur ká sans répétition du sujet (c'est le cas le plus fréquent).

Dans ce dernier cas, le prédicat sans sujet directement exprimé, se rapporte au sujet du prédicat précédent et ne constitue pas une proposition indépendante à lui seul (cf. propositions juxtaposées).

Les cas où l'on observe plusieurs sujets pour un même prédicat se ramènent généralement à des situations où il s'agit alors d'un syntagme régi par dá "et, avec".

RAPPORTS PRÉDICAT-COMPLÉMENT

7.26. Les syntaxèmes et les syntagmes (syntagmèmes) remplissant la fonction de prédicat et de complément ont été envisagés précédemment. Les possibilités de combinaison entre ces deux fonctions sont très variables suivant le type de prédicat considéré.

Les combinaisons les plus fréquentes sont celles où le prédicat est une Base 2 comportative type **kà** "le venir", un syntagme énonciatif ou l'existentiel; quand le prédicat est une Base 1 notionnelle , type **gá:sú** "calebasse" ou un syntagme déterminatif, les possibilités de combinaisons avec le complément sont plus restreintes.

Nous examinerons donc les possibilités de combinaisons entre ces deux fonctions.

Nous distinguerons trois types de compatibilités suivant la nature du prédicat.

7.27. LE PREDICAT N'EST PAS L'EXISTENTIEL

PREDICAT

- Base Ø bivalente ex. **cɪ́mɪ́** "vérité, le dire la vérité"
- Base 2 comportative **kà** "le venir"
- Syntagme énonciatif

COMPLEMENT

1 - Base Ø type **cɪ́mɪ́** "vérité, dire la vérité"
2 - Base 1 notionnelle type **gá:sú** "calebasse"
3 - Modalité personnelle
4 - Base conjoncturelle
5 - Déictique
6 - Base descriptive
7 - Modalité assertive
8 - Syntagme déterminatif
9 - Syntagme relatif
10 - Syntagme fonctionnel
11 - Syntagme régi
12 - Enoncème coordonnant
13 - Enoncème subordonnant
14 - Enoncème juxtaposant

1/2.	ì kàndé̋ ha̋rí P C	"Ils apportent de l'eau" //ils / l'apporter / eau//
	à tő a̋rwàsù[112] P C	"Il devient jeune homme" //il / l'atteindre / jeune homme//
	à tő wíya̰̋ P C	"On atteint le moment de la récolte" //il / l'atteindre / récolte//
3.	à dí nîn P C	"Il te voit" //il / le voir / toi//
4.	à sállá̰̋ gúmó P C	"Il parle beaucoup" //il / le parler/ beaucoup//
5.	à kà nèé P C	"Il vient ici" //il / le venir / ici//
6.	kùmàndáwò sí - té ìhínká P C	"Il n'y a pas deux commandants" //commandant / vers + *nég.* | le faire / deux//
7.	ní má wállá P C	"Certes, tu entends" //tu / l'entendre / certes//
8.	ízàáy mà - káày yá - dìín[113] P C	"Les enfants s'arrêtent ainsi" //enfants / de | l'arrêter / ce | là//
	à dí wó - nèé[114] P C	" Il voit cela" //il / le voir / ce | ici//
	ì té mòó - tù - fó P C	"Ils font un plat de riz" //ils / le faire / riz | plat | un//
	à kà:rù bàrìòó - bò̰ P C	"Il monte sur le cheval" //il le monter / cheval + *spéc.* | sur//
9.	à sí báy S P wò ká̰à̰ cí ńgà - wíndí - kóyó[114] C	"Elle ne connaît pas celui qui est le chef de la concession" //elle / vers + *nég.* | le savoir / celui≠ qui / être / sa | concession | chef + *spéc.*//
10.	à kwáy kò - gú:só - járè - gá[115] P C	"Elle part près du trou du baobab" //elle / le partir / baobab + *spéc.* | trou + *spéc.* | côté | à//

---

112 |àrwàsù| R. 1

113 |yàá-dìín| R. 3

114 |wóò| R. 1

115 |kòó| R. 3

11. à kà ká sàlǎàm kwǎy dá ńgà-ɪzày-gǎ [116]

C

"Il vient saluer le chef et ses enfants"
//il / le venir ≠ et | le saluer / chef | et | son | enfant + *spéc.* | à//

12. à kà dǎy à nɛ̌è

C

"Il vient, alors il dit ..."
//il / le venir ≠ alors / il / le dire//

13. ì gòó nò gá - dɪ́rà kàlǎ ì kà kwà:rà-rǎ [117]

C

"Ils marchent jusqu'à ils arrivent dans le village"
//ils / être / ce / vers | le marcher ≠ jusqu'à / ils / le venir/ village | dans//

14. à só:lá à gà - kwǎy[118]

C

"Il s'apprête à partir"
//il / l'apprêter ≠ il / vers | le partir//

Le rapport prédicat - complément peut présenter quelques divergences par rapport au schéma présenté précédemment du fait que certaines Bases 2 comportatives admettent des restrictions dans l'adjonction de quelques compléments, notamment la modalité personnelle et la Base descriptive. Des bases telles que kà "le venir", hánnà̰ "être beau" cɪ́rày "l'être rouge" et d'autres termes de qualification n'admettent pas comme complément une modalité personnelle ou une Base descriptive.

---

[116] |ɪzàǎy| R. 3

[117] |nóò gà dìrà| R. 3 - R. 1

[118] |sòó:là| R. 3 - R. 1

7.28. LE PREDICAT EST L'EXISTENTIEL

PREDICAT		COMPLEMENT
existentiel		1 - Base Ø bivalente type **cɪ́mɪ́** "vérité, dire la vérité"
gòɔ́ / sɪ́	être, ne pas être	2 - Base 1 notionnelle type **gắ:sŭ** "calebasse"
		3 - Modalités assertives
		4 - Déictiques
		5 - Syntagme déterminatif
		6 - Syntagme fonctionnel
		7 - Syntagme régi
		8 - Syntagme énonciatif

a) Nous remarquerons que l'existentiel admet une assez grande variété de compléments, mais qu'il *n'admet pas la modalité personnelle* en postposition directe.

b) Par contre l'existentiel admet un type particulier de complément que n'admettent pas les autres prédicats, à savoir le *syntagme énonciatif*.

1/2. **à gòɔ́ kwắ:rà**[119] (C) — "Il est dans le village" //il / être / village//

à gòɔ́ gò:ràntɛ́ (C) — "Il est assis" //il / être/assis//

3. **à gò dắy**[120] (C) — "Il est ainsi" //il / être / certes//

4. **à gòɔ́ nɛ̀ɛ́** (C) — "Il est ici" //il / être / ici//

à gòɔ́ nò[121] (C) — "Il est" //il / être / ce//

---

[119] |kwà:rà| R. 1

[120] |gòɔ́| R. 3

[121] |nɔ́ò| R. 1

5. à gò yá̰ - dìín[122] "Il est ainsi"
C //il / être / ce | là//

à gò ńgà - dá:rí - bò̰[122] "Il est sur son lit"
C //il / être / son | lit | sur//

6. à gòó fùú̃ndì - rá̰ "Il est en vie"
C //il / être / vie | dans//

ì gò árwá̰sá̰ - gá̰[122] "Ils courtisent"
C //ils/ être / courtisage + *spéc.* | à//

7. yòó - jìndàá̰ gò hálà-bḛ́:né[122] "Le cou du chameau est en haut"
C //chameau | cou + *spéc.* / être / vers | haut//

8. bè:nàá̰ gòó gà - hírrí "Le ciel se couvre de nuages"
C //ciel + *spéc.* / être / vers | le couvrir de nuages//

írí gòó gà - bú̃ háràу[123] "Nous mourrons de faim"
C //nous / être / vers | le mourir / faim//

Remarque

La valeur de la succession gòó + syntagme énonciatif semble indiquer un comportement en progression, une évolution vers (cf. § 7.20. (4)).

àá̰y gò: gá̰ - jàndí - kà ní - sè[124]
"Je vais te dire un conte"
//je / être / vers | conte | l'enlever / toi | là//

cínòó tó, bè:nàá̰ gòó gà - hírrí

"La nuit était tombée, le ciel se couvrait de nuages"
//nuit + *spéc.* / l'atteindre # ciel + *spéc.* / être / vers | le couvrir de nuages//

à gòó gà - kwá̰y kàlá̰ à kà
"Elle partait jusqu'au moment où elle arriva"
//elle / être / vers | le partir # jusqu'à ce que / elle / le venir//

---

122 |gòó| R. 3
123 |írì| R. 1
124 |gòó gà| R. 3 - R. 1
124 |kàá̰| R. 3
124 |sḛ́è| R. 3

bùrémà gò:gá - à - árwásáy [125]
"Boureyma lui faisait la cour"
//Boureyma / être / vers | lui | le faire la cour//

à néè ńgá - yàá: gó: gà - kwáy fù [126]
"Il dit qu'il va rentrer à la maison"
//il / le dire # il | certes / être / vers | le partir / maison//

7.29. LE PREDICAT EST LE SYNTAGME DETERMINATIF SUIVI DU DEICTIQUE nóò = NOYAU PREDICATIF DE BASE

PREDICAT	COMPLEMENT
Syntagme déterminatif (avec déictique nóò ou nèé)	- Base Ø bivalente - Base 1 notionnelle - Modalité assertive - Syntagme déterminatif

1. súbà - nó kòlíòò [127] — P C — "Demain c'est la chasse" //demain | ce / chasse//

2. hánsì - nóò wállá — P C — "C'est un chien certes" //chien | ce / certes//

3. mán - nò ní - kúrúɲè ? [128] — P C — "Où est ton mari ?" //où | ce / ton | mari//

4. àáyì - nó à - ízé.àrù [129] — P C — "Je suis son fils" //je | ce / son | enfant.mâle//

5. níìn - nóò nèé - wò [130] — P C — "Te voici" //toi | ce / ici | ce//

Remarque :

Dans l'exemple 3 nóò n'est pas indispensable; on peut avoir mán (S) ní kúrúɲè (C) ? Se repose alors le problème de l'identité du prédicat. On mettra en parallèle l'exemple suivant :

---

125 |gòó gà| R.3 - R.1
126 |ńgà| R. 1
126 |gòó| R. 3
126 |fúù| R. 3
127 |nóò| R. 1
128 |nóò| R. 3
129 |nóò| R. 1
129 |ízè| R. 1
130 |wóò| R. 3

mắn kà "Qui vient ?" //qui / le venir//
S P

On en concluera que le prédicat est nî kŭrǔɲè parallèlement à kà et que l'interrogatif actualise ce prédicat, jouant ainsi le rôle de sujet.

7.30. Le complément précède le prédicat. On a :

COMPLEMENT - PREDICAT
Syntagme déterminatif { Syntagme déterminatif / Base notionnelle

Complément + Prédicat

wátì - kúlù wátì - kúlù yǎ - dìn - dǎy[131]
C P

"Cela dura ainsi longtemps, longtemps"
//temps | tout / temps | tout / ce | là | certes//

jìrìbì - î:yé dìráàw [132]
C P

"Ils marchent pendant sept jours"
//jour | sept / marche//

súsúbà - kúlú gòǒ:rò - îzè - fó [133]
C P

"Chaque matin (ils ont) une noix de kola"
//matin | tout / kola | petit | certaine//

7.31. Commentaires

Il ressort des rapports prédicat-complément quelques remarques :

a) En général le complément suit le prédicat;

b) Cependant, nous avons vu que, pour des raisons d'insistance ou encore dans le cas des compléments locatifs et temporels, le complément peut être placé à l'initiale d'énoncé et, par suite, il peut précéder le prédicat dans l'organisation de l'énoncé (cf. § 7. 30).

---

131 |yàǎ-dìîn| R. 3

132 |î:yè| R. 1

133 |kúlù| R. 1

c) On notera, en outre, que nous n'avons pas retenu la possibilité de l'interprétation d'un complément antéposé comme on pourrait effectivement l'envisager avec les Bases comportatives 2 (du groupe 2) type **sa̋mbú** "le prendre", **da̋ày** "l'acheter".

Exemple :

à gà cɪ̋ɪɪ̋ da̋ày ha̋bú	"Il achète du poisson au marché"
R dt dé dt	//il / vers | poisson | l'acheter/ marché//

Le problème peut se poser ici : on peut considérer que l'on a deux types de complément : un complément antéposé **cɪ̋ɪɪ̋** et un complément postposé au prédicat **da̋ày** "l'acheter", **ha̋bú** "marché".

Dans ce cas, nous sommes également amenée à poser la discontinuité du prédicat **gà ... da̋ày**, puisque **gà** est lié à la présence de Base 2 mais non nécessairement à la présence d'un élément tel que **cɪ̋ɪɪ̋**. **à gà da̋ày** existe et signifie "il achète".

Il nous a paru, dans ce cas (étant donné la nature des Bases 2 et leur comportement), plus économique de considérer que la Base 2, centre de l'énoncé, était aussi centre d'un syntagme introduit par des régisseurs et que, comme telle dans l'exemple présenté, elle admettait deux types d'expansions :

- une expansion secondaire **cɪ̋ɪɪ̋**; l'ensemble **gà - cɪ̋ɪɪ̋ - da̋ày** constituant un syntagme d'un type particulier (énonciatif), mais obéissant à l'ordre de détermination courant de la langue, déterminant - déterminé.
- une expansion primaire **ha̋bú**, véritable complément.

Nous renvoyons au chapitre du Syntagme énonciatif pour la discussion de cette interprétation (cf. § 5.71.).

VIII

LES ÉNONCÉS

8.1. Le classement des différents types d'énoncés zarma s'effectue à partir de l'examen de leurs traits caractéristiques. L'ensemble de ces caractéristiques se répartit en des plans différents et parfois complémentaires.

Nous retiendrons en particulier le caractère simple ou complexe de l'énoncé avec diverses possibilités à l'intérieur de ces deux grandes catégories.

Sur un autre plan, nous considérerons la caractère indépendant ou dépendant de l'énoncé, ainsi que son caractère complet ou incomplet.

Nous envisagerons donc la présentation des énoncés zarma selon l'ordre suivant :

1. ENONCES SIMPLES : E = énoncème
   (Indépendants)
   (Complets)

2. ENONCES INCOMPLETS : E = énoncème ou bien E = énoncème + énoncème_X
   (marqués)
   Enoncés en réponse
   Enoncés exclamatifs
   Enoncés injonctifs
   Enoncés interrogatifs

3. ENONCES COMPLEXES : E = énoncème + énoncème $(s)_x$

(dépendants)

Enoncés juxtaposés

Enoncés subordonnés

Enoncés coordinatifs

4. ENONCE RELATIF = énoncé d'expansion secondaire

Nous étudierons ensuite les possibilités de combinaisons de plusieurs énoncés dépendants, ainsi qu'un type particulier d'énoncé lié au phénomène de l'emphase (L'ENONCE EMPHATIQUE).

1. L'ÉNONCÉ SIMPLE

8.2. L'énoncé simple constitue à lui seul un *énoncé complet indépendant*, ce qui signifie qu'il ne complète ni n'est complété par aucune proposition environnante.

Il s'agit donc d'une indépendance syntaxique dans les limites de l'énoncé et d'une indépendance par rapport à un contexte extérieur. Nous avons déjà vu, au chapitre des Fonctions, que la combinatoire de différentes fonctions aboutissait à la formation d'un énoncé complet. Nous rappellerons donc ici les différentes formules attestées.

Nous ajouterons que, par rapport aux différentes unités opératoires que nous avons définies jusqu'à présent, au fur et à mesure de l'analyse grammaticale, l'agencement des fonctions produit une unité supérieure au *fonctionème*; cette unité est l' *énoncème*.[1]
L'énoncème est donc l'*unité résultant de la combinaison de plusieurs fonctions formant un énoncé complet*.

L'énoncé simple coïncide avec l'énoncème.

On a la formule :

E = énoncème = (S) + P + (C)

Les parenthèses indiquent que la fonction envisagée n'est pas indispensable dans la constitution d'un énoncé complet. Le prédicat est l'élément indispensable.

Nous ajouterons que le caractère indépendant des énoncés est quelquefois difficile à définir et que *le passage d'un énoncé indépendant à un énoncé dépendant* peut être insensible.

Nous envisagerons tout d'abord les énoncés indépendants simples dans l'énoncé complet.

L'énoncé complet minimal comprend, en zarma, deux termes.

8.3. D'un point de vue fonctionnel, l'énoncé simple admet les formules suivantes :

---

1 cf. L. BOUQUIAUX, J. THOMAS, *Introduction linguistique*, p. 199.

ENONCE COMPLET INDEPENDANT

A) PREDICAT = Syntagme déterminatif

1.	cḯmḯ - nò [2] P	"C'est la vérité" // vérité | ce//
2.	fú - nèé [3] P	"Voici une maison" // maison | ici//
3.	yá - dìín - nò [4] P	"C'est ainsi" // çà | là || ce//
4.	wándíó - fó P	"C'est une jeune fille" // jeune fille | une//
5.	nín - nèé [5] P	"Te voici" // toi | ici//

B) SUJET + PREDICAT

Prédicat = { Base bivalente Ø ou comportative 2 / Existentiel / Syntagme énonciatif }

1.	àlmárò tó [6] S P	"Le crépuscule arrive" // crépuscule + *spéc.* / l'atteindre//
2.	bàrìò bǔ [7] S P	"Le cheval est mort" // cheval + *spéc.* / le mourir//
3.	à kwáy S P	"Il part" // il / le partir//

[2] |nóò| R. 3

[3] |fúù| R. 1

[4] |yàá| R. 3

[4] |nóò| R. 3

[5] |nḯìn| R. 1

[6] |àlmáròó| R. 3

[7] |bàrìòó| R. 3

4.	bòrő gòő S P	"L'homme existe / est là" //homme / être//
5.	à gà - kà S P	"Il va venir" //il / vers | le venir//
6.	ì nà - hàynòő - sàfa̋ S P	"Elles pilent le mil" //elles / à | mil + *spéc.* | le piler//
7.	àa̋y gà - jísímǎ - fá:rű S P	"Je vais vanner l'oseile" //je / vers | oseille | le vanner//

C) SUJET - PREDICAT - COMPLEMENT (FONCTIONNEL OU NON)

Prédicat = Base bivalente ou comportative

1.	à dí à S P C	"Il le voit" //il / le voir / lui//
2.	ízé̋ tù à - sé̋è [8] S P C	"L'enfant lui répond" //enfant / le répondre | lui | à//
3.	ì kàndě bàrí S P C	"Ils apportent un cheval" //ils / l'apporter / cheval//
4.	à sàla̋àm kwa̋y - ga̋ S P C	"Il salue le chef" //il / le saluer / chef | à//
5.	ì kà fűù S P C	"Ils viennent à la maison" //ils / le venir / maison//
6.	ì kà ya̋ - cíně [9] S P C	"Ils viennent ainsi" //ils / le venir / ce | pareil//
7.	ì kà bìí S P Ct	"Ils sont venus hier" //ils / le venir / hier//

[8] |ízè| R. 1

[9] |yàá| R. 3

Prédicat = existentiel

8. à gò yá̰ - dì̃n [10] — "Il est ainsi" //il / être / çà | là//

S P C

9. à gò kwá:rà [11] — "Il est dans le village" //il / être / village//

S P C

10. à gò gá - kà [12] — "Il va venir" //il / être / vers | le venir//

S P C

Prédicat = Syntagme déterminatif

11. làbòó - mò gàllú - nò dàngá - dò:só - cí̃né [13]

S P C

"Cette région c'est une ville comme celle de Dosso"
//terre | aussi / ville | ce / comme | Dosso | pareil//

D) SUJET + PREDICAT + COMPLEMENTS

Prédicat = { Base bivalente ou comportative (12 - 13)
Existentiel (14)

12. à gà - tě àáy - sè kwǎ:yí - bè:rì [14]

S P C C

"Elle me fait un grand boubou"
//elle / vers | le faire / moi | pour / chemise | la grande//

13. à gà - kwáàndǎ àrzàkà - kúlù ńgà - wíndí

S P C C

"Elle emporte toute la richesse dans sa concession"
//elle / vers | l'emporter / richesse | tout / sa | concession//

14. àáy gò gá - jàndí - kà ní - sè [15]

S P C C

"Je vais te dire un conte"
//je / être / vers | conte | l'enlever / toi | pour//

---

[10] |gòó yàá| R. 3

[11] |gòó kwà:rà| R. 3 - R. 1

[12] |gòó gà| R. 3 - R. 1

[13] |nóò| R. 3

[14] |séè| R. 3

[14] |kwǎ:yì| R. 1

[15] |gòó gà| R.1 - R.3 |sěè| R. 3

[15] |kàá| R. 3

E) COMPLEMENTS - (SUJET) - PREDICAT

Prédicat = { Base bivalente ou comportative (15)
Syntagme déterminatif (16)

15. sɔ́ŋɔ́ - yàá kwàá:yǹè cínò bò:rí [16]

Ct C S P

"Maintenant encore la nuit est bonne"
//maintenant | ce / encore / nuit + *spéc.* / l'être bonne//

16. wátì - kúlù yá - dìn - dáy [17]

C P

"Cela continuait toujours ainsi" ou "C'était toujours ainsi"
//temps | tout / ce | là | donc//

8.4. Commentaires

La proposition indépendante se trouve, dans les exemples présentés, nettement définie. Mais ce n'est pas toujours le cas, il n'existe pas toujours de limite tranchée entre indépendante et dépendante, surtout dans les cas suivants :

a) Lorsque plusieurs indépendantes se suivent et sont reliées entre elles par un lien logique. Il peut être quelquefois difficile de décider s'il s'agit d'indépendantes successives ou de dépendantes juxtaposées, sans autre marque de dépendance que le lien logique qui relie l'une à l'autre.

Exemple :

ízàáy nà-à nɔ́ hárí, à hàá, ì nà-à fòɔ́, ì nà-à hày kúlù tɛ́
"Les enfants lui ont donné de l'eau, il a bu, ils l'ont salué, ils ont fait tout ce qu'il faut (pour lui)"
//enfants / à | le | le donner / eau // il / le boire // ils / à | le | le saluer // ils / à | tout | le faire//

La progression insensible de l'indépendante à la dépendante est évidente et peut être illustrée plus précisément lors de l'étude des énoncés juxtaposés (cf. chapitre suivant). (D'autant plus

---

16 |sɔ́ŋò| R. 1
16 |cínòɔ́| R. 3
17 |yàá dìín| R. 3

qu'il est difficile aussi d'avoir des énoncés sans référence aucune à un contexte extérieur).

b) Dans les exemples où le prédicat est suivi du régisseur kǎ + Base lexicale, la question peut se poser de savoir si l'on va interpréter cet ensemble comme une succession de deux énoncés, l'un étant subordonné à l'autre (1), plutôt que de considérer un énoncé indépendant à prédicats multiples (2), soit les deux possibilités :

à kà kǎ ŋǎǎ "Il vient manger"
analysé (1) //il / le venir # et / le manger//
ou (2) //il / le venir | et|le manger//

Nous verrons plus loin les raisons du choix d'une interprétation plutôt que d'une autre (cf. Enoncés dépendants § 8.40 et 6.15).

2. L'ÉNONCÉ MARQUÉ OU INCOMPLET

8.5. Nous traiterons à part les énoncés marqués ou incomplets. En effet, le caractère indépendant de ce type d'énoncés est assez discutable puisque ce sont tous des énoncés incomplets exigeant soit une réponse, soit une référence au contexte, soit répondant à une question. Il s'agit donc d'énoncés relativement marginaux qui ne peuvent avoir d'indépendance que syntaxique.

Par énoncés marqués, nous entendons :

A - A) L'ENONCE EN REPONSE A UNE QUESTION

B - B) L'ENONCE EXCLAMATIF

C - C) L'ENONCE INJONCTIF

D - D) L'ENONCE INTERROGATIF

A. ÉNONCÉ EN RÉPONSE

8.6. Bon nombre d'énoncés dans la conversation, ou même dans les textes, se limitent à un seul terme ou un syntagme répondant, soit à une question, soit à une interpellation.

Exemples :

1) (à nέὲ à - sέὲ) : "ǎbádà"
"Il lui dit : "non""
//il / le dire / lui | à # non //

2) à nɛ́è : "tɔ́ò"

"Il dit : "bon""
// il / le dire # bon//

3) fò kɑ́ dú à ? : bọ́.sárf[18]

"Qu'a-t-elle ? : mal à la tête"
// quoi | de | avoir / elle # tête, sauter//

4) à nɛ́è : fzɛ́ - fò ? ì nɛ́è : ní fzɛ́ - wàyòɔ́[19]

"Elle dit : quelle fille ? ils disent ta fille"
// elle / le dire # enfant | quelle // ils / le dire # ta | fille + *spéc.*//

5) yàɑ́ - dìn, yɑ́ - dìín[20]

"C'est ainsi, c'est ainsi"
// ce | là // ce | là//

6) àɑ́y - jàndɛ́, àɑ́y - jàndɛ́

"C'est mon conte ! c'est mon conte !"
// mon | conte // mon | conte//

Formule initiale de conte.

7) ìhị́

"Oui !"

8) ạ́ - ạ̀

"Non !"

B. ÉNONCÉ EXCLAMATIF

8.7. *Caractéristiques*

L'énoncé exclamatif peut ne comprendre qu'un seul terme ou bien se présenter comme un énoncé complet simple ou complexe, sans modification de structure particulière.

Cependant, nous devons ajouter que ce qui caractérise chacun des exemples trouvés, c'est la présence d'un exclamatif, à l'initiale ou à la finale de l'énoncé, ou même encore à l'initiale et à la finale.

Lorsque l'énoncé exclamatif ne comprend qu'un seul terme, il s'agit soit d'une exclamation, soit d'un terme qui est une interpella-

---

[18] |dù| R. 1

[19] |fzè| R. 1

[19] |fzɛ́-wàyòɔ́| = /enfant-femelle/

[20] |yàɑ́ dìín| R. 3

tion, dans ce dernier cas, la présence d'un exclamatif n'est pas toujours attestée.

L'intonation de la phrase zarma est généralement descendante; nous n'avons pas observé de modification dans l'intonation de l'énoncé exclamatif, mais seulement l'existence fréquente d'une insistance particulière sur l'exclamatif marquée par un changement de voix, un allongement vocalique ou consonantique.

8.8. *Structure*

Exemples :

+ 1 seul terme (ou un syntagme)

1.	kǎày	"Eh bien !"
2.	à néè : hábá	"Il dit : Ah bon !" // il / le dire # ah bon //
3.	à néè : wàlláà:hí	"Il dit : vraiment !" // il / le dire # vraiment//
4.	à néè : bà:bàǎ	"Il dit : Père !" // il / le dire # père//
	àǎy kǎ:yì [21]	"Mon grand-père !" // mon | grand-père//

+ exclamatif + un terme (ou un syntagme)

5.	héè fúláŋòǒ	"Eh ! le Peul !"
6.	ń-ǹń fìlá:nà	"Hum ! une telle !"
7.	è-éè kwáy	"Eh ! chef !"
8.	hábá hàá:lì	"Allons Hali !"

Présence d'un exclamatif à l'initiale, éventuellement même en finale :

+ exclamatif(s) + un énoncé (S P C) + (exclamatif(s))

9.	héè ní gà - tá:rí S P	"Hé ! tu mens !" // hé! / tu / vers | le mentir//
10.	wàlláà:hí ày gǎ - cì [22] S P	"Par Dieu, je vais parler !" // par Dieu! / je / vers | le parler//

---

[21] |kà:yì| R. 1

[22] |àǎy gà| R. 3 - R. 1

[23] |kòǒ| R. 3

[23] |ŕzè| R. 1

[24] |nîìn nóò| élocution lente

[24] |àǎy hàynóò| R. 1

11. à nέὲ : ά̰-ὰά̰ gὰά:sὰ fύὸό gά - bὸ:rí

S P

"Elle dit : Hélas ! que cette maison est belle !"
//elle / le dire # hé! / hélas / maison + *spéc.*/ vers | l'être belle//

12. wὰά:yì, kὸ.ɲάŋὸό ní - ízέ gὰ - kά:nù [23]

S P

"Ah ! baobab que ton fruit est bon !"
//ah! / baobab + *spéc.* / ton | fruit / vers | l'être bon//

13. wὰllάὰ:hí kwά:rì - nόὸ

P

"Mon Dieu ! c'est une botte de mil !"
//par Dieu! / botte de mil | ce//

14. έὲ : wíì:zάὰ nín - nὸ gὸό gὰ - άy - hάynόὸ - zὰy bό [24]

S P C

"Ah ! c'est donc toi qui me vole mon mil !"
//eh! / donc / toi | ce / être / vers | mon | mil + *déict.* | le voler / certes//

15. wὰllάὰ:hí ní gὰ - címí kὰy bό

S P

"Mon Dieu, tu as raison, certes oui !"
//par Dieu / tu / vers | l'avoir raison / certes / donc//

16. wάy, wάy wάy wάy ὰὰy - nόὸ άra̰ gὸό nὸ tόn [25]

P # S P C C

"aïe ! aïe ! aïe ! c'est moi que vous brûlez !"
//aïe / aïe / aïe / moi | ce # vous / être / ce / le brûler//

Remarque :

Certains énoncés exclamatifs contiennent une mise en relief d'une partie de l'énoncé pour renforcer la valeur exclamative de l'ensemble (C'est toi qui ... etc..). cf. structure de l'énoncé emphatique (ε # εx). L'exemple 16 est un énoncé complexe de ce type.

[25] |άrὰ̰| R. 1

[25] |nόὸ| R. 3

C. ÉNONCÉ INJONCTIF

8.9. *Caractéristiques*

L'énoncé injonctif est un énoncé indépendant qui ne se distingue de l'énoncé simple que par l'emploi de particules injonctives (Ø,**wà**) ou de la particule délocutive **mà**.

L'énoncé injonctif peut être balisé d'exclamatifs, comme l'énoncé exclamatif, mais ce n'est pas toujours le cas.

Nous n'avons pas remarqué de modifications particulières dans l'intonation portant sur l'ensemble de l'énoncé injonctif.

8.10. *Structure*

L'énoncé injonctif peut ne comprendre qu'un seul terme, ou même un seul syntagme; mais il peut être constitué aussi par un énoncé simple de type (Sujet) + Prédicat + (Complément), ou encore par un énoncé complexe. Les fonctions entre parenthèses peuvent n'être pas représentées.

Nous donnerons des exemples illustrant toutes ces possibilités.

- un terme = Prédicat :	kà	"Viens !"
	hḭ̃ḭ́	"Tiens !"
	gànǎ	"Suis !"
- un syntagme = Prédicat :	sɪ́ - hɛ̰̃	"Ne pleure pas !" // ne pas | le pleurer//
	wà - tùnű	"Levez-vous !" // *inj.* | le lever//
	wà - mɔ́sɔ́mɔ́sɔ̋	"Faites doucement !" // *inj.* | doucement//
	à - wɪ́	"Tue-le !" // lui | le tuer//
	sɪ́ - à - hã̋	"Ne le demande pas !" // ne pas | lui | le demander//
- Complément + Prédicat :	hǎày sɪ́ - cì	"Eh, ne parle pas !" // eh / ne pas | le parler//

Enoncé = P + C + (C)

kà fűò - rá[26] P C	"Viens dans la maison !" // le venir / maison + *spéc.* | dans//
wà - kà dáy P C	"Venez donc !" // *inj.* | le venir / donc//
má kòtfàá P C	"Ecoute Petite !" // l'écouter / Petite//
àáy - càbě à P C	"Montre-le moi !" // moi | le montrer / le//
dánjő - fùnsű àáy - sè[27] P C	"Allume-moi du feu !" // feu + *spéc.* | l'allumer / moi | pour//
à - dạ̀ nèě P C	"Mets-le ici !" // le | le mettre / ici//
mà - tế àáy - sè kwǎ:yí - bè:rì[28] P C C	"Fais-moi un grand boubou !" // *déloc.* | le faire / moi | pour / boubou | grand//
cì fǎ P C	"Parle-donc !" // le parler / donc//

Enoncé = S + P

ì mà - kwáy S P	"Qu'ils partent !" // ils / *déloc.* | le partir//
bà:bà sí - hẽ̌ S P	"Père, ne pleure pas !" // père / ne pas | le pleurer//
bőně mà - ní - ŋàá[29] S P	"Malheur à toi !" // malheur / *déloc.* | toi | le manger//

Enoncé = S + P + C (C)

ì mà - kwáy wǎllá S P C	"Qu'ils partent donc !" // ils / *déloc.* | le partir / donc//

---

[26] |fűòó| R. 3

[27] |sé̀è| R. 3

[28] |séè|

[28] |kwá:yì| R. 1

[29] |bónè| R. 1

à mà - bò:rı̋ fa̋ — "Que cela soit bien vrai !"
S P C — //il /*déloc.* | l'être bon / certes//

wàngù mà - fa̋ttá fı̋rì - ga̋ nèe̋ — "Qu'une guerre surgisse là devant nous"
S P C C — //guerre /*déloc.* | le surgir / nous | à / ici//

àa̋y - kòya̰̋ wà - té ha̋rı̋ - dùngő — "Mes enfants préparez de l'eau chaude"
S P C — // mon | enfants +*génér.* /*inj.* | le faire/ eau | chaude//

Enoncé complexe = E / Ex (εx) = Enoncème / Enoncème(s) dépendant(s)

a) Dans bon nombre d'exemples, l'énoncé dépendant est introduit par le régisseur ká "et, de, pour", ou par simple juxtaposition (4).

1. wà - ha̋nga̋n ká dı̋
ε εx
"Ecoute voir !"
//*inj.* | l'écouter # et | le voir//

2. sèe̋:dà da̋y ka̋ ma̋
ε εx
"Soyez témoin et écoutez !"
//l'être témoin / certes # et | l'écouter//

3. tùn ka̋ ma̋:nù ka̋ ka̋ nèé - wò [30]
ε εx εx
"Lève-toi, approche et viens ici !"
//le lever # et | l'approcher # et | le venir / ici | ce//

4. fìlá:nà sı̋ kwa̋y dı̋ à
ε εx
"Un tel, ne va pas le voir"
//un tel / ne pas | le partir # le voir / lui//

b) L'énoncé dépendant est introduit par un propositif kàla̋ qui a la valeur sémantique de "il faut que, que"; l'énoncé principal n'est pas toujours exprimé, on doit, dans ce cas, supposer un "je dis que" ...

[30] |tùún| R. 3
[30] |mà:nù| R. 1
[30] |kà| R. 1
[30] |wőò|

Structure = (E) / kàlá + εx

1. (à néè) kàlá mà - kwáy ká áy - bá:bà - há[31]

ε εx εx

"Va donc le demander à mon père !"
//il faut que / *déloc.* | le partir # et | mon | père | le demander//

2. à néè kàlá dáy í dò:nú ká zàmú - gá [32]

ε εx εx

"Elle dit : il faut que nous chantions pour faire leurs louanges"
//elle / le dire # il faut que / certes / nous / le chanter # et | louange | à//

D. ÉNONCÉ INTERROGATIF

8.11. L'énoncé interrogatif en zarma revêt deux aspects différents; en effet, il se caractérise :

a) soit par une intonation spécifique sans modification de la structure de l'énoncé, ni la présence d'une autre marque particulière.

b) soit par la présence d'un interrogatif et différents types de structure liés à la présence de cet interrogatif.

Nous détaillerons ces cas, en faisant ressortir la structure des énoncés à partir d'exemples.

a) Intonation

8.12. Un certain nombre d'énoncés présente, comme marque particulière de l'interrogation, une modulation montante sur la dernière voyelle de l'énoncé. (Exemples 1 → 5).

Dans d'autres cas, il nous a été difficile de percevoir la différence entre un énoncé interrogatif et non interrogatif (exemples 6 - 13).

---

[31] |àáy bà:bà| R. 3 - R. 1

[32] |írí| í R. 1

Exemples :

1. nì màá ? [33]

"Tu entends ?"
// tu / l'entendre//

2. ní sí - dáy hày - fòó ?

"Tu n'achètes rien ?"
// tu / vers | l'acheter / chose | une//

3. háw màná - mú:sù - núkùúm ?

"Le boeuf n'a-t-il pas donné des coups de cornes au lion ?"
// boeuf / *nég.* | lion | le donner des coups//

4. à màná - kò.ɲáŋòó - sámbú ká hámpàá ? [23]

"N'a-t-il pas pris le baobab sur son dos ?"
// il / *nég.* | baobab + *spéc.* | le prendre ⧣ et | le mettre sur le dos//

5. à néè : ɓzě fòó ? [34]

"Elle dit : quelle fille ?"
// elle / le dire ⧣ enfant | quelle//

6. ɓzé.wày wó - fò ? [35]

"(Elle dit :) laquelle fille ?"
// enfant.femelle | ce | une//

7. màn - cí nîìn ká nè ní gà - bá ày ? [36]

"N'est-ce pas toi qui a dit que tu m'aimais ?"
// ne pas | être / toi ⧣ et | le dire ⧣ tu / vers | l'aimer / moi//

8. wáy.dìní - sè ní gà - hę́ ? [37]

"(Elle dit :) est-ce à cause de cela que tu pleures ?"
// cela | pour / tu / vers | le pleurer//

9. à néè : kúmbòó, nîìn - nóò ?

"Il dit : Koumbo, c'est toi ?"
// il / le dire ⧣ Koumbo / toi | ce//

10. à néè : ní gá - nè - báy ? [38]

"Il dit : tu connais ce lieu ?"
// il / le dire ⧣ tu / vers | ici | le connaître//

11. à néè : àáy - ɲà tó kwá:rà ? [39]

"Elle dit : ma mère est-elle arrivée au village ?"
//elle / le dire ⧣ ma | mère / l'atteindre / village//

---

[33] |ní má| la modification de ton de la modalité personnelle n'a pu être éclaircie

[34] |ɓzè| R. 1

[35] |ɓzè| R. 1

[35] |wóò fó| R. 3

[36] |néè| R. 3

[36] |báà| R. 3

[36] |àáyì| R. 3

[37] |séè| R. 3

[38] |nèé| R. 3

[39] |ɲáà| R. 3

[39] |kwà:rà| R. 1

12. à né àhố fìlá:nà nèé - nò ní gòó ? [40]

"Elle dit : Eh ! une telle, c'est ici que tu es ?"
// elle / le dire ⫽ hé / une telle / ici | ce / tu / être//

13. à né wà - nó ní - sé wàlá jí ? [41]

"Il dit : c'est du lait ou de l'huile que tu as ?"
// il / le dire ⫽ lait | ce / toi | pour / ou | huile//

Rien ne différencie les énoncés de 6 à 13 d'énoncés non marqués. Si ce n'est peut-être le fait que tous ces énoncés sont *dépendants* d'un énoncé principal de type "il dit, il demande, ..." (à néè).

b) Présence d'un interrogatif

- *Position*

Les interrogatifs se situent le plus souvent à l'initiale de l'énoncé, mais ils peuvent figurer également en finale,comme nous le verrons.

- *Fonction*

L'interrogatif peut apparaître en fonction sujet ou complément; il peut même avoir la fonction de prédicat quand il est inclu dans un syntagme avec le déictique (nóò "ce").

- *Structure de l'interrogative*

L'interrogative se présente comme un énoncé simple ou complexe, c'est-à-dire constituée d'un énoncème indépendant sur le plan syntaxique, ou de deux (ou plus) énoncèmes.

8.13. *INTERROGATIFS*

ífò	quoi ?
mán	où ?
mátè	comment ?
dàátà	est-ce que ?
máy	qui ?
màrjé	combien ?
hálà	est-ce que ?

[40] |néè| R. 1
[40] |nóò| R. 3

[41] |néè| R. 1
[41] |nóò| Réalisation en élocution lente
[41] |séè| R. 1

Remarque :

La question pourrait se poser de savoir si l'on doit considérer qu'il existe une série d'interrogatifs composés, en particulier pour les termes suivants :

ífò - sɛ́è	"Pourquoi ?"	/quoi | pour/
wátí - fò	"Quand ?"	/temps | certain, un/
wɔ́ - fò	"Lequel ?"	/ce | certain, un/

En fait, ces termes se construisent régulièrement comme des syntagmes (à fonctionnel ou déterminatif) et rien ne nous permet de dire actuellement que ces syntagmes sont figés en composés, si ce n'est la traduction française que nous en donnons.

8.14. *Structure de l'interrogative*

L'INTERROGATIVE EST UN ENONCE SIMPLE

La structure de l'énoncé interrogatif correspond, soit à la structure d'un énoncé simple, soit à la structure d'un énoncé complexe.

Dans le cadre de ces différents types d'énoncés, l'interrogatif peut avoir la fonction de sujet ou de complément, ou même de prédicat.

Les principales structures rencontrées, en ce qui concerne l'énoncé simple, se résument à :

1) noyau prédicatif (dans lequel est inclu l'interrogatif)
2) noyau prédicatif (dans lequel est l'interrogatif) + complément
3) *sujet* + prédicat + (complément)
   le sujet est l'interrogatif
4) *complément* + sujet + prédicat
   le complément est l'interrogatif
5) sujet + prédicat + *complément*
   le complément est l'interrogatif

Nous reprendrons chacune de ces formules en les illustrant d'exemples.

(1) L'énoncé = Prédicat = interrogatif + déictique (**nɔ́ò**)

1) **à nɛ́è:ífò - nɔ́ò ?**
   "Elle dit : quoi ?" ou "Qu'est-ce qu'il y a ?"
   "Qu'est-ce que c'est ?"
   //elle / le dire ⫽ quoi | ce//

2) màrjɛ̌ - nò ? [42]

"Combien est-ce ?"
// combien | ce//

3) mɑ̌y - nɔ̌ò ?

"Qui est-ce ?"
// qui | ce//

(2) L'énoncé = Prédicat (+ complément)

4) dǎ - ɪ̃fò kwàǎ:yn̥è ?

"quoi encore ?"
// avec | quoi / encore//

L'exemple 4 est intéressant, l'interrogatif est introduit par le coordinatif dǎ "et, avec". Bien que constituant alors un syntagme fonctionnel, nous considérerons que c'est cet élément complexe et introduit par un fonctionnel qui joue le rôle de prédicat dans l'énoncé.

Nous avons déjà présenté des cas d'énoncé où le sujet est un syntagme fonctionnel (cf. Fonctions.Le Sujet).

(3) L'énoncé = Sujet + Prédicat + Complément

le sujet est l'interrogatif

5. ɪ̃fò kǎ - tɔ̌ bɔ̰kò:nɪ̃ - sè hɛ̌:nɪ̃ ? [43]

S P C C

"Qu'arrive-t-il à un chef pour qu'il pleure ?"
// quoi / de | l'advenir / chef | à / pleur//

6. ɪ̃fò kǎ - dù ɑ̌à ?

S P C

"Qu'est-ce qu'elle a ?"
// quoi / de | l'avoir / elle//

7. (à nɛ̌) bàrɪ̃ - wɑ̌ynèɛ̌ ɪ̃fò dʊ̌mɪ̃ - nò ? [44]

S P # C S P

"(Il dit :) ce cheval, quelle espèce est-ce ?"
// il / le dire # cheval | ce / quoi / espèce | ce//

---

[42] |nɔ̌ò| R. 3

[43] |sɛ̌è| R. 3

[44] |nɛ̌è| R. 1

[44] |nɔ̌ò| R. 3

Ici, l'interrogative est dépendante de l'énoncé principal; le complément est antéposé pour des raisons de mise en valeur.

8. ífò ga̋ - cì ní - sè ?[45]

S P C

"Que va-t-on te dire ?"
//quoi / vers | le dire / toi | à//

Dans les exemples précédents, l'identification du prédicat de l'interrogative ne posait pas de problèmes particuliers.

Le Prédicat pouvait être
- *un noyau prédicatif* (Syntagme avec déictique, syntagme énonciatif)
- *un terme simple* (Base bivalente ou comportative).

Dans les exemples qui vont suivre, l'énoncé est constitué au minimum de :

l'interrogatif + { 1 Base notionnelle / 1 Syntagme déterminatif }

Nous considérerons que, dans ce cas, la Base notionnelle ou le syntagme déterminatif constitue le prédicat *actualisé* par l'interrogatif qui joue le rôle de sujet (Exemple de 9 à 13).

Notre interprétation aurait été différente si l'interrogatif avait été suivi du déictique, comme dans les exemples précédents, soit:

ma̋n - nò ha̋nsòő ?[46] "Où est le chien ?" //où | ce / chien + *spéc.*//

P C

L'absence de déictique dans les exemples cités change la relation fonctionnelle entre les termes, puisque, rappelons-le, un élément suivi du déictique nőò "ce" représente le *noyau prédicatif de base*.

9. ma̋n ha̋ns - òő ?
S P
"Où est le chien ?"
// où / le chien + *spéc.*//

10. ma̋n a̋y - bà ? [47]
S P
"Où est ma part ?"
//où / ma | part//

11. ma̋n ní - kűrűɲé mèé ? [48]
S P C
"Où est donc ton mari ?"
//où / ton | mari / donc//

---

[45] |séè| R. 3

[46] |nőò| R. 3

[47] |àa̋y| Réalisation en élocution lente

[48] |kűrűɲè| R. 1

12. mǎn ǎy - ɲǎ sùnnǔ ? [49] — S P C — "Où est ma mère, Sounnou ?" //où / ma | mère / Sounnou//

13. dàǎ:tǎ bà:nǐ ? — S P — "Est-il en bonne santé ?" //est-ce que / santé//

(4) l'énoncé = complément + sujet + prédicat (complément)

↓ le complément est l'interrogatif

14. mǎtě àǎy cì nǐ - sè ? [50] — C S P C — "Que t'ai-je dit ?" //comment / je / le dire / toi | pour//

15. mǎn nǐ fùnǔ ? — C S P — "D'où viens-tu ?" //où / tu / le venir//

16. mǎtè nǐ gà - tě ? — C S P — "Comment vas-tu faire ?" //comment / tu / vers | le faire//

17. ǐfò - sěè nǐ gà - sǎllì ? — C S P — "Pourquoi pries-tu Dieu ?" //quoi | pour / tu / vers | le prier//

18. mǎn àfǒ gòǒ ? — C S P — "Où est-elle ?" //où / l'une / être//

19. wǒò -kǎà - sě ì gǎ - à - hǐ:jǎndì sǒŋò ? [51] — C S P C

"A qui va-t-on la marier maintenant ?"
//ce | que | pour / ils / vers | le | faire marier / maintenant//

20. ǐfò nǐ gà - dǎày ? — C S P — "Qu'est-ce que tu achètes ?" //quoi / tu / vers | l'acheter//

21. dàǎ:tà nǐ sòǒ:là ? — C S P — "Est-ce que tu es prêtes ?" //est-ce que / tu / être prête//

22. mǎn nǐ dǐ kòrbàyǒò ? — C S P C — "Où as-tu vu cette bague ?" //où / tu / le voir / bague + ce//

Lorsque l'interrogatif est complément, il peut se trouver après le prédicat, c'est-à-dire en finale d'énoncé entraînant une différence de structure de l'énoncé interrogatif. Ces exemples sont plus rares que ceux où l'interrogatif est à l'initiale.

---

[49] |ɲǎà| R. 1

[50] |mǎtè| R. 1

[50] |sěè| R. 3

[51] |sěè| R. 1

Structure (5) Enoncé = (S) + P + Complément → interrogatif

23. à néè : nfìn - nɔ́ò máy — "Elle dit : qui es-tu ?"
P C — //elle / le dire ⫽ toi | ce / qui//

Cet exemple peut être mis en parallèle avec l'exemple suivant :

24. súbà - nɔ́ kòlfɔ̀ɔ́ [52] — "C'est demain la chasse"
P C — // demain | ce / chasse + *spéc.*//

25. àáy mǎ - sàngàn - ǹdǎ - bűrúgú - da̰ mǎn ? [53]
S P C
"Où vais-je mettre Sangan et Bourougou ?"
//je / de | Sangan | et | Bourougou | le mettre / où//

Remarque :

On a pu voir qu'en fonction de complément (exemples 17 et 19), l'interrogatif peut s'insérer dans un syntagme déterminatif à fonctionnel en tant que déterminant :

/fò - séè / — "Pour quoi ?"
/quoi | pour/
dt dé

/wɔ́ò - ka̰a̰ - séè/ — "A qui ?"
/celui | ce que | pour/
dt dt dé

L'ENONCE INTERROGATIF EST COMPLEXE

soit l'énoncé = E ⫽ Ex
P ⫽ (S) + P

8.15. L'énoncé principal est constitué du seul prédicat qui est le noyau prédicatif de base que nous avons déjà présenté lors de l'énoncé interrogatif simple; l'énoncé dépendant présente la succession sujet + prédicat introduite (formule b) ou non par un régisseur (formule a)

---

[52] |nɔ́ò| R. 1

[53] |mà| R. 1

Exemples :

(a) formule E # Ex
prédicat # (sujet) + prédicat
interrogatif + déictique

1. máy - nő gà - gá:sú - tá ? [54]
P # P'
ε εx
"Qui a des calebasses à réparer ?"
//qui | ce # vers | calebasse | le réparer//

2. mǎn - nő í gòő ? [55]
P # S P
ε εx
"Où sont-elles ?"
//où | ce # elles / être//

3. mǎn - nò ǎrà - ɲǎà kwǎy ? [56]
P # S P
ε εx
"Où est partie votre mère ?"
//où | ce # votre | mère / le partir//

4. mǎtè - nőò ńgǎy gà - tě ? [57]
P # S P
ε εx
"Comment vont-elles faire ?"
//comment | ce # elles / vers | le faire//

5. màrjé - nò ní dì ? [58]
P # S P
ε εx
"Combien en as-tu attrapé ?"
//combien | ce # tu / l'attraper//

---

[54] |nőò| R. 1

[55] |nőò ì| R. 1

[56] |nőò| R. 3

[57] |ńgày| R. 1

[58] |nőò| R. 3

6. hàyɔ̃ò - wɔ̃ò, dɔ́ à gɔ́ - kà, mɔ́tè - cíné - nɔ́ à gà - tɛ́ ? [59]

P #S P

ε εx

"Cette chose, quand elle vient, comment fait-elle ?"
// chose | ce || / quand / || elle / vers | le venir # comment | pareil | ce # || elle / vers | le faire//

Dans ce dernier exemple, l'énoncé interrogatif est complexe et se trouve lui-même être l'énoncé principal par rapport à la dépendante introduite par dɔ́. De plus, le sujet de la dépendante interrogative est mis en relief par une antéposition puis une reprise à sa place normale par une modalité personnelle.

S / dɔ́ + εx / ε / = interrogative εx S P

(b) formule E # Ex
prédicat # régisseur (sujet) + prédicat
Syntagme déterminatif

7. ífò - nɔ̃ò kɑ̰́ ní gà - hɛ̰́ ? [60]

P # R S P

ε / εx

"Pourquoi pleures-tu ?"
// quoi | ce # que / tu / vers | le pleurer//

8. ífò - nɔ̃ò kɑ̰́ ní gɔ́ - ày - hɑ̰́ ? [61]

P # R S P

ε / εx

"Pourquoi me le demandes-tu ?"
// quoi | ce # que / tu / vers | moi | le demander//

---

59 |nɔ̃ò| R. 1

60 |kɑ̰́ɑ̰̀| Réalisation en élocution rapide

61 |gà| R. 1

61 |àáy| R. 3

9. nạ̀ - kǘlù kạ̋ ì nà - à - dạ̃̀ ? 62

P ⧣ R S P

ε ⧣ εx

"Dans quel lieu l'ont-ils mis ?"
// lieu | tout ⧣ que / ils / à | le | le mettre//

Si l'on admet l'interprétation des exemples 7 et 8, 9 s'interprète par déduction d'une façon identique. Le prédicat, dans ce cas, est un syntagme de type déterminatif.

Remarques :

1. Dans les exemples suivants (formule a), la structure est identique à celle présentée dans les exemples précédents, mais on se demandera s'il y a lieu de considérer que nous avons affaire à un véritable interrogatif avec wǒ̀ - fò /celui | certain/, plutôt qu'à un syntagme déterminatif; en effet, il n'y a qu'une raison sémantique qui puisse nous faire assimiler ce syntagme à un interrogatif composé (cf. également la remarque § 8.13.).

10. ì nέὲ : tǒ̀ò, sǒŋò, wǒ - fò - nǒ̀ò gà - kwǎy fòǒy ? 63

P ⧣ P C

ε εx

"Ils disent : Bon, maintenant, laquelle va chercher la plante pour faire la sauce ?"
// ils / le dire ⧣ bon / maintenant / celui | un ‖ ce ⧣ vers | le partir / sauce//

11. wǒ - fò - nǒ̀ò nǐ dì ?

P ⧣ S P

ε εx

"Lequel as-tu attrapé ?
// celui | un | ce ⧣ tu / l'attraper//

2. L'exemple suivant présente une inversion de la formule (b), sans doute pour une raison d'emphase. C'est-à-dire qu'au lieu d'avoir une structure E ⧣ E' on a E' ⧣ E.

---

62 |ká̰à̰| R.1.

63 |wǒ̀ò fǒ| la forme attestée n'est pas clairement explicable

12. à nɛ̂è: kâ̰à̰ cɪ́ mǎy - nò[64]

Rég. P // P

ɛx // ɛ

"Elle dit : qui est-ce ?"
//elle / le dire // que / être // qui | ce//

Cette interprétation correspond directement à celle proposée pour les exemples 7, 8, 9 de la formule (b) où l'on avait exactement la situation inverse. De plus, elle paraît plus satisfaisante que celle qui consisterait à interpréter mǎy-nò comme un complément.

Soit : kâ̰à̰ cɪ́ mǎy nò

Rég. P C

3. L'énoncé interrogatif peut être constitué de plusieurs dépendants.
Exemple :

13. mǎtè - nǒ bòró gà - té ká dù ǎrǔkùsǔ - bé:rì - kòǒptò ? [65]

P S P P C

ɛ // ɛx // ɛx

"Comment peut-on faire pour avoir la feuille d'un vénérable grand (baobab) ?"
//comment | ce // homme / vers | le faire // et | le trouver /vénérable | grand | feuille//

3. L'ÉNONCÉ COMPLEXE

8.16. L'énoncé complexe se définit comme un énoncé constitué de deux ou de plusieurs énoncèmes, les uns dépendant des autres de telle sorte qu'on a la formule suivante :

---

[64] |nóò| R. 3

[65] |nóò| R. 1

[65] |bè:rì| R. 1

Enoncé complexe = Enoncème + énoncème complémentaire (+ énoncème complémentaire)[66]

$$E+ \quad = \quad \varepsilon \quad + \quad \varepsilon x \quad (+\ \varepsilon x\ )$$

L'énoncé complexe est donc formé d'une succession de deux (ou plus) énoncés simples reliés entre eux, soit par une dépendance sémantique, soit par une marque spécifique.

Nous ajouterons que l'énoncé complexe peut se décomposer en deux parties que nous désignerons comme des propositions; l'une est la proposition principale, l'autre est la proposition subordonnée qui vient en complément de la principale, soit par simple juxtaposition, soit par l'intermédiaire d'un terme spécifique.

Nous distinguerons, en zarma, différents types d'énoncés complexes :

1. *Les énoncés complexes sans marque spécifique*
   Dans ce cas, il s'agit d'une subordination sémantique et logique qui relie les deux énoncés juxtaposés.
2. *Les énoncés complexes avec marque spécifique*
   La proposition subordonnée est introduite par des régisseurs (mixtes ou spécifiques).
3. *L'énoncé complexe de type relatif*
   Ce type d'énoncé diffère des précédents en ce sens qu'il représente une expansion secondaire d'un élément primaire de l'énoncé. Il est introduit par un régisseur particulier, le déictique relatif.

Nous envisagerons donc successivement ces différents types d'énoncé.

---

[66]Nous rappellerons que l'*énoncème* se définit comme une *unité opérationnelle résultant de l'agencement de différentes fonctions formant un énoncé complet indépendant*. D'après cette définition, l'énoncème peut correspondre ou non à l'énoncé.

1. LES ÉNONCÉS COMPLEXES SANS MARQUE SPÉCIFIQUE

LES ENONCES JUXTAPOSES

8.17. Le discours zarma utilise très fréquemment la juxtaposition par rapport aux autres types de subordination existants. Cette construction caractérisée par la marque zéro dans la plupart des cas illustre bien le passage de l'indépendante à la dépendante. En effet, la proposition juxtaposée est une proposition dépendant d'une autre proposition sans préposition d'un terme spécifique tels que des régisseurs ou des propositifs.

Dans l'ensemble des cas présentés, la dépendance d'un énoncé par rapport à un autre se manifeste essentiellement sur un plan sémantique et logique.

Cependant, il y a lieu de distinguer deux cas différents :

1. dans *le premier cas*, des énoncés syntaxiquement indépendants,ou plusieurs prédicats, sont reliés entre eux par un ordre de succession logique qui établit à lui seul une relation de dépendance entre eux.
   Ce type d'énoncés illustre le passage de l'indépendante à la dépendante, sans autre représentation formelle qu'un lien sémantique.
2. Dans *le deuxième cas*, ce n'est pas l'ordre de succession des énoncés ou des prédicats qui caractérise la juxtaposition, mais plutôt la nature du prédicat de l'un des énoncés qui engendre une construction juxtaposée.
   On pourrait également interpréter ce deuxième cas en disant que le prédicat appelle un complément et que ce complément est, en l'occurence, représenté par un énoncé, soit la formule :

Enoncé = Sujet + prédicat + complément
→ = énoncé

Nous illustrerons chacun de ces cas par des exemples.

1er CAS

8.18. *SUCCESSIONS DE PREDICAT, LE SUJET EST IDENTIQUE ET REPETE DANS CHACUN DES ENONCES.*

La formule est la suivante :

$$\text{Enoncé} = \frac{\varepsilon}{S + P} \not\!\!\#\; + \frac{\varepsilon x}{S + P} \not\!\!\#\; + \frac{(\varepsilon x)}{S + P}$$

Ce premier type de juxtaposition peut prêter à discussion, il s'agit en effet d'une succession d'énoncés indépendants qui ne sont reliés entre eux par aucune marque spécifique.

On peut alors se demander en quoi consiste la relation de dépendance entre ces énoncés, ou encore quelles sont les raisons qui nous permettent de différencier les énoncés successifs des énoncés juxtaposés dépendants les uns des autres.

Nous ferons ressortir les faits suivants :

1) Les énoncés juxtaposés sont reliés entre eux par un *lien sémantique* qui indique une *succession logique*, et même *consécutive* faisant que la succession linéaire dans laquelle se présentent les énoncés aboutirait à un changement de sens si elle se trouvait inversée; de plus, la signification de l'ensemble des énoncés juxtaposés diffère sémantiquement d'une succession d'énoncés indépendants.

Exemple : E = ε + εx

à	kwắy		ắ	tà	n̆́gắ - bà:bà - gắrắwŏ́
S	P	#	S	P	C
ε			εx		

"Il part prendre le gage de son père"
// il / le partir # il / le prendre / son | père | gage + *spéc.*//

se différencie de :

"Il s'en va"
// il / le partir//

"Il prend le gage de son père"
// il / le prendre / son | père | gage//

ou même de l'énoncé inverse :

"Il prend le gage de son père et s'en va"
// il / le prendre / son | père | gage # il / le partir//

2) De plus, nous notons qu'entre cette succession, il y a non seulement une absence de pause, mais aussi, soit l'application de règles tonales qui mettent en évidence le lien étroit de dépendance entre ces énoncés, soit encore une courbe générale descendante affectant les deux énoncés, qui montre qu'il ne s'agit pas de deux énoncés successifs, mais bien d'un seul énoncé continu.

Exemples :

A) MODIFICATIONS TONALES

1. à kwǎ̌y ǎ̌ tà ňgǎ̌ - bà:bà - gǎ̌ráwǒ̌[67]

S P # S P C

ε εx

"Il part prendre le gage de son père"
// il / le partir # il / le prendre / son | père | gage + *spéc.*//

2. à sǒ̌:lǎ̌ à gà - kwǎ̌y[68]

S P # S P

ε εx

"Il s'apprête à partir"
// il / l'apprêter # il / vers | le partir//

3. à gà - hɛ̰̌ cíňǎ à gà - hɛ̰̌ zǎ̌:rì[69]

S P Ct # S P Ct

ε εx

"Il pleure la nuit, il pleure le jour"
// il / vers | le pleurer / nuit + *spéc.* # il / vers | le pleurer / jour//

B) COURBE DESCENDANTE

4. à nà - gǎ̌:sǒ - tà à nà - à - háŋǎ̌ndì

S P # S P

ε εx

"Elle prend la calebasse et le fait boire"
// elle / à | calebasse + *spéc.* | le prendre # elle / à | le | le faire boire//

---

[67] |à kwǎ̌y à tà| R. 1 [68] |à sòǒ̌:là à| R.3 - R.1 [69] |cíňàǎ̌à| R. 3 - R. 1

5. hàndű gà - kwǻy hàndű gà - yɛ̋è

S P # S P

ε εx

"Les mois passent et repassent"
// lune / vers | le partir # lune / vers | le revenir//

8.19. *LE SUJET EST IDENTIQUE MAIS NON REPETE DANS CHACUN DES ENONCES.*

La formule est la suivante :

$$E = \frac{\varepsilon}{(S) + P} \# \frac{\varepsilon x}{P} \# \frac{\varepsilon x}{P}$$

1. sɪ̋ - kwǻy dɪ̋ à

P # P C

ε εx

"Ne pars pas la voir"
// ne pas | le partir # le voir / la//

2. à fǻttǻ kà

S P # P

ε εx

"Il sort et vient"
// il / le sortir # le venir//

3. à zùrű kà

S P # P

ε εx

"Il court et vient"
// il / le courir # le venir//

4. à tùnű kwǻy dò:nɔ̀ɔ̋ - gùnǻ

S P # P / C

ε εx

"Elle se lève et part regarder la boule de mil"
// elle / le lever # le partir / boule de mil + *spéc.* | le regarder//

5. à nà - kő:rò - sắmbű kwẩy tàrsẽ

S / P # P # P

ε εx εx

"Il prend l'hyène et part la freiner"
// il / à | hyène | le prendre # le partir # le freiner//

6. kwẩy kű kà kwàắ:yně

P # P # P C

ε εx εx

"Pars ramasser et reviens"
// le partir # le ramasser # le venir / encore//

7. à nẽè tùűn mà - tẽ àẩy - sè kwắ:yí- bè:rì [70]

S P # P # P C C

ε εx εx

"Elle dit : lève-toi et fais-moi un grand boubou"
// elle / le dire # le lever # *déloc.* | le faire / moi | pour / boubou | grand//

8. à dűkùr kwẩy sắr kắ kắ:rù ńgắ - bàrí [71]

S P # P # P # R P C

ε εx εx εx

"Il se fâche et s'en va d'un bond sur son cheval"
// il / le fâcher # le partir # le sauter # et | le monter / son | cheval//

Remarque :

On aurait la possibilité, pour chacun de ces exemples, d'utiliser le régisseur kắ "et, de, à" devant les prédicats des énoncés dépendants:

Exemple :

à fùnű kắà ou à fùnű kắ kắà

ε εx ε εx

"Elle se détache et tombe"
// elle / le sortir # le tomber/

---

[70] |sẽè| R. 3
[70] |kwắ:yì| R. 1
[71] |kà:rù| R. 1
[71] |ńgà| R. 1

2ème CAS

8.20. Nous avons mentionné que, dans ce deuxième cas, c'est la valeur sémantique de l'un des prédicats qui engendre une construction juxtaposée. Nous incluons en particulier, dans ce chapitre, les énoncés de style indirect introduit par la Base **nɛ̌è** "le dire", ainsi que les subordonnées introduites par des Bases telles que **bǎà** "le vouloir", **mɪ̌:là** "le penser", **cì** "le parler", **bǎy** "le savoir", **gàr** "le trouver", **tà** "l'accepter", **mǎ** "l'entendre", **dɪ̌** "le voir", **tɛ̌** "le faire".

L'ensemble de ces énoncés juxtaposés présentent des caractéristiques communes. Nous présenterons d'abord ces caractéristiques générales, puis nous aborderons l'analyse de types de structure montrant quelques divergences avec le schéma général.

Caractéristiques générales

8.21. Ces caractéristiques sont valables, comme nous l'avons souligné pour les énoncés de discours indirect, mais aussi pour les subordonnées dépendant d'une proposition principale où figure une des Bases citées plus haut.

On a la formule suivante :

Enoncé = sujet + prédicat (+complément) # sujet' + prédicat (+ complément)

ε # εx

La subordonnée se juxtapose à la principale. La structure de chacune des propositions ne subit pas de changement. Il faut cependant ajouter, pour compléter la formule, qu'il existe une marque spécifique à ce type de juxtaposée, à savoir la modification des modalités personnelles à la 3ème personne (singulier et pluriel) quand le sujet de la proposition principale est le même que celui de la subordonnée.

soit quand S = S' on a S' = **ŋ́gà** au lieu de **à** (sg.) "il, elle"

ŋ́gày au lieu de **ì** (pl.) "ils, elles"

Par ailleurs, nous avons pu remarquer dans plusieurs exemples l'utilisation du régisseur **mà** "délocutif" dans la subordonnée. Cependant, il ne s'agit pas d'un emploi obligatoire, par conséquent nous ne pouvons en tirer la conclusion que ce régisseur est aussi une marque spécifique de ce type de juxtaposition, au même titre (ou encore en alternance) avec l'utilisation particulière des modalités personnelles.

Exemples :

Discours indirect

Les énoncés de discours indirect sont toujours juxtaposés.

1. **à néè ńgǎ kà ǎrwásǎy - nò**[72]

S P ⧣ S P C

ε εx

même sujet
à --- ńgǎ
S P / S P C
ε εx

"Il dit qu'il vient courtiser (la fille)"
// il / le dire ⧣ il / le venir / courtisage | ce//

2. **à néè ńgǎ mànà - wá:nɨ́ sánnɨ́ wǎllǎ**[73]

S P ⧣ S P C C

ε εx

"Il dit qu'il ne sait pas parler"
// il / le dire ⧣ il / *nég.* | le savoir/parole / certes//

3. **à né àǎyì - nǒò à - ɨ́zě.àrù**[74]

S P ⧣ P C

ε εx

"Il dit : je suis son fils"
// il / le dire ⧣ je | ce / son | enfant.mâle//

4. **kǔmbò né à - sěè hùnkǔná ńgá gà - kwǎy tǔrú**[75]

S P C ⧣ C S P ⧣ P

ε εx εx

"Koumbo lui dit qu'aujourd'hui elle allait tresser ses cheveux"
// koumbo / le dire / lui | ã ⧣ aujourd'hui / elle / vers | le partir ⧣ le tresser//

---

72 |ńgà| R. 1
72 |nǒò| R. 3
73 |mànǎ| R. 3
74 |něè| R. 1
74 |ɨzè| R. 1
75 |něè| R. 1
75 |ňgà| R. 1

5. à nɛ́è ŋ́gá̰ - mò ì mà - té ŋ́gà - sé yá̰ - dìn - cíné [76]

S P # C S P C C

ɛ / ɛx

"Il dit quant à lui, qu'il fasse pour lui la même chose"
// il / le dire # lui | aussi || / ils / *déloc.* | le faire / || lui | pour / ce | là | pareil//

6. à né ì mà - kwáy ì mà - tàá̰:jì - dè:nà - kàá̰, ì mà - kwáy ká̰ tàá̰:jí-sìnjì dàyò-rá̰,

S P #S' P #S' P #S' P # P C #

ɛ / ɛx / ɛx / ɛx / ɛx /

dè:nàá̰ mà - gùná̰ bɛ́:né [77]

S' P C = sujets différents

ɛx S / S' (à ... ì)

"Elle dit : qu'ils partent, qu'ils aiguisent l'aiguille à démêler, qu'ils l'enfoncent dans le puits, que l'extrémité regarde le ciel"
// elle / le dire # ils / *déloc.* | le partir # ils / *déloc.* | aiguille | pointe + *spéc.* | l'enlever # ils / *déloc.* | le partir # et | aiguille | l'enfoncer / puits + *spéc.* | dans # pointe + *spéc.* / *déloc.* | le regarder / ciel//

Exemples avec des bases autres que nɛ́è "dire"

1. ì gà - báà ì mà kwáy bɛ́:ráy.kóyòó - dìn - há̰ [78]

S P #S' P C

ɛ ɛx

Sujets différents
ì --- ì
S P / S' P C

"Ils veulent qu'ils aillent interroger le sage"
// ils / vers | le vouloir # ils / *déloc.* | l'aller / sagesse.posseseur + *spéc.* | ce | le demander//

2. ì cì ì - kúlù - sé ì mà - ŋ́gá̰ - dùm [79]

S P C #S' P

ɛ ɛx

"Ils demandent à tous de l'accompagner"
// ils / le dire / eux | tout | à # ils / *déloc.* | lui | l'accompagner//

---

[76] |ŋ́gà| R. 1
[76] |séè yàá̰ dìín| R.1 - R.3
[77] |nɛ́è| R. 1
|dè:nàá̰| R. 3
[77] |tàá̰:jì| R. 1
[77] |dàyòó| R. 3
[78] |dìín| R. 3
[78] |kòyòó| R. 1
[79] |séè| R. 1
[79] |ŋ́gà| R. 1

3. à gà - mí:là sɔ́ŋɔ́ - yàá à tɔ́ jí:rí - wáy - cìndí - gú[80]

S P C #S' P C

ε εx

"Il pense qu'il a atteint l'âge de 15 ans"
(le père) (l'enfant)
// il / vers | le penser / maintenant | çà # il / l'atteindre / année | dix · le reste · cinq//

4. frí.kwày tɛ́ à mànǎ - bú

S P # S' P

ε / εx

"Dieu fit en sorte qu'elle ne meure pas"
// Dieu / le faire # elle / *nég.* | le mourir//

3ème CAS

8.22. Sous ce titre, nous envisageons à présent l'analyse d'énoncés juxtaposés dont le schéma diffère quelque peu des cas précédents, en ce sens qu'on pourrait considérer, dans les exemples qui vont suivre, que c'est le complément de la principale qui devient le sujet de la subordonnée. Nous résumerons cette particularité dans les formules suivantes :

1er type formules : (1) $E = \dfrac{\varepsilon}{S + P + C} \# + \dfrac{\varepsilon x}{(S) + P}$ (C → S)

ou encore (2) $E = \dfrac{\varepsilon}{S + P + C} \longrightarrow = \dfrac{\varepsilon x}{\text{énoncé}}$

Nous expliciterons ces deux formules en disant que chacune d'entre elles montre une succession normale de l'énoncé S + P + C (Sujet + Prédicat + Complément).

La première formule met en relief que le complément de l'énoncé ε devient le sujet de l'énoncé εx. La deuxième formule montre que l'énoncé εx peut être considéré dans son ensemble comme étant lui-même le complément de l'énoncé ε.

---

80 |sɔ́ŋɔ̀| R. 1

Le deuxième exemple que nous présenterons est identique, à ceci près que l'énoncé comprend un énoncème de plus et que c'est le complément de la proposition dépendante (et non plus de la proposition principale comme dans l'exemple 1) qui devient sujet de l'énoncé, soit les formules :

(3) $\dfrac{\varepsilon}{S + P}$ # $\dfrac{\varepsilon x}{P + C}$ # $\dfrac{\varepsilon x}{(S) + P}$

(C → (S))

ou encore $\underbrace{S + P}_{\varepsilon}$ # $\underbrace{P}_{+\ \varepsilon x\ +}$ $\underbrace{+ C = \text{énoncé}}_{\varepsilon x}$

formule 1

à gà - dǐ dùllǔ gǎ - fùǔn[81]

S P / C → S ~~P~~ ou C

E = ε εx

"Il voit la fumée sortir"
//il / vers | le voir # fumée / vers | le sortir//

formule 3

à kà kǎ - dǐ tòbwǎy gǒ gà - gǔùm[82]

S P # P C →(S) P C

E = ε εx εx

"Il vient voir le lièvre accroupi"
//il / le venir # et | le voir # lièvre/ être / vers | l'accroupir//

Formule 1

à bǎy hàndǔ nà - ńgǎ - dà:rù[83]

S P C P

→ S

ε εx

"Elle sait qu'elle est enceinte"
//elle / le savoir # lune / à | elle | l'étendre//

---

[81] |gà| R. 1

[82] |tòbwǎày gòǒ| R. 1

[83] |ńgà| R. 1

à màn - dǐ ɲǎ mà - kà [84]

S P C P
→ S

ε εx

"Elle n'a pas vu la mère venir"
//elle / *nég.* | le voir # mère / *déloc.* | le venir//

2ème type

Les faits

8.23. Ces exemples présentent un cas particulier, logiquement il s'agit du même phénomène que dans les cas précédents, mais syntaxiquement les exemples diffèrent. Ici, le sujet de l'énoncé dépendant n'est pas exprimé, il fait référence au prédicat de l'énoncé qui précède, mais rien ne l'atteste formellement.

Ainsi, on peut se poser le problème de savoir ce qui peut déterminer la différence d'interprétation entre ces cas et ceux présentés au paragraphe 8.19. sous le titre : " *Un seul sujet et plusieurs prédicats* " étant donné que, formellement, il n'y a pas de différence claire entre ces deux situations.

Nous prendrons deux autres exemples :

Formules : E = ε / S + P # R + P + εx / P # (S) + P + εx — cf. exemple 1

ou ε / S + P + (C) + εx / # (S) + P — cf. exemple 2

1. à kà kǎ [bòrǒ] - gǎr gà - káày [85]

S P # Rég. P # P
→ (S)

ε εx εx

"Il vient trouver quelqu'un qui se trouvait là"
// il / le venir # et | homme | le trouver # vers | l'arrêter//

---

[84] |mànǎ| R. 3
[84] |ɲáà| R. 1

[85] |gàr| R. 1

2. à nà - [à]-gàr dǎ:rǒ - bò̰ gà - kǎ:nɪ́

S P C → (S) P

ε εx

"Il la trouve couchée sur le lit"
// il / à | la | trouver / lit + *spéc.* | sur ⫽ vers | le coucher//

3. à nà - [wàngò] - fǒnnǎy gǎ - kà[86]

S P ⫽ (S) P

ε εx

"Elle voit venir la guerre" et non "Elle voit la guerre et elle vient"
// elle / à | guerre + *spéc.* | l'apercevoir ⫽ vers | le venir//

4. à nà - kǒ:rò - sǎmbǔ kwǎy tàrsě

S P ⫽ P ⫽ P

ε εx εx

"Il prend l'hyène et va l'arrêter"
// il / à | hyène | le prendre ⫽ le partir ⫽ le freiner//

8.24. Ces exemples appellent un certain nombre de remarques essayant de justifier la différence d'interprétation que nous pouvons faire entre eux.

Dans l'exemple 4 , on considère que nous avons affaire à des sujets identiques mais non répétés devant les divers prédicats; ces prédicats dépendants se présentent comme une Base seule n'entrant pas dans un syntagme énonciatif et que nous pourrions, éventuellement, faire précéder du régisseur kǎ "et, à, de"; (sǎmbǔ kǎ kwǎy kǎ tàrsě); dans l'exemple 3 , formellement aussi on n'a qu'un seul sujet, mais en fait le sujet non exprimé du deuxième prédicat se rapporte au prédicat principal. Notons que, dans ces exemples, le prédicat de l'énoncé principal, est un syntagme énonciatif et que c'est l'élément déterminant qui devient le sujet de l'énoncé dépendant. Ce prédicat dépendant se présente comme un syntagme énonciatif dans les exemples trouvés, de ce fait, il n'admettrait pas la préposition du régisseur kǎ.

---

[86] |wàngòǒ| R. 3
[86] |gà| R. 1

Nous pourrions également envisager d'interpréter ce deuxième prédicat constituant un énoncé dépendant, non comme un prédicat, mais comme un complément : ce qui, du fait, réduirait les cas de ce type d'énoncé à des énoncés indépendants courants :

à nà - wàngò - fónnấy gấ - kà

S P C

parallèlement à des énoncés tels que :

à gò ňgà - dấ:rí - bǫ́ gà - kắ:ní[87]

S P C C

"Elle est sur son lit en train de dormir"
//elle / être / son | lit | sur / vers | le dormir//

8.25. *Combinaisons de plusieurs possibilités*

Certains énoncés utilisent fréquemment la juxtaposition; on peut rencontrer jusqu'à six propositions dépendantes par juxtaposition les unes des autres utilisant plusieurs des procédés cités. Toutefois, la complexité résultant de ces successions d'énoncés nous amènera à envisager ces combinaisons plus loin (cf. Combinaisons d'énoncés).

Remarque :

Certaines juxtaposées présentent une structure parallèle des énoncèmes avec un sujet identique : E = ε + εx.

bòró kà ká gànấ ká hấy àlbòrò-zállé, bòró kà ká hấy wàybòrò-kò:nű

S P # R P # R P C # S P # R P C

ε / εx / εx ε ⁰/ εx

ε εx

"Celui-ci n'a eu que des garçons, l'autre n'a eu que des filles"
//l'un / le venir # et | le suivre # et | le naître / homme | seul#
l'autre / le venir # et | l'engendrer / femme | seule//

87|gòó| R. 3
87|bǫ̀| R. 1

2. LES ÉNONCÉS AVEC MARQUE SPÉCIFIQUE

8.26. La proposition qui vient en complément de la proposition principale est introduite par des régisseurs.Nous distinguerons trois types de régisseurs correspondant à trois syntaxèmes différents, comprenant eux-mêmes des sous-divisions.

1. LES REGISSEURS MIXTES (OU FONCTIONNELS DE SYNTAGMES ET DE PROPOSITIONS)
2. LES REGISSEURS D'ENONCES (OU FONCTIONNELS DE PROPOSITIONS, PROPOSITIFS)
3. LES COORDINATIFS

Nous présenterons l'étude de ces énoncés d'après la nature des différents types de régisseurs.

LES RÉGISSEURS MIXTES

8.27. Nous avons déjà consacré un chapitre spécial (TRANSITION) à l'étude de ces régisseurs qui ont la particularité d'introduire un syntagme ou un énoncé. Cette double possibilité met en évidence le parallélisme qui existe entre une proposition introduite par un de ces régisseurs et un complément indirect.

Nous avons la formule suivante :

Régisseur + { - syntagme = complément régi
{ - énoncé

En effet, qu'il s'agisse d'un syntagme ou d'un énoncé, l'ensemble régi par l'une des particules fonctionnelles constitue un complément indirect.

Nous avons scindé ce type de régisseurs en deux principaux groupes :

a) type 1

Régisseurs ayant une position variable avant ou après la proposition principale, ce sont essentiellement :

			Structure de l'énoncé
kàlấ	"jusqu'à"		E / kàlấ Ex
dàngấ	"comme"		E / dàngấ Ex
wàlấ	"ou bien"		E / wàlấ Ex
sànkű	"d'autant que"		E / sànkű Ex
hấlà	"jusqu'à, quand, si"	{	E / hấlà Ex
			hấlà Ex / E
bấà	"même"		bấà Ex / E
zàấ	"dès que, depuis"		zàấ Ex / E

b) type 2

Le seul régisseur de ce type est kấ "et, pour, de, à". Il se situe toujours après la principale et régit des énoncés ayant une structure différente des précédents. E / kấ Ex

Malgré les variations possibles de la position de ces régisseurs dans l'énoncé, nous les avons regroupé dans un même chapitre et sous une même caractéristique qui est de régir à la fois des syntagmes et des énoncés.

Nous en avons déjà présenté un certain nombre d'exemples au chapitre des régisseurs mixtes; nous les complèterons ici en ne présentant que les cas où ces régisseurs introduisent un énoncé et en insistant sur la structure de l'énoncé et les variations sémantiques dues à leur combinatoire.

Régisseurs type 1

8.28. *Caractéristiques et structure*

1) La proposition régie peut être elle-même simple ou complexe : elle peut donc être affectée d'une dépendante (juxtaposée, relative, subordonnée).

2) Ce type de subordination ne produit pas de changement formel dans la structure de la principale ni de la proposition subordonnée.

3) La position de la proposition régie est variable; elle se situe avant ou après la proposition principale.
Cependant, cette possibilité de changement correspond, soit à une insistance (antéposition), soit à une variation sémantique du régisseur utilisé.

Nous envisagerons ces régisseurs avec quelques exemples de propositions qu'ils introduisent, ainsi que les particularités correspondant à chacun.

Nous ajouterons que les régisseurs les plus fréquents sont **kàlá** et **hálà**. Nous les regrouperons, non pas dans un ordre correspondant à leur fréquence, mais selon le type de structure engendré.

8.29. **kàlá** "jusqu'à ce que"

Formule : E = ε / **kàlá** εx "jusqu'à"

kàlá peut avoir un sens locatif ou temporel; il est très fréquent dans le discours zarma.

Exemples :

1. **ì gò árwásá - gá kàlá wàndìàá tùn nárúyá̰ - sè**[88]

R S P C

S P C # C - énoncé

E = ε + εx

"Ils la courtisaient jusqu'à ce que la fille parte en voyage"
//ils / être / courtisage + *spéc.* | à # jusqu'à / jeune fille + *spéc.* / le lever / voyage | pour//

2. **ì sí - sáà:láà kàlá bà:bòó má - fàrgá**[89]

R S P

S P # C = énoncé

E = ε εx

"Ils ne l'écoutent pas jusqu'à ce que le père se fatigue"
//ils / *nég.* | l'écouter # jusqu'à / père + *spéc.*/ de | le fatiguer//

---

[88] |**gòó**| R. 3 [88] |**tùún**| R. 3 [88] |**séè**| R. 3 [89] |**mà**| R. 1

3. à nà - kà:yì - dànàwò - cǎndí kàlǎ à kwǎàndǎ à hǎbǔ[90]

R S P C C

S P # C = énoncé

E = ε + εx

"Il conduit le grand-père aveugle jusqu'au moment où il l'emmène au marché"
// il / à | grand-père | aveugle + *spéc.* | le conduire # jusqu'à / il / l'emmener / lui / marché//

4. yàǎ - dìín kàlǎ ì nà - jìsìmà - kǔlù - fǎ:rǔ[91]

R S P

P # C = énoncé x

E = ε εx

"(Cela continue) ainsi jusqu'à ce qu'ils aient vanné toute l'oseille"
// ce | la # jusqu'à / ils / à | oseille | tout | le vanner//

Dans ces quatre exemples, l'énoncème introduit par kàlǎ est simple. On a les formules suivantes :

E = ε / kàlǎ εx

S + P (exemples 2 et 4)
S + P + C (exemple 1)
S + P + C C (exemple 3)

Nous présentons des exemples où l'énoncème dépendant est complexe.

Soit :

E = ε / kàlǎ εx / εx / εx

[90] |dànàwòǒ| R. 3

[91] |jìsìmàǎ| R. 3

5. ì gòɔ̋ nò gǎ - dírà kàlá ì kà kǎ tɔ̋ kwǎ:rà - kǎynǎ [92]

R S P # R P C

εx / εx

S P C C # C = εnoncé

E = ε εx

"Ils marchent jusqu'à ce qu'ils atteignent un petit village"
//ils / être / ce / vers | le marcher# jusqu'à / ils / le venir#
et | l'atteindre / village | petit//

6. ì kwǎy jìsìmàá - dò kàlá à kà kǎ gàr ì nà - jìsìmà - fǎ:rú [93]

R S P

P # S P

εx / εx / εx

S P C # C = énoncé

E = ε εx

"Ils viennent là où se trouve l'oseille jusqu'au moment où ils s'aperçoivent qu'ils l'ont vannée"
//ils / le partir / oseille + *spéc.* | lieu # jusqu'à / il / le venir # et | le trouver # ils / à | oseille + *spéc.* | le vanner//

Remarques :

1. La proposition principale peut être représentée par le temporel **bíndě** ou **à-bíndé** "alors, ensuite", cette dernière forme pourrait nous faire envisager que nous avons un énoncé qui s'est figé et dans lequel **bíndě** ancienne Base de type 2 précédéede à Modalité Personnelle aurait le sens de "il poursuit, il continue". (cf. Remarque § 5).

Exemple :

à - bíndě kàlá à kà fúù

P # R S P C

"Puis, le moment arriva où il rentra à la maison"
// ensuite # jusqu'à ce que / il / le venir / maison//
//il / poursuit # jusqu'à ce que / il / le venir / maison//

---

[92] |nɔ́ò gà dìrà| R. 3 - R. 1 [93] |dɔ́ò| R. 3
[92] |kwà:rà| R. 1 [93] |jìsìmàá| R. 3

2. L'énoncé peut présenter une succession de dépendantes introduites par kàlá.

bòrɔ́ò hǎy bààɲà kàlá kà ká tő mùdúùn - háwyá kàlá kà ká bɛ́:rì

S P C # R P # P C # R P # P

ɛx # ɛx #

ɛx ɛx

E = ɛ / ɛx / ɛx

"Cette femme accoucha d'un esclave; alors l'enfant atteint l'âge d'attacher son pantalon, alors l'enfant devint grand" (alors arriva le moment où l'enfant fut grand)
// celle-là | + ce / l'engendrer / esclave # jusqu'à / le venir# et | l'atteindre / pantalon | attachage # jusqu'à / le venir# et | le grandir//

8.30. Nous donnerons quelques exemples supplémentaires dans lesquels la proposition principale est négative; kàlá peut dans ce cas avoir une valeur sémantique différente; il prend le sens, en français, de "sauf que, si ce n'est, sauf si, à moins que".

La structure de l'énoncé reste identique :

E = énoncème (négatif) / kàlá + énoncème x
(sauf, si ce n'est)

1. à sí - mí:lá kàlá má - jàrè níìn káà cí bá:bòó[94]

S P # R P S # Relative

E = ɛ + ɛx

"Il ne pense pas que tu portes la charge toi qui es le père"
// il / *nég.* | le penser # si ce n'est / de | le porter / toi # qui / être / père + *spéc.*//

2. ày sí - bá kàlá sɔ́ŋò ààý - ɲá mà - dááy ààý - sɛ́ bàrí[95]

S P # R C S P C C

E = ɛ ɛx

"Je veux seulement maintenant que ma mère m'achète un cheval"
// je / *nég.* | le vouloir # si ce n'est / maintenant / ma | mère/ de | l'acheter / moi | pour / cheval//

---

94 |mí:là| R. 1
94 |mà|
94 |bà:bòó| R. 1

95 |báà| R. 1
95 |ààý| R. 3
95 |ɲáà| R. 1
95 |sɛ́è| R. 1

3. kűrǎy - tàcɔ̃ɔ̀ - wɔ̃ɔ̀ - kűlù dǎ nǐ nà - à - bǎn, nǐ sǐ - dǐ à kàlǎ dǎy

R S P # S P C # R

E = εx ε εx

dǎ nǐ kwǎy fűrò tɛ̌:là - tǎyǎ̰

R S P # P C

εx

"Et même quand tu auras fini (de parcourir) ces 4 quartiers, tu ne la retrouveras pas, à moins que tu ne te mettes à apprendre à coudre"
//quartier | quatre | ce | tout || / si / tu / à | || le | finir # tu / *nég.* | le voir / la # sauf | certes / si / tu / le partir # l'entrer / machine | couture//

Cet énoncé présente une mise en relief, par antéposition d'une composante du prédicat de l'énoncé régi par **dǎ**, **kàlǎ** régit lui-même un énoncé introduit par **dǎ**.

dt **dǎ**. S P # S P C # **kàlǎ dǎ** S P # P C
dt-dé

εx / ε / εx / εx

Remarques :

1. Nous rappellerons aussi que **kàlǎ** peut régir un énoncème dépendant de type injonctif avec le sens de "il faut que, que". Ce type d'énoncé présente la particularité de ne pas toujours faire figurer la proposition principale "il dit ..." qu'il faut alors restituer pour retrouver la structure de l'énoncé global :

Formule : E = énoncème / **kàlǎ** + énoncème x
("il dit") / il faut que, que

1. **àǎy - mò kàlǎ ǎy mà - kwǎy dǐ à**[96]

εx / εx

E = (ε) εx

"Moi aussi, il faut que je la voie"
// moi | aussi || / il faut / || je / de | le partir # le voir/ la//

---

[96] |mɔ̃ɔ̀| R. 3
[96] |àǎy| élocution normale

2. à nɛ́è <u>kàlá mà - kwǎy</u> <u>kǎ - ǎy - bǎ:bà - hǎ</u> [97]

ɛx / ɛx

E = ɛ ɛx

"Il dit :"va le demander à mon père""
//il / le dire # il faut / de | le partir # et | mon | père | le demander//

3. àrmòɔ́ nè <u>kàlá</u> dǎy dǎ à - jìndàá nǎ - ǎ - cì [98]

E = ɛ ɛx

"Le frère dit : "il faut que sa voix le dise""
// frère / le dire # il faut | certes / quand / sa | voix + *spéc.* / à | le | le dire//

2. kàlá est fréquemment suivi de l'assertif dǎy difficilement traduisible en français.

à gòɔ́ nò kǎ:nî fûò - rá dǎy kàlá dǎy à kà [99]

S P C C C C# R S P

E = ɛ ɛx

"Elle dormait dans la maison jusqu'à ce qu'alors il arrive"
//elle / être / ce / le dormir / maison + *spéc.* | dans / certes # jusqu'à | certes / il / le venir//

8.31. wàlá "ou bien"

La formule est :

E = ɛ / wàlá + ɛx
énoncème / énoncème X

1. à sî - bǎy hálà ńgà gá - tè <u>wàlá</u> ńgà sî - tè ńgá gò gá - nágù cǎrǎw-dá - bìrî - gámè - rá [100]

"Il ne savait pas s'il vivrait ou non, il se trouvait entre la côte et l'os"
//il / *nég.* | le savoir # si / il / vers | l'exister # ou / il / *nég.* | l'exister # il / être / vers | le coller / côté | et | os | entre | dans//

---

[97] |àǎy| élocution rapide
[97] |bà:bà| R. 1
[98] |nɛ́è| R. 3
[98] |nà-à| R. 1
[99] |nóò| R. 3
[99] |fúòɔ́| R. 3
[100] |ńgà gòɔ́ gà ńgà| R. 1
[100] |nàgù| R. 1

2. ì mànà - bǎy mò bé:ně nò ì gànàǎ - wàlá gǎndà nó ì gànǎ [101]

"Ils ne savent pas s'ils sont partis vers le nord ou le sud"
// ils / *nég.* | le savoir / aussi / haut | ce # ils / le suivre #
ou / bas | ce # ils / le suivre//

Ces deux exemples présentent des structures relativement complexes qu'il convient de restructurer pour les faire apparaître :

Exemple 1 :

à (S) sí - bǎy (P) / hǎlà (Rég.) ǹgà (S) gǎ - tè (P) / wàlǎ (Rég.) ǹgà (S) sí - tè (P) / ǹgǎ (S) gò (P) gá - nǎgù (C)

E = ε (= ε / hǎlà εx / wàlǎ εx) + εx

2 énoncés régis (hǎlà / wàlǎ) + juxtaposée

Exemple 2 :

ì (S) mànà - bǎy (P) / mò (Rég.) bé:ně - nǒ (P) / ì (S) gànàǎ (P) / wàlá (R) gǎndà - nǒ (P) / ì (S) gànǎ (P)

E = ε εx εx

8.32. dàngǎ "comme"

On a la formule :

ε / dàngǎ εx

Nous n'avons trouvé qu'un exemple de ce régisseur :

wàybòrà (S) té (P) # dàngǎ (R) ǹgà (S) sí (P) ǹdá - bà:ní (C) [102]

C = énoncé

E = ε εx

"La femme fait comme si elle était malade"
// femme / le faire # comme / elle / n'être pas / avec | santé//

---

[101] |mànǎ| R. 3 |gàndà| R. 1 [102] |wàybòràǎ| R. 3

[101] |mǒò| R. 3

[101] |nǒò| R. 1

[101] |gànǎ| ton montant, marque que l'énoncé n'est pas fini.

8.33. **sànkű** "d'autant que, à plus forte raison"

Formule E = ɛ / **sànkű** + ɛx

1. **nǐ sǐ - ŋàá sànkű mà -ná:sű**

S P # R P

ɛ ɛx

//tu / *nég.* | le manger # d'autant / de | le grossir//

2. **àáy màná - zǐ:bì sànkű àáy mà - ɲùná**

S P # R S P

ɛ ɛx

"Je ne suis pas sale, ce n'est pas pour me laver"
//je / *nég.* | l'être sale # d'autant que / je / de | le laver//

8.34. **hálà** "jusqu'à, quand, si"

Les variations sémantiques de **hálà** dépendent de la structure de l'énoncé et en particulier de la position de la proposition régie par rapport à la proposition principale. Cependant, en zarma, il s'agit du même régisseur dans tous les cas.

Nous résumerons ces variations de sens et de structure dans les formules suivantes :

1) Enoncé = énoncème / **hálà** énoncème x "jusqu'à"
2) Enoncé **hálà** énoncème x / énoncème "quand, si"

8.35. 1. Enoncé = ɛ / **hálà** ɛx : jusqu'à

Moins employé que **kàlá**, il semble recouvrir à peu près la même signification dans les exemples trouvés, avec un sens uniquement temporel.

Exemples :

a) la dépendante est un énoncé simple = εx = S + P + (C)

1. à nà - gàá:rò - háw hálá à sándí[103]

R S P

S P # C = Enoncé

E = ε + εx

"Il attache la selle jusqu'à ce qu'elle soit solide"
//il/ à | selle + *spéc.* | l'attacher # jusqu'à / il / l'être solide//

2. dáy í nà - à - tútúbú hálá à yáy[104]

R S P

ctif S P # C = énoncé

E = ε εx

"Alors ils l'ont frappée jusqu'à ce qu'elle meurt"
//alors / ils / à | la | le frapper # jusqu'à / elle / l'être froide//

3. à néè ńgá - yàá sí - á - cì hálá ǹdùɲòó mà - tùún[105]

R S P

S P # S P # C = énoncé

E = ε εx εx

"Elle dit qu'elle ne parlera pas jusqu'à la fin du monde"
//elle / le dire # elle | ce / *nég.* | le | le parler # jusqu'à / le monde + *spéc.* / de | le lever//

b) la dépendante régie par hálà est complexe

4. hàynòó kà ká bé:rì hálá à kà ká nínì[106]

S P # P # R' S P # P

εx εx

E = ε # εx

---

[103] |gàá:ròó| R. 3
[103] |hálà| R. 1
[104] |ì| R. 1
[104] |hálà| R. 1
[105] |ńgà| R. 1
[105] |à| R. 1
[105] |hálà| R. 1
[106] |hálà| R. 1

Autre structuration :

hàynòó kà / kǎ bě:rì hǎlǎ à kà / kǎ nínǐ
S P Rég. P Rég. S P Rég. P
ε # εx

soit : ε / εx / εx / εx
E = ε + εx

"Le mil grandit jusqu'au moment où il mûrit"
// le mil / le venir # et | le grandir # jusqu'à / il / le venir # et | le mûrir//

8.36. 2) Enoncé = hálà εx / ε "quand, si"

hálà se traduit en français suivant les cas, soit avec une nuance temporelle (quand, au moment où, avant que), soit avec une nuance conditionnelle (si). Il peut être difficile quelquefois de distinguer la valeur temporelle de la valeur conditionnelle; en zarma, de toute façon, il s'agit du même régisseur.

La principale peut être juxtaposée ou reliée à la subordonnée par le complément temporel hìnòó - dìǐn : "à ce moment", ou les coordinatifs dǎy, kúlù "alors".

E = hálà εx / ε =(ε / εx)

1. hálá wàndìàá gà - tó gándà áfàá - mò kwǎy à nà - bùndùyǎ̰ - bé:rí [107]

R S P C
C = énoncé # S P # S P
ε εx
E = εx ε

"Avant que la jeune fille tombe à terre l'un part couper du bois"
// avant que / jeune fille + *spéc.* / vers | l'atteindre / terre # l'un + *spéc.* | aussi / le partir # il / à | bois + *génér.* | le couper//

2. hálà dǎy ì gà - bǎy kúlú à dáráy tóndò - rá [108] E = hálà εx / kúlù ε

R C S P
C = énoncé # cf S P C
E = εx ε

---

[107] |hálà| R. 1
[107] |móò| R. 3
[107] |gàndà| R. 1

[108] |kúlù| R. 1
[108] |tóndòó| R. 3

"Avant qu'ils s'en aperçoivent, il se perd dans le rocher"
// avant / certes / ils / vers | le savoir # alors / il / le perdre / rocher + *spéc.* | dans//

L'énoncé dépendant est complexe

3. hálá hìnòő ì gà - yéè ká kà dáy jìrìbò hín à[109]

R C S P # P
εx εx

C # cf. S P C

E = εx ε

"Avant qu'ils reviennent, le sommeil l'a pris"
// avant / maintenant / ils / vers | le retourner # et | le venir # alors / le sommeil + *spéc.* / le prendre / lui//

Formule E = εx (= εx / εx) + ε

4. hálá ááy gà - né ày gá - kámbàá - dì à gà - fíttàw ká kà̰ hárő - kúná[110]

R S P # S P

εx εx ε εx

C # S P # P C

E = εx ε

"Au moment où je dis que je vais attraper sa main, elle bondit et tombe dans l'eau"
// quand / je / vers | le dire # je / vers | main + *spéc.* | le prendre # elle / vers | le sauter # et | le tomber / eau + *spéc.* | dans//

Formule E = εx (= εx / εx) + ε (= ε / εx)

Valeur plutôt conditionnelle

Exemples :

5. hálà dáy ńgá nà - tàlí - té à - séè hán - dìín - hánè ńgà gá - dírà ǹdúɲá[111]

R ass. S P C

C = énoncé # C temps S P C

E = εx + ε

"S'il lui fait du mal, ce jour-là, il quittera le monde"
// si / certes / il / à | mal | le faire / elle | à # jour | ce | jour / il / vers | le partir / monde//

---

[109] |hálà| R. 1
[109] |jìrìbòó| R. 3

[110] |hálà| R. 1
[110] |néè| R. 1
[110] |ááy gà kàmbàá| R. 3 - R. 1
[110] |ká̰à̰| R. 3

[111] |ńgà| R. 1
[111] |dìrà| R. 1

Remarque :

On notera que cette valeur conditionnelle est également attestée quand l'énoncé dont dépend la proposition régie par hắlà est antéposée et négative, soit :

E = ε (négative) / hắlà + εx
= si

6. à mànắ - bắy hắlắ wàybòrò - nóò [112]

R P

S P # C = énoncé

E = ε εx

"Il n'a pas su si c'était une femme"
// il / *nég.* | le savoir # si / femme | ce//

7. kắ ńgắ - bà:bà bú kắ dírà kắ ńgắ - nà ńgà sí - bắy hắlà ńgà gắ - tè

Temp. S P # R P # R P # S P # R. S P

E = εx # ε # εx

wàlắ ńgà sí - tè [113]

R S P

εx

Schéma εx / ε / εx

kắ —— /——/ hắlà ——
S P/ kắ-/kắ S P S P/ wàlắ ——
P P S P

"Quand son père est mort et l'a quitté, il ne savait pas s'il pourrait vivre ou non"
// quand / son père / le mourir # et | le partir # et | lui | le laisser # il / ne pas | le savoir # si / il / vers | l'exister # ou / il / ne pas | l'exister//

---

[112] |hắlà| R. 1

[113] |kắà| élocution rapide normale
[113] |ńgà| R. 1
[113] |dìrà| R. 1
[113] |ńgà| R. 1

On peut rencontrer dans un même énoncé **hǎlà**, l'un avec un sens plutôt conditionnel, l'autre avec le sens plutôt temporel.

8. **hǎlà dǎ́y ní tǒ́ dǎ́-bǎ́rì̂ò nǒ́-dìín zùrǎ́-bo̰ / kúlú mà-yàá:jòó-da̰ àǎ́y-sè / àǎ́y mà-dì / hǎlà ní tǒ́ ní-bá:bà-gárǎ́wǒ́ bànǎ́yǎ̰**[114]

R ass. S P C C C # P C # S P # S P C

E = ex ε ex ex

<u>Quand</u> tu atteindras le cheval là-bas dans sa course /(alors) prends la lance /
/ que je vois
/ <u>si</u> tu atteins l'âge de la vengeance de ton père/

// quand / certes / tu / l'atteindre / avec | cheval + *spéc.* / ce | là / course | sur # alors / *déloc.* | lance + *spéc.* | le mettre / moi | pour # je / *déloc.* | l'attraper # si / tu / l'atteindre / ton | père | vengeance + *spéc.* | paiement//

"Il dit quand tu atteindras le cheval là-bas dans sa course, alors prends la lance et donne-la moi que je voie si tu as atteint l'âge de venger ton père"

---

[114] |bàrì̂òǒ́| R. 1
[114] |nǒ́ò-dìín| R. 1
[114] |kúlù| R. 1
[114] |zùràǎ́| élocution lente
[114] |séè| R. 3
[114] |bà:bà| R. 1

8.37. báà "même, si"

exprime une nuance concessive.

Formule : E = báà εx / ε

1. bá dòbú - nò à gá - ŋàá à mà - kàndě[115]

R P #S P

εx εx

C = énoncé #S P

E = εx (=εx/εx) + ε

"Même si c'est du son qu'elle mange,qu'elle lui en apporte"
//même si / son | ce # elle / vers | le manger # elle / de | l'apporter//

2. bá bòró gòó ǹdá - kùngù.zǔrú, bòró mà - wá:nı́ sánnı́[116]

R S P C

C = énoncé # S P C

E = εx + ε

"Même si un homme est heureux, il doit savoir contrôler sa parole"
//même si / homme / être / avec | heureux # homme / de | le savoir/ parole//

8.38. zàá "depuis, dès que"

Formule : E = zàá + εx / ε

zà nı́ tó nı́ gà - dì à[117]

R S P

C # S P C

E = εx + ε

"Dès que tu seras arrivé, tu le verras"
//dès que / tu / l'atteindre # tu / vers | le voir / lui//

---

[115] |báà| R. 1
[115] |nóò| R. 3
[116] |báà| R. 1
[117] |zàá| R. 3

Structure : zàá + εx / kàlá + εx / kàlá + εx / ε
{ + relative
{ + emphase

L'exemple suivant est relativement complexe puisqu'en plus de l'énoncé introduit par zàá, on a deux dépendantes introduites par kàlá et l'expansion relative.

zàá à sí - wá:ní kàlá à wá:ní kàlá sóŋó - yàá à tó nà - kãà kòmíàáy - sè - nó

R S P # R S P # R C S P C # P #

E = εx εx εx (= εx + relative + emphase)

à gà - tá à gò yá - cíné [118]

S P # S P C

εx ε

"Depuis le moment où il ne sait pas coudre jusqu'au moment où il sait, jusqu'à ce qu'il couse pour les commis, cela continue ainsi"
// depuis que / il /*nég.* | le savoir # jusqu'à / il / le savoir # jusque/ maintenant | ce / il / l'atteindre / le moment # que / commis | pour | ce # il / vers | le coudre # il / être / ce | pareil//

8.39. Régisseur type 2 ká "et, pour, de"

Caractéristiques

Nous avons déjà présenté, au chapitre Transition, les caractéristiques de ce régisseur. Nous en rappellerons les principaux traits en insistant sur son rôle de régisseur d'énoncé :

- tout d'abord, il est d'une grande fréquence dans la langue zarma et peut paraître plusieurs fois dans un énoncé;
- il diffère des autres régisseurs pour plusieurs raisons : il régit des termes simples ou des syntagmes et l'ensemble régisseur + élément régi constitue un énoncé dépendant;

Le schéma est le suivant :

E = ε / εx (= ká + { 1 terme)
{ + 1 syntagme

---

118 |sóŋò| R. 1 — 118 |gòó| R. 3
118 |séè nóò| R. 3 - R. 1 — 118 |yàá| R. 3

Contrairement aux autres régisseurs pour lesquels le schéma est :

$$E = \varepsilon / \text{Régisseur} + \varepsilon x \ (= S + P + C)$$

- le sujet de l'énoncème principal est identique au sujet de l'énoncème régi par kǻ et, par suite, il n'est jamais exprimé.

Cependant nous intégrons ce régisseur dans le chapitre des régisseurs mixtes du fait qu'il présente la double possibilité, comme les autres régisseurs, de régir des éléments sur un plan secondaire et primaire. kǻ peut en effet figurer dans un énoncé indépendant comme régisseur d'un syntagme en fonction de prédicat.

Sa particularité c'est que, en dehors de l'énoncé indépendant, kǻ est toujours régisseur d'éléments dont l'ensemble R + régis forme l'énoncé. C'est donc son appartenance à un énoncé indépendant ou dépendant qui permet de le définir comme simple régisseur de syntagme ou comme régisseur d'un énoncé et non sa structure.

Pour les autres régisseurs cités, c'est la constitution de l'ensemble régi (syntagme ou énoncé) qui décide si l'on a effectivement affaire à un syntagme régi ou à un énoncé régi.

kǻ régisseur d'énoncé, engendre la structure suivante :

$$E = \varepsilon / (\text{kǻ} + \text{syntagme} =) \ \varepsilon x$$

Cet ordre est impératif étant donné que l'énoncé constitué par kǻ + éléments régis indique une succession, une conséquence.

Interprétation

8.40. kǻ est utilisé fréquemment devant des prédicats ayant un sujet identique comme marque d'une succession. On peut évidemment se poser la question de savoir s'il s'agit d'un syntagme particulier à prédicats multiples ou bien si l'on a affaire à deux propositions, l'une subordonnée à la première par l'intermédiaire de la particule kǻ.

L'utilisation répétée de ce régisseur kǻ à l'intérieur d'un même énoncé, et la possibilité d'intercaler des compléments entre les régisseurs kǻ, font plutôt penser, dans bien des cas (voir exemples), qu'il est préférable de considérer ces énoncés comme des propositions dépendantes les unes des autres, plutôt que comme un ensemble syntagmatique. (cf. Transition, 6.15.).

Exemples :

1. ì gǒ̋ nò bĭ̋á kǎ́ kàndé̋ mǘ:sǘ - bòŋàǎ̋y kǎ́ bàná nĭ́ - sè[119]

S P C C # R P C # R P C

E = ε εx εx

"Ils se préparent à apporter les têtes de lion pour te payer"
//ils / être / ce / le préparer # et / l'apporter / lion | têtes + *spéc.* # et | le payer / toi | pour//

2. à nà - hàynòǒ̋ - ŋà kǎ́ bǎ́n pǎ́t kǎ́ cĭ́ndì à - bùmbòǒ̋ - còkǒ́sòǒ̋ - kò:nǘ

S P # R P C # R P C #

E = ε εx εx

kǎ́ bǎ́rmà - tǒ́[120]

R P

εx

"Elle a mangé tout le mil, il ne reste seulement que ses déchets pour remplir le grenier"
//elle / à | mil + *spéc.* | le manger # et | le finir / complète - ment # et | le rester / elle | sien | déchet + *spéc.* | seul # et | grenier | le remplir//

3. kǒ́:rò kwǎ́y yé̋è kǎ́ - kǘ:rǘ wìndĭ́ kǎ́ - kà kǎ́ - kǎ́rjǒ́ - kàǎ́[121]

S P # P # R P # P # R P # R P

E = ε + εx + εx + εx + εx + εx

"L'hyène s'en va recommencer à paître, retourne et vient pour enlever les épines"
//hyène / le partir # le refaire # et | le paître # le tourner # et | le venir # et | épine + *spéc.* | l'enlever//

---

[119] |gòǒ̋ nǒ́ò| R. 3
[119] |mǘ:sù| R. 1
[119] |sé̋è| R. 3

[120] |ŋàá| R. 3
[120] |cìndì| R.
[121] |kǘ:rù| R. 1

LES RÉGISSEURS D'ÉNONCÉS

8.41. Contrairement aux régisseurs présentés précédemment, les régisseurs d'énoncé ne peuvent régir que des énoncés et non des syntagmes. Ces régisseurs d'énoncé semblent peu nombreux en zarma. Nous avons relevé :

dá "quand, si"
zàmá "parce que"

| dá "quand, si" |

Ce régisseur peut avoir une valeur temporelle ou conditionnelle. Dans tous les cas la structure de l'énoncé est la même :

Enoncé = dá + εx / (coordinatif) ε

La subordonnée introduite par dá est simple ou complexe. La principale peut être reliée à la subordonnée par un coordinatif kúlù "alors, donc"; d$\underline{\underline{ó}}$ò "alors, ou un déictique dìín. La principale est elle-même simple ou complexe.

Exemples : dá "valeur plutôt temporelle"

8.42. *L'énoncé subordonné est simple.*

Formule : dá + εx / (coordinatif) ε

S + P + C

1. dá wácí:rì - kámbú tó àfó mà - kwáy tùú:rí - cècí[122]

R S P # S P C

E = εx ε

"Quand le soir vient, l'une va chercher du bois"
// quand / soir | côté / l'arriver # l'une / de | le partir / bois | le chercher//

---

[122] |tùú:rì| R. 1

2. dá ní kwắy, ní má - zà fòóndò - ízè - kắyná[123]

R S P # S P C

E = εx + ε

"Quand tu vas partir, prends le petit chemin"
// quand / tu / le partir # tu / de | le prendre / chemin | enfant petit //

3. dá á kà, hán - dìín - nó kòròmó:tó gà - síntìn ní - kwá:rà[124]

R S P # P # S P C

E = εx + ε (= ε / εx)

"Quand elle vient, ce jour-là, la médisance commence dans ta maison"
// quand / elle / le venir # jour | là | ce # médisance / vers | le commencer/ ta | maison//

4. dá kwắy gà - kwắy nárɗyá ízàáy - nò à gà - néè mà - kwắy ɲùná - bángù[125]

R S P C # S | #S P # | P # P C

E = εx ε (= ε / εx / εx)

"Quand le chef part en voyage, il dit que ce sont les enfants qui iront à la mare laver le linge"
// quand / chef / vers | le partir / voyage # enfants + *spéc.* | ce # il / vers | le dire # de | le partir # le laver / mare//

Cet exemple présente, à l'intérieur de la principale, une mise en relief par antéposition du sujet de la dépendante subordonnée à " il dit" (à néè). On a :

εx: ízàáy-nò / ε: à gà-néè / mà-kwắy / εx: ɲùná-bángù

les enfants / il dit / vont / laver à la mare

On aurait normalement :

à gà - néè = ízàáy (nò) mà - kwắy
il dit : les enfants vont laver

---

[123] |mà| R. 1
[124] |à| R. 1
[124] |nóò| R. 1
[124] |kòrò:mó:tò| R. 1
[124] |kwà:rà| R. 1
[125] |nóò| R. 3
[125] |bàngù| R. 1

5. dá ní kwáy dáy fàtí mà - ní - ɲá - fòó [126]

R S P // Coord. S P

E = εx + ε

"Quand tu partiras, Fati, salue ta mère (pour moi)"
// quand / tu / le partir // alors / Fati / de | ta | mère | le saluer //

[126] |ɲáà| R. 1

8.43. *L'énoncé subordonné est complexe*

6. dắ bàắnɲàắ kà kắ kắ:rù kắ nè ǹgắ gà - kắ:nǐ à mà - nể à - sếè zùmbǔ [127]

R S P # R P # R P # S P #S P C # P

εx / εx / εx / εx ε / εx

E = εx ε

"Quand l'esclave vient et monte en disant qu'il va se coucher, elle lui dit : descends"
/quand / esclave + *spéc.* / le venir # et | le monter # et | le dire # il / vers | le coucher #
elle / de | le dire / lui | à # descends//

Le mot à mot peut se structurer ainsi :

quand l'esclave vient/ pour monter/pour dire/ il se couche #elle dit à lui/ descend/

7. dắ nǐ nà - à - hẩy, dắ nǐ mà - mǐ:là sỗŋó - yàắ à tó jǐ:rǐ - wẩy - cìndǐ - gǘ, mà - mǐ:là

R S P # R S P # C S P C # P #

E = εx εx εx εx

nǐ fùǘn hẩwì - nốò nǐ fǘró hàwì - nốò [128]

S P C # S P C

εx ε

"Quand tu l'as engendré, quand tu penses que maintenant il a atteint l'âge de quinze ans et que tu es sorti de la honte, au contraire tu commences à avoir honte"
//quand / tu / à | le | l'engendrer # tu / de | le penser # maintenant | ce / il / l'atteindre / année | dix | reste | cinq # de | le penser # tu / le sortir / honte | ce # tu/l'entrer / honte | ce //

---

[127] |kà:rù| R. 1
[127] |nếè| R. 3
[127] |ǹgà| R. 1
[127] |nếè| R. 1
[128] |sỗŋò| R. 1
[128] |hàwì| R. 1
[128] |fǘrò| R. 1

Structure : dá̋ + εx / dá̋ + εx / εx / ε
SP SP / εx P / εx SPC
CSPC SPC

"Valeur plutôt conditionnelle"

8. dá kwá:rá - bóró - nó kày à sí - wá:rű dáy dá gánjì - nóò dò:nű -
R P C # S P # coor. R P # S
E = εx ε / εx
bóŋày - kúlú ŋà - fársá[129]
P
ε

"Si c'est un homme du village, la boule ne se brisera pas, mais si c'est un génie toutes les boules de mil vont se fendre"
// si / village | homme | ce / certes # elle / *nég.* | le fendre # mais / si / génie | ce # têtes + *spéc.* | tout / vers / le fendre//

Dans l'exemple 8, les deux énoncés complexes de structure parallèle sont coordonnés par dáy "mais".

9. àáy - yà dá ní ŋà - ká:ní mà - ká:ní dá ní sí - ká:ní - mò àáy - yà
S || # R S P # P # R S P # || S
E = ε || εx ε / εx ||/ ε
sí ǹdá - hámní ká̰ ŋà - té bò̰.dàké[130]
P C # relative

"Si tu te couches, couche-toi, si tu ne te couches pas, je n'ai pas de cheveux pour te faire un oreiller"
// moi | ce || / si / tu / vers | le coucher # de | le coucher # si / tu / *nég.* | le coucher / aussi # || je | ce / n'être pas / avec | cheveu # qui / vers | le faire / oreiller//

---

129 |nóò| R. 1
129 |ŋànjì| R. 1
129 |bòŋàáy| R. 1 - R. 3
129 |kűlù| R. 1
130 |yàá| R. 3
130 |ká̰à̰| R. 1

Structure : εx / ε / εx / ε

Il s'agit de deux structures parallèles identiques. Toutefois, le sujet de l'énoncé principal dans le deuxième énoncé est discontinu.

moi je|| /si tu te couches/ εx couche toi /si tu ne te couches pas εx || /je n'ai pas de cheveux
ε ε

10. dá̃ màn - cí nî - àlfórmá dó̰ ày gá - à - wí[131]

R P C # ctif.S P

E = εx ε

"Si ce n'était ton respect, je l'aurais tué"
// si / ne pas | être / ton | respect # alors / je / vers | le | le tuer//

11. à né kòyòó - sè tóò sɔ́ŋò dá́ ńgá nà - hày-fó - cècí ì - gá ńgà gá́ - dù[132]

S P C # C C R S P C # S P

E = ε εx εx

"Il dit au chef, bien, maintenant, s'il demande quelque chose il l'aura"
// il / le dire / chef + *spéc.* | à # bien / maintenant / si / il / à | chose | quelque | le chercher / eux | à # il / vers | l'a-voir//

12. dá́ í màná́ - à - hí:jándì ńgà - séè kàlá ńgá mà - kwà:ràá́-wángù[133]

R S P C # R S P

E = εx ε

"S'ils ne la lui donnent pas en mariage, il attaquera le village"
// si / ils / ne pas | elle | la faire marier / lui | à # il faut / il / de | village + *spéc.* | l'attaquer//

---

131 |àlfórmà|	R. 1	132 |néè|	R. 1	133 |ì|	R. 1
131 |dó̰ò|	R. 1	132 |séè|	R. 3	133 |ńgà|	R. 1
131 |àá́y gà|	R. 3 - R. 1	132 |ńgà|	R. 1	133 |wàngù|	R. 1

zàmá "parce que"

E = ε / zàmá εx "parce que"
"dès que"

8.44. Normalement situé après la principale, il peut être antéposé pour des raisons d'insistance ou de mise en valeur (exemple 2).

Exemples :

1. ì sí - à - hí:jándì ní - sè zàmá à ɡòó ǹdá - árwàsù[134]

S P C # R S P C — ε / εx

E = ε εx — S P C S P C

"Ils ne te la donneront pas en mariage parce qu'elle a un fiancé"
//ils / *nég.* | la | la donner en mariage / toi | à # parce que / elle / être / avec | fiancé//

2. sóŋó ì gà - nɛ́è zàmá ày - tò:sí - nò ày kǎ - ŋàá kǎ tò:sí - dà̰[135]

C S P # R P # S P # R P

Antéposition : ε εx εx

"Maintenant ils disent, parce que ce sont mes excréments (qu'ils ont vus) que c'est moi qui ai mangé (le mil) et mis les excréments (à la place)
//maintenant / ils / vers | le dire # parce que / mon | excrément | ce # je / de | le manger # et | excrément | le mettre//

3. à nɛ́è ńgǎy mà - sí - gò:ró dá - ńgǎy - bà:bà - àlmánàǎy kwà:ròò-wóò - rá,

S P # S P C C #

E = ε / εx

zàmá, dá ńgǎy gò:ró ǹdá - í kwà:ròò - wóò - rá, ì gá - tà ńgày - gá[136]

R ‖ # R S P C C # ‖ S P C

εx

εx

[134] |sɛ́è| R. 3
[134] |àrwàsù| R. 1

[135] |sóŋò| R. 1
[135] |àáy| R. 3
[135] |nóò| R. 3

[136] |ńgày| R. 1
[136] |ì| R. 1

"Ils disent qu'ils ne vont pas rester avec le bétail de leur père dans ce village, parce que, s'ils restent dans ce village avec, ils leur prendront"

// ils / le dire # ils / de | *nég.* | le rester / avec | eux | père | bétail + *spéc.* / village | ce | dans # parce que | # si / ils / le rester / avec | eux / village | ce | dans # | ils / vers | le prendre / eux | à //

Soit :

ils disent / ils ne restent pas / parce que / s'ils restent / on leur prendra

Structure : ε / εx / **zàmá** | / **dǻ** εx / | εx

Remarque :

L'expression de la cause peut-être exprimée aussi par le relatif suivi d'un fonctionnel **kǻà** - **sǿè** (cf. la Relative) dans une relation de détermination /ce que | ~pour// "......."

LES COORDINATIFS

8.45. L'énoncé coordonné a un caractère faiblement dépendant; il ne peut être considéré comme un énoncé indépendant parce qu'il est relié à l'énoncé précédent par un coordinatif.

Cependant, la structure de la coordonnée n'est pas différente d'une indépendante si ce n'est par la présence de la conjonction à l'initiale de l'énoncé.

L'énoncé coordonné peut être simple ou complexe.

En particulier, nous n'avons pas noté d'emploi de régisseurs spécifiques avec le prédicat de l'énoncé coordonné ou de l'énoncé précédant.

Nous ajouterons que l'énoncé coordonné est relativement peu fréquent dans l'ensemble de notre corpus par rapport aux énoncés juxtaposés.

Nous présenterons les coordinatifs rencontrés en détaillant la structure des énoncés dans lesquels ils figurent.

Les coordinatifs sont :

àmmá "mais"
kúlù "alors"
dáy "alors, mais"

8.46. àmmá "mais"

1. dáy írì dí hárì-hínzà ká̰ nà-írì-bítí àmmá à màná-írí.kwáy-yà-bítí[137]

cf. S P C # R P # cf. S P

E = ε εx

"Alors nous avons vu trois choses qui nous ont troublés, mais cela n'a pas troublé Dieu"
// alors / nous / le voir / chose | trois # qui / à | nous | le troubler # mais / il / ne pas | Dieu | ça | le troubler//

Structure : /cf. S P C # Relative # / *Coordinatif* = S P

ε εx

2. àáy né ày sí - bà:rá ày gòó ǹdá-árwàsù ká̰à̰ cí nîìn,

S P # S P # S P C # R P C #

E = ε εx εx (+ Relative)

àmmá ì nà - ày - gá:bándì ká hí:jándí à - séè[138]

cf. S P # P C

εx / εx

εx

"J'ai dit que je ne l'aimais pas, que j'avais un fiancé, qui est toi, mais ils m'ont forcée à me marier avec lui"
// je / le dire # je / ne pas | l'aimer # je / être / avec | fiancé # qui / être / toi # mais / ils / à | moi | le forcer # et | le faire épouser / lui | à//

---

137 |hàrì| R. 1
137 |ká̰à̰| R. 1
137 |yàá| R. 3

138 |néè| R. 1
138 |àáy| R. 3 |báà à rá| amalgame
138 |àrwàsù| R. 1
138 |hí:jándì| R. 1

3. ày gá - à - báy àmmá à gá - ànía ká kà nóò [139]

S P # cf S P # — — —

εx Rég. P C

εx

E = ε εx

"Je comprends cela mais une chose se prépare à venir"
//je / vers | le | le savoir # mais / elle / vers | le préparer # et | le venir / ce//

8.47. kúlù "alors"

Deux cas différents peuvent se présenter :

1) il s'agit de deux indépendantes coordonnées par kúlù;
2) il s'agit d'une subordonnée introduite par un propositif (hálà, dá) et reliée à l'énoncé principal par kúlù.

Exemple type 1 E = ε + kúlù εx

1. ì té wángù cé - hínká kúlú kòtíà mà - wàngòó - sàáy[140]

S P C C # cf S P

E = ε εx

"Ils ont fait deux fois la guerre alors l'enfant a arrêté la guerre"
//ils / le faire / guerre / fois | deux # alors / enfant / de | guerre + *spéc.* | le disperser//

Exemples type 2 E = εx + kúlù ε

2. hálà gó:rà.ízàáy gà - tó gándà kúlù wàndìàá nà - gó:rà.ízàáy-jíní gándà[141]

R S P C # cf S P C

E = εx ε

"Avant que les noix de kola touchent terre, alors la fille les a rattrapées"
//avant que / kola.fruits / vers | l'atteindre / terre # alors / jeune fille / à | kola.fruits | le devancer / terre//

---

139 |àáy gà| R. 1 - R. 3
140 |wàngù| R. 1
|kúlù| R. 1
141 |gòó:ràá| R. 3
141 |gàndà| R. 1

3. dá̰ nḭ́ kwáy kúlú mà - káày gú:só - máyò - gá [142]

R S P # cf P C

E = εx ε

"Quand tu seras parti, arrête-toi au bord du trou"
//quand / tu / le partir # alors / *déloc.* | de s'arrêter / trou + *spéc.* | bord + *spéc.* | à //

8.48. dáy "alors, mais"

La même distinction peut être établie avec dáy suivant que dáy relie deux indépendantes ou qu'il relie la principale à un énoncé subordonné précessif (exemples types 1 et 2). Nous ajouterons que dáy est le plus fréquent des coordinatifs.

type 1

1. à kà dáy à nèè

S P # S P

E = ε / εx

"Elle vient alors elle dit ..."
//elle / le venir # alors / elle / le dire//

2. gànjì - hámòó gò gá - gùná dáy à gò zéyáŋó - gá [143]

S P C # S P C

E = ε εx

"Les animaux de la brousse la regardaient alors elle s'est mise à jurer"
//brousse | animal + *spéc.* / être / vers | le regarder # alors / elle / être / jurement + *spéc.* | à//

3. ízé - bè:ròó gòó nòó kàndé ààý - háynòó dáy ní mà - sí - tà à mà - da̰ ààý - sè [144]

S P C C C # S P #S P C

εx / εx

E = ε εx

"Le fils aîné m'apporte mon mil mais n'accepte pas qu'il me le donne"
//fils | grand + *spéc.* / être / ce / l'apporter / mon | mil + *spéc.* # mais / tu / *déloc.* | ne pas | l'accepter # il / *déloc.* | le mettre / moi | pour//

---

[142] |kúlù| R. 1 [143] |gòó| R. 3 [144] |hàynòó| R. 1
[142] |máyòó| R. 3 [144] |ízè| R. 1 [144] |séè| R. 3
[143] |gòó gà| R. 3 - R.1 [144] |nóò| ton montant marqué d'un énoncé non fini

4. à né:àáy - yòllà - ízàáy - ŋà kǎ pátí yǎnaý dǎy mà - sí - kwǎy àáy - ɓo̰ gá:só - dò[145]

S P # P # P C # P C

εx

ε εx εx

"Il dit : mange mes tresses et coupe-les mais ne touche pas à mon crâne"
// il / le dire # ma | tresse + *spéc.* | enfants + *spéc.* / le manger # et | le couper / certes # mais | *déloc.* | ne pas | le partir / ma | tête | calebasse + *spéc.* | lieu//

Type 2

5. dǎ à gòó nò kǎ:ní dǎy ànzúráyòó mǎ - kà[146]

R S P C C # S P

E = ε εx

"Quand elle dort alors la belle-mère arrive"
// quand / elle / être / ce / le dormir # alors / belle-mère + *spéc.* / de | le venir//

6. bǎ à màná - cì dǎy ày sí - zà kà jíó[147]

R S P # S P P C

εx

E = ε εx

"Même si elle ne l'avait pas dit, je n'aurais pas apporté la pommade"
// même / elle / ne pas | le dire # alors / je / ne pas / le prendre # le venir / graisse + *spéc.*//

Remarque :

Nous noterons qu'il existe un certain nombre d'exemples où dǎy "certes" et même gǎ "ã" (que l'on pourrait rapprocher du fonctionnel gǎ "ã") sont suivis du déictique nóò et constituent en quelque sorte un énoncé dépendant jouant un rôle de coordination entre deux énoncés, soit la structure :

εx

ε / gá-nò / εx

dǎy-nò

---

145 |néè| R. 1
145 |yòllàá| R. 3
145 |ŋàá| R. 3
145 |dóò| R. 3

146 |nóò| R. 3
146 |mà| R. 1
147 |báà| R. 1
147 |àáy| R. 3

Exemples :

à gò írí - bìndòó - rá gá - nò írí gà - má kà:ní[148]

E = ε εx εx

"Elle sera au milieu de nous c'est alors que nous serons joyeux"
// elle / être / nous | milieu + *spéc.* | dans # alors | ce # nous / vers | l'entendre / joie//

wándíó - nò ì gá - sàrágà dàyòó - sè gá - nó ì mà - dù hárí[149]

E = ε εx εx εx

"C'est une jeune fille qu'ils sacrifient au puits pour avoir de l'eau"
// jeune fille | ce # ils / vers | le donner / puits + *spéc.* | au # alors | ce # ils / de | avoir / eau//

à dì ká jìríbì dáy gá - nó jìrìbòó ná - á - tà[150]

E = ε εx εx εx

"Il dormait, alors le sommeil l'a quitté"
// il / le tenir # et | le dormir / certes # alors | ce # sommeil + *spéc.* / à | le | le laisser//

---

148 |gòó| R. 3
148 |írì| R. 1
148 |nóò| R. 3

149 |nóò| R. 3
149 |séè| R. 3
149 |nóò| R. 1

150 |nóò| R. 1
150 |nà-à| R. 1

4. LA RELATIVE
OU PROPOSITION D'EXPANSION SECONDAIRE

8.49. La proposition relative est une proposition qui vient en expansion, non pas d'une autre proposition, mais d'un élément de l'énoncé (Base Ø, 1, syntagme déterminatif, déictique).

Elle se différencie donc des autres dépendantes puisqu'elle représente une expansion secondaire d'un élément primaire de l'énoncé.

Nous examinerons successivement les diverses caractéristiques de la relative en zarma, soit :

1) - structure de la relative :

a) marque spécifique : le déictique relatif kâà/et les déictiques;

b) structure de l'énoncé relatif : simple ou complexe.

2) - situation de la relative dans l'énoncé :
la relative vient en expansion d'un élément de l'énoncé qui est, soit :

- un sujet
- un complément
- un prédicat

3) - structure dè l'énoncé dans lequel s'insère la relative :

l'énoncé est simple ou complexe.

1. STRUCTURE DE LA RELATIVE

a) *Marque spécifique : le déictique-relatif*

8.50. En zarma, la relative est introduite par un terme spécifique, le déictique-relatif kâà "ce que". Cette dénomination de déictique-relatif se justifie pour les raisons suivantes :

- d'une part il s'agit, bien sûr, d'un relatif, c'est-à-dire d'une marque caractérisant cette proposition d'expansion secondaire;
- d'autre part, cette marque fonctionne dans bien des cas comme un déictique.

Nous en donnerons des exemples :

1) k̰ã̰à̰ peut admettre l'adjonction d'un déterminant générique comme certains déictiques, notamment wɔ̃́ò "ce".

Le relatif k̰ã̰à̰ peut porter la marque générique k̰ã̰à̰ + ỹ̰ quand le terme qu'il détermine indique un ensemble, mais cette possibilité n'est pas systématique.

Exemples :

à nɛ́è ńgà ká - cí zànkàáy - dìn k̰ã̰à̰yá gòó nó gà - fó:rò - té[151]

dé — dt (relative)

"Il dit : voilà ce que c'était que ces enfants qui jouaient"
// il / le dire # lui / de | être / enfant + *spéc.* | ce # qui + *génér.* / être / ce / vers | jeu + *spéc.* | le faire//

ì mà - gùná bòró - ádálìyá̰ ńgáy - bòrò - tá:cí k̰ã̰à̰yá tá:rí sí - fùún ì - mɛ̀è - rá[152]

dé || dé — dt (relative)

"Qu'ils cherchent des hommes honnêtes, quatre hommes qui ne mentent pas"
// ils / de | le regarder / homme | honnête + *génér.* || eux | hommes | quatre # que + *génér.* / mensonge / ne pas | le sortir / eux | bouche | dans//

2) k̰ã̰à̰ peut venir en expansion d'une Base, comme tout autre déictique, et entrer dans un syntagme déterminatif où le déterminé est un fonctionnel, on a alors le schéma suivant :

déterminant + déterminé + expansion relative
dé + dt

kóptóò - k̰ã̰ - cìré "cette feuille sous laquelle"
/feuille | ce que | dessous #

---

[151] |dìín| R. 3
[151] |nóò| R. 1
[151] |fó:ròó| R. 3

[152] |ńgày bòró| R. 1 - R. 3
[152] |k̰ã̰à̰| R. 1

Schéma : dt + dé

Base + relatif + fonctionnel

1) à kà kwà:rà - kã̰à̰ - dő ì gòő [153]

dt dé

"Il vient au village où ils sont"
// il / le venir / village | ce que | lieu# ils / être//

2) kùmàndáwò - dã́ - bőrà kã̰ kwà:rà à kã́:nĩ́ ì dàké càré - gá [154]

dt dé

"Le commandant et celui chez qui il a dormi, se sont mis en route ensemble"
// commandant | et | homme + *spéc.* | ce que | village || # il / le dormir / || ils / le mettre / ensemble | à//

3) à kà kwàrà - kã̰à̰ - rã́ wàymòő gòő

dt dé

"Il vient dans le village où est la soeur"
// il / le venir / village | ce que | dans # soeur + *spéc.* / être//

4) kőptőò - kã̰ - cĩ̀ré ày bã́rà wőò mà - fő:bù [155]

dt dé

"La feuille sous laquelle je suis, arrache-(la)"
// feuille | ce que | sous # je / être / ce # de | l'arracher//

5) hàyà - kã̰ - bò̰ ààý gà - bã́à kã́ - dè:dőò - té [156]

dt dé

"A propos de quoi vais-je parler"
// chose | ce que | sur / je / vers | le vouloir# et | récit + ce | le faire//

Dans ce dernier exemple, le *déictique-relatif* est l'élément déterminant, sans qu'il y ait d'expansion relative.

---

[153] |dőò| R. 1

[154] |bòràá| R. 1 - R. 3

[154] |kã̰à̰| R. 1

[155] |kã̰à̰| R. 1

[155] |ààý| R. 3

[156] |hàyàá kã̰à̰| R. 3 - R. 1

8.51. b) *La structure relative est donc la suivante :*

élément de l'énoncé	+	déictique relatif kã̰à̰	+	expansion propositive
déterminé	+	déterminatif	+	déterminant
hánsò		kã̰		ày dí [157]
/ le chien + *spéc.* #		ce que	/	je / le voir #

"Le chien que je vois"

Le relatif suit généralement le terme auquel se rapporte la proposition expansive. Mais il peut arriver qu'il en soit séparé, comme on le verra plus loin.

8.52. Nous complèterons ce schéma de la construction relative en ajoutant que la présence du déictique-relatif peut être accompagné d'un autre déictique (dììn "ce") en fin de relative; ces deux éléments balisent en quelque sorte la relative qui s'insère entre eux.

Exemples :

Schéma : déterminé + (dììn) + kã̰à̰ ---------------- dììn

déictique déictique relatif déictique

dé dt (=expansion propositive)

1. à má fè:jì - hé:nó kã̰ à cì dììn à gò gá - à - té [158]

kã̰ = df ; dììn = déic.

à má fè:jì - hé:nó = dé ; kã̰ à cì dììn = dt

"Il entend le cri du mouton dont elle lui a parlé"
// il / l'entendre / mouton | cri + *spéc.* # que / elle / le dire / ce # il / être / vers | le | le faire//

---

[157] |hánsòó kã̰à̰ ààý dí| R. 3

[158] |kã̰à̰| R. 1

[158] |gòó| R. 3

2. ì dù sǎnnɪ́ - hɪ́nkǎ kǎ tǒntǒn ńgày - sǎnnɪ́ - zɛ̌:nà - gá kǎ̰ nà - ì - tǔnǎndɪ́ dìɪ́n [159]

df déic.

dé dt

"Ils ont trouvé deux phénomènes qui s'ajoutent au premier qui les a fait partir"
// ils / le trouver / parole | deux # et | l'augmenter / eux | parole | vieille + *spéc.* | à # qui / a | les | le faire lever / ce//

3. gòròŋɓǎ.ɪ́zòǒ dìɪ́n kǎ̰ ì gǎ-dà̰ wǎy.hɪ́:jɪ́-bǎndǎ dìɪ́n gòròŋòǎ.ɪ́zòǒ-dìɪ́n-nǒ ì kà kǎ-tà [160]

déic. df déic.

dé dt dé (rappel)

C = relative P #S P# P

"Ce poulet qui accompagnait la mariée, ils l'ont élevé puis l'ont laissé"
// poule.petit | ce |# que / il / vers | le mettre / jeune mariée | derrière / ce # | poule.petit | ce-là | ce # ils / l'élever # et | le lâcher//

8.53. La relative peut être de structure simple ou complexe. Différents types d'énoncés sont représentés dans les limites de la relative depuis l'énoncé minimum jusqu'à la suite de propositions. Plus précisément, on rencontre les relatives présentant les types de structure suivantes :

a) énoncé simple : 1. prédicat } + (complément)
2. sujet + prédicat }

b) énoncés complexes :

1. (sujet) + prédicat + (complément) + juxtaposées
2. (sujet) + prédicat + (complément) + relative

Exemples :

8.54. a) *La relative est un énoncé simple constitué :*

- du prédicat

---

[159] |zɛ̀:nàǎ| R. 1 - R. 3
[159] |kǎ̰à̰| R. 1
[159] |tǔnándì| R. 1
[160] |kǎ̰à̰| R. 1
[160] |nǒò| R. 1

bòrà kã̂ kà kóyő - kã́ynè - nő̀ò[161]

P

dé dt

"L'homme qui vient est le jeune frère du chef"
// homme + *spéc.* # qui / le venir # chef + *spéc.* | jeune frère | ce//

- d'un prédicat + complément

bòrà kã̂ gò bã́ndã́ - rã́ à gà - ńêè[162]

P C

dé dt

"L'homme qui est dans le dos dit ..."
// homme + *spéc.* || # qui / être / dos | dans #|| il / vers | le dire//

ày kã̰̂à̰ cí bà:bà - bè:rì - ízòó ã́ày - nő gã́ - zà fòṍndő - bè:ròṍ[163]

P C

dé dt

"Moi qui suis le fils du père le plus grand, je prends le grand chemin"
// moi|| # qui / être / père | le grand | enfant + *spéc.* #|| je | ce / vers | le prendre / chemin | le grand + *spéc.*//

- d'un sujet + prédicat

ày - jínáý - fóyã̂ - nè yã́ kã̂ ằã́y dìnŋã́à[164]

S P

dé dt

"Voici certaines de mes affaires que j'ai oubliées"
// mon | affaire | certaine + *génér.* | voici | çà # que / je / l'oublier//

à sí - bã́y hày - kṹlù kã̰̂à̰ ńgã́ gà - té[165]

S P

dé dt

"Elle ne sait pas tout ce qu'elle va faire"
// elle / ne pas | le savoir / chose | toute # que / elle / vers | le faire//

161 |bòràã́ kã̰̂à̰| R.3-R.1 163 |nő̀ò| R. 1 164 |nèẽ́ yàã́| élocution normale
162 |bòràã́ kã̰̂à̰ gòṍ| R.3-R.1 163 |fòṍndò| R. 1 164 |kã̰̂à̰| R. 1
163 |ằã́y| R.3 164 |ằã́y| R. 3 165 |ńgà| R. 1

ńgà sí ǹdá - àrwàsù - kúlù kã̰à̰ ńgá gà - báà kàlá - áày [166]

S P

dé dt

"Elle n'aime aucun garçon à part moi"
// elle / ne pas | être / avec | garçon | tout # que / elle / vers | l'aimer # sauf | moi//

Remarque :

Dans l'exemple suivant, le complément de la relative introduit par un fonctionnel, est un rappel du sujet.

gòbì - ízè - fő gòő nò ká̰ kùmàndáàw gá - wìndí ǹdá-[à] [167]

S P C

dé dt

"Il y avait un bâton avec lequel se promenait le commandant"
// bâton.petit | un / être / ce # que / commandant / vers | le promener / avec | lui//

8.55. b) *La relative est un énoncé complexe = constitué :*

- d'une suite d'énoncés juxtaposés

Relative = principale + juxtaposée

ε # εx

(S) P (C) (S) P (C)

1. árà̰ - wóò ká̰ kà ká - áy - há̰ árà̰ sí - dí à [168]

P # R P

dé dt

"Vous qui êtes venus me le demander vous ne le verrez pas"
// vous | ce || # qui / le venir # et | me | le demander # || vous / ne pas | le voir / le//

---

166 |ńgà| R. 1

167 |nőò| R. 3

167 |kã̰à̰| R. 1

168 |kã̰à̰| R. 1

168 |àáy| → amalgame

2. háwó - dìn kā̰à̰ ní gá - gàr nà - mú:sù - núkùm màn - cí háwó - nò [169]

S P # P

dé dt

"Ce boeuf que vous avez trouvé en train de donner des coups de corne au lion, ce n'est pas un boeuf"
// boeuf + *spéc.* | ce # que / tu / vers | le trouver # à | lion | le donner des coups # ne pas | être / boeuf + *spéc.* | ce//

3. àá̃y - nè háìsántù kã́ gà - sámtú bòrò - gá bòró sí - sámtú à - gá [170]

P C # S P C

dé dt

"C'est moi Haisantou celle qui trompe les gens mais que personne ne peut tromper"
// moi | voici / Haisantou # que / vers | le tromper / homme | à # homme / ne pas | le tromper / elle | à//

Relative : ε / εx / εx / εx :

4. áfà kã́ ì jín ká cě dìín ká nè ńgá gà - hí:jándì ńgà - nó

S P # R P # P # S P

dé dt

gà - kwáy fúrò bòróò - fúò - kúná [171]

"Celle que l'on appelée la première pour lui dire qu'on allait la marier, c'est elle qui est partie entrer dans la maison de l'autre"
// une + *spéc.* || # que / ils / le devancer # et | l'appeler / ce # et | le dire # il / vers | le marier #|| elle | ce / vers | le partir # l'entrer / celle-là | maison + *spéc.* | dans//

8.56. - d'une relative dépendant d'une autre relative

5. hày kúlù kā̰à̰ cí sárfà kã́ ì fá:sù ká - dà̰ kúlù tě dánjí - bíì [172]

P C # S P # P

dé →

dé relative relative dé (rappel)

---

[169] |dìín| R. 3
[169] |nóò| R. 3
[170] |nèé| R. 3
[170] |kā̰à̰| R. 1
[170] |bòró| R. 2
[171] |áfàá| R. 3
[171] |kā̰à̰| R. 1
[171] |néè| R. 3
[171] |ńgà| R. 1
[171] |nóò| R. 1
[171] |fúòó| R. 3
[172] |sàrfà| R. 1
[172] |kā̰à̰| R. 1

"Tout ce qui était en bois et qu'ils avaient taillé et mis (dans le puits) s'est changé en charbon"
// chose | tout || ≠ qui / être / bois ≠ que / ils / le tailler ≠ et | le mettre ≠ || tout / le faire / feu | noir//

Remarque :

L'élément à partir duquel s'effectue l'expansion relative, peut être un interrogatif, en particulier **mǻtè** "comment, manière".

Exemples :

à sǐ - kà kǻ dǐrà bǒ mǻtè kǻ tòbwǻày tě kǻ - dǐrà[173]

dé — dt (relative)

"Elle n'est pas partie comme l'a fait le lièvre"
// elle / *nég.* | le venir ≠ et | le partir / *excl.* / manière ≠ que / lièvre / le faire ≠ et | le partir//

ì mànǻ - bǻy mǻtè kǻà ńgǻy gà - tě kǻ - bìsǻ[174]

dé — dt (relative)

"Ils ne savent pas comment faire pour passer"
// ils / *nég.* | le savoir / manière ≠ que / ils / vers | le faire ≠ et | le dépasser//

---

[173] |dìrà| R. 1

[173] |kǻà| R. 1

[174] |ńgày| R. 1

2. SITUATION DE LA RELATIVE DANS L'ÉNONCÉ

8.57. L'intégration de la relative dans l'énoncé se fait suivant diverses possibilités dont nous donnons les schémas ci-dessous :

énoncé 1
sujet + prédicat + complément
→ relative
type = le chien que je vois + mange + la viande

énoncé 2
sujet + prédicat + complément +
→ relative
type = le chien + mange + la viande +que je vois

énoncé 3
sujet + prédicat + complément
↓ relative
type = le chien + mange + la viande + qui est cuite

énoncé 4
complément + sujet + prédicat + complément (rappel)
+ relative
type = la viande qui est cuite + le chien la mange

énoncé 5
prédicat + relative
type = (voici) un chien + que je vois

énoncé 6
déterminant + relative
sujet + prédicat
(rég.-déterminant - déterminé)
type = la viande qui est cuite + le chien + la mange

En français, les énoncés 4 et 6 ont une traduction identique, en zarma, il s'agit de deux choses différentes; exemple type 4, c'est le complément qui est mis en relief; exemple 6, c'est le déterminant d'un syntagme prédicatif qui est mis en relief.

Nous illustrerons chaque cas par des exemples

1. La relative vient en expansion du sujet

8.58. type : Enoncé 1 : Sujet + Prédicat + (Complément)
⇩
relative

L'élément Sujet subissant l'expansion relative, sera rappelé à sa place par une modalité personnelle, ou simplement répété complètement ou partiellement s'il s'agit d'un syntagme déterminatif.

Exemples :

1. ɬzòǒ kǎ̰ gòǒ gǔndà - rǎ ńgà - nǒ gò gǎ - nàmǎ yàwày - gǎ [175]

dé dtif dt

E = Sujet (rappel) S P C C

(+ expansion relative)

"Le petit qui est dans le ventre, c'est lui (qui) aboie contre les étrangers"
// petit + *spéc.* || # qui / être / ventre + *spéc.* | dans # || lui | ce / être / vers | l'aboyer / étranger + *spéc.* | à//

2. wǒò kǎ̰à̰ hǎy wàybòrò - kò:nǔ ńgà wọ̌ò sɬ - dù ńgà - gǎrǎwǒ

P C

dé dtif. dt dé (rappel)

E = Sujet (+ relative) S P C
rappel

"Celui qui aura une fille, celui-là n'aura pas son gage"
// celui || # qui / l'engendrer / fille | seul # || lui | ce / *nég.* | l'avoir / son | gage + *spéc.*//

---

[175] |kǎ̰à̰| R. 1
[175] |gùndàǎ| R. 1 - R. 3
[175] |nǒò gòǒ gà| R. 1 - R. 3
[175] |yàwàǎy| R. 3

3. ày kā̰à̰ cí bà:bà - bè:rì - ízòó āày - nó gá - zà fòóndó - bè:ròó [176]

P C

dé dtif dt dé (rappel)

E = Sujet + relative S P C

"Moi qui suis le fils du père le plus grand, je prends le grand chemin"
// je || # qui / être / père | le grand | enfant + *spéc.* # || je | ce /vers | le prendre / chemin | le grand + *spéc.*//

4. ár̰à - wóò ká̰ kà̰ káy - há̰ ár̰à sí - dí à [177]

P # R P

dé dtif dt dé (rappel)

E = Sujet + relative S P C

"Vous qui êtes venus me (le) demander, vous ne le verrez pas"
// vous | ce || # qui / le venir # et |+me | le demander # || vous / ne pas | le voir / le//

5. bàrí - ǹdá - fárká ká̰ gò gá - càré - gàráy ì - kúlú nà - càré - kár ká zé:rì [178]

P C

dé dtif dt dé (rappel)

E = Sujet + relative S P C =énoncé repris

"Le cheval et l'âne qui se poursuivaient l'un l'autre, (eux tous) se sont battus et tués l'un et l'autre"
// cheval | et | l'âne || # qui / être / vers | ensemble | le poursuivre # || eux | tout / à | ensemble | le frapper # et | le terrasser//

8.59. Le rappel du sujet n'est pas toujours attesté

6. wòngáà:rí kā̰à̰ má mà - kà

dé dtif. dt P

E = Sujet + relative P

"Le guerrier qui a entendu la nouvelle vient"
// guerrier # qui / l'entendre # de | le venir//

---

[176] |àáy| R. 3
[176] |nóò gà| R. 1
[176] |fòóndò| R. 1

[177] |kā̰à̰| R. 1
[177] |ká àáy| amalgame

[178] |kā̰à̰ gòó gà| R.3 - R.1
[178] |kúlù| R.1

7. wɔ̃ɔ̀ kã̰ kà gà - dí bòrɔ̀ò - zɔ́:rúyã̰ 179

dé dtif dt

E = S = relative P C

"Celui qui vient voit le défrichage de l'autre"
// celui # qui / le venir # vers | le voir / homme + ce | défrichage//

Remarques :

1. Le sujet peut être constitué d'une expansion relative et propositive.

à néè dáy hà̰ kã̰à̰ gá - nà̰ mà - dù áà à gà - gá:bù 180

dé relative # ɛx

S S P

"Il dit pour l'obtenir, c'est difficile"
// il / le dire # alors / ce|| # que / vers | le laisser # de l'avoir / lui #|| il / vers | l'être difficile//

2. L'exemple suivant est intéressant, il présente une structure inversée par rapport aux cas précédents. Le sujet en apposition est repris en fin d'énoncé et suivi d'une expansion relative.

àáy - wò - kṹmbò àáy gá - gò:rɔ́ fṹò - rá ày kã̰à̰ cí wáybòràá181

S || S P C || S + relative

"Moi Koumbo je reste dans la maison, moi qui suis la femme"
// moi | ce | Koumbo || je|| / vers | le rester / maison + *spéc.*| dans / || je # qui / être / femme + *spéc.*//

Formule : E = S || S P C S + relative

8.60. Type : Enoncé 2 : Sujet + prédicat + (complément) + relative

dé ⟶ dtif + déterminant

Dans ce deuxième type, la relative vient encore en expansion du sujet, mais au lieu de lui faire suite, elle figure en fin d'énoncé sans rappel particulier du sujet.

---

179 |kã̰à̰| R. 1

180 |áà | à| ton non expliqué

181 |wɔ̃ɔ̀| R. 3

|gà| R. 1

181 |fṹò ɔ́| R. 3

181 |àáy| R. 3

181 |wàybòràá| R. 1

Les exemples sont intéressants parce qu'il pourrait y avoir ambiguité, dans certains cas, du fait que la relative peut suivre un complément et que l'on pourrait hésiter à savoir si la relative vient en expansion du complément ou non. Dans les exemples rencontrés, sur un plan sémantique, il n'y a pas d'ambiguité possible.

Exemples :

1. bòrő - kűlù sí kã̰ gà - cábő - tē[182]

dé dtif déterminant

E = S P expansion relative

"Il n'y a personne qui fasse le baptême"
// homme | tout |/n'être pas # | qui / vers | baptême + *spéc.* | le faire//

2. kòtíàá mà - kwáy főyòő kã̰à̰ ɲáŋò sí nò[183]

dé dtif dt

E = S P C expansion relative

"Que l'enfant dont la mère est morte aille chercher la plante à sauce"
// enfant |/ de | le partir / sauce + *spéc.* # | que / mère + *spéc.* / n'être pas / ce//

3. wándíő - fő ká gòő nò kã̰à̰ ńgá - ǹdá - ńgá - àrmòő - bá:bà - fő[184]

dé dtif dt

E = S R P C expansion relative

"C'était une jeune fille qui avait le même père que son frère"
// jeune fille | une |/ de | être / ce # | que / elle | avec | son | frère + *spéc.* / père | un//

---

182 |kã̰à̰| R. 1

183 |fòyòő| R. 1

183 |ɲáŋòő| R. 3

183 |nőò| R. 3

184 |nőò| R. 3

184 |ńgà| R. 1

184 |bà:bà| R. 1

4. fè:jì.ízè - fɔ̋ kǻ - hǻy í - làbòɔ́ - rǻ kǻ̰ nà - ɲáà - wǻy.tǻcí - ná:nű [185]

dé — dtif — dt

E = S P C expansion relative

"Un agneau qui têtait quarante mères est né dans notre village"
// mouton.petit | un |/ de | naître / notre | terre + *spéc.* | dans
#| que / à | mère | dix-quatre | le têter//

2. La relative vient en expansion du complément de l'énoncé

8.61.

type : Enoncé 3 : Sujet + Prédicat + Complément → relative

Exemples :

1. írì dí hǻrì - hínzà kǻ̰ nà - írì - bítí [186]

dé — dtif — dt

E = S P C + relative

"Nous avons vu trois choses qui nous ont troublés"
// nous / le voir / chose | trois # qui / à | nous | le troubler//

2. ńgà sí ǹdǻ - àrwàsù - kűlù kǻ̰à̰ ńgǻ gà - bǻà kàlǻ - ǻày [187]

dé — dtif — dt

E = S P C + relative

"Elle n'aime aucun autre garçon que moi"
// elle / n'être pas / avec | garçon | tout # que / elle / vers |
l'aimer / sauf | moi//

3. à sí - bǻy wò kǻ̰à̰ cí ńgà - wíndí - kɔ̋yɔ̋ [188]

dé dtif dt

E = S P C + ɛxpansion relative

"Elle ne sait pas quel est celui qui est le maître de sa concession"
// elle / ne pas | le savoir / celui # qui / être / sa | concession | chef + *spéc.*//

---

[185] |kǻ̰à̰| R. 1 [186] |hàrì| R. 1 [187] |ńgà| R. 1
[186] |kǻ̰à̰| R. 1 [188] |wɔ́ɔ̀| R. 3

8.62. Type : Enoncé 4 :

Le complément peut être antéposé pour des raisons de mises en valeur.

Structure :	complément + relative + sujet + prédicat + (complément rappel / ou non)

Le rappel du Complément à sa place habituelle n'est pas une obligation, comme l'atteste l'exemple suivant :

bàrí-kúlù kắà gắ-dàké ńgắy-bàrìò-gá kúlú mà-gǎnắ kắ cì àắy-sè[189]

dé dtif dt

C + relative P ⧣ P C

"Qu'il lui nomme chaque cheval qui suit le leur"
// cheval | tout |⧣ qui / vers | le mettre / eux | cheval + *spéc.* | à ⧣| tout / de | le suivre⧣ et | le dire / moi | à//

E = ε (C + relative + P) / εx (P + C)

3. La relative vient en expansion du noyau prédicatif

8.63. Deux cas se présentent :
Type : Enoncé 5

a) le prédicat est un syntagme de type déterminatif et la relative vient en expansion de ce syntagme dans son ensemble.

Formule :	prédicat = syntagme } + relative

[189] |ńgày| R. 1
[189] |bàrìòó| R. 3
[189] |kúlù| R. 1
[189] |sée̋| R. 3

Type : Enoncé 6 :

b) le prédicat est un syntagme de type énonciatif et la relative vient en expansion d'un élément de ce noyau (le déterminant).

Nous ajouterons que, dans tous les cas rencontrés pour ce dernier type, la relative est antéposée à l'énoncé.

On a la formule :

déterminant (rappel) + relative + sujet + prédicat = Rég. + dt - dé

Cas n° 1

Exemples :

1. wǎndɪ́ɔ̌ - fɔ́ kə̰́ ì gà - kɔ́kɔ́ à - mɛ́è [190]

dé | dtif | dt

E = P + relative

"C'était une jeune fille que les garçons courtisaient beaucoup"
// jeune fille | certaine # que / ils / vers | le courtiser / sa | plénitude//

2. bòrò - fɔ́ kə̰́ wàngə́à:rɪ́ - fɔ́ [191]

dé | dtif | dt

E = P + relative

"C'était un homme qui était un guerrier"
// homme | certain # qui / guerrier | certain//

3. ày - jɪ́nə́y - fɔ́ - nè - yə́ kə̰́ àə́y sə́rkù nàngòɔ́ [192]

dé | dtif | dt

E = P + relative

"Voici quelques-unes de mes affaires que j'ai accrochées à cet endroit"
// mon | affaire | certaine | voici | certes # que / je / l'accrocher / endroit + *spéc.*//

---

190 |kə̰́ə̰̀| R. 1
191 |bòrɔ́| R. 3
191 |kə̰́ə̰̀| R. 1
192 |àə́y| R. 3
192 |sàrkù| R. 1
192 |nèé yàə́| élocution normale
192 |kə̰́ə̰̀| R. 1

4. ńgá̃ - àrmòṍ - nò ká̰à̰ dá̃rá̃y[193]

dé dtif dt

E = P + relative

"C'est son frère qui est perdu"
// son | frère + *spéc.* | ce ≠ qui / le perdre//

Cas n° 2

Schéma : déterminant + relative + sujet + { rég. - déterminant + déterminé
= Prédicat

bòrà ká̰à̰ àá̃y gà - hí:rí dìín ày gá̃ ná̃ - à - dì[194] !

dé dtif dt

E = dt + relative S P (= Rég. + Rég. + dt + dé)

"Celle pour qui je prépare un piège, je l'attraperai"
// homme + *spéc.*|| ≠ que / je / vers | le préparer un piège / ce ≠ je / vers | à | || le | l'attraper//

a) wṍò ká̰ cìndì dìín à nà - à - tṍn[195]

dtif

dé dt

E = dt + relative S P (= Rég. + dt + dé)

"Ce qui reste, il le brûle"
// ce || ≠ que / le rester / ce ≠ il / a | || le | le brûler//

Remarques :

1. Il est intéressant de constater que ce dernier exemple peut également se formuler ainsi :

b) à tṍn wò ká̰ cìndì dìín [196]

S P C + relative

"Il brûle ce qui reste"
// il / le brûler / ce ≠ que / le rester / ce//

---

[193] |ńgà| R. 1
[193] |nṍò| R. 3

[194] |bòràá̃| R. 3
[194] |àá̃y| R. 3
[194] |gà nà| R. 1

[195] |ká̰à̰| R. 1
[196] |wṍò| R. 3
[196] |ká̰à̰| R. 1

c) à kà ká wò - ká̰ - cìndì - tón[197]

S P #Rég. dt dé

"Il vient brûler ce qui reste"
// il / le venir # et | ce # qui / le rester # | le brûler//

L'exemple (b) présente l'énoncé le plus neutre sans recherche de mise en valeur; l'exemple (a) présente une mise en valeur de l'élément déterminant du prédicat complexe; l'exemple (c) montre le même énoncé en proposition dépendante avec l'expansion relative incluse dans le prédicat comme élément déterminant dans une relation syntagmatique d'ordre déterminant - déterminé (qui a la fonction de prédicat).

2. Le syntagme énonciatif, comme nous l'avons vu, peut avoir fonction prédicative; on le rencontre aussi en fonction de complément. L'expansion relative portant sur le déterminant de ce syntagme figurera selon une structure identique à celle présentée lorsque ce syntagme a fonction de prédicat.

Formule : déterminant + relative + S + P + C
(=Rég. + dt + dé)

hày - kúlù ká̰à̰ ní gà - báà kúlù nîìn - dá - á gò gá - à - té[198]

dé dtif dt

E = relative S P C (=Rég.+dt+dé)

"Tout ce que tu veux, toi et elle, vous le ferez"
// chose | toute || # que / tu / vers | le vouloir / || tout # toi | et | elle / être / vers ||| le | le faire//

---

[197] |wóò| R. 3

[197] |ká̰à̰| R. 1

[198] |dá à gòó gà| R. 1

3. STRUCTURE DE L'ÉNONCÉ DANS LEQUEL S'INSÈRE LA RELATIVE

8.64. L'énoncé lui-même dans lequel s'insère la relative peut être simple ou complexe.

Exemple :

Enoncé simple E = S P C + relative

1. à sí - báy hày -kúlù káà ńgá gà - tě ŋàá:rì [199]

E = S P C relative

"Elle ne sait pas tout ce qu'elle va faire à manger"
// elle / ne pas | le savoir / chose | toute # que / elle /vers | le faire / nourriture//

Enoncé complexe E = ε / εx + relative

2. à dù sánní-hínká ká-tóntón ńgày-sánní-zě:nà-gá ká nà-ì-tǘnándí dìín [200]

S P C P C P

E = ε # εx # relative

"Ils ont trouvé deux phénomènes qui s'ajoutent au premier qui les a fait mettre en route"
// ils / le trouver / parole | deux # et | l'augmenter / leurs| parole | ancienne + *spéc.* | à # qui / a | eux | le faire lever / ce//

Plusieurs relatives en expansion du même élément peuvent se succéder. Dans l'exemple 4 , on trouve jusqu'à trois relatives.

---

199 |ńgà| R. 1

200 |zè:nàá| R. 3

200 |káà| R. 1

200 |tǘnándì| R. 1

3. ɨzàáy-dìn kə̰́à̰ árə̰́ gàr hə́nsòɔ́-gúndà-rə́ kə̰́ gò gə́-nàmə́ dìn màn-cɨ́ hə́nsì.ɨzè-nɔ́ò[201]

S P C P C

dé — dt (relative) — dt (relative)

E = S (+ relatives) P + C

"Ces enfants que vous avez trouvés dans le ventre du chien et qui aboyaient, ce ne sont pas des chiots"
// enfants + *spéc.* | ce ≠ que / vous / le trouver / chien + *spéc.* | ventre + *spéc.* | dans ≠ qui / être / vers | l'aboyer / ce ≠ ne pas | être / chien.petit | ce//

E = S (+ relative + relative) + P + C

4. wə́ndɨ́ɔ́-nò kə̰́à̰ tə́ kə́ sɔ́:gò kə̰́à̰ mə́à kúmbò kə̰́ à-wə́ddə́ gà-gə́:bù[202]

P — P ≠ P — S P — S P

dé — dt (relative) — dt (relative) — dt (relative)

"C'est une jeune fille qui est belle, qui s'appelle Koumbo et qu'il est difficile d'égaler en beauté"
// jeune fille | ce ≠ qui / le faire ≠ et | l'être belle ≠ que / nom / Koumbo ≠ que / son | égal / vers | l'être difficile//

E = P + relative + relative + relative

ε / εx — ε — ε

Remarques :

1. Lorsque l'antécédant de la relative se trouve éloigné de la relative, la structure de la relative peut subir une modification en ce sens que le sujet antécédant se trouve déplacé en finale de la proposition principale précédant immédiatement le relatif.

---

[201] |dìɨ́n| R. 3
[201] |árə̰̀| R. 1
[201] |ŋùndàə́| R. 1 - R. 3
[201] |kə̰́à̰ gòɔ́ gà| R. 1 - R. 3

[202] |nɔ́ò| R. 3
[202] |kə̰́à̰| R. 1
[202] |wə́ddè| R. 1

Exemple :

dá̋ niìn-dá-à kwá̋y fá̋rì à sí̋-mí̋:là kàlá̋ má̋-jàrè niìn kā̰̰à cí̋ bá:bòó̋[203]

R S P C S P R P dé dtif dt

E = εx # ε # εx # relative

"Quand lui et toi allez au champ, il ne pense pas que c'est toi qui portes le fardeau, toi qui es le père"
// quand / toi || |et | luï / le partir / champ # il / ne pas | le penser # si ce n'est / de | le porter /|| toi # qui / être / père + *spéc.* //

2. La relative peut venir en expansion du déterminant d'un syntagme de type déterminatif courant.

bòrà kā̰ nà - hàynòó̋ - ŋàá̋ gàndà - bò̰

dt + relative ← dt ← dé

"Sur la poitrine de celui qui a mangé le mil"
/ homme + *spéc.*| # ce que / à | mil + *spéc.* | le manger # | poitrine + *spéc.* | sur /

L'énoncé global dans lequel s'intègre ce syntagme est le suivant :

hàndóò wó̋ò, ńgá̋ gà-dí̋ ká̋-dù áà hálá̋ à mà-kā̰̰à bòrà kā̰ nà-hàynòó̋-ŋàá̋ gàndà-bò̰[204]

C P C

S P P C Rég S P C

\# Relative #

E = ε / εx / εx + relative

"Cette lune, lui, il va la voir au moment où elle tombera sur la poitrine de celui qui a mangé le mil"
// lune | ce || / il / vers | le voir # et | le trouver /|| la # jusqu'à/ elle / *déloc.* | le tomber / homme + *spéc.* |# que / à | mil+ *spéc.* | le manger # | poitrine + *spéc.* | sur//

---

[203] |fà.rì| R. 1

[203] |mà| R. 1

[203] |bà:bòó̋| R. 1

[204] á̋à |à| ton non expliqué

[204] |há̋là| R. 1

[204] |bòràá̋ kā̰̰à| R. 3 - R. 1

On notera une mise en relief du complément du premier énoncé dépendant schématisé comme suit :

ńgá̋ gà dí̋ / há̋lá̋ à mà ká̰̋à̰ bòrà

hàndőò wőò ká̋ - dù [áà] # ká̋à → -----

E = ε / εx + relative

/ εx

Cas particuliers

8.65. *La relative vient en expansion d'un complément temporel, locatif ou circonstantiel*

On a déjà mentionné que ce type de complément pouvait être antéposé ou postposé par rapport aux fonctions de l'énoncé : Sujet - Prédicat.

Le schéma est alors le suivant :

Sujet + prédicat + complément / + relative

ou encore :

Complément / + sujet + prédicat
+ relative

Cette structure ne diffère donc pas des cas précédents.Cependant nous ajouterons quelques remarques.

a) Dans un certain nombre d'exemples, en particulier lorsqu'il s'agit d'un complément temporel **wàtò** "le temps", **hán** "le jour", l'élément déterminé et la relative qui le suit sont antéposés.On a alors les schémas suivants :

wàtò / **ká̰̋à̰** + relative / sujet + prédicat + (complément)

"Le temps que"

hàn[205] / **ká̰̋à̰ háné̋** / sujet + prédicat + (complément)

"le jour que"

205 |hànòő|

b) Il peut arriver que l'élément que détermine la relative n'apparaisse plus et que l'énoncé commence directement par le régisseur relatif k̰ã̰à̰ :

(Ø) sujet + prédicat + (complément)
/ k̰ã̰à̰ + relative /

c) On pourrait se demander, étant donné la récurrence de ces expansions d'une part, d'autre part la possibilité de voir apparaître une expansion relative sans son antécédent, si ces expansions ne sont pas en train de se figer et de constituer des propositifs composés (wàtò-k̰ã̰à̰, hàn.k̰ã̰à̰, etc..). En fait, cette évolution est possible mais il nous est difficile, à l'heure actuelle, de prétendre que nous avons affaire à une série de propositifs distincts; en fait, ces expansions fonctionnent d'une façon tout à fait parallèle et identique aux autres expansions relatives; ce n'est que leur valeur sémantique, et peut-être leur position (à l'initiale par exemple), qui pourrait les faire rapprocher de propositifs, mais leur structure est rigoureusement identique à celle d'une expansion relative.

Nous en fournirons des exemples.

Exemples :

8.66. (1) Complément temporel + / k̰ã̰à̰ + relative

wàtì / k̰ã̰à̰ } + relative
wàtò /

1. wàtì - ḱ̰á à gá - tá:sú dìín gànjì - fó gá - kà nó - dìín 206

C #Rel. S P C #

C. temporel S P C

"Quand elle prend (de la pâte), un génie vient là"
// moment # que / elle / vers | l'enlever / ce # génie | un / vers | le venir / ce | là//

206 |k̰ã̰à̰| R. 1
206 |tá:sù| R. 1
206 |nóò| R. 3

2. wàtò kə́ à tə́ árwàsù à néè ńgà-ɲáà-séè:mán-nò ńgá-bà:bà-wóò gánà[207]

C #Rel S P C # P # S P

E = C. temporel S P C # interrogative (ɛ/ ɛx)

"Quand il est devenu jeune homme, il dit à sa mère : où est mon père ?"
// moment + *spéc.* # que / il / l'atteindre / jeune homme # il / le dire / sa | mère | à # où | ce # son | père | ce / le suivre//

8.67. hàn / kə́à háné ou hàn kúlù / kə́à háné

"Le jour où"
/jour # ce que / jour / ou / jour | tout # ce que / jour /

3. hànò kə́à háné ní ná-kòrbàá-dìn-nó ààý-sè ní sí-ní-bòmbáý[208]

C #Rel C S P C #

E = C. temporel S P

"Le jour où tu m'as donné la bague, tu ne t'en es pas aperçu"
// jour + *spéc.* # que / jour / tu / à | bague + *spéc.* | ce | le donner / moi | pour # tu / ne pas | te | l'apercevoir//

4. hàn kə́à háné kòóptàá-dìní kà hán-dìín-nò árá gà-dí címí[209]

C # Rel C S P #

E = C. temporel / P # S P C

"Le jour où cette feuille viendra, ce jour-là vous comprendrez la vérité"
// jour # que / jour / feuille + *spéc.* | ce / le venir # jour | ce-là | ce # vous / le voir / vérité//

8.68. Le régisseur déictique-relatif n'a pas d'antécédent :

(∅) / kə́à + relative / S + P + C

Ct

Il faut restituer : (wàtò) kə́à "le moment que"

---

207 |wàtòó kə́à| R.3 - R.1
207 |àrwàsù| R. 1
207 |nóò| R. 3
207 |ńgà| R. 1

208 |hànòó| R. 3
208 |nà| R. 1
208 |dìín nóò| R. 3 - R. 1
208 |séè| R. 3

209 |nóò| R. 3
209 |árà| R. 1

kã̰à̰ s'amalgame fréquemment avec la modalité personnelle qui le suit.

kã̰à̰ s'amalgame fréquemment avec la modalité personnelle qui le suit.

Exemples : kã̰à̰ + à → kã: E = ε / εx

kã̰à̰ + ĩrì → kĩ:rì C(+relative)S P (S)P

1. kã̰ gànjòó kà à kàndẽ ńgà - jĩná kã gìsĩ [210]

Rel S P

E = C= temporel # S P C # P

"Quand le génie est venu, il a apporté son assiette et l'a posée"
// quand / génie + *spéc.* / le venir # il / l'apporter / son | affaire + *spéc.* # et | le poser//

2. kã̰ à nà - nõyáŋõ - tẽ mò bĩá kã bõ

Rel S P

E = C = temporel # S P # P

"Quand il lui a donné, le jour s'est levé"
// quand / il / à | don + *spéc.* | le faire # jour / le préparer # et | le lever//

3. kã̰ à jĩ:sìĩ ĩrì.kwãày tẽ à mànà - bũ[211]

Rel S P

E = C = temporel # S P #S P

"Quand elle s'est noyée, Dieu l'a sauvée"
// quand / elle / le noyer # Dieu / le faire # elle / ne pas | le mourir//

8.69. Nous ferons les mêmes remarques à propos des successions suivantes :

nà̰ kã̰à̰ : Il s'agit de l'amalgame de nàngù + kã̰à̰ signifiant : lieu que, moment que, raison que.

---

210 |kã̰à̰| R. 1

211 |mànã| R. 3

Dans la mesure où l'on peut rencontrer encore cette succession sous sa forme non amalgamée, on peut penser que l'interprétation d'une succession amalgamée déterminé + relatif est plus juste et que le passage à la conjonction n'est pas réalisé :

1. mà - tùűn kǻ gùnǻ nà̰ kǻ̰ hàndòǒ gòǒ [212]

P # P C + relative

E = ε / εx (P + C + relative)

"Levez-vous pour voir où est la lune"
// de | le lever # et | le voir / lieu # que / lune + *spéc.* /être//

2. ì gǒ gà - kwǻy kàlǻ í kà kǻ tǒ nà̰ kǻ̰à̰ fòǒndǒ - bàmbǻtà - fǒ fǻy [213]

S P C # R S P # P C + relative

E = ε / εx / εx (P + C + relative)

"Ils partent jusqu'à ce qu'ils atteignent le lieu où un grand chemin se sépare"
// ils / être / vers | le partir # jusqu'à / ils / le venir # et | l'atteindre / lieu #que / chemin | grand | un / le séparer//

3. nà̰ kǻ̰ à nà - hàynòǒ - kàǻ dìín, à mà - ńgǻ - còkǒsò - kű kǻ dà̰ [214]

C + relative S P # P

E = C + relative / ε (S P) / εx (P + C antéposé)

"Là où elle enlève le mil, elle ramasse ses déchets pour les mettre (à la place)"
// lieu # que / elle / à | mil + *spéc.* | l'enlever / ce # elle / de | son | déchet | le ramasser # et | le mettre//

4. ńgà - wǒò, sǒŋò, nàngò kǻ̰à̰ ńgǻ gòǒ wòǒ, ì nà - ńgǻ - sàǻrgǻ dàyǒò - wǒò - śḛ̀ - nǒò [215]

C C + relative S P C

E = ε (C + C + relative + S + P + C)

"Quant à elle, là où elle est, ils vont la sacrifier au puits"
// elle | ce || / maintenant / lieu # que /|| elle / être / ce # ils / à | elle | le donner / puits | ce | à / ce//

---

[212] |kǻ̰à̰| R. 1

[213] |gòǒ| R. 3

[213] |ì| R. 1

[213] |fòǒndò| R. 1

[214] |kǻ̰à̰| R. 1

[214] |ńgà| R. 1

[215] |nàngòǒ| R. 3

[215] |ńgà| R. 1

[215] |wǒò| R. 3 + ton montant phrase non finie

[215] |sàǻrgà| R. 1

Cet énoncé présente une mise en relief du sujet de relative par antéposition (cf. Enoncé emphatique).

Soit :

ńgà - wɔ́ò, sɔ́ŋò, nàngò kɑ̰̰́à ńgá gòɔ́ wòɔ́

C C Rel S P C

8.70. *Remarques :*

Les successions bòrɔ́ kɑ̰̰́à /homme ≠ ce que/ et hàrì kɑ̰̰́à /chose ≠ ce que/ sont amalgamées la plupart du temps en bà̰ - kɑ̰̰́à d'une part, et hà̰ - kɑ̰̰́à d'autre part.

On pourrait être tentée de considérer, étant donné la fréquence d'apparition des formes amalgamées, qu'il s'agit alors d'une succession figée fonctionnant désormais comme une seule unité, ce qui aboutirait à considérer la structure des énoncés dans lesquels ils figurent comme des énoncés juxtaposés de type suivant :

S P / S P

bà̰ - kɑ̰̰́à /homme | ce /

hà̰ - kɑ̰̰́à /chose | ce /

En fait, il ne semble pas, malgré la fréquence de l'amalgame, que la construction relative ait disparu, comme en témoigne la structure des exemples suivants :

Exemples : bà̰ - kɑ̰̰́à "celui qui"

1. ì màán - dú bà̰ - kɑ̰̰́à gòɔ́ ǹdá -yàw [216]

S P C ≠ kɑ̰̰́à P C

E = ε + relative

"Ils n'ont pas trouvé celui qui avait un étranger"

//ils / ne pas | le trouver / celui ≠ qui / être / avec | étranger//

2. bà̰ - kɑ̰́ kà dá-à nà - cè - dà̰ tà:mò - rá, à sí - sábàndá ní - cè [217]

≠ kɑ̰̰́à P

[S] ≠ R S P C ≠ [S] P C

E = ε relative / εx / ε

"Celui qui est venu mettre son pied dans la chaussure, il n'a pas trouvé sa pointure"

//celui‖ ≠ qui / le venir ≠ si /‖il / à | son | pied | le mettre / chaussure + *spéc.* | dans ≠‖il / ne pas | le trouver / son | pied//

---

[216] |dù| R. 1 [217] |kɑ̰̰́à| R/ 1 [217] |tà:mòɔ́| R. 3

Structure :

S (bòrɔ̃) → S P / S (wɔ̃ò) → S P C
#kã̰à P C / P.C # P C

3. bà̰-kã̰à̰ hã́y ãlbòrò, bòràã́-dìín mà-kà kã́-tà ńgà-gárã́wɔ́; wɔ́ò kã̰à̰ hã́y wàybòrò kò:nǘ

ńgà-wɔ́ò sí-dù ńgà-gárã́wɔ́ [218]

"Celui qui aura un garçon, celui-là prendra son gage, celui qui n'aura que des filles, celui-là n'aura pas son gage"
// celui ‖ # qui # le mettre au monde / garçon # ‖ homme | ce / *déloc*. | le venir # et | le prendre / son | gage # celui ‖ # qui / le mettre au monde / fille | seul # ‖ lui | ce / ne pas | le trouver / son | gage //

8.71. hà̰ - kã̰à̰ "ce que, chose que"

1. à dí dã́y hà̰ - kã́à̰ sí - tɛ́

E = S P C C
# kã̰à̰ P

"Elle voit ce qui ne va pas"
// elle / le voir / certes / chose # qui / ne pas | le faire //

2. à kàndɛ́ à - sɛ́ hà̰ - kã̰ à tɛ́ [219]

E = S P C C
# kã́à̰ S P

"Elle apporte ce qu'elle fait"
// elle / l'apporter / lui | à / chose # que / elle / le faire //

3. hà̰ - kã́à̰ ní hín kúlù ààý - mɔ́ gà - hín à [220]

C # R S P # S P C

C + relative

"Ce que tu peux, alors moi aussi je le peux"
// chose ‖ # que / tu / le pouvoir / ‖ tout # je | aussi / vers / le pouvoir / ‖ le //

---

[218] |àlbòrò| R. 1

[219] |sɛ́è| R. 1

[219] |kã̰à̰| R. 1

[220] |mɔ́ò| R. 1

4. à nɛ̂è kàlɛ́ hà̰ - kɛ̰̂ mán - cècɪ̂ ày - gɛ̂ kʊ̂lù nɪ́ gɛ̂ - dù ɛ̂à [221]

#S P C

C + expansion relative

"Il dit : sauf ce que tu n'as pas cherché, tu auras tout"
// il / le dire # sauf / chose ‖ # que / ne pas | le chercher / moi | à ‖ tout # tu / vers | l'avoir / le//

Structure des exemples 3 et 4 :

(Rég) + hà̰ S + P + C
kɛ̰̂à̰ (S) P C kʊ̂lù

Les exemples 3 et 4 présentent une mise en relief de l'expansion relative par antéposition, kʊ̂lù se rapporte à l'élément déterminé de l'expansion (hà̰ / hàrì "chose")

hàrì kʊ̂lù kɛ̰̂à̰ "toute chose que"

221 |kɛ̰̂à̰ mànɛ́| R. 1
|àɛ́y| R. 3
|gà| R. 1

IX

L'ÉNONCÉ EMPHATIQUE

9.1. Par énoncé emphatique, nous entendons un énoncé dans lequel un certain nombre d'éléments, un terme ou plusieurs, en particulier le sujet, le complément ou une composante du prédicat, sont mis en relief au moyen de divers procédés d'insistance qui aboutissent à une modification de la structure courante de l'énoncé zarma.

Rappelons que la structure de l'énoncé simple et indépendant en zarma peut être constituée des éléments suivants :

1. PREDICAT
2. PREDICAT + COMPLEMENT
3. SUJET + PREDICAT
4. SUJET + PREDICAT + COMPLEMENT

Le prédicat peut être soit un élément simple (Base Ø, 1, 2)
soit un syntagme :

Base + déictique	bòró̋-nò	"C'est un homme"
Régisseur + Base simple	(à) gà-kà	"Il vient"
Régisseur + déterminant-déterminé (syntagme)	(à) gà-tàkűbà-fá̋:rű	"Il aiguise l'épée"

A partir de ces énoncés de base, et plus particulièrement à partir des énoncés de type 3 et 4, plusieurs possibilités existent pour mettre en évidence ou insister soit sur le sujet, soit sur le complément, soit sur un élément du prédicat complexe.

9.2. Nous allons détailler quelques-uns de ces procédés de mise en valeur qui peuvent se résumer en définitive par :

a) changement de position de l'élément mis en valeur, le plus souvent antéposition et même postposition par rapport à la position habituelle;

b) utilisation de l'apposition;

c) discontinuité et répétition de l'élément mis en valeur;

d) utilisation de la négation comme moyen de mise en valeur.

Nous ajouterons que l'élément mis en valeur peut être simple (un seul terme) ou complexe (syntagme, expansion relative, expansion propositive).

De même l'énoncé dans lequel se manifeste le phénomène d'emphase peut être simple ou complexe.

Nous examinerons successivement :

1) la mise en valeur du sujet
2) la mise en valeur du complément
3) la mise en valeur d'un élément du prédicat
4) l'utilisation de la négation
5) combinaisons de plusieurs moyens.

La mise en valeur du complément semble une des plus fréquentes. Nous ajouterons que plusieurs types d'emphase peuvent coexister dans le même énoncé.

Remarque :

Nous n'envisagerons ici que les procédés qui affectent la structure toute entière de l'énoncé, c'est-à-dire la mise en valeur au niveau primaire; il existe évidemment, au niveau secondaire, de nombreuses particules de valorisation et d'insistance accompagnant les termes de l'énoncé (déictiques, allongement vocalique ou consonantique à valeur d'insistance).

Exemples:

àắy - yà - dắy gà - kwắy[1]

S P

"Moi, je vais partir"
// je | ce / certes / vers | l'aller//

---

[1] |yàắ| R. 3

kű:lù	"tout"	(≃ absolument tout)
bàmmmbắtà	"grand"	(≃ très grand)

1. MISE EN VALEUR DU SUJET

I - FORMULES

9.3. On a les possibilités suivantes pour mettre en valeur le sujet :

a) l'apposition (apposition contigue)

sujet + sujet apposé + prédicat + (complément)
S || S / + P / + C

b) la discontinuité du sujet (apposition non contigue)

Plusieurs structures sont possibles :

1 - sujet + prédicat + complément + sujet repris
S || / + P / + C / + || S

2 - sujet / + exclamation / + sujet / + prédicat
syntagme fonctionnel repris
expansion relative
expansion propositive
S ||/ + C / + || S / + P

On notera que les possibilités a) b) peuvent figurer dans le même énoncé (apposition + discontinuité du sujet).

II - COMMENTAIRES

9.4. Ces différents cas nous renvoient au syntagme déterminatif appositif envisagé lors de l'étude syntagmatique; mais ici, bien qu'il s'agisse du même phénomène d'expansion homofonctionnelle à partir d'un centre, nous l'étudierons sous un aspect différent, c'est-à-dire essentiellement par rapport à la structure de l'énoncé et non plus en tant que formation syntagmatique.

En effet, nous essayerons de montrer, par rapport aux schémas de base de l'énoncé zarma, comment ces appositions et ces mises en valeur du sujet, puis du complément, modifient la structure de l'énoncé.

En ce qui concerne le sujet, nous distinguons l'apposition contigüe de l'apposition non contigüe.

Dans le premier cas, le sujet fait directement suite au sujet apposé souvent après une pause.

Dans le deuxième cas, plusieurs possibilités se présentent :

1) l'énoncé a le schéma de base courant, soit :

sujet + prédicat + complément

le sujet est repris et même complété par une expansion relative, propositive ou autre, en fin d'énoncé, ce qui donne la formule :

sujet + prédicat + complément + sujet (+ expansion)

2) le complément antéposé s'insère entre l'apposition discontinue , ce qui nous donne un schéma différent :

sujet + complément + sujet + prédicat

On pourrait objecter que, dans ce dernier cas, on a déjà affaire à une mise en relief du complément puisque ce dernier est antéposé; en fait, il s'agit, la plupart du temps, de complément soit fonctionnel, soit d'énoncé relatif ou propositif qui possèdent en eux-mêmes une certaine autonomie de position.

9.5. Exemples

a) APPOSITION CONTIGUE E = ε

cè.bè:rì à kwǎy

S || S P

"L'éléphant, il part"
// éléphant || il / le partir//

Le sujet = syntagme

2. àá̃y - yà - wálla̋ ày gá̃ - cì [2]

S || S P

"Moi, et bien moi, je vais parler"
// je | ce | certes || je / vers | le parler//

3. bùrẽymá̃ - dìńn - mò ńgá̃ - mò à tẽ ãrwàsù kã̰ sò:gò [3]

S || S P C (+ relative)

"Ce Boureima aussi c'est un beau jeune homme"
// Boureima | ce | aussi || lui | aussi || il / le faire / jeune homme # qui / l'être beau//

Le sujet = expansion relative

4. kùmàndá̃wò - dá̃ - bőrà - kã̰ - kwà:rà à kã̰:nı́ ì dàkẽ càrẽ - gá̃ [4]

S || S P C

Relative

"Le commandant et l'homme chez qui il avait dormi, se sont suivis l'un l'autre"
// commandant | et | homme + *spéc.* || # que | chez / il / le coucher || # ils / le mettre / l'un l'autre | à//

b) APPOSITION NON CONTIGUE S || / + C / + || S / + P

Exemples

5. nàngõ̀ò - wõ̀ò, wàllã̀a:hı̃ à gà - kã̰:nũ àá̃y - sè [5]

S C S P C

"Ce lieu, par Dieu, il me plaît"
// lieu | ce || / par Dieu / || il / vers | le plaire / moi | pour//

---

[2] |yàá̃| R. 3
[2] |àá̃y gà| R. 3 - R. 1
[3] |bùrẽymà| R. 1
[3] |mõ̀ò| R. 1
[3] |ńgà| R. 1
[3] |kã̰à̰| R. 1
[3] |àrwàsù| R. 1
[4] |bòràá̃| R. 1 - R. 3
[4] |kã̰à̰| R. 1
[5] |kã̰:nù| R. 1
[5] |sẽè| R. 3

6. ŋ́gà - mɔ̋ɔ̀, ka̰̋ ắ kà kwàắ:ynè, à nɛ̋è ... [6]

S — expansion propos. — S P

"Lui aussi, quand il revient, il dit ..."
// lui | aussi || / quand / || il / le venir / encore / || il / le dire //

7. cè.bè:rì - mɔ̋ɔ̀, címò - rá, à nɛ̋è ... [7]

S — C — S P

"L'éléphant aussi, dans la nuit, il dit ..."
// pied.grand | aussi || / nuit + *spéc.* | dans / || il / le dire //

8. ŋ́gắ - mò, ŋ́gắ - kùmàndàw - tàrắà, ŋ́gà dí àlbòrò ka̰̋à̰ jásè ŋ́gà [8]

S — C — S P — C

"Lui aussi, dans l'exercice de son commandement il a vu un homme qui le surpassait"
// lui | aussi || / son | commandement / || il / le voir / homme ≠ qui / le dépasser / lui //

Dans ce cas, le complément inséré entre le sujet est non fonctionnel, non temporel, non locatif.

AUTRE TYPE DE STRUCTURE

εx + ε + (εx)

sujet (=+expansion relative) / propositif + sujet + P / énoncé principal (S P)

9. kòmí - bè:rì ka̰̋à̰ - sɛ̋ ì nà - tírà - nó, dắ à nà-à-cắw, à mà - nɛ̋è: yắ-dìín - nò [9]

relative — sujet — S P ≠ S P ≠ P

"Le commis principal à qui l'on a donné la lettre, une fois qu'il l'a lue, il a dit : c'est ainsi"
// commis | grand || ≠ que | pour / ils / à | lettre | le donner ≠ | quand / || il / à | le | le lire ≠ il / de | le dire / çà | là | ce //

---

[6] |ka̰̋à̰ à| R. 1

[7] |címɔ̀ɔ̋| R. 3

[8] |ŋ́gà| R. 1

[8] |mɔ̋ɔ̀| R. 3
élocution lente

[9] |kòmíì| R. 1

[9] |sɛ́è| R. 1

[9] |nɔ̋ɔ̀| R. 3

[9] |yàá| R. 3

Formule : S ‖ / + P / + C / ‖ + S

10. ì gòő càrḗ - bắndắ ńgắ - ǹdắ - kűmbò [10]

S P C S

"Ils se suivent, lui et Koumbo"
// ils ‖/ être / l'un l'autre | derrière / ‖ lui | avec | Koumbo//

11. ì kà:rù bàrìầy - bọ̀ ƒzḗ:àrù - hìnzàắ dắ ńgắ - bùmbò - hầìsắntù [11]

S P C S

"Ils montent sur les chevaux, les trois garçons et Haisantou elle-même"
// ils ‖/ le monter / cheval + *spéc.* | sur / ‖ garçons | trois + *spéc.* | avec | elle-même | Haisantou//

12. à ző:rű ńgắ - mò [12]

S P S

"Il défriche le champ, lui aussi"
// il ‖/ le défricher / ‖ lui | aussi//

Notons évidemment que l'inversion dans l'ordre de présentation du sujet est possible : on retrouve alors des exemples du type apposition contigue.

En prenant le dernier exemple, on a :

ńgắ - mò à ző:rű "lui aussi, il défriche le champ"

// S ‖ S / P //

c) COMBINAISONS DE L'APPOSITION CONTIGUE ET NON CONTIGUE

13. àầy - wò - kűmbò àầy - wò gắ - gò:rő fűò - rắ ày kạ̃à cí wắybòràắ [13]

S ‖ S / P / C /‖ S + relative

"Moi Koumbo, moi, je vais rester dans la maison, moi qui suis la femme"
// moi | ce | Koumbo ‖ moi | ce ‖/ vers | le rester / maison +*spéc.* | dans / ‖ moi ≠ qui / être / femme + *spéc.*//

---

[10] |ńgà| R. 1

[11] |ƒzè| R. 1

[11] |ńgà| R. 1

[12] |ńgà| R. 1

[13] |wőọ̀| R. 3

[13] |gà| R. 1

[13] |fűòő| R. 3

[13] |àầy| R. 1

[13] |wàybòràắ| R. 1

2. MISE EN VALEUR DU COMPLÉMENT

9.6. La mise en valeur du complément est assez fréquente; elle peut revêtir des aspects différents. En général, il ne s'agit pas de complément temporel ni locatif puisque ce type de complément possède par lui même une certaine autonomie.

Partant de l'énoncé de type suivant :

Sujet + prédicat + complément
S P C

plusieurs possibilités de mise en relief du complément sont attestées.

9.7. Antéposition du complément qui est repris à sa place normale par une modalité personnelle;

le complément peut être un terme simple, un syntagme ou une expansion relative; il peut être suivi ou non d'un fonctionnel.

Schéma :

E = ε = complément + sujet + prédicat + complément
= Modalité personnelle

1. sɔ̋ŋò - wɔ̋ò, kòrbàá̋ - dìi̋n ní má - kàndě à àa̋y - sè [14]

C temp. — C — S — P — C — C

"Maintenant cette bague, apporte-là moi"
// maintenant | ce / bague + *spéc.* | ce || / tu / de | l'apporter / || elle / moi | pour //

2. ha̋wa̋y - kűlù - a̋rkűsòő: ì mà - kòrfő - dá̰ à - gá̋ [15]

C — S — P — C

"A la plus vieille de toutes les vaches, qu'on mette une corde au cou"
// vaches + *spéc.* | tout | ancienne + *spéc.* || / ils / de | corde | le mettre / || elle | à //

---

[14] |mà| R. 1
[14] |sɛ̋è| R. 3
[15] |a̋rkùsòő| R. 1
[15] |dà̰| R. 1

3. bìòɓ́ - dìɪ́n ì nɛ̂è ŋ́gày gɔ́ - gò:rɔ́ à - cìrɛ́ kɔ́ fúlánzám

C S P # S P C # P

"Cette ombre, ils disent qu'ils vont s'asseoir dessous pour se reposer"
//ombre + *spéc.* | cette ||/ ils / le dire # ils / vers | l'asseoir / ||elle | sous # et | le reposer//

E = ε / εx / εx

4. àáy - yàá, ɔ́rə̰́ - sùbù - fúààý - dìɪ́n bìsá àáy - sè fúù - wɔ́ò[16]

C S P C C

"Quant à moi, je préfère cette maison en paille à cette (autre) maison"
//moi | ce ||/ votre | paille | maison + *spéc.* | ce / dépasser /|| moi | pour / maison | cette//

E = ε

5. à nɛ̂è ŋ́gá - mò ì mà - tɛ́ ŋ́gà - sɛ́ yá - dìn cɪ́nɛ́[17]

C S P C C C

"Il dit qu'on fasse pour lui la même chose"
//il / le dire # lui | aussi || / ils / de | le faire /|| lui | pour / ce | là / pareil//

E = ε / εx

9.8. Antéposition du complément suivi du déictique nɔ́ò ou nèɛ́ sans reprise du complément à sa place habituelle.

Dans ce cas, deux types d'interprétation sont possibles :

1) le complément antéposé est un syntagme en fonction de complément;
2) le syntagme antéposé forme à lui seul un énoncé (on a vu en effet qu'une base suivie de nɔ́ò ou nèɛ́ constituait un prédicat complexe apte à se suffire pour faire un énoncé) et détermine par conséquent l'existence d'une dépendante :

---

[16] |ɔ́rə̰̀| R. 1
[16] |sɛ́è| R. 3

[17] |ŋ́gà| R. 1
[17] |sɛ́è yàá| R. 1
[17] |dìɪ́n| R. 3

soit les schémas :

1) E = ε (= Complément + Sujet + Prédicat)

Base + nóò / complément + Sujet + Prédicat

2) E = ε # ε' (Prédicat # Sujet + Prédicat)

Base + nóò / prédicat # + Sujet + Prédicat

Nous opterons pour cette deuxième interprétation parce que la Base + nóò (nèé) correspond effectivement au noyau prédicatif dégagé lors des Fonctions. Ce qui signifie que ce qui serait dans un énoncé courant, un *complément*, devient un *prédicat* pour des raisons de mise en valeur.

Exemples :

a) àáy gòó nèé — "Je suis ici" //je / être / ici//

E = S P C = ε

b) nèé - nó àáy gòó[18] — "C'est ici que je suis" //ici | ce # je / être//

P S P

E = ε # εx

Autres exemples :

E = ε # ε'

1. wǎndɨ́ó - nò ì gá - sàrágà dàyòó - sè[19]

P #S P C

"C'est une jeune fille qu'ils sacrifient au puits"
//jeune fille | ce # ils / vers | le donner / puits + *spéc.*| au//

2. kwáy - fìlá:ná - kwà:rà - nó àáy fùún[20]

P # S P

"C'est du village du chef untel que je viens"
//chef | un tel | village | ce # je / le sortir//

[18] |nóò| R. 1
[19] |nóò| R. 3
[19] |séè| R. 3
[20] |fìlá:nà| R. 1
[20] |nóò| R. 1

3. wàndȅ - nèȅ àȁy kàndȅ nȉ - sè[21]

P # S P C

"Voici la femme que je t'ai amenée"
// femme | ici # je / l'apporter / toi | pour//

4. zàmbȁ - dȁy - nò à tȅ àȁy - sè [22]

P #S P C

"C'est une ruse qu'elle m'a faite"
// ruse | certes | ce # elle / le faire / moi | pour//

5. ȉzȅ - wày - kò:nȕ - nȍ à hȁy [23]

P #S P

"Il n'a que des filles"
// fille | seul | ce # il / l'engendrer//

6. ȉrì - nȍ ì gà-bȁ ì mà - dì[24]

P #S P #S P

"C'est nous qu'ils veulent attraper"
// nous | ce # ils / vers | le vouloir # ils / de | l'attraper//

7. à nȅè: ȉ tà:tà - gȁ:sȕ - ȉzòȍ - sè - nȍò nȉ gà - nȅè nȉ mà - ày - hȉ:jȁndì[25]

P # S P # S P

"Elle dit : Hum ! c'est à ce réparateur de calebasse que tu dis vouloir me marier !"
// elle / le dire # hum / cousu | calebasse | enfant + *spéc.* | à | ce # tu / vers | le dire # tu / de | me | le marier//

Dans les deux derniers exemples, le complément antéposé est le complément de l'énoncé dépendant. Le schéma est le suivant :

Complément + nȍò + S + P + S + P

= P ε # ε'

ou ε # ε' # ε"

---

[21] |sȅè| R. 3

[22] |nȍò| R. 3

[22] |sȅè| R. 3

[23] |ȉzè| R. 1

[23] |nȍò| R. 1

[24] |nȍò| R. 1

[24] |bȁà| R. 1

[25] |sȅè| R. 3

[25] |àȁy| R. 3

9.9. Combinaisons de mise en valeur

Plusieurs mises en valeur, à l'intérieur d'un même énoncé, peuvent coexister. En particulier *la mise en valeur du sujet et du complément* (devenant Prédicat).

Les procédés sont les mêmes que ceux que nous avons détaillés précédemment; on a diverses formules possibles :

A) sujet + complément antéposé + nɔ̋ɔ̀ + sujet + prédicat

1 2 1 (rappel)

S + C + nɔ̋ɔ̀ + S + P soit E = ε / εx

→ P

ε εx

1. háwǎy - mò - kúlù bàngù - nɔ́ ì gà - dɔ̌ kǎ - hàǎ[26]

S ‖ # P # ‖ S P # P

"Les vaches, c'est à la mare qu'elles vont boire"
//vaches + *spéc.* | aussi | tout ‖ # mare | ce # ‖ elles / vers | l'aller # et | le boire//

2. ŋ́gǎ - yà ŋ́gà - dǎy nò ŋ́gá gà - bǎà[27]

S ‖ # P # ‖ S P

"Elle, c'est lui qu'elle aime"
// elle | ce ‖ # lui | certes | ce # ‖ elle / vers | l'aimer//

3. àǎy ɲá - mò sùǔ:rù - nɔ́ à gà - nèè àǎy - sè[28]

S ‖ # P # ‖ S P C

"Ma mère aussi c'est Sourou qu'elle m'appelait"
// ma | mère | aussi ‖ # Sourou | ce # ‖ elle / vers | le dire / moi | pour//

---

[26] |nɔ̋ɔ̀| R. 1

[27] |ŋ́gà| R. 1

[27] |yàá| R. 3

[27] |nɔ́ɔ̀| R. 3

[28] |ɲáà| R. 1

[28] |nɔ̋ɔ̀| R. 1

[28] |séè| R. 3

B) Complément antéposé + nɔ̋ɔ̀ + sujet sujet apposé + prédicat

→ P # S || S P

4. má:sà-dǎy-nò àǎy - yà - wállá àǎy gà - báà [29]

P # S || S P

"Moi, c'est le beignet que je veux"
// beignet | certes | ce # je || | ce | certes || je / vers | le vouloir //

Dans tous ces exemples, on aboutit à la formation d'un énoncé complexe : ε / εx

Remarques :

1. L'exemple suivant présente une mise en relief du sujet d'un énoncé dépendant par antéposition. L'énoncé sans marque emphatique serait :

dǎ à dí̃ zǎnkà gǎ - bìsǎ ....
"S'il voit un enfant passer......."
// si / il / le voir # enfant / vers | le passer/ ....

dǎ zǎnkà - nò à dí̃ gǎ - bìsǎ ǹdǎ - hǎrí à mà - nɛ̂è : mà - kő:sűkő:sű [30]

Prop. P #S P# P C #S P # P

"Si c'est un enfant qu'il voit passer avec de l'eau, il dit racle bien (ta calebasse)"
// si / enfant | ce # il / le voir # vers | le passer / avec | eau # il / *déloc.* | le dire # *déloc.* | le racler//

dǎ εx # εx # εx # ε # εx

2. On pourrait également discuter à propos de cet autre exemple qui se présente comme un exemple d'apposition contigue; la présence de nɔ̋ɔ̀ dans le centre de syntagme appositif pourrait nous faire envisager d'interpréter cet énoncé, non pas comme un énoncé unique à sujet apposé, mais comme deux énoncés.

1) S || S P # P'
  ε # εx

2) P # S P # P'
  ε # εx # εx

---

[29] |nɔ̋ɔ̀| R. 3
[29] |yàǎ| R. 3
[30] |zànkà| R. 1
[30] |nɔ̋ɔ̀| R. 1
[30] |gà| R. 1

hə́m.fzày - kʊ́lù - nɔ́ò ì mə́rgʊ́ kə́ ŋ́gə́y - kòlfì - tə́ [31]

S ‖ S P C (= énoncé)

"Tous les animaux de la brousse se sont réunis pour faire la chasse"
// animaux de brousse+ *spéc.* | tout | ce ‖ ils / le réunir ≠ et | leur | chasse | le faire//

3. Quelques exemples attestent un rappel à sa place normale par la modalité personnelle du complément anticipé et suivi de nɔ́ò (devenu par conséquent prédicat).

Formule :

ε / εx

complément + nɔ́ò + sujet + prédicat + complément (rappel)
→ P ≠ S + P + C (modalité personnelle)

nò:rʊ́ - kwə́:rày - nɔ́ò ŋ́gə́y gɔ́ nɔ́ gà - gwə́y də́ - à [32]

P ≠ S P C C C

"C'est avec votre argent qu'ils travaillent"
// argent | blanc | ce‖≠ ils / être / ce / vers | le travailler / avec |||lui//

Le complément antéposé est sans rappel ni postposition de déictique dans l'exemple suivant :

hày - kʊ́lù kə̰́ ì hìnə́ à gə̰́ - tə̀ə́:sù [33]

C S P

"Elle prend tout ce qu'elles ont cuisiné"
// chose | toute ≠ que / elles / le cuisiner ≠ elle / vers | le prendre//

---

31 |fzàə́y| R. 3
31 |ŋ́gày| R. 1
32 |ŋ́gày gòɔ́ nɔ́ò| R. 1 - R. 3
33 |kə̰́à| R. 1

4. Comme nous l'avons souligné, le complément antéposé peut être suivi d'une expansion relative :

kàlǎ dǎy hày-kǔlù dǎy kǎ̰à̰ sǐ ǹdǔɲǎ-àlmǎnòǒ-bò̰ kǔlǔ à né ì mà-càrě-gwǒòn[34]

C (+ relative) S P ≠S P

ε εx

"A l'exception des animaux qui n'existent pas, de par le monde, que les animaux s'avalent les uns les autres"
// sauf | / certes / | chose | tout | / certes ≠ que / ne pas | être / monde | animal + *spéc.* | de | tout ≠ il / le dire ≠ ils / *déloc.* | l'un l'autre | l'avaler//

Dans cet exemple, il s'agit du complément de l'énoncé dépendant.

kàlǎ hà̰ kǎ̰ mǎn-cècǐ ày-gǎ kǔlù nǐ gǎ-dù ǎà[35]

relative

Complément S P C

"Sauf ce que tu ne veux pas, tu auras tout"
// sauf | /ce | ≠ que / ne pas | le chercher / moi | à ≠ | tout / tu / vers | l'avoir / le//

C_2 + relative S P (C_1)

3. MISE EN VALEUR D'UN ÉLÉMENT DU SYNTAGME PRÉDICATIF

9.10. Soit l'énoncé = sujet + { prédicat = régisseur + déterminant + déterminé

a) L'élément déterminant peut être antéposé et rappelé à sa place par une modalité personnelle;
soit le schéma suivant :

E = déterminant + sujet + régisseur + modalité person. + déterminé

Prédicat

---

[34] |ǹdǔɲà| R. 1
[34] |kǔlù| R. 1
[34] |něè| R. 1
[35] |kǎ̰à̰| R. 1
[35] |màǎn| R. 1
[35] |àǎy| R. 3
[35] |gà| R. 1
[35] |à| non expliqué

Exemples :

1. kwà:ràá, àáy nà - à - kúmná

"Le village je l'ai rassemblé"
// village + *spéc.* || / je / à | || le | le rassembler//

2. wúrà - mú:sú - bòŋàáy ì nà - ì - nó à - sèè[36]

dt S P C

"Ce sont les têtes de lion en or qu'ils lui ont données"
// or | lion | tête + *spéc.* || / ils / à | || les | le donner / lui | à//

3. wóò - ká - kà - kúmbò - sé kúmbó mà - à - gà:ráy[37]

dt S P

"Celui qui vient pour Koumbo, Koumbo le chasse"
// celui || ≠ qui / le venir / Koumbo | pour ≠ Koumbo / de | || le | le chasser//

Le déterminant est un terme simple (1), un syntagme (2), un terme suivi d'une expansion relative (3).

b) L'élément déterminant peut être postposé et suivi d'une expansion.

Sujet - régisseur dt - dé , dt + expansion

4. ì nà - fúòó - cìná à - sèè, fú - hànnó[38]

"Ils lui construisent une maison, une belle maison"
// ils / à | maison +*spéc.* || | la construire / elle | pour / || maison | belle//

9.11. Cas particuliers

En plus des cas déjà envisagés, un certain nombre d'énoncés présentent à l'initiale un complément non temporel, non locatif, sans la présence d'un fonctionnel et sans rappel quelconque par ailleurs dans

---

[36] |mú:sù| R. 1

[37] |káà| R. 1

[37] |sèè| indique que l'énoncé n'est pas fini

[37] |kúmbò| R. 1

[38] |fúù| R. 1

l'énoncé; ce complément pourrait être traduit en français avec la nuance de "quant à, en ce qui concerne".

E = ɛ

1. ńgǎy - bùmbàǎy - yà bǐndě cì:nè sǐ[39]

C Ct S P

"Quant à eux, on n'en parle pas"
// eux | mêmes | certes / alors / parole / n'être pas//

2. bàrǐ - kǔlù kǎ̰ à̃ mò:rù à mà - ně: màn - cǐ ǎ - bàrǐ - nò[40]

relative

C S P # P C

"Quant à chaque cheval qu'il touche, il dit : ce n'est pas son cheval"
// cheval | tout # que / il / le toucher # il / *déloc.* | le dire # ne pas | être / son | cheval | ce//

E = ɛ / ɛx

4. UTILISATION DE LA NÉGATION

9.12. On pourrait considérer que la tournure négative utilisant la succession mànǎ + cǐ /ne pas | être/ suivi d'un syntagme avec déictique permet de mettre en relief certains éléments de l'énoncé.

Ainsi à côté de l'énoncé courant :

à mànǎ - kwǎy kǎ hǎrmǔn

S P # Rég. P

ɛ ɛx

"Elle n'est pas partie uriner"
// elle / ne pas | le partir # et | l'uriner//

---

[39] |ńgày| R. 1
[39] |yàǎ| R. 3

[40] |kǎ̰à̰| R. 1
[40] |něè| R. 1
[40] |à| R. 1
[40] |nǒò| R. 3

On peut avoir l'énoncé suivant avec une insistance et mise en valeur sur le terme **hárḿn** "uriner"

màná - cí hárḿn - nò à kwáy[41]

1- ε # εx # εx

P P S P

ou

2- ε # εx

P / C S P

"Ce n'est pas pour uriner qu'elle est partie"
// ne pas | être # l'uriner | ce # elle / le partir//

1. **màn - cí frì - nó ì gá - dì**[42]

ε # εx # εx

"Ce n'est pas nous qu'ils vont attraper"
// ne pas | être # nous | ce # ils / vers | l'attraper//

2. **màn - cí tàlí - fó - rá - nó à bá:rà**[42]

ε # εx # εx

"Elle n'est pas malheureuse"
// ne pas | être # mal | un | dans | ce # elle / être//

3. **màn - cí yá - dìín - nò ì gà - té à - séè bó**[43]

ε # εx # εx

P P S P C C

"Ce n'est pas ainsi qu'ils vont faire avec lui"
// ne pas | être # ce | la | ce # ils / vers | le faire / lui | pour / certes//

Deux interprétations sont possibles selon que l'on considère que le syntagme avec le déictique **nóò** constitue un syntagme prédicatif ou non.

Remarque :

màn-cí + énoncé complexe ou non semble avoir la valeur d'insis-
/ne pas | être/
tance correspondant à "n'est-il pas vrai que ?"

---

41 |nóò| R. 3

42 |nóò| R. 1

43 |yàá| R. 3

43 |nóò| R. 3

4. màn - cí fùǘndí - hìnkàá́ - dá́ - bàrí - hínkà bǘ[44]

P # S P

"Cela ne fait-il donc pas deux vies et deux chevaux de disparus"
// ne pas | être # vie | deux | et | cheval | deux /l'être mort//

5. màn - cí ká̰ àá́y nè kwá:rá - bő́rò - nő́ á́rà̰ né̋ màn - cí kwá:rá - bő́rò - nő́ò[45]

P # R S P # P # S P # P C

"N'est-ce pas que quand j'ai dit que c'était un homme du village, vous avez dit que ce n'était pas un homme du village"
// ne pas | être # quand / je / le dire # village|homme | ce # vous / le dire # ne pas | être / village|homme | ce//

E = ε / εx / εx / εx / εx

5. AUTRES CAS DE COMBINAISONS DE MISE EN VALEUR

9. ~~13~~. L'exemple suivant présente un cas intéressant de plusieurs mises en valeur :

1 - apposition non contigüe du sujet

2 - antéposition d'un complément suivi du déictique qui devient un syntagme prédicatif

3 - mise en valeur par apposition d'un élément du syntagme prédicatif mis lui-même en valeur.

On pourrait traduire littéralement :
"quant à moi, la femme à qui l'on m'a marié, ce sont ses cheveux que j'utilise pour faire un oreiller".

àá́y - yà - wá́llá, àá́y - wò bòrà ká̰ ì tírà - há́w ńǹdá́à gá́mé̋ dìín

S (1) (3) C

à - há́mnő́ - nő́ # àá́y gà - té́ bò̰.dàké́[46]

P (2) S(1) P C E = ε / εx

---

[44] |fùǘndì| R. 1

[45] |hìnkàá́| R. 1

[45] |ká̰à̰| R. 1

[45] |né́è| R. 3

[45] |nő́ò| R. 1

[46] |yàá́| R. 3

[46] |wő́ò| R. 3

[46] |bòràá́| R. 3

[46] |ká̰à̰| R. 1

[46] |nő́ò| R. 1

"Moi, je prends les cheveux de la femme à qui l'on m'a marié pour faire un oreiller"
// moi | ce | certes || moi | ce |# homme # que / ils / livre| l'attacher / elle | avec | lui | entre / ce # ses | cheveu | ce # || je / vers | le faire / oreiller//

à nẽ mà-bã̀y, ààỹ-yàã̋ bòrà kã̰̀à nĩ́ hĩ́:jándĩ́ ààỹ-sè dìnĩ́

S P / P / C(1) / dt (+ expansion relative) (2)

ε / εx

ì nà - à - wĩ́ [47]

S / P

εx

"Il dit : "Sache, en ce qui me concerne, que la femme que tu m'avais donnée en mariage, on l'a tuée"
// il / le dire # *déloc.* | le savoir # moi | ce | / homme |# que / tu / le faire marier / moi | pour / ce # ils / à | || elle | le tuer//

1) ààỹ yàã̋ "quant à moi", mise en relief du déterminant du syntagme fonctionnel;

2) antéposition du déterminant du syntagme prédicatif complexe bòrà repris par la modalité personnelle à.

---

47 |néè| R. 1
|bòràá| R. 3
|hí:jándì| R. 1
|séè| R. 3

X

HIÉRARCHIE DES ÉNONCÈMES

Les énoncés zarma peuvent être constitués de plusieurs énoncèmes dépendants, entraînant une certaine hiérarchie à l'intérieur de l'ensemble de l'énoncé global.

Il nous a paru que l'on pouvait dégager plusieurs types de structure qui se définissent par rapport au type de hiérarchie que les différents énoncèmes ont entre eux.

a) structure horizontale :

   les énoncèmes dépendant de l'énoncème principal sont tous sur le même plan, exemples 2;

b) structure descendante :

   les énoncèmes dépendent les uns des autres; exemples 1, 4, 5, 11.

c) structure en escalier :

   combinaisons d'énoncèmes qui dépendent les uns des autres et d'énoncèmes placés sur un même plan horizontal, exemples 3, 6, 7, 8, 9, 10, 12, 13.

(1) wǎtì kúlù wǎtì kǔlù
#kàlǎ ì ně
/ì mà-kwǎy
/cì màygàrí-sè
#kã̰à:-sée hàrì gòǒ kwà:rǒò-bǎndǎ
#kã̰à:fǔl̰à sí-kà kwǎ:rǎ ǹdǎ:-wà

toujours, toujours#jusqu'à ce qu'ils disent
/de partir
/dire au chef
/pourquoi une chose est derrière le village
/qui ne laisse pas entrer les Peuls avec (leur) lait

ε # εx
/ εx
/ εx
/ εx
/ εx

ε εx

"Cela dura longtemps, enfin ils dirent au chef qu'il y avait quelque chose derrière le village qui faisait que les Peuls revenaient sans leur lait"

// temps | tout / temps | tout # jusqu'à / ils / le dire # ils / *déloc.* | l'aller # le dire / chef | à # que | pour / chose / être / village | derrière # que / Peul / ne pas | le venir / village / avec | lait//

(2) wǎtì kǔlǔ à nà-ǹgà-tàngǎrà-kwǎ:rǎy-bàmbǎtà-ságú/kǎ ǹgǎ-làbǔ-kǔ/kǎ d̰à à-mɛ̌è-fǒ/kǎ tě hǎwgárè/kǎ yěè/kǎ jìsí ǹgà-fǔù-mɛ̌è-gǎ

ε / εx / εx / εx / εx / εx

toujours elle fait une grande natte blanche / et de ramasser du sable / et d'en mettre plein / et de faire le sac / et de revenir / et de poser à la porte de la maison

"Pendant ce temps, elle fait une grande natte blanche et ramasse du sable qu'elle remplit plein le sac et fait un sac en natte puis le pose devant la porte de sa maison"

// temps | tout / elle / à | sa | natte | blanche | grande | le tresser # et | elle | sable | le ramasser # et | le mettre / son | bord | un # et | le faire / sac # et | revenir # et | le poser / sa | maison | porte | à//

(3) kʉ̃mbò nɛ́ à-sɛ́è
/hà̰ kɑ̰́à̰ hánɛ̃́ à gà-ày-hɨ́:jì # àáy nɛ̃́
/ày sɨ́-bà:rá/ày gòó ǹdá-árwàsù
kɑ̰́à̰ cɨ́ nɨ̀n
àmmá̃ ì nà-ày-gá:bándì
/ká̃ hɨ́:jándɨ́ à-sɛ́è

Koumbo lui dit
/le jour où il m'a épousé # j'ai dit
/je ne l'aime pas/j'ai un fiancé
/qui est toi
#mais ils m'ont forcé
/à l'épouser

ε / εx # εx / εx / εx / εx # εx / εx

εx ε εx

"Koumbo lui a dit :"le jour où il m'a épousée, j'ai dit que je ne l'aimais pas et que j'avais un fiancé qui est toi, mais on m'a obligée à l'épouser"

// Koumbo / le dire / lui | à # jour # que / jour / il / vers | moi | l'épouser # je / le dire # je / ne pas | l'aimer / lui | dans | # je / être / avec | jeune homme # qui / être / toi # mais / ils / à | moi | l'obliger # et | le faire épouser / lui | à//

(4) kùmàndáwò kwáy
/ká tʃsɨ́ìyá̰-tɛ́/ká nó kʉ̃mbò-sɛ́è/ká nè
/kʉ̃mbó mà-kà hábʉ́/ì mà-tá à-sɛ́è/à mà-há̰ tɛ́:là.ɨ́zòó-dìɨ̀n-dò
/à mà-tá à-sɛ́è

Le commandant part
/prendre des tissus/le donner à Koumbo/dire
/que Koumbo parte au marché/qu'on couse pour lui/qu'elle demande à ce tailleur
/de coudre pour lui/

ε / εx/ εx/ εx / εx/ εx/ εx/ εx

ε εx

"Le commandant part prendre des tissus, les donne à Koumbo et lui dit d'aller au marché pour qu'on les couse et qu'on demande à ce tailleur qu'il lui couse"

// commandant / le partir # et | tissus | le faire # et | le donner / Koumbo | à # et | le dire # Koumbo / *déloc.* | le venir / marché # ils / *déloc.* | le coudre / lui | à # elle / *déloc.* | le demander / tailleur.enfant | ce | lieu # il / *déloc.* | le coudre / lui | à//

(5) à tùn
/ kǎ ńgà - hǎrí - wǎllǎndì / kǎ ńgà - tǒnkǒ - bǔkà / kǎ dą̀
/ hǎlà hǎrǒ dǔngù

Elle se lève
/ et fait bouillir l'eau / et pile le piment / et le met
/ quand l'eau est chaude

ε /
εx/ εx/ εx
/ εx

ε εx

"Elle se lève pour faire bouillir de l'eau, puis pile le piment et le met quand l'eau est chaude"

// elle / le lever # et | son | eau | le faire bouillir # et | son | piment | le piler # et | le mettre # quand / l'eau+*spéc.*/ l'être chaude//

(6) à gò nǒ-dìn gǎ-sǎmbù
/ kǎ àlmǎ:rí-bàtǔ # kàlǎ à dí /cè,bè:rì kà / kǎ nè
/ ńgà gǎ-hǎynì-hǎw

Il est accroupi
/ attendant le crépuscule #jusqu'à ce qu'il voit / l'éléphant vient / et dit
/ il va attacher le mil

ε # εx
/ εx / εx
/ εx
/ εx

ε εx

"Il est là accroupi, attendant le crépuscule, jusqu'au moment où il voit venir l'éléphant qui dit qu'il va attacher le mil"

// il / être / ce | là / vers | l'accroupir # et | le crépuscule | l'attendre # jusqu'à / il / le voir # éléphant /le venir # et | le dire# il / vers | le mil | l'attacher//

(7)dắ nǐ nà-à-hẫy/ dắ nǐ mà-mǐ:là / sõŋõ-yàắ à tő jǐ:rǐ wẫy cìndǐ gű #mà-mǐ:là / nǐ fùűn hắwì nóò / nǐ fűrő hàwì nóò

Quand il est né / quand tu penses / maintenant il y a quinze ans # tu penses / tu sors de la honte / tu entres dans la honte

εx / εx / ε # ε / εx/ εx

εx εx ε

"Une fois qu'il est né, tu penses quand il a quinze ans que tu es sorti de la honte, mais c'est alors que tu commences à avoir honte"

// quand / tu / à | lui | l'engendrer # quand / tu / *déloc.* | le penser # maintenant | ce / il / l'atteindre / année | dix | reste | cinq # *déloc.* | le penser # tu / le sortir / honte | ce # tu / l'entrer / honte | ce//

(8) ką̃ ńgắ bà:bà bű /kắ dǐrà / kắ ńgắ nà̰ #ńgà sǐ bẫy /hắlà ńgà gắ-tè /wàlắ ńgà sǐ-tè #ńgắ gò gắ-nắgù cắrắw-dắ- bìrǐ-gắmè-rắ

Quand son père meurt /et part/et le laisse #il ne sait pas /s'il existe /ou s'il n'existe pas #il est collé entre le flanc et l'os

εx / εx/ εx # ε / εx # ε / εx

εx ε εx

"Quand son père est mort et l'a quitté, il ne savait s'il allait vivre ou non, il était entre le flanc et l'os"

// quand / son | père / le mourir # et | le partir # et | le laisser # il / ne pas | le savoir # si / il / vers | l'exister # ou / il / ne pas | l'exister # il / être / vers | le coller / côté | et | os | entre | dans//

(9) dǎ́ ɪ́zò / kwǎ́y / zǎ́lǎ́y / gǎ́ - kà # à mà - kà / kǎ́ bǎ́:bòǒ́ - gàr / gǎ́ - sǔ́mbàl / gà - hḛ̃́

/quand la fille / partie / se pavaner / revient # elle vient / pour son père trouver / se prenant la tête / pleurant/

εx / εx / ε # ε / εx / εx/ εx

εx ε

"Quand la fille partie se pavaner revint, elle arriva pour trouver son père qui pleurait la tête entre les mains"

// quand/fille+*spéc*. /le partir # le pavaner # vers | le venir # elle / *déloc*. | le venir #et père+*spéc*. / le trouver # vers | l'accroupir # vers | le pleurer//

(10) dǎ́ bàǎ́:ɲɲàǎ́ kà /kǎ́ kǎ́:rù / kǎ́ nè /ńgǎ́ gà - kǎ́:nɪ́ #à mà - nɛ́ à - sɛ́è /zùmbǔ́ /kǎ́ yɛ́è gǎ́ndà #à mà-hǎ́wgǎ́ràǎ́-kùrrǔ́,à mà-dàkɛ̌́ à-bò̰

Quand l'esclave vient /pour monter/pour dire/ /il se couche #elle dit à lui /descend /pour retourner à terre #elle roule la natte/elle met sur lui

εx / εx/ εx / εx # ε / εx / εx # εx# εx

εx ε εx εx

"Quand l'esclave vient et monte (sur le lit), disant qu'il va se coucher, elle lui dit de redescendre à terre et elle roule la natte qu'elle met sur lui"

// quand / l'esclave / le venir # et | le monter # et | le dire # elle / vers | le dormir # elle / *déloc*. | le dire / lui | à # descendre # et | le retourner / terre # elle / *déloc*. | la natte | le rouler # elle / *déloc*. | le mettre / lui | sur//

(11) tòbwə̃́y nà - ńgà - f̃zè - dòɔ̃́ntòn kɔ̃́:rɔ̃́ - kwà:rà
/ kɜ́ nɛ̃́
/ à mà - kwə̃́y / dɜ̃́njĩ́ - kàɜ̃́

Le lièvre envoie son enfant chez l'hyène
/ pour dire
/ il aller / la recherche du feu /

ε
/ εx
/ εx
/ εx
___ ________
ε εx

"Le lièvre envoie son enfant chez l'hyène lui disant d'aller chercher du feu"

// lièvre | à | son | enfant | l'envoyer / hyène | chez # et | le dire # il / *déloc.* | l'aller / feu | le chercher//

(12) kɜ̃́ à gà - mɜ̃́
/ zànkàə̃́y gà - nɛ́è
/ fũ̃ɔ̃́ - kũ̃lṹ gà - kɜ̃́rĩ́ - nò dɜ́ - wṹrà
à kà / də̃́y à nɛ̃́è
/ ɜ̃̃à gàɜ́:sà fũ̃ɔ̃́ gɜ́ - bò:rĩ́

Quand elle entend
/ les enfants dire
/ toute la maison brille comme l'or
elle vient / alors elle dit
/hélas la maison est belle/

εx # ε # εx
/ εx / εx
/ εx
__________ ___ ______
εx ε εx

"Quand elle entend les enfants dire que toute la maison brille comme de l'or, elle vient en s'exclamant : mon Dieu quelle belle maison !"

// quand / elle / vers | l'entendre # enfants + *spéc.* / vers | le dire / maison + *spéc.* | toute / vers | le briller | ce / avec | or # elle / le venir # alors / elle / le dire # eh / hélas / maison + *spéc.* / vers | l'être belle//

(13) à nɛ́è / ńgà sı́ì ǹdá-ı́zɛ̌.wày / kɑ̰̂ɑ̰̀ tɔ̌ hı́:jày / à nɛ́è / nı́ gòɔ́ ńdà à yàá # kàlá / ì gò fákárá dìnì - gá /hɑ̂àysántǘ kà

Il dit / il n'a pas de fille / en âge de se marier / il dit / tu en as # jusqu'à / ils en discutent /Haisantou arrive

ɛ / ɛx / ɛx ɛ / ɛx # ɛx / ɛx

"Il dit qu'il n'a pas de fille en âge de se marier, l'autre rétorque : si tu en as une, jusqu'à ce que, discutant ainsi, Haisantou arrive"

// il / le dire # il / ne pas être / avec | fille # qui / l'atteindre / mariage # il / le dire # tu / être / avec | elle / certes # jusqu'à / ils / être / discussion | ce | à # Haisantou / le venir//

XI

L'ÉCONOMIE D'UN SYSTÈME

En guise de conclusion, nous voudrions faire ressortir certaines caractéristiques que nous avons essayé, au cours de la description du zarma, de faire apparaître.

En particulier, deux faits nous ont semblé remarquables et exemplaires sur le plan de la linguistique générale dans l'étude de cette langue, à savoir :

- *le principe d'économie*, appliquée de façon particulièrement nette, auquel obéit la structure générale de la langue, et, par voie de conséquence,
- *la cohérence d'un système* qui s'ordonne tout entier par rapport à ce principe.

Nous nous expliquons sur ce point; le principe d'économie est réalisé sur les plans suivants :

A - SUR LE PLAN PARADIGMATIQUE

Elle se manifeste par la réduction du nombre des unités spécifiques du système et par l'utilisation d'un nombre restreint d'unités d'emploi fréquent, de différenciation formelle minimale ou même inéxistante.

B - SUR LE PLAN SYNTAGMATIQUE

La conséquence de cette première économie, sur le plan syntagmatique est que le passage (niveau secondaire) du syntagme à l'énoncé (niveau secondaire) est imperceptible *étant introduit par des termes formellement identiques* le plus souvent.

Cette économie, sur le plan syntagmatique, se manifeste aussi par la prédominance d'un cadre syntaxique identique au niveau primaire et au niveau secondaire.

Nous développerons ces deux aspects en donnant quelques précisions sur (1) les unités du système et le cadre syntaxique (2).

1) LE MATERIEL DE BASE

Nous entendons par matériel de base, l'ensemble des unités syntaxiques lexicales ou grammaticales (syntaxèmes).

L'économie réalisée à ce niveau est de deux ordres : la quantité des unités syntaxiques du zarma est restreinte et les unités sont formellement peu différenciées, en ce sens que les bases lexicales se combinent pratiquement avec l'ensemble des bases grammaticales, et que par rapport à la variété possible théoriquement des syntaxèmes, le zarma utilise un matériel restreint compensé par une large combinatoire.

Soit, en résumé :

- utilisation d'un nombre limité de syntaxèmes,
- large combinatoire.

2) LE CADRE SYNTAXIQUE

Une nouvelle économie est réalisée en ce qui concerne les relations des termes du message :

il existe un certain parallélisme des rapports au niveau primaire et au niveau secondaire qui fait que le passage d'un niveau à un autre obéit aux mêmes caractéristiques :

- d'une part, du fait qu'il existe une relation de *détermination prédominante* dans tout le système dans l'ordre déterminant - déterminé opérant également au niveau secondaire et au niveau primaire.

  L'énoncé zarma peut être caractérisé de ce point de vue par une construction de déterminations successives dans le sens déterminant - déterminé introduite par des régisseurs ou relateurs.

- d'autre part, du fait qu'un certain nombre de régisseurs ou relateurs sont les mêmes qui introduisent un syntagme et un énoncé (cf. chapitre 6 : les Régisseurs mixtes).

3) ECONOMIE ET ORGANISATION DE L'ENONCE ZARMA

a) Nous pourrions résumer cette situation par le schéma suivant :

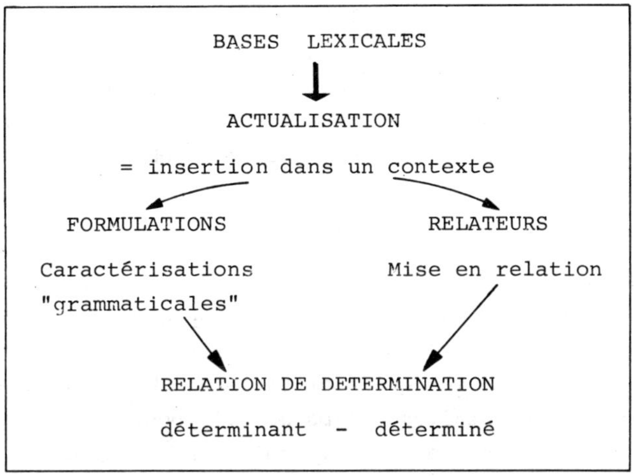

Ce schéma signifiant que les bases lexicales de la langue sont insérées dans le message, c'est-à-dire sont actualisées au moyen de *caractérisations* ou *"formulations"* (de type modale, locutive, déictique , énonciative, etc..) et qu'elles sont mises en relation les unes avec les autres au moyen de relateurs ou régisseurs.

Par *formulations* nous entendons *"l'ensemble des caractéristiques appliquées à un propos dans le message"*.

Par *propos*, nous entendons *"l'ensemble de l'information transmise par le message au niveau conceptuel"*. [1]

Nous ajouterons, à la suite de ces remarques générales et de ce schéma, qu'il ressort que l'économie de cette langue doit être reliée très précisément aussi à deux caractéristiques fondamentales et particulièrement intéressantes, à savoir :

---

[1] Nous empruntons ces termes et leurs définitions à B. POTTIER qui distingue des formulations modales, locutives, qualitatives et quantitatives. *Linguistique générale*, p. 47.

- l'absence d'une opposition verbo-nominale;
- l'analogie entre la relation de détermination et la relation sujet-prédicat.

Ces deux phénomènes sont liés l'un à l'autre en ce sens que c'est parce que l'opposition verbe/nom n'est pas attestée que l'on en déduit en particulier qu'il y a une analogie entre les deux relations citées et qu'inversement l'analogie entre ces deux relations est manifeste parce que l'opposition entre un verbe et un nom n'est pas établie.

Remise en question de l'opposition verbe / nom en zarma

Nous avons abordé, à plusieurs reprises, ce sujet,en particulier au chapitre des Unités syntaxiques, au chapitre de la Syntagmatique et au chapitre des Fonctions. C'est en effet à ces trois niveaux différents de la description qu'apparaît, sous des éclairages divers mais tout à fait complémentaires, l'absence d'opposition entre un nom et un verbe, telle qu'on la conçoit selon la tradition indo-européenne. Plusieurs faits nous ont permis en effet de penser que cette opposition n'est pas opératoire en zarma et qu'elle ne rend pas compte, de façon pertinente, de la réalité de la langue.

Nous résumerons ici ces raisons, développées tout au long de l'ouvrage :

1 - absence de caractérisations propres généralement au verbe : pas de temps, pas d'aspects, pas de modalités spécifiques temporelles, pas de morphologie verbale;

2 - identité formelle de l'objet possessif et de la modalité personnelle sujet de la même personne : on aboutit ainsi à l'expression identique en zarma de

	mon venir	ma maison
ou	venir - de moi	maison - de moi
	à kà	à fǘù
	il-venir	il-maison

On notera aussi l'identité de structure entre ces séquences.

3 - pas d'identité nécessaire entre le verbe et le prédicat. Autrement dit le "verbe" n'est pas toujours le prédicat. Le nom peut être le prédicat.

Ces différents éléments ne nous permettent cependant pas de dire que nous avons, en zarma, une classe unique de termes se combinant librement avec n'importe quelle particule grammaticale de la langue, puisqu'on remarquera, et on nous objectera, que quelques particules se combinent préférentiellement avec telle classe de termes et pas avec telle autre.

Ainsi par exemple, il existe deux particules qui peuvent précéder ce que nous avons désigné comme des Bases comportatives et former un énoncé complet, alors que ces mêmes particules peuvent précéder les Bases notionnelles mais ne constituent pas, dans ce cas un énoncé complet.

à gà ŋàá	"Il mange" // il / vers | le manger//
à gà háàm	n'est pas possible il, vers, la viande

háàm doit alors être intégré à un syntagme déterminatif

à gà - háàm - ŋàá	"Il mange la viande" // il / vers | viande | le manger//

De même, à l'inverse, il existe un suffixe qui se combine préférentiellement avec des Bases notionnelles et non avec des Bases comportatives, il s'agit d'une particule indiquant la spécificité d'un terme ou sa multiplicité.

gá:s-ú "calebasse" gá:s-|áy| "les calebasses"
gá:s-|ó| "la calebasse"

le suffixe -ó (-áy) ne se combine pas avec des termes du type kà "le venir", ŋàá "le manger".

C'est pourquoi une distinction entre deux classes de termes est attestée, mais ceci ne doit pas nous faire oublier que cette distinction est très loin de recouvrir la distinction entre un nom et un verbe telle que l'on peut la connaître et qu'en fait il s'agit d'une distinction d'un ordre différent qui ressemblerait plus à une distinction entre un nom / et un nom d'action, l'ensemble d'un système verbal et d'une catégorie verbale étant inexistante.

En réalité, la marge qui sépare l'opposition entre un "nom" et un "verbe" en zarma est très faible, elle peut être inexistante, comme l'atteste la Base bivalente, et ce qu'on appelle verbe ressemble plus à un nom d'action qu'à un verbe dans cette langue où *la seule classe de terme ayant toujours la fonction de prédicat ne peut être que l'existentiel.*

On peut noter ainsi des degrés dans l'évolution de cette distinction à l'intérieur d'un matériel lexical d'une même langue :

BASE NON DIFFERENCIEE	type Ø	tà:mǘ	{ chaussure marcher
BASE DIFFERENCIEE	type 1	fǘù	maison
BASE DIFFERENCIEE	type 2	kà	le venir

Remarque :

Nous citerons A. MARTINET qui note, dans un article sur l'opposition verbo-nominale :

"Verbes et noms apparaissent à beaucoup comme deux pôles par rapport auxquels s'ordonne toute structure linguistique ... Toutefois, il y aurait erreur de méthode à voir dans l'opposition du verbe et du nom la caractéristique nécessaire de tout idiome".

"A notre connaissance, aucune définition du langage n'implique obligatoirement l'existence de cette opposition".

"L'existence de tendances générales ne doit, bien entendu, pas faire perdre de vue de profondes différences. La même où, sur des bases formelles, s'opposent deux classes de mots correspondant sémantiquement en gros à nos noms et à nos verbes, il faut se garder de procéder hâtivement à une identification". (pp. 196 et 201). *Linguistique synchronique.*

b) LA RELATION DE DETERMINATION EN ZARMA

Schéma :

DETERMINANT	DETERMINE	
bòrő	kà	"L'homme vient"
à	kà	"Il vient" // lui / le venir// = le venir de lui
à	dí	"Il voit" // lui / le voir//
à	gá - kà Dt Dé	"Il va venir" // il / vers | le venir//
	gà - à - tőn Dt Dt Dé	"Il va le brûler" // il / vers | le | le brûler//

primaire

à	fúù	"Sa maison" / lui | maison /

secondaire

bòró	fúù	"La maison d'un homme"

La notion de détermination se définit comme " *le rapport essentiel* qui lie un centre nécessaire et une expansion facultative" [2].

---

[2] cf. *Questionnaire d'enquêtes, introduction*, J. THOMAS.
cf. C. HAGEGE, *Le mbum*, p. 288.

Cette notion est appliquée généralement aux relations de type secondaire, c'est-à-dire aux éléments non constitutifs de l'énoncé.

La notion de détermination peut être étendue au niveau primaire c'est-à-dire aux éléments constitutifs de l'énoncé où le prédicat représente alors l'élément central (le déterminé par excellence) supposant des éléments expansifs périphériques facultatifs ou nécessaires (complément, sujet).

Cette extension de la notion de détermination est particulièrement intéressante en zarma où l'ordre prédominant de détermination est identique aux deux niveaux.

Les exemples présentés ci-dessus mettent en valeur le parallélisme entre ces deux niveaux de l'analyse, parallélisme accentué par l'existence unique d'une modalité personnelle identique dans tous les cas.

Remarque :

Il est intéressant de noter que, selon G. MANESSY, la langue kpelle, langue mande parlée au Nigéria et en Guinée, présente une analogie identique et des phénomènes comparables :

"l'analogie de structure constatée en kpelle entre le syntagme déterminatif et celui qui constitue le prédicatif et son sujet se justifie parfaitement : dans les deux cas, le rapport établi entre les deux termes est un rapport de détermination, ou, si l'on préfère, de définition ou de sélection". B.S.L., p. 129. (cf. Bibliographie).

BIBLIOGRAPHIE

ARDANT du PICQ - 1933. *La langue dyerma*, Paris, Larose, 170 p.

AUBREVILLE A. - 1936. *Les forêts de la colonie du Niger*, Bul. Com. Hist. Scient. A.O.F.

BENVENISTE E. - 1966. *Problèmes de linguistique générale*, Paris, Gallimard, Bibliothèque des Sciences Humaines, 356 p.

BOSSEAUX M. - *Florule des zones pastorales et cultivées du Niger, Togo, Dahomey*, 931 p. inédit, *s.a. s.l.*

BOUQUIAUX L. - 1970. *La langue birom (Nigéria septentrional). Phonologie, morphologie, syntaxe*, Paris, Les Belles Lettres, 490 p. Fasc. CLXXXV.

" " - 1976. *Théories et méthodes en linguistique africaine*, Paris, Selaf (bibl.), n° 54-55, 172 p.

BOUQUIAUX L. et THOMAS J. - 1975. *Enquête et description des langues à tradition orale*, Paris, Selaf n° 1 spécial) 3 vol., 910 p.

CAMPAGNOLO H. - 1979. *Fataluku I. Relations et choix. Introduction méthodologique à la description d'une langue de l'extrême est de Timor*, Paris, Selaf (collection Asie), n° 5, 200 p.

CLOAREC-HEISS F. et THOMAS J. - 1978. *L'Aka, langue bantoue des Pygmées de Mongoumba (Centrafrique). Introduction à l'étude linguistique*, Paris, Selaf (Tradition orale 28), 250 p.

CLOAREC-HEISS F. - 1972. *Le verbe banda. Etude du syntagme verbal dans une langue oubanguienne de République centrafricaine*, Paris, Selaf (Tradition orale 3), 136 p.

CREISSELS D. - 1979. *Unités et catégories grammaticales, réflexions sur les fondements d'une théorie générale des descriptions grammaticales*, Grenoble, Université des langues et lettres, 209 p.

DIARRA F.A. - 1971. *Femmes africaines et devenir. Les femmes zarma du Niger*, Paris, Anthropos, 318 p.

DONAINT P. - 1975. *Les cadres géographiques à travers les langues du Niger. Contribution à la pédagogie de l'étude du milieu*, Niamey, Etudes Nigériennes n° 37, 287 p.

DUCROZ J.M. et CHARLES M.C. - 1978. *Lexique soŋɛy-français, parler du Gorovol*, Paris, l'Harmattan, 285 p.

" " " " - 1979. Recherche sur la prosodie soŋɛy (parler kaado du Gorouol-Niger), Niamey, *Etudes linguistiques* n° 1, pp. 50-78.

FRANCOIS D. - 1974. *Français parlé. Analyse des unités phoniques et significatives d'un corpus recueilli dans la région parisienne*, Paris, Selaf (n° spécial 2), 2 vol., 842 p.

FUCHS C. et MILNER J. - 1978. *A propos des relatives*, Paris, Selaf, (n° spécial 7), 173 p.

GLEASON H.A. - 1969. *Introduction à la linguistique*, traduction de F. Dubois-Charlier, Paris, Larousse (Sciences Humaines et Sociales), 379 p.

GREENBERG J.H. - 1966. *Languages of Africa*, La Haye, Mouton, 180 p.

GUARISMA G. - 1973. *Le nom en bafia (langue bantoue du Cameroun)*, Paris, Selaf (bibl. 35 - 36 - 37), 254 p.

HAGEGE C. - 1970. *La langue mbum de Nganha (Cameroun)*, Paris, Selaf, (bibl. n° 18 - 19), 366 p.

" " - 1978. Intonation, fonctions syntaxiques,chaîne,système et universaux des langues, Paris, *B.S.L.P.*, T. LXXIII, pp. 1-48.

" " - 1978. Du thème au thème en passant par le sujet. Pour une théorie cyclique, Paris, *La linguistique*,vol. 14, pp. 3-38.

HAMANI A. - 1976. Types d'énoncés en zarma, *Annales de l'Université de Niamey*, n° 4, pp. 143-196.

" " - 1979. Notes sur la dérivation en zarma, Niamey, *Etudes linguistiques* 1, pp. 37-49.

HOUIS M. - 1958. Notes sur le songay, Dakar, *Bull. IFAN* 20B, n° 1-2, pp. 225-240.

" " - 1966. *Aperçu sur les structures grammaticales des langues négro-africaines*, Lyon, 311 p.

HOUIS M. et BONVINI E. - 1975. Notules sur le système du songhay (parler kaado de Dolbel), Paris, *Afrique et langage*, n° 4, pp. 47-53.

LACROIX P.F. - 1969. L'ensemble songhay-zarma : problèmes et thèmes de travail, *Communication au 8ème Congrès de la S.L.A.O.*, Abidjan.

LANDABURU J. - 1979. *La langue des Andoke (Amazonie colombienne)*, Paris, Selaf (Tradition orale 36), 350 p.

LAVERGNE de TRESSAN M. de - 1953. *Inventaire linguistique de l'Afrique Occidentale française et du Togo*, Dakar, IFAN, 241 p.

LAYA D. - 1969. *Histoire des Songhay-zarma*, Niamey, C.R.D.T.O.H., n° 1, 117 p.

MANESSY G. - 1964. Détermination et prédication en Kpelle, *B.S.L.P.*, 59, 1, pp. 119-129.

MARTINET A. - 1965. *La linguistique synchronique*, Paris, PUF, 248 p.

" " - 1967. *Eléments de linguistique générale*, Paris, A. Colin, 223 p.

" " - 1970. *Economie des changements phonétiques, Traité de phonologie diachronique*, Berne, Francke (Bibliotheca Romanica, 1ère série X), 395 p.

" " - 1979. *Grammaire fonctionnelle du français*, Paris, Didier, CREDIF, 276 p.

NICOLAI R. - 1977. Réinterprétation et restructuration en zarma-songhay, Dakar, *Bull. IFAN* 39B, n° 2, pp. 432-455.

" " - 1979. *Les dialectes du songhay. Contribution à l'étude des changements linguistiques*, Thèse de Doctorat d'Etat, Université de Nice, ronéoté, 505 p.

PARIS C. - 1979. *Relations prédicat-actants dans les langues de types divers*, Paris, Selaf, Lacito-documents Eurasie, 2 vol., 448 p.

PERRIER J. et SELLIER M. - 1950. Histoire des populations du Cercle de Dosso (Niger), Dakar, *Bull. IFAN*, T. XII-4, pp. 1016-1074.

POTTIER B. - 1973. *Le langage*, Paris, Bibl. du CEPL, 544 p.

" " - 1974. *Linguistique générale, théorie et description*, Paris, Klincksieck, 339 p.

PROST A. - 1956. *La langue sonay et ses dialectes*, Dakar, Mémoire IFAN n° 47, 627 p.

REVEL-MAC-DONALD N. - 1978. *Le palawan (Philippines). Phonologie, catégories, morphologie*, Paris, Selaf (collection Asie n° 4), 220 p.

ROBERTY G. - 1954. *Petite flore de l'ouest-africain*, Paris, ORSTOM, 439 p.

ROBIN J. - 1947. Description de la province de Dosso, Dakar, *Bull. IFAN*, n° 47, 627 p.

ROUCH J. - 1954. *Les Songhay*, Paris, PUF, 100 p.

ROULON P. - 1975. *Le verbe en gbaya, Etude du syntagme verbal en gbaya-kara'bodoe (région de Bouar, R.C.A.)*, Paris, Selaf (Bibl. n° 51-52), 187 p.

THOMAS J. - 1963. *Le parler ngbaka de Bokanga, Phonologie, morphologie, syntaxe*, Paris, Mouton, 1ère série Etudes XXII, 307 p.

THOMAS J. - 1970. *Contes, proverbes, devinettes ou énigmes, chants et prières ngbaka-ma'bo (République Centrafricaine)*, Paris, Selaf, (Klincksieck) n° 6, 968 p.

THOMAS J.M.C., BOUQUIAUX L. et CLOAREC-HEISS F. - 1976. *Initiation à la phonétique*, Paris, PUF, 259 p.

TERSIS N. - 1968. *Le parler dendi : phonologie, lexique, emprunts*, Paris, Selaf 10, 70 p.

" " - 1972. *Le zarma (République du Niger), phonologie, synthématique, syntagme nominal*, Paris, Selaf n° 33 - 34, 206 p.

" " - 1976. *La mare de la vérité*, contes et musique zarma, avec la collaboration de B. Surugue, Selaf-ORSTOM (Tradition orale n° 19) 130 p. + 2 disques 17 cm.

" " - 1979. *En suivant le calebassier. Contes zarma*, Paris, Edicef, édition bilingue, 172 p.

" " - 1979. *Contes zarma du Niger*, Paris, Edicef, édition monolingue, 145 p.

" " - 1979. Le groupe songhay-zarma, *Inventaire des Etudes Linguistiques sur les pays d'Afrique Noire d'expression française et sur Madagascar*, Paris, Cilf, pp. 213-219.

TESNIERE L. - 1966. *Eléments de syntaxe structurale*, Paris, Klincksieck, 673 p.

WESTERMANN D. et BRYAN M.A. - 1970. *Languages of West Africa, Handbook of African Languages*, vol. 2, Folkestone and London, Dawsons of Pall Mall for I.A.I.

WILLIAMSON K. - 1967. Songhai word list (Ibadan). *Res. notes, Dept. of Linguistic and Nigerian Languages*, p. 1-34.

TABLE DES MATIERES

Duplication SELAF